第四卷　革命

你如此疯狂地驱逐，
我怕是要崩溃。
上帝也不是每周
都畅饮一番。

——歌德

目录

1/ **第一章**
属国——直至格拉古时期

68/ **第二章**
改革运动及提比略·格拉古

98/ **第三章**
改革及盖乌斯·格拉古

127/ **第四章**
复辟政府的统治　政府职位的空缺

162/ **第五章**
北方的民族

192/ **第六章**
马略革命及德鲁苏斯改革

223 / 第七章
意大利属民的叛乱和苏尔皮基乌斯革命

274 / 第八章
东方和米特拉达特斯国王

322 / 第九章
秦纳和苏拉

358 / 第十章
苏拉体制

400 / 第十一章
罗马共和国及其经济

427 / 第十二章
民族、宗教和拉丁语及希腊文化的教育

452 / 第十三章
文学和艺术反叛

第一章

属国——直至格拉古时期

随着马其顿君主专制制度的废除，在西至赫拉克利斯之柱，东到尼罗河口和奥隆特斯河口的广大地区，罗马都建立了自己的统治权，但是，好像命中注定一样，那里所有的国家都面临着这样不可避免的命运：他们不是在绝望的反抗中战死，就是在绝望的忍耐中熬死，除此之外，别无选择。当时，西班牙各省已经并入罗马帝国的版图，非洲、亚洲以及欧洲的希腊等地仍被视为罗马的属国。在这些地区，弱势人民和强权阶级之间的斗争虽然形式多种多样，内容却都千篇一律。如果历史不要求热心读者与其共尝快乐痛苦，共历春夏秋冬，那么历史学家也就可以避免描述这些战争的乏味工作，但是，不管这些零星的斗争如何微不足道，从整体上看，它们却具有深刻的历史意义，尤其重要的是，这个时期意大利的形势只有通过各属国对其母国的态度才可以了解。

即便是在意大利的天然领土内，当地人也没有完全臣服，利古里亚人、撒丁人和科西嘉人仍然偶尔会取得小规模的"村庄胜利"，这对罗马人可不是一种光荣。这个时期之初，罗马人正式的统治权仅在西班牙的两个省内才真正确立，这两个省占据了比利牛斯山外半岛东南部的大部分地区。亚平宁半岛当时的情况我们之前曾经讲过，伊比利亚人、凯尔特人、腓尼基人、希腊人和罗马人共同居住在这里，形成了种类繁多、文明程度悬殊的文化，在很多方面都相互交错，形势复杂。古老的伊比利亚文明与极端的野蛮并存，先进的腓尼基和希腊商业城市与刚萌芽的拉丁文化同时存在。当地银矿雇佣的和驻防要塞的众多意大利人都极大促进了拉丁文明的发展。在这方面，罗马的伊塔里卡城（在塞维利亚附近）和拉丁殖民地卡提亚城（在直布罗陀海湾）值得一提，后者是第一个使用意大利语并实行意大利制度的海外城市社区。伊塔里卡是老西庇阿离开西班牙以前（罗马纪元548年即公元前206年）建造的，因为他的部下有人愿意留在亚平宁半岛上，不过，这个城市起初可能不是一个公民社区，仅仅是个市场而已[1]。卡提亚建立于罗马纪元583年（即公元前171年），建立这个城市最初的原因是因为驻地有众多的儿童——他们都是罗马士兵和西班牙奴隶的孩子——这些孩子成人后，法律上虽然是奴隶，事实上却都是自由的意大利人，现在因为国家的缘故得到解放，和卡提亚原来的居民一起形成了一个拉丁殖民地。大体来看，自从提比略·塞尼普罗尼乌斯·格拉古建立埃布罗省（罗马纪元575即公元前179年到罗马纪元576年即公元前178年）近三十年来，除了征讨过凯尔特伊比利亚人和卢西塔尼亚人一两次外，该地区一直都太平无事。

卢西塔尼亚战争

然而罗马纪元600年（即公元前154年），发生了更为严重的事情。卢西塔尼亚人在一个名为布尼库斯的将领的领导下，攻入罗马地区，打败了两个联合抵抗的长官，屠杀了他们的大部分将士。维托内人（在塔古斯河与上多罗河之间）大受鼓舞，随之也加入进来，卢西塔尼亚人力量壮大，一直远攻到地中海地区，甚至在罗马都城新迦太基城附近的巴斯图罗·腓尼基大肆劫掠。罗马国内人士对此事非常重视，派遣一位执政官来到西班牙，这种应急措施之前还从未采用过，直到罗马纪元559年（即公元前195年）才开始实施。此外，为了加速对当地的援助，他们甚至把执政官的就职日期提前了两个半月，因此，执政官就职的日期就从三月十五日提前到了一月一日。新年开始的日子也就此确定，我们一直沿用至今。不过，在执政官昆图斯·弗尔维乌斯·诺比利奥尔率军到达之前，远西班牙省长官卢修斯·穆米乌斯就和卢西塔尼亚人在塔古斯河右岸进行了一场激战，布尼库斯战死，卢西塔尼亚人由继任人凯撒鲁斯（罗马纪元601年即公元前153年）领导。罗马人起初很幸运，因为卢西塔尼亚人的军队已溃不成军，营地也已覆没，但是罗马由于长途远征，困乏不堪，又加上次序混乱，终被已战败的对手击破，九千人阵亡，不仅敌人的阵营重新被抢走，自己的营地也宣告失陷。

凯尔特伊比利亚战争

此次战火蔓延的范围非常广泛，塔古斯河左岸的卢西塔尼亚人，在考卡努斯的带领下，对罗马属下的凯尔特人发起猛攻，占领了他们的城市柯尼斯托尔吉，然后，卢西塔尼亚人又把从穆米乌斯那里夺来的旗帜送给凯尔特伊比利亚人，既是宣告胜利，同时对他们也是一种警告，不仅如此，该民族内部也不乏有人蠢蠢欲动。在强大的阿利瓦凯人（约在多罗河与塔古斯河源头附近）附近地区，有两个凯尔特伊比利亚人部落贝利部和塔泰蒂部，这两个部落决定要共居在当地的一个城镇赛格达内。他们正在修建城墙时，罗马人命令他们停止，因为《赛普罗尼法》禁止属国随意建立城市，同时他们还要求这两个部落进贡法律规定但久未征收的财产和人力，但这些西班牙人拒绝接受命令，声称他们没有建城，只是扩建而已，至于捐税，罗马人不仅早已停止，而且早已豁免。之后，诺比利奥尔率领三万大军抵达近西班牙省，其中还包括努曼提亚骑兵和十匹战象，赛格达新城的城墙尚未完工，里面的居民也大都降服，但是一些意志坚定的人都带着妻儿逃到了强大的阿利瓦凯部，并号召当地的阿利瓦凯人和他们一起反抗罗马人。卢西塔尼亚人对穆米乌斯军队大获全胜，让阿利瓦凯人深受鼓舞，于是同意了这个提议，并推举一个来自赛格达的逃亡者卡鲁斯做他们的将领。这位将军在上任第三日就英勇阵亡，但他们大败罗马部队，罗马军队死亡达六千人。从此以后，八月二十三日的火神节在罗马人的记忆里，永远是一个悲痛的日子。

阿利瓦凯人在他们的将领死后，撤退到一个坚固的城邑努曼提亚里（在瓜尔莱，是多罗河上索里亚北部的一个西班牙社区），诺比利奥尔带军一路追踪。在城墙下面又遭遇了一场激战。起初，罗马人的战象把西班牙人赶回了城里，但就在此时，一匹象受了伤，引起了一阵骚乱，结果大败而归，这是由于城墙问题引起的第二次战败。这次战败以及其他一些不幸的原因——比如罗马一支骑兵前往救援，结果被歼灭——使得罗马人在近西班牙省的形势极为不利，罗马兵库和粮仓所在的奥西里城堡也遭失陷，阿利瓦凯人此时竟想向罗马人求和，却无功而返。不过与此同时，穆米乌斯在南方诸省的胜利也大可弥补罗马人在这里的惨败。之前的失败确实大幅度削弱了穆米乌斯的部队，但由于卢西塔尼亚人在塔古斯河右岸不明智地分散兵力，穆米乌斯大获全胜，并越过塔古斯河抵达左岸。卢西塔尼亚人曾经征服了罗马在那里的全部属地，甚至攻到了非洲，然而穆米乌斯收复了全部失地，并肃清了南方各省的全部敌人。

马塞勒斯

翌年（罗马纪元602年即公元前152年），元老院派遣大批援军以及一个新的统帅来代替无能的诺比利奥尔。执政官马尔卡斯·克劳狄乌斯·马塞勒斯在罗马纪元586年（即公元前168年）担任执政官时，在西班牙就功劳卓著，并在此后的两任执政官期限内，多次证明了自己出色的统帅才能。他的领导能力，尤其是他的宽厚仁慈，很快就扭转了局势。奥西里斯不久投诚，甚至由于马塞勒斯向阿利瓦凯人担保，只需缴纳很少的罚金就能换得和平，所以他们也决定停战，并派使者前往罗马。在南方，马尔卡斯·阿提鲁斯将军还在省内时，维托内人和卢西塔尼亚人表示顺服，但他一离开，他们就又开始反叛，并进攻罗马的同盟。马塞勒斯执政官到来后，该地区重获和平，即使他在科度巴过冬时，整个半岛也是一派和平。此时，与阿利瓦凯人的停战问题正在罗马热议。这是西班牙人相互关系的一个重要指标，阿利瓦凯地区亲罗马的党派使者来游说，是罗马人拒绝求和的主要原因。使者说：如果罗马人不愿意牺牲亲和罗马的西班牙人，那他们每年都得派遣一位执政官率军抵达半岛，若不然现在就要采取措施以儆效尤。因此，阿利瓦凯人的使者没有得到一个明确的答案，而激烈的战争将会重新开始。第二年春天（罗马纪元603年即公元前151年），马塞勒斯不得不重新对阿利瓦凯人开战，但是，（据说）他不愿意将结束战争的功德留给马上到来的继任者，或者更有可能是因为他与格拉古一样都相信，善待西班牙人是永久和平的必要条件。总之，这个罗马将领与阿利瓦凯最有影响力的一些人士在努曼提亚城墙下举行了秘密会议，阿利瓦凯人无条件投降，向罗马人交钱并送出人质之后，可以保留之前条约所规定的权利。

卢库勒斯

新任统帅执政官卢奇乌斯·卢库勒斯到达交战前线时，他发现自己为之而来的战事已经正式结束，身揣西班牙的财富载誉而归的愿望落了空，不过还有方法克服这个困难。卢库勒斯自行攻击了阿利瓦凯西部的邻居瓦伽人。这是一个独立的凯尔特伊比利亚部落，与罗马人相处和睦。这些西班牙人质问，他们何错之有，可是回答他们的只是对考伽城（也就是科卡，西班牙八个联盟之一，在塞戈维亚西部）的突然进攻。惊慌的人们以为他们花费巨款总算买到了和平协议，可就在这时，罗马军队竟然长驱直入，俘虏或屠杀当地居民，根本毫无借口，在这次屠杀中共有两万手无寸铁的人们死亡。这次历史性事件之后，罗马军队又继续往前开拔，无论远近，人们闻风而逃，村镇空无一人，即便坚固的因特加提亚城和瓦伽人的都城帕伦提亚城（即帕伦西亚城）也都紧闭城门，预防罗马人入侵。

贪婪的人总是自食其果，当地没有一个部落愿意与这个背信弃义的元帅缔结条约。由于居民们四处逃散，不仅他们获得的战利品寥寥无几，而且他们根本无法再在这个充满敌意的地方待下去。在因特加提亚城，西庇阿·埃米利亚努斯——一位受人尊重的军事保民官，皮德纳战役胜利者之子、扎玛战役胜利者的义孙——劝说当地居民与罗马人缔结协约,保证罗马军队收到一些牛肉和衣服之后,一定撤军。统帅的话此时已毫无用处,西庇阿的承诺却起到了作用,但是罗马军队在围攻帕伦提亚时,由于缺乏供给,不得不解了围。罗马军队撤退时,瓦伽人一直追到了多罗河。

卢库勒斯不得已南下,而同年在南方,执政官塞尔维乌斯·苏尔皮奇乌斯·伽尔巴也被卢西塔尼亚人大败。这两支部队过冬的地方相近——卢库勒斯驻扎在图尔德塔尼境内,而伽尔巴驻扎在康尼斯托尔吉斯境内——第二年(罗马纪元604即公元前150年),两支部队联手进攻卢西塔尼亚人。卢西塔尼亚人在加的斯海峡附近获得了一些胜利,而伽尔巴则获得了更大的胜利:他与三个塔古斯河右岸的卢西塔尼亚部落缔结了条约,保证把他们迁到更好的居住地,因此,共有七千多蛮夷人为了得到土地,前来投奔。伽尔巴把他们分为三队,解除了他们的武器,一部分掳为奴隶,一部分则遭受屠戮。

在任何一场战争中,都没有像这两位将军一样背信弃义,一样残忍和贪婪的,但是凭着他们从战争中抢来的不义之财,他们一个逃脱了惩罚,另一个甚至被免予弹劾。退伍老兵加图在八十五岁,距离死亡只有几个月时,曾试图在公民大会审判伽尔巴的罪行,但是这位将军哭哭啼啼的子女和他带回来的大堆黄金,居然让罗马人民相信他是无罪的。

维里亚都

罗马人之后又把在西班牙的事务交由当地长官负责,这并不是因为卢库勒斯和伽尔巴在西班牙不光彩的胜利,而是因为罗马纪元605年(即公元前149年)第四次马其顿战争和第三次迦太基战争的爆发。同时,伽尔巴的卑劣行径并没有挫掉卢西塔尼亚人的锐气,而是彻底激怒了他们,他们很快重新占领了图尔德塔尼亚的富庶地区。罗马统领盖乌斯·维迪利乌斯(罗马纪元607—608年即公元前147—146年)[2]亲自率军作战,不仅将他们一举打败,而且把他们驱逐到一座山里,似乎已经使对方一败涂地。

停战协议业已签订,这时,维里亚都警告国人不要相信罗马人的花言巧语,如果他们愿意追随,他一定会救出他们。维里亚都出身贫寒,年轻时,为保护他的羊群曾与野兽和强盗英勇搏斗过,而在眼下这场严肃的战争中,他是一名令人闻风丧胆的游击队队长,而且,他还是侥幸从伽尔巴大屠杀中逃出来的少数人之一。他的话语和榜样的力量产生了很大影响,军队推举他为最高指挥官。维里亚都命令部下分头前进,沿着不同路线来到聚会地点。他亲自挑选值得信赖的人组成一千人的骑兵,掩护部队其他人撤离。罗马人缺乏骑兵,不敢在敌人骑兵的监视下分头追击逃兵。维里亚都及其骑兵部队拖住罗马部队整整两天后,他突然消失了,连夜赶向聚会地点。罗马将军在后面追赶,可是陷入了设计巧妙的埋伏之中,人马损失一半,本人也被捕杀,残余部队逃到了海峡附近的殖民地卡提亚。五千名西班牙民兵被匆忙派去支援,可是还在路上就被维里亚都歼灭。自此,他完全控制了整个卡本塔尼亚地区,罗马人甚至不敢到那里去寻找他。

维里亚都现在被认为是卢西塔尼亚人的国王,他既有王者风范,又不失一个牧羊人的朴素作风。他和一个普通的士兵没什么两样,他的岳父是罗马属国西班牙的王子阿斯托尔帕,结婚时摆设了丰盛的酒席来招待他,但是华美的金器和精致的菜肴他根本没动,而是携起新娘,骑马就向山中奔去。对于战利品,他从来没有动用超过自己应得的一部分。士兵们能够认出他们的将军,仅仅是因为他身材高大、语言机智,更重要的是,他的脾气比任何人都温和,干活比任何人都多,他睡觉时永远都穿戴着铠甲,作战时总是冲在最前面。这样看来,好像在那个平凡的年代,一位荷马史诗般的人物重现于世。在西班牙,维里亚都的名字闻名遐迩,这个饱受外族侵略的民族好像在他身上终于看到了摆脱这种枷锁的希望。

维里亚都的继任人

此后几年内,维里亚都领导的西班牙南部和北部地区都取得了巨大的胜利。在消灭执政官盖乌斯·普劳提乌斯的先锋部队之后,维里亚都又设计引诱他来到塔古斯河的右岸,在此大获全胜,那个罗马将军不得不在仲夏时分躲入过冬营地——此后,他因为这个原因在公民大会被控使罗马人民蒙羞的罪名,结果流落国外生活。同样,当地统帅克劳迪乌斯·尤尼曼努斯的部队——很明显来自近西班牙省——也被打得丢盔弃甲,盖乌斯·尼基迪乌斯的部队也被摧毁,无论远近的平原都被劫掠。胜利的奖杯树立在西班牙的山顶,上面装饰着罗马统帅的徽章和军队的武器。罗马人听说这个蛮族国王的胜利后,心里充满了羞愧和惊愕。

对于西班牙战争的督导工作如今交给了一个值得信赖的军官,执政官昆图斯·法比乌斯·马克西姆斯·埃米利亚努斯,皮德纳战役胜利者的次子。老兵们刚从马其顿和亚洲战场回来,罗马人现在不敢再派他们去参加可恶的西班牙战争。马克西姆斯所带领的是两个军团的新兵,不比那些道德败坏的旧西班牙军队更值得信任。与卢西塔尼亚人前几次交战失败后,这位谨慎的将军把残余的部队聚集在乌尔索地区(即奥苏纳,在塞维利亚东南部)休养,没有接受敌方的挑战,直到来年(罗马纪元610年即公元前144年)军队经过小规模的战役已经适应作战之后才重新开战。这时,他开始取得优势,几次胜利之后,他带领部队来到科度巴的冬季营地。当胆小无能的昆可提乌斯代替马克西姆斯指挥军队以来，罗马部队又开始连连失利，他们的将军不得不在仲夏把部队驻扎在科度巴的冬季驻地，而维里亚都的部队却活跃于南部各省。

马克西姆斯·埃米利亚努斯的继任人昆图斯·法比乌斯·马克西姆斯·塞维利安努斯是他的义兄，塞维利安努斯又派往亚平宁半岛两个军团和十匹战象，竭力要攻入卢西塔尼亚地区，但是双方的几次冲突胜负未决，敌人袭击罗马军队的驻地，也被勉强驱逐出去，之后，他被迫退回到了罗马境内。维里亚都追赶他到内省，但是依照西班牙叛军的习惯，他的军队突然化为乌有，他不得不回到了卢西塔尼亚（罗马纪元612年即公元前142年）。第二年（罗马纪元613年即公元前141年），塞维利安努斯重新开展攻势，穿越贝提斯河和阿纳河流域，继续朝卢西塔尼亚人占领的几个城市推进。一路上，很多叛乱者都落入他的手中，为首的五百人被处决，而那些从罗马地区投降的人被砍掉双手，其余的人则被卖为奴隶。这一次，西班牙战争反复无常的特性也表现得淋漓尽致。取得这么多胜利之后，罗马军队围攻埃利萨内时受到维里亚都攻击，被追赶到一个岩洞内，完全处于敌人的掌握之中。维里亚都也和昔日萨莫奈将军在考蒂纳山口一样，仅与塞维利安努斯订立了停战协议，协议承认卢西塔尼亚自主，并承认维里亚都为卢西塔尼亚的国王。

罗马的势力不断增大，其民族荣誉感却不断降低。都城的人们很高兴能摆脱这场讨厌的战争，元老院和人民于是批准了这个条约。塞维利安努斯的亲弟弟，昆图斯·塞维利安努斯·凯庇阿继任其位，对这种折中态度非常不满，元老院懦弱，竟然同意这位执政官暗中采取措施谋害维里亚都。他毫无借口，公然背信弃义，元老院也采取纵容态度。凯庇阿就这样悍然入侵卢西塔尼亚，一直攻到维托内人和伽莱西人的区域。维里亚都不愿与他的优势兵力交锋，只是灵巧地避免其进攻。可是到了次年（罗马纪元615年即公元前139年），凯庇阿又发起攻势，同时，马尔卡斯·波皮利乌斯也带领北省的全部兵力进入卢西塔尼亚地区，支援凯庇阿。维里亚都答应了敌人的所有条件，他被要求交出所有从罗马地区投降过来的人，其中还包括他的岳父。他同意了，这些人都被执行死刑或者砍去了双手。这还不是全部，罗马人不习惯向战败者透露他们的命运。

维里亚都的死亡

针对卢西塔尼亚人的命令接连不断，每一个命令都比前一个更为苛刻，最后，他们居然被要求解除武装。维里亚都这时想起了以前国人应伽尔巴之令放下武器后所遭受的厄运，于是重新操起武器，但是已经太晚了，他的摇摆不定在臣僚心中埋下了反叛的种子。他的三个亲信，来自乌萨的奥达斯、狄达尔科和米努奇乌斯，对于再次获得胜利感到无望，就说服国王同意他们与凯庇阿进行和平谈判，并借机出卖这位卢西塔尼亚人的英雄，以换得自身的安全和将来的荣华富贵。回到营地后，他们向国王保证这次谈判非常成功，但第二天晚上就潜入他的帐篷，把熟睡中的国王刺死。卢西塔尼亚人以无与伦比的葬礼来表示对这位首领的敬意，有两百对武士在他的葬礼上比武，更重要的是，他们没有放弃斗争，而是选举滔塔姆斯为统帅来代替那位死去的英雄。从罗马人手里夺过来撒贡图姆的计划就已经非常大胆了，而这位新将领既没有前任的那种智慧，不知道适可而止，也没有那种军事才能。他们的远征以彻底失败告终，返回时在贝提斯河被敌军袭击，无条件投降。因此，征服卢西塔尼亚人的并非战争，而是由于奸细背信弃义的谋杀。

努曼提亚

维里亚都和卢西塔尼亚人在南省活跃之时，北省的凯尔特伊比利亚部落也爆发了同样严重的战争，可能就是由于前者的支持。维里亚都的辉煌胜利使得阿利瓦凯人也在罗马纪元610年（即公元前144年）重新起来反抗罗马人。由于这个原因，执政官昆图斯·凯奇利乌斯·梅特路斯本来被派去西班牙援助马克西姆斯·埃米利亚努斯，但是他没有往南省进发，而是开赴了凯尔特伊比利亚地区。在此次战争中，尤其是在围攻被认为坚不可摧的康特利比亚城时，他表现出的才能完全不亚于当年征服马其顿伪国王之时。他在当地征战两年（罗马纪元611—612年即公元前143—142年）之后，北省人民都已臣服，唯有特曼提亚和努曼提亚两个城邑还没有对罗马人打开大门。即便如此，他们之间的和平协约也即将结成，而且西班牙人也履行了协约中的大部分义务。西班牙人一向为自己高明的剑法而自豪，所以当他们被要求解除武器时，也像维里亚都一样，觉得尊严受损，他们决定在英勇的麦格拉维科斯的带领下继续战斗。这个决定很不明智，因为此时罗马执政官昆图斯·庞培的军队人数要四倍于努曼提亚能拿得起武器的人数，但是他们的将军完全不懂兵法，结果在两城的城墙下面惨遭失败（罗马纪元613—614年即公元前141—140年），最终不得不以谈判的方式来取得无法强求的和平。与特曼提亚人的停战协议已成定局，而在努曼提亚方面，罗马统帅释放了他们的战俘，并私下承诺要优待他们，要求他们无条件投降。厌倦了战争的努曼提亚人此时也同意了，他们的将军也确实把他的要求降到了最低。战俘、逃兵和人质的事情已经处理完毕，所规定的款项也交付大半，可就在这时新任统帅马尔克斯·波皮利乌斯·莱纳斯来到前线。庞培一看到指挥任务就要交付他人之手，他突然想起这样的和平条约对于罗马人来说远不够体面。为了逃避回去后可能面临的窘境，他决定要违背承诺；不仅如此，他根本不承认自己的承诺。努曼提亚人前来缴纳最后一笔款项时，他在两方军官面前，公然否认自己缔结了条约。此事被提交罗马元老院仲裁，在元老们热烈讨论时，努曼提亚的战事暂时停止，莱纳斯率军远征卢西塔尼亚，加速了维里亚都的最后灭亡，并顺道袭击了努曼提亚的邻居卢松人。元老院的决定最后到来了，可是他们决定继续战争———一个国家就以这样的方式纵容庞培的无赖行径。

曼奇努斯

于是努曼提亚人重新投入战争，勇气丝毫未减，心中的愤怒却增加了很多。莱纳斯无功而返，他的继任者盖乌斯·赫斯提利乌斯·曼奇努斯也不比他更为幸运（罗马纪元617年即公元前137年）。可是他们遭受挫败的原因并不是努曼提亚人战力超强，更多的是因为罗马将军们纪律涣散，结果导致兵士们行为放荡、飞扬跋扈、胆小懦弱。据说坎特布里部和瓦伽部马上要来支援努曼提亚人，这只是道听途说而已，罗马士兵们就在没有得到命令的情况下连夜逃离营地，躲藏在16年前诺比利亚尔建造的壕沟里[3]。努曼提亚人得知这条消息，立刻紧追逃兵，把他们包围。罗马士兵没有别的选择，只能奋战出一条血路，或者按照努曼提亚人的条件停战。尽管执政官本人非常正直，可是他软弱无能，又不甚出名。提波利乌斯·格拉奇乌斯当时任部队的财务官，他父亲管理埃布罗省时非常英明，由于其父的原因，他在凯尔特伊比利亚人中也颇有影响力。他说服努曼提亚人签订了公平的和平条约，所有的罗马军官都发誓遵守，但是元老院立刻召回了他们的将军，经过长期考虑，他们向公民大会提交了一份建议书，认为对待此项条约的方式应该和对待考蒂尼协定一样，换句话说，不批准该协议，而且要追究签约者的责任。

按此规定，签约者应指所有发誓遵守该条约的人，但是格拉奇乌斯和其他人都因为裙带关系幸免于难，唯有曼奇努斯一人，为他们的错误付出了代价，因为他不属于高等贵族。于是他被褫去官服，被带到敌方前线，但是努曼提亚不愿承认条约无效，所以这位前军队统帅就身穿单衣，背剪双手，在努曼提亚城门外站了一整天，面对此情此景，无论敌友都会心生怜悯。曼奇努斯的继任者、同僚马尔克斯·埃米利乌斯·雷比达好像根本没有吸取这个惨痛的教训，罗马城中还在热烈讨论曼奇努斯条约之事时，他竟然借故对自由的瓦伽部落发起进攻，正像十六年前卢库勒斯所做的那样，并与西班牙远省的将军一起围攻帕朗提亚。来自元老院的命令要求他立即停战，但是，他借口说时局已有所变化，继续围城。围城期间，他的所作所为完全表明：他不仅是个不负责任的公民，更是个不合格的军人。在这个巨大而坚固的城邑前面守了很长时间后，军队给养渐渐缺乏，这个城市不但固若金汤，而且充满敌意，他不得不撇下老弱病残，开始撤退。帕朗提亚人追赶过来，消灭了他一半的将士，要不是他们放弃追赶太早，这支早已溃不成军的罗马部队会全军覆没。因为此事，这位出身高贵的将军归来后，被课以重金，以示惩罚。他的继任者卢奇乌斯·弗里乌斯·费鲁斯和盖乌斯·卡尔普尼乌斯·皮索又于罗马纪元619年（即公元前135年）对努曼提亚人发起战争，不过，由于他们几乎没做什么事情，所以也没遭到什么失败。

西庇阿·埃米利亚努斯

后来，即使罗马政府也发现这种情况不能再继续下去，他们最终认为征服这座小小的西班牙城邑不是一件小事，因而委任国家第一将军西庇阿·埃米利亚努斯带兵前往。可是，发放给他的战争经费少得可怜，而且他请求征兵的提议竟然遭到拒绝，这可能是因为贵族内部的阴谋，也可能是害怕增加人民的负担。不过，他有很多朋友和门客都主动陪伴他上前线，其中就有他的兄弟马克西姆斯·埃米利亚努斯，几年前，就是这位兄弟出色地击败了维里亚都。这群值得信赖的人组成了将军的卫队，在他们的支持下，西庇阿开始重整腐败的军纪（罗马纪元620年即公元前134年）。他首先清理了驻守营地的士兵——营地里居然有多达两千个高级妓女、数不清的占卜者和各种僧侣——他认为，如果士兵不能用于作战，至少他们应该从事挖掘壕沟和训练等工作。

第一年夏天，将军避免与努曼提亚人发生任何冲突，只是把周围村庄里存储的给养毁掉，严惩向努曼提亚人出售谷物的瓦伽人，并迫使他们承认罗马的统治权。只有快到冬天时，西庇阿才把军队召集到努曼提亚周围，除了努米迪亚王子朱古达带领的骑兵、步兵和十二匹战象外，还有数不清的西班牙小分队，共四个军团，人数多达六万，而他们围攻的城市里能够使用武器的人数最多不超过八千，即便如此，被围困的人们还经常出来挑战。西庇阿清楚地知道，军队多年来纪律涣散的问题不是一朝一夕能够解决的，所以他不愿应战。可是一旦被困者突围，双方发生冲突时，罗马军团就会抱头鼠窜，唯有将军亲自督阵才能勉强制止，这都证明了将军明智的判断。西庇阿对围困努曼提亚的士兵非常鄙视，从来没有一个将军用这样的态度对待过自己的部下，他不但说话非常刻薄，行动上也表露无遗。罗马人可以自行决定战争时是否使用刀剑，可是他们竟然选择了锄锹，这也是史上第一次。

整座城墙长约三公里，罗马人沿城墙建立了一座双层围城，长度为其两倍，备有城墙、塔楼和壕沟。最初还经常有勇士从多罗河上乘船或游泳为围困者运送给养,可是现在河面也被封锁了。虽然他们并不敢攻击这座孤城,可是照这样下去,被围困者最终会因为饥荒而投降,尤其是因为市民们去年夏天并未储存粮食。努曼提亚人很快就面临着各方面的匮乏之苦。努曼提亚人的勇士累托基尼和几个同伴一起穿过敌人的封锁线,他哀求西班牙人不要坐视自己的族人遭受灭亡之灾。他动人的演讲至少打动了卢提亚人——阿利瓦凯的一个部落,但是,卢提亚人尚未最终决定是否提供援助时,西庇阿收到了从罗马来的密报,突然带领优势兵力降临卢提亚城下,逼迫其政府交出此次运动的领导者。于是,四百个青年都在罗马将军的命令下,被砍去双手。

努曼提亚人最后的希望就此破灭,他们不得不派人向西庇阿议和,并且呼吁,勇敢的人应该惺惺相惜,他们应得到饶恕。可是当返回的使者宣布说西庇阿要求他们无条件投降时,他们被愤怒的人们撕得粉碎。又过了一段时间,饥馑和瘟疫再次起了作用,他们再次派遣使者来到罗马指挥部,说现在全城人都同意无条件投降。市民们被要求第二天在城门前集合,可是他们要求再宽限几天,好让那些不愿失去自由的人可以从容死亡。他们的请求得到允许,很多人利用了这最后的机会,最后,残留下来的人们聚集在城门前。西庇阿挑选了五十个最优秀的人参加他的凯旋游行队,其余的全部被卖为奴,城市被夷为平地,领土被分给临近城市。此事发生在罗马纪元621年(即公元前133年)秋,当时西庇阿就任总统帅一职刚刚十五个月。努曼提亚的陷落使当地仍存的反对活动断绝了根基,罗马人只需进行军事演习和征收罚款就能保证其在近西班牙省的统治地位。

伽莱西部被征服　西班牙的新形势

在远西班牙省，卢西塔尼亚的灭亡使罗马人的统治得到加强，范围也更加广泛。代替凯庇欧之位的执政官德西姆斯·朱尼乌斯·布鲁图斯把卢西塔尼亚战争的战俘发配到撒贡图姆附近地区，给他们建立了新城瓦伦提亚（即瓦伦西亚），像卡提亚一样，也施行拉丁体制（罗马纪元616年即公元前138年）。不仅如此，他还从各个不同方向穿越了伊比利亚西海岸，是到达大西洋海岸的第一个罗马人。卢西塔尼亚人，无论男女，都顽强保护他们的城市，但也被他征服。就连一向独立的伽莱西部落，也在一场大战之后被并入罗马行省，在那场战争中，据说死亡者多达五万人。现在，瓦伽部、卢西塔尼亚和伽莱西部都臣服于罗马，亚平宁半岛上，除了北部沿海地区，至少在名义上都顺服于罗马人。

之后，元老院派出一个使臣团来到西班牙，其目的是和西庇阿一起，用罗马人的方式来管理这块最近夺得的土地。西庇阿尽其所能去消除其前任们臭名昭著的愚蠢政策所带来的影响。例如考伽人，十九年前他还是个军事保民官时，不得不目睹他们受到卢库勒斯的虐待，现在，他邀请考伽人回到自己的家乡，重建这个城市。西班牙重新回到相对和平的时期。昆图斯·伽西利乌斯·米图鲁斯在罗马纪元631年（即公元前123年）掌管群岛之后，剿清了藏在巴利阿里岛上危险的海盗，这对西班牙的商业繁荣起到了很大作用。在其他方面，岛上土地肥沃、人口稠密，他们善于使用轮索，无人能及，这些都是无价的宝贵财产。的确，在北部和西部地区，各部落仅仅是半臣服或者根本没有臣服，所以罗马边境地区深受其害。卢西塔尼亚人尤其是贫穷的年轻人经常结伴为盗，他们会聚在一起抢劫同胞和邻居们，因为这个原因，即使到了后来，当地零散的庭院都会建成堡垒的形式，在需要时，可以用于自卫。在这个充满敌意、几乎无法通过的山区,罗马统治者也无法消灭这种抢劫的风俗。以前的战争后来却渐渐演变成了抢劫的性质,稍微有能力的长官都可以制止,而且不需要动用太多人力物力。虽然边境地区经常遭受这样的骚扰,西班牙仍然不失为罗马辖内最繁华、最有序的地区,什一税和中间商在这里闻所未闻。这里人口稠密,盛产稻谷和牛羊,物产丰饶。

被保护国

与此同时,希腊以及非洲、亚洲等地区的形势更为严峻,罗马人通过与迦太基、马其顿、叙利亚及其他国家的战争把这些国家纳入自己的统治范围,这些国家名义上是自主的,实际上却附属于罗马。一个独立国家为了保持自己的独立,在战争无可避免之时,他们可以付出任何代价。失去独立的国家,其保护国会保证其与邻国和平相处,这至少也算一种补偿,但是上面所说的那些国家却既不能独立又不能享受和平。在非洲,迦太基人和努曼提亚人之间的战争连绵不断。在埃及,托勒密·费勒米托和胖托勒密两兄弟的继位之争,由于罗马人的仲裁,也已得到解决,可是埃及的新统治者与昔兰尼为了争夺塞浦路斯而发生了战争。在亚洲,很多国家,如比提尼亚、卡帕多西亚和叙利亚由于继位以及由此引起的其他争端而发生内战,让国家陷于四分五裂,不仅如此,在阿塔利德和伽拉太也都发生了更加激烈的战争。同样,在希腊当地,持续不断的冲突也时常爆发。甚至一向平静的马其顿,也由于新的民主政体而陷入连绵战火。

这些国家主要的精力和最后的财产都浪费在这种无谓的战争中,其中既有主国的责任,也有属国的责任。属国应该认识到:一个国家既然不能与所有国家发生战争，那它就不应该发起战争，而且，既然这些国家的财产和权力其实都处于罗马人的控制下，如果它们之间有什么争议的话，只有和解或者向罗马人申请仲裁，其他别无出路。罗德岛人和克里特岛人请求亚加亚人进行援助，亚加亚人还真的打算出手，这简直就是一个政治玩笑（罗马纪元601年即公元前153年）。亲罗马派领导人曾立下一条原则：没有罗马人的允许，亚加亚人不得私自发起战争——这一点明确表示，属国的自主权完全是形式上的，要想把形式上的自主变成实际上的自主，他们可能连这一点形式上的自主都不可复得。

在战争问题上，主国的责任更大，更是难辞其咎。让一个人承认自己无足轻重尚且很难，何况一个国家呢？要么放弃自己的特权，要么依靠自己的实力迫使属国臣服，这既是主国的义务也是其权利，可是罗马的元老院这二者都没有做到。元老院受到各方面的敦促和恳请，不停插手希腊、埃及以及亚非地区其他国家的政治事务，但是他们的干预时断时续，毫无系统，所以其努力反而让局势更糟。当时很流行使臣团，元老院的使臣团遍布迦太基、亚历山大、亚加亚等地区，而且经常是西亚一些地区王宫里的座上客。他们在那里居住、调查、上报，但是很多重要事情在最后做决定时，元老院根本就不知情，或者违反了元老院的愿望。比如，元老院早决定塞浦路斯应划归昔兰尼所有，可是它却一直掌握在埃及人手中；再比如，一个叙利亚王子继承了王位，并宣布他得到了罗马人的允许，可事实上元老院早已明确拒绝了他的申请，而他本人也是违反元老院禁令，从罗马逃跑回来的。还有，被元老院派往叙利亚监管其政府的使臣被公开谋杀，元老院也没有进行追究。

亚洲地区的人非常清楚他们不可能反抗罗马军团，但他们同时也很明白，元老院根本不可能把罗马人迁移到幼发拉底河或尼罗河流域。所以，在这些遥远的地区，局势非常混乱，就像教师不在或者偷懒时的学校一样。罗马政府不仅剥夺了这些地区的自由，也没有给予他们应有的秩序。对于罗马人来说，这种情况也相当危险，其东部和北部边境就无人看守了。这些地区很可能会在罗马管辖范围之外的国家的帮助下组成一个国家，对罗马保护的弱国发起攻击，罗马也无法立即快速地进行干预，而且这个国家迟早会发展壮大，对罗马造成威胁。不过，边疆国家的状况——一个个四分五裂，不适合政治高度发展——也减小了上述危险情况发生的可能性。从东方的历史我们知道，当时塞琉古的方阵军已经不再看守幼发拉底河流域，而奥古斯都的军团还没有接手，结束这种犹豫不决的状况正是时候。不过要结束这种状况，唯一可行的办法就是把属国编入罗马行省。要做到这一点非常容易，因为罗马的行省制度只把军事力量集中在省长手里，而行政权和司法权，无论在何种情况下都掌握在当地人手中，之前的政治独立也就转变成了当地民社的自由。这种行政改革的必要性自不待言，可问题是，元老院会拖延并阻止这种改革呢，还是有足够的勇气和胆识看清形势，并全力推动此次改革的实施？

迦太基与努曼提亚的战争

我们先看一下非洲的情况。罗马人在利比亚的统治基本上建立在马西尼萨游牧王国和迦太基城势均力敌的基础之上。前者在马西尼萨智慧有力的领导下，逐渐文明强大起来，而迦太基城经过一段时间的和平之后，至少在财富和人口方面，都恢复到了其政治权力高峰时期的面貌。罗马人目睹这位宿敌无法摧毁的繁荣，嫉妒和恐惧难以掩藏，之前，他们一直不愿保护迦太基免受马西尼萨接连不断的骚扰，现在更是公开支持马西尼萨的行动。位于小西尔提斯的埃姆波利亚是迦太基地区最富饶的地方，马西尼萨和迦太基城之间为了争夺这块土地，三十年来冲突不断，最终（约罗马纪元593年即公元前161年），罗马人决定，迦太基人应放弃其辖内因尼波利亚所有的城邑，并向马西尼萨赔款五百塔兰特（合十二万英镑）作为非法占有其土地的补偿。这件事的后果就是，马西尼萨很快又夺走了位于迦太基地区西部边境的图斯喀城和巴哥拉达斯附近的大平原，迦太基人束手无策，只好又一次向罗马提起了无望的仲裁。经过了漫长的等待（毫无疑问，罗马人在故意拖延），第二个决议传到了非洲，可是罗马人没有经过事先调查，就随便做出这样的决定，迦太基人不愿意无条件服从，坚持要对该问题进行彻底调查，罗马人于是就毫不客气地返回了罗马。

罗马人决定彻底摧毁迦太基城

迦太基人和马西尼萨之间的权力之争就这样搁置下来，不过罗马人此次出使却引起了一个更为重要的决定。该使臣团的头领是老马尔科斯·加图，他当时是元老院最有影响力的人物。作为一个汉尼拔战争幸存的老将，他心中仍然充满了对腓尼基人深深的痛恨和恐惧。加图目睹罗马这个仇敌的繁荣，心里又惊讶又嫉恨。这里富庶的乡村、拥挤的街道、仓库里大量的武器储备和造船材料，让他立刻就想到第二次汉尼拔战争，想到迦太基人会利用这些资源来对付罗马。一点不错，加图确实诚实而勇猛，但他的思想非常狭隘。他很快就得出结论，迦太基一日不从地球上消失，罗马人就一日不会安全。他返回罗马后，就立刻把这个想法呈报给元老院。那些思想相对开放的元老，尤其是西庇阿·那西卡，强烈反对这个主意，并极力表明：罗马人对腓尼基人所居住的那座商业城市怀有无端的恐惧非常可笑，腓尼基人对于战术和战争的想法越来越不习惯，而且，这座富庶的城市和罗马高度发达的政治并不矛盾。即使把迦太基城变成罗马的行省也是一条可行的道路，事实上，与迦太基城眼下的形势相比，这个主意会更受欢迎。可是，加图丝毫不愿让步，一心希望摧毁那座可恨的城市。事实证明，他的主意得到了两类人的支持：一类是政治家，他们希望把海外地区纳入罗马的绝对统治之下；影响更大的是罗马的银行家和大资本家，迦太基灭亡之后，那里的巨额财富就会落入他们之手。所以，元老院的大部分人都同意，出于对公共意见的尊重，他们将等到第一个合适的机会对迦太基人发起进攻，以摧毁这座城市。

马西尼萨与迦太基人的战争

他们衷心盼望的机会很快就到了。马西尼萨和罗马人的不断挑衅激起迦太基人的众怒，他们推举爱国党的领导人哈斯杜巴尔和嘉泰罗执掌政权。这个党派虽然不像亚加亚人那样想要背叛主国，但是至少他们会在必要的时候，用武力来保护迦太基人法定的权利。爱国党人命令把四十个最坚决的马西尼萨支持者逐出城外，并让人们发誓无论如何都不会允许他们回来，同时，为了应对马西尼萨可能进行的攻击，他们把自由的努曼提亚人组成一支军队，由阿克巴赞斯——西法克斯的孙子来领导。马西尼萨这次却非常谨慎，没有贸然出兵，关于巴哥拉达斯地区的争执，无条件地听从罗马人的决定。因此，罗马人就得出结论（确实有几分可信），迦太基人的武装准备是针对他们的，于是就命令迦太基人立即解散军队，销毁造船材料。迦太基元老院打算同意，但是大多数人都反对执行这个命令，因此，把这条消息带来迦太基的罗马大使就面临着生命危险。

马西尼萨命令其子古鲁撒抵达罗马，报告说迦太基人无论海陆都没有停止备战工作，以加速战争爆发。

罗马又派了十名大使，证实其所述情况果然不假，但是元老院拒绝了加图立即宣布开战的请求，而是在秘密会议中决定，如果迦太基人不同意解除武器，销毁造船材料，他们再宣布开战。与此同时，非洲的冲突已经开始。马西尼萨派儿子把被驱逐出城的四十人送回城市，可是迦太基人关闭了城门，而且杀死了几个努曼提亚人，于是马西尼萨开始出动部队，而迦太基爱国党人也做好准备，预备还击。可是迦太基人总是推举庸碌无能的人来做将军，此次统帅军队的哈斯杜巴尔也是同样。他穿着紫色的将军战袍高视阔步，就像舞台上的国王，这个肥胖的人即使在营地里也大吃大喝，在当时的情况下，即便有哈米尔卡的天分和汉尼拔的军事才能也可能无力回天，而这个自负的庸碌之辈就更加无济于事了。西庇阿当时是西班牙部队的军事保民官，他奉命到马西尼萨部落去取长官的战象，此时正在一座山上观看迦太基人和努曼提亚人的这场恶战，就像"宙斯在伊达山"上一样。在这场战斗中，有六千名努曼提亚骑兵出于对马西尼萨的不满转投迦太基人，这样，迦太基人的数量就远超敌人，但他们还是大败而归。之后，迦太基人主动提出割地赔款，在他们的请求之下，西庇阿也同意调停，但是，哈斯杜巴尔拒绝交出努曼提亚叛军，和解失败。

不过，后来由于敌军步步紧逼，迦太基不得不答应敌人的全部条件——交出叛军、被逐者回城、卸下武器、从枪拱门下走出去、此后五十年内每年交纳一百塔伦特（约二万四千英镑）。即便这么苛刻的条件，努曼提亚人也没有遵守，相反，他们把手无寸铁的迦太基人在归途中打了个落花流水。

罗马人宣战

罗马人一直小心翼翼地不进行干预，免得阻止这场战争，现在他们终于得其所愿，找到了挑起战争的借口——迦太基人这一次确实违反了条约，因为条约规定，迦太基不得与罗马的盟国宣战或者在其领域之外发起战争[4]，而且他们已经战败过一次，正是筋疲力尽的时候。意大利的援军已经聚集在罗马，船只也已集合完毕，战争随时都会爆发。迦太基竭尽全力想避免这次迫在眉睫的危险。爱国党的领袖哈斯杜巴尔和嘉泰罗，都被宣判死刑。接着，又派使者到罗马去，把所有的责任都推到他们身上。就在此时，利比亚腓尼基人的第二大城市乌提卡也派大使抵达罗马，他们全权把整个城市都献给罗马人，而迦太基人只是不待命令就处决了罪魁祸首，与这种彻彻底底的恭顺相比，他们简直就是傲慢无礼。元老院最后裁决迦太基人的理由不够充分，迦太基人问那什么样才算充分呢。罗马人回答说："你们自己知道。"毫无疑问，他们也许知道罗马人到底想要什么，但是他们很难相信自己深爱的城市已经到了最后一刻。

于是，迦太基使者再一次来到了罗马，这一次他们有30个人，且拥有无限的权力。可是他们到达时，战争已经宣布开始（罗马纪元605年即公元前149年），两个执政官带领的部队也已登岸。可是现在他们还梦想用完全的顺服来驱散战争的风暴。对于他们的请求，元老院回答说，两个执政官刚刚向西西里进发，如果迦太基人能在一个月之内把三百名贵族子弟送到里利班做人质，并服从执政官将来颁发的任何命令，则罗马人将保证迦太基人的领土、市政自由、法律、公私财产等。很多人都认为这个答复模棱两可，但他们错了，即便当时，一些明眼的迦太基人也指出了这一点。他们要求的一切都得到了许可，唯独城市本身的去向没有说明，而且根本没有提到军队停止在非洲登陆的事情，这些都清楚表明了罗马人的意图。元老院当时非常苛刻，但是没有做出一点让步的表示。迦太基人又不愿睁开眼睛，而且当时也没有一个能干的政治家能够把城里的大部分居民组织起来，或者进行殊死抵抗，或者彻底顺服。

宣布战争和要求人质的消息同时传来，他们觉得后者还可以忍受，立刻同意了。他们还抱有幻想，因为不战就向一个世代为敌的国家投降，他们没有勇气来承认这件事情的含义。两个执政官把人质由里利班送回罗马，又告诉迦太基使者，非洲的事将来再说。罗马人在非洲没有遭到抵抗，顺利登陆，他们要求的粮饷也准时供应。迦太基元老院全体来到罗马人位于乌提卡的总部接受命令，执政官的第一个命令就是解除他们的武装。当时哈斯杜巴尔逃避死刑，在外面纠集了一支部队，人数已达两万有余。迦太基人问，如果解除了武装，那么谁来保护他们免受叛军的威胁呢？罗马人答，这就是罗马人要考虑的问题了。于是，迦太基议会全体成员奴颜婢膝地来到执政官面前，献出了所有的造船材料、军库储备和私人武器——共计三千石弩和二十万套盔甲，然后他们还问罗马人有没有其他要求。这时，卢修斯·马西乌斯·森索利努斯站了起来，向议会宣布说，根据元老院的指示，这座城市必须毁掉，居民们可以随意居住在该地区，不过距海必须十公里以上。

迦太基人的反抗

这个可怕的命令激起了腓尼基人心中强烈的感情——我们是应该说勇敢还是疯狂呢？——这种感情只有在推罗人反抗亚历山大以及后来犹太人反抗维斯帕先时才见到过。虽然这个民族忍耐奴役和压迫的耐心举世无双，但现在这个以商业和航海闻名的国家所爆发的怒火也同样无可比拟，因为现在受到威胁的不是国家，不是自由，而是他们热爱的土地、他们世代居住的城市、他们所敬仰的海滨故乡。希望破灭了，救援也不可得，政府官员至今还认为他们应无条件顺从，但是，主张让他们接受命运的人的声音，就像狂风暴雨时水手的叫声一样，很快就淹没在人民群众愤怒的呼声里。他们在狂怒之下，抓住了主张交出人质和武器的长官，把带回不幸消息的无辜者杀死，就连刚好居住在这里的意大利人也都被撕成了碎片，至少在他们身上，提前报了亡国之仇。

至于如何防御，他们还没有决定，但是手无寸铁这一点，却是毫无疑问的。城门关上了，石头都垛到了城墙上的碉堡里，城墙上的石弩都已拆掉。哈斯杜巴尔——马西尼萨之孙担任总指挥，奴隶们也都宣告解放。当时，迦太基全境除了东海岸各城邑——哈德鲁米图姆、小莱普提斯、塔普苏斯、阿库拉和乌提卡城之外——被罗马人占领之外，其他各地区都掌握在哈斯杜巴尔领导的叛军手里，迦太基人恳请他们不要在此生死存亡的危急关头拒绝对国家的帮助，他们对于群众的防守提供了宝贵的支持。同时，这些腓尼基人还以真正腓尼基人的方式，用谦卑的外衣掩盖起他们深深的怨恨，试图迷惑敌人。他们送信给执政官要求停战三十天，以便派大使到罗马去。迦太基人深知，那两位将军既不愿也不能答应他们的请求，因为他们已经被拒绝过一次。两个执政官确信迦太基人在最初的绝望过后，他们就会顺从，所以就答应推迟进攻。迦太基人就利用这个珍贵的机会准备石弩和盔甲，无论男女老少，不分白天黑夜，装配机器、制造武器，公共建筑都被拆掉，利用里面的木头和金属；女人们剪掉头发，制成石弩里不可或缺的弦。在不可思议的短时间里，城墙和男人们就重新武装起来。

支持这种壮举的，正是人民群众内心的热忱，一种超人的民族仇恨。执政官就在几公里开外，对于城里的事却一无所知，也可谓是奇迹中的奇迹。最后，两个执政官终于厌倦了等待，于是从乌提卡的营地开拔，准备攻城。他们还以为架起梯子就能爬上光秃秃的城墙呢，可是结果却又惊又怕地发现，碉堡上重新装备了石弩，而那个人口稠密的城市，他们还以为能够如入空城，可是现在已经全副武装，预备战斗到最后一人了。

迦太基城

迦太基城非常坚固，既因为其得天独厚的结构，更是因为当地居民的建筑艺术，因为他们经常要依靠城墙来保护自己。突尼斯湾水面宽阔，西邻法里纳角，东邻崩角，一条地峡横贯东西，伸向海湾。这条地峡三面环海，只有西部与大陆相连。地峡整体平坦，最窄处只有两英里宽，两端是两块高地扎贝尔·哈维和西迪·布塞得，高地中间横卧着艾尔·莫萨平原。迦太基城就位于平原南部和西迪·布塞得相连的地方。西迪高地面朝海湾的一面相当陡峭，且礁石险滩无数，是这个城市的天然有利条件，只需一堵简单的围墙就足以抵挡敌人。相反，在靠近内陆的西部地区则没有任何防护屏障，迦太基人建立了高超的防御工事，那个时代所有的建筑技巧，在这里都得到体现。最近发现，这里的建筑与波利比乌斯所描述的丝毫不差，从其遗址看来，这里主要有一个厚度为六英尺半的外墙，外墙背后有许多巨大的炮塔，可能沿着外墙处处都是炮塔。炮塔由一条宽六英尺的甬道把它和外墙分隔开来，深度为十四英尺，如果不算上炮塔前后的墙壁，每个炮塔都有三英尺宽[5]。这堵庞大的墙壁，全部由雕刻的巨石砌成，不包括炮塔上的城垛和四层的巨塔，共为两层，高度为四十五英尺[6]。下层配有象厩，储存有足够三百头大象食用的粮草[7]；上层有马厩、武器库和营房。南部有一座名为比尔萨的山（叙利亚语"比尔萨"就是避难所），这是一块巨大的岩石，高达一百八十八英尺，底部周围足有三千英尺，外墙南部就与这座山相连，正如卡庇托尔的岩石与罗马的城墙相连一样。山顶有康复之神的巨大庙宇，建立在一个很大的地基上。城南临水，图内斯湖水缓缓流向西南。迦太基半岛一块向南倾斜的舌形地带又低又窄[8]，几乎把图内斯湖与海湾完全隔绝，同时也因为开阔的海湾是东南走向的。上面所述地点就是城里两个海港所在的位置，这两个海港全为人工打造，外港也是一个商业港口，形状为狭长的矩形，狭窄的一端伸向海里。它的入口只有七十英尺宽，两端都有宽阔的码头伸向水中。科松是一个圆形内港[9]，这是一个军港，须经外港才能到达。海军统帅的官邸就在内港的一个海岛上。城墙从比尔萨山转向东部，穿越两港之间，把舌形地带和外港隔在外面，而军港则在城墙之内，这样，军港的入口想必就如一个城门，可以随时关闭。离军港不远有一个集市，由三条狭窄的街道跟比尔萨通往城市的地方相连。军港以北以及城市内部，就是现代埃尔莫萨所在的地方，即便当时，大部分地方也都建满了别墅和水利设施齐备的花园，这个地方就叫做马加利亚，它有自己的城墙与外墙相连。在半岛对面，现代嘉马特村附近的扎贝尔·哈维，是墓地所在的地方。这三个地方——老城区、郊区和墓地——就占据了海角到海湾之间的地带，只有经过两条通往乌提卡和图内斯的大路才能到达，这两条路沿着狭窄的舌形地带向前延伸。尽管舌形地带没有城墙保护，但如果军队驻扎于此，与首都相互保卫，这倒是一个非常有利的位置。这个城市如此坚固，易守难攻，更重要的是，首都及附近地区还包括八百个城池，资源丰富，大部分都处于逃亡党的控制之下。此外，无数反对马西尼萨的自由或半自由利比亚部落，也让迦太基人既能保护自己的城市，也能组织一支大军出征。逃亡党人舍生忘死，努曼提亚轻骑兵能征善战，围城者绝对不能小觑。

围城

所以，两个执政官发现他们不得不进行正式围攻，这可绝非易事。统领陆军的曼尼乌斯·曼尼利乌斯，就在城对面安营扎寨，而卢修斯·森索利努斯则驻扎在湖上，在那里的舌形地带进行活动。率领迦太基军队的哈斯杜巴尔驻扎在湖对岸尼菲利斯堡附近，在那儿，他们可以阻止罗马人派士兵来砍伐木头，装备机器，尤其是勇猛的希米尔科·发米斯，杀死了众多罗马士兵。森索利努斯在舌形地带装置了两个巨大的攻城槌，在城墙上最薄弱的地方突破了一个缺口，但由于天色已晚，不得不延迟进攻，不料就在当天晚上，城内的兵士已经成功堵上大部分缺口，并突围出来，破坏了罗马人的设备，使他们第二天不能再使用。虽然如此，罗马人还是冒险进攻。他们发现附近的城墙和房子防卫得如此牢固，还是继续进攻，结果损失惨重，若不是军事保民官西庇阿·埃米利亚努斯预见到此次鲁莽进攻的结局，把他的部下集结到城墙前面阻拦士兵逃亡，否则罗马军队一定会损失更大。在攻打牢不可破的城墙时，曼尼利乌斯损失更为严重。围城就这样持续下来。盛夏炎热，各种疾病在营地蔓延开来。较能干的将军森索利努斯又在此时离去，此外，马西尼萨早就对这块富饶之地垂涎三尺，看到罗马人想把它据为己有，自然心里不悦，所以就经常按兵不动，而此后不久，这位国王死于九十岁高龄（罗马纪元605年即公元前149年），更使罗马的进攻处于停顿的地步。

他们只有足够精力保护自己的船只免受迦太基的火攻，保护自己的营地不受迦太基人的夜袭，并在附近筑一座城堡为将士兵马抢劫粮草。罗马人两次攻击哈斯杜巴尔均无功而返，事实上，第一次进攻时，形势非常严峻，几乎到了正式战败的地步，但是，虽然将军和士兵们造成了这样惨败的局面，军事保民官西庇阿却在其中崭露头角。当敌人夜袭罗马营地时,是他率领骑兵出击,从后面攻击敌人,迫使他们后退。在第一次进攻尼菲利斯时,元帅没有听从其建议,率军过河,差点导致全军覆没。撤兵时,他又奋勇进攻敌人的左翼,减轻了部队的压力。就是由于他英勇无畏的精神,他营救了一支本已无望生还的小分队。罗马军官尤其是执政官背信弃义,阻挡了很多愿意投诚的迦太基城邑和党派领导人,但西庇阿却成功促使一位能干的领导人希米尔科·发米斯带着两千二百骑兵投奔罗马。

最后,马西尼萨生前曾请求西庇阿将其王国分给三个儿子米奇普撒、古鲁撒和马斯塔纳巴尔,西庇阿不负重托完成使命,并促使英勇善战、颇有乃父之风的古鲁撒投入罗马部队,从而弥补了罗马部队缺乏骑兵的弱点。西庇阿举止文雅、性情单纯,酷似他的父亲,甚至不会引起人们的嫉妒,无论在营地还是在都城,西庇阿的名字都挂在每个人的嘴上。即便不善赞人的加图,在他临死前的几个月内——他死于罗马纪元605年(即公元前149年)末,终究未能看见自己摧毁迦太基城的愿望实现——还引用了荷马的一句诗,来描述这位年轻的军官和他无能的同僚:

只有他是个活人,其余都是游魂。[10]

上述事情发生的时候,年末到了,罗马军队换了新的指挥官。姗姗来迟的执政官卢修斯·庇索掌管陆军,而卢修斯·曼奇努斯统领海军。但是,如果说他们前任的攻城战绩不佳,那么这两位根本就没有什么战绩。庇索没有继续攻击迦太基城,也没有尽力消灭哈斯杜巴尔的军队,相反,他转而攻击腓尼基人沿海的小城邑,而且还大都没有成功。比如,克庤伯就把他打得大败而归,使其在戴尔图斯前白白浪费了整个夏天,而且还把他的攻城设备烧毁了两次,让他不得不忍辱退兵。不错，他确实拿下了那不勒斯，但是他违背誓言劫掠该城，对于罗马人武力征服迦太基并无太大帮助。迦太基人由此勇气大增。毕提亚斯，一名努曼提亚的地主，带领八百骑兵投奔迦太基人，迦太基使者竟然想与努曼提亚与毛里塔尼亚国王，甚至马其顿伪王谈判。由于守城的将军哈斯杜巴尔与马西尼萨有亲戚关系，与之同名的叛将哈斯杜巴尔挑拨他与元老院的关系，使之被杀。所以此后的事情并没有朝着更利于迦太基的方向发展，并非由于罗马人的能征善战，更有可能是因为它自身内部的争斗。

西庇阿·埃米利亚努斯

非洲的局势在罗马引起了极大不安，为了改变这种状况，罗马人采取了非常措施，他们把这场战争的领导权交给了唯一能从利比亚平原带回胜利消息的人，他本人的名字就足以推荐他担任这场战争的统帅。西庇阿本来只是一个候补市政官，元老院并没有任命他为正式市政官，而是在法定日期之前任命他为执政官，而且不顾法律的相反规定，通过了一项特别法律委托他指挥非洲战事。他到达乌提卡时（罗马纪元607年即公元前147年）正值危急时刻。罗马海军统帅曼奇努斯受庇索之命继续攻城，但却有名无实。他占领了一个陡峭的悬崖，这个地方位于马格里亚郊区几乎无路可通的海边，离居住区相当遥远，几乎无人防守，然后把自己为数不多的兵力全部聚集于此，希望能由此打入外城。事实上，敌军此时已到达城内，随营人员也一窝蜂冲了进来，意欲对其营地进行破坏。他们又被赶回了悬崖，既没有粮饷，又与外部几乎切断联系，处境十分危险。西庇阿所知道的情况就是如此。

他尚未到达，就立刻派出自己带来的部队和乌提卡的兵力沿海路向那个情况危急的地方进发,并成功救出卫兵,守住了悬崖。此次危机过后,将军又来到庇索的营地,交接军队的统帅权,接着把部队开往迦太基。哈斯杜巴尔和毕提亚斯趁他未到,立刻把营地移到靠近城市的地方,继续攻打马格里亚的悬崖,可是西庇阿率领主力军的先锋队及时赶到,进行救援。攻城重新开始,此次情况更加危急。首先,西庇阿清除了营地大量的随营人员和小摊小贩,并重新整顿松弛的纪律。不久,他就重新开始军事进攻。一次,夜里进攻郊区时,罗马人成功穿过一座位于城墙前面、与城墙一样高的塔楼,并由此来到碉堡,打开了一座小门,于是整支部队全部入内。迦太基人不得不放弃郊区及城门前面的营地,将高达三万人的城防军交给哈斯杜巴尔统帅。新统帅为了杀一儆百,首先下令把所有罗马俘虏带到碉堡,进行非人折磨后,又在围城部队的眼前将他们扔出城外。当城内人民有人对此事表示不满时,他也开始对市民采取恐怖政策。

与此同时,西庇阿把守军困在城内之后,就把精力完全放在切断他们与外界的联系方面。他把营地驻扎在迦太基亚平宁半岛与大陆相连的一个地脊上,尽管迦太基人采取种种方法进行破坏,他还是设法建成了一个横跨地峡的巨大的营地,彻底断掉了这座城市和外界的陆上联系。载满给养的船只还是会进入海港,一部分是被高额利润诱惑的商人,一部分是毕提亚斯的船只,利用顺风的机会,从图纳斯湖最边缘的尼菲利斯运送货物入城,所以不管城内的人民遭受什么样的困苦,守城的士兵还有充足的给养。因此,西庇阿又修建了一个宽为九十六英尺的石坝,从湖水和海湾之间的舌形通道深入海湾,堵死了海港的入口。起初迦太基人还嘲笑他们,认为这件事不可能做成,可后来成功之后,很明显,这座城市就只能坐以待毙了,但是奇迹一件接连一件地发生:当罗马的劳工在修建石坝的两个月内,迦太基港内工人们也在夜以继日地进行劳作,即便是从城内出来的逃兵也不知道他们究竟在干什么。突然有一天，就在罗马人完成了港口的堤坝时，五十艘迦太基三层战舰和很多小船从海港内驶出，开往海湾——就在敌人封闭通往南方的出口之时，迦太基人开通了一条运河通往东方，给自己开辟了一条新通道，而且那个地方的海水特别深，出口不可能再被封锁。

如果迦太基人不仅仅为了示威，而是立刻攻向盔甲半卸、毫无防备的罗马舰队，罗马舰队一定会全军覆没，可是第三天他们回来再向罗马人开战时，罗马人早已准备充分。战争结果不分胜负，但在归途中，迦太基军舰在入港之前相撞，由此引起很大损失，可以说是战败了。接着，西庇阿指挥大军对位于城墙外的外码头发动攻击，该码头只有一道新建的土垣在危急关头提供保护。攻墙设备在蛇形地带装好之后，很容易就打开了一道缺口，但是迦太基人却前所未有地英勇，涉过浅滩，攻击围城的设备，将罗马人打得四处逃窜。西庇阿不得不下令自己的随从阻止他们，并且破坏了攻城设备，这样，迦太基才争取时间补上缺口。然而，西庇阿又重新架起设备，火烧敌人的木质塔楼，用这种方法占领了码头以及外面的海港，然后，又在这里筑了一道与城墙同样高的墙壁；现在，这座城市终于从海陆两方面都被断了去路，因为内港必须通过外港才能出去。为了保证封锁严密，西庇阿命令盖乌斯·莱伊利乌斯去攻打位于尼菲利斯，由第欧根尼统率的营地。罗马人用巧计攻陷营地，所有人都被处以死刑或者成为俘虏。冬季到来了，西庇阿停止了进攻，让饥饿和疾病来完成他已经开始的工作。

迦太基城失陷

在此期间，哈斯杜巴尔继续自吹自擂、大吃大喝，这两件事对于全局起着怎样可怕的破坏作用，从罗马纪元608年（即公元前146年）春罗马部队开始进攻内城时就明白了。哈斯杜巴尔下令烧毁外海港，并预计罗马人必定进攻科松，于是他做好充分的迎敌准备，但是饥饿的守城兵没有抵抗多久，莱伊利乌斯就在更高的地方胜利攻下城墙，进入内港。城市失陷，但斗争远未停止。罗马军队占领了通往小港湾的市场，沿着三条通往子城的狭窄的街道缓慢前进——非常缓慢，因为路上一座挨一座的六层建筑必须一一拆毁。这种城堡式的建筑倒在大街上，兵士由房顶或屋梁上穿过，进入与之相连或相对的另一座建筑，逢人就杀。六天就这样过去了，对城里的居民来说是恐怖的六天，对于罗马人来说也是困难的、充满危险的六天，最后，他们终于来到子城所在的悬崖峭壁前，哈斯杜巴尔及其残余部队已退居于此。为了拓宽道路，西庇阿下令将占领的街道付之一炬，夷为平地，因此，无数不能作战，不得不藏匿于房中的老弱病残都悲惨地死于大火之中。终于，挤在子城的遗民不得不出来请求饶恕，他们都免于一死。来到战胜者面前时，所有人口只有三万男子，女子两万五千人，不及战前人口的十分之一。

此外，只有九百名罗马逃兵和哈斯杜巴尔以及他的一妻两子还躲在神庙避难。对于他们来讲——对于这些躲避自己职责的逃兵和杀害罗马俘虏的主谋来说——是没有条件可讲的，只有死路一条。后来，迫于饥饿的威胁，一些果敢的人放火焚庙，可是哈斯杜巴尔不愿死亡，他一个人跑到胜利者面前，双膝跪下，请求饶命。执政官同意了，但他的妻子及其余人都站在神庙之上，目睹他跪在西庇阿的脚下，她的骄傲深受打击，知道丈夫给自己濒于灭亡的、亲爱的祖国带来了耻辱，于是她以辛辣的语言告诉丈夫一个人好好活着，然后将两个儿子抛入大火，接着自己也纵身跃下，战争就此结束。是日，胜利者的营地和罗马城内的欢欣无限，只有最高贵的人才为自己占领这个国家而感到羞愧。俘虏们大部分被卖为奴隶，还有一些人在狱中自行了断，而两个贵族哈斯杜巴尔和毕提亚斯，则作为罗马战犯被押往意大利，待遇还算可以。可动产除了金银和祭献品外，都任由士兵抢劫，至于神庙宝藏，迦太基人在盛世时期从西西里劫来的宝物也被一一归还，比如法拉里的牛又还给了阿格里根廷人，其余的财产都属于罗马国家所有。

迦太基城的灭亡

整个城市的大部分依然存在，我们可以相信西庇阿确实希望保存这座城市，至少他就这个问题向元老院提出了特别申请。西庇阿·那西卡呼吁元老们的理智和荣誉感，但一切都是徒劳。元老院命令将军把迦太基城和马各里亚郊区夷为平地，不仅如此，迦太基人占领到最后的所有城池都不能放过，之后，还要用犁耙在迦太基原址上耕作一遍，在法律形式上彻底销毁这座城市，并诅咒这块土地永远不再出现房屋和耕地。这个命令被丝毫不差地执行了。迦太基城的废墟燃烧了十七个日夜。最近发掘迦太基城墙时，人们发现上面覆盖了一层深达四五英尺的灰烬，里面全是半焦的木材、铁片和投射武器。勤劳的腓尼基人在这块土地上耕耘劳作了五百年，如今却成了罗马奴隶为其远方的主人放牧牛马的地方。西庇阿，本质上是一个高尚的人，并不适合做一个刽子手，他凝视着自己的杰作，心里没有丝毫胜利的喜悦，而是满心疑惧，生恐自己的罪孽会得到报应。

阿非利加行省

接下来的工作就是这个地区将来如何组织。原本的打算是把征得的海外领土分给罗马的同盟国，但这个办法已不太符合现实情况了。米奇普撒和他的兄弟们仍然保有原来的疆界，包括最近从迦太基人那里夺来的巴哥拉达斯和恩波里亚地区，他们一直打算把迦太基城当成自己的都城，现在这种希望也破灭了。不过，元老院把迦太基的藏书都送给了他们。迦太基人直到末日一直拥有的疆土，也就是说，西西里对面非洲沿岸的狭窄地带从图斯卡河（在塔布拉卡附近）到塔恩那（在卡肯纳岛对面）之间的部分，全都变成了罗马的行省。在内部，由于马西尼萨经常侵犯，迦太基人的疆土日渐缩小，布拉、扎马以及阿伽地区早被该国王占领，现在它们也仍归努曼提亚人所有。但是努曼提亚王国三面包围罗马行省，所以罗马人对它们的疆界做了严格划分，这也表明，罗马人虽然纵容努曼提亚人侵犯迦太基人，可他绝不容许努曼提亚人侵犯自己的领土。这个新行省的名字——阿非利加（意为"非洲"）——也表明，罗马人认为现在划分的边界只是暂时的。该行省的领导权就归在一位罗马长官——乌提卡省长的名下。其边界并不需要经常防御，因为其盟国努曼提亚在各个方向都把它和沙漠地区的居民隔绝开来。至于税收方面，罗马人还是仁慈为怀。那些从战争开始就倾向于罗马的地区，比如乌提卡、哈德鲁米图姆、小莱普提斯、塔普苏斯、阿库拉、乌萨利斯等沿海城市，还有特乌达利斯等内陆城市，都可以拥有自己原有的疆土，并成为自由城市。还有一些新建的逃兵社区也是如此。迦太基城的土地——除了送给乌提卡的一部分外——和其他一些被损毁的城邑都成了罗马人的土地，以供出租。其余的城邑也都被剥夺了拥有土地和市政自由的权利，但在眼下，它们的土地和法制还由自己掌握，静候罗马政府将来之命。同时，土地既为罗马所有，它们每年要向罗马缴纳定额费用，办法是向必须纳税的个人征收产业税。这个西方第一商业城市的覆灭，真正的受益者却是罗马的商人。他们在迦太基城化为灰烬之后，立刻就蜂拥而至乌提卡，并以此为根据地,把这个罗马行省,还有之前不允许他们进入的努曼提亚和盖图里亚都拓展为他们的牟利之地。

马其顿的局势　伪菲利普在米图勒斯的胜利

马其顿大概和迦太基同时丧失了其国家的地位。智慧的罗马元老院把这个古老的王国分割成四个小联盟,而这些小联盟在内不能安居乐业,对外不能和平相处。这里的情况如何,从法库斯一个偶然记录下来的事件可见一斑。由于一位名叫达玛西普斯的人的煽动,其中一个联盟的全体官员均被杀死。无论是元老院派来的大使(罗马纪元590年即公元前164年),还是马其顿人按希腊方式邀请来的仲裁者西庇阿·埃米利亚努斯(罗马纪元603年即公元前151年),都不能建立一种差强人意的秩序。这时,色雷斯出现了一位年轻人,由于酷似国王珀尔修斯,自称珀尔修斯之子的菲利普,是珀尔修斯国王和叙利亚公主劳迪斯的儿子。他青年时期在阿德罗麦甸的麦西亚城度过,自称他还保有尊贵出身的确凿证据。以此为资本,他在本国徒劳无功地折腾一阵之后,找到了叙利亚国王迪米特律斯,他母亲的哥哥。当时确实有人相信这个阿德罗麦甸人的话,或者佯为相信,并力劝国王助他恢复祖国,或者把叙利亚王位让与他,因此,迪米特律斯为了终止这种愚蠢的言论,就抓住这个冒牌货,送给罗马人。元老院根本不在意这个小角色,只把他拘禁在意大利的一个小城市,并且没有严加看管。于是他得以逃往米利都,可是在那里又被当地官员抓住。官员请示该如何处置此人,罗马人建议放了他,他们照办了。然后,这人又来到色雷斯碰运气。奇怪的是,他不仅得到了色雷斯蛮族首领泰雷斯(其父妹妹的丈夫)和巴萨巴斯的认可和支持,就连谨慎的拜占庭人都表示支持。就这样,在色雷斯人的支持下,这位菲利普带军入侵马其顿,尽管他出师未捷,但很快就在斯台蒙河以外的奥德曼提斯一带大败马其顿部队,接着又在河西取得一次胜利,从而占领整个马其顿。

真正的珀尔修斯之子菲利普十八岁就死于阿尔巴,这确实有据可查,而这位菲利普其实是阿德罗麦甸的一个漂洗工,绝不是马其顿王子,这确实有据可查,可是马其顿人已经完全习惯于国王的统治,不喜欢法治,所以立刻就同意恢复国王统治。色萨利使者抵达罗马,宣布伪王已攻入该国境内。罗马行政长官纳西卡还以为仅凭几句严正抗议的话语就可以结束对方的胡作非为,于是他在元老院的派遣下,不带一个官兵就抵达马其顿,可是他不得不征用亚加亚和波尔加蒙的军队抵抗敌人的优势兵力,以保护色萨利,直到尤文提乌斯带领军团及时到达。后者带领他的小小兵团进攻马其顿人,但他的部队几乎全军覆没,本人也战败而死,色萨利大部都落入伪菲利普之手。菲利普在本国和马其顿的统治都相当残忍骄横。后来,昆图斯·盖西里乌斯·梅特路斯带领强兵良将抵达马其顿,同时波尔加蒙舰队也前来援助。在第一场骑兵战役中,马其顿部队占领优势,但他们很快发生分歧,四散逃窜,伪王也错误地分散兵力,将一支部队遣往色萨利,罗马人不费吹灰之力就取得了决定性胜利。菲利普逃往色雷斯酋长拜齐那里,梅特路斯追踪而至,获得第二次大胜,伪王投降。

马其顿行省

马其顿的四个联盟并非自愿臣服伪王,只是暂时屈服于武力。按照一贯奉行的政策,罗马人不应剥夺马其顿在皮德纳战争之后残存的一点独立权,但是罗马元老院还是命令梅特路斯把这个亚历山大王国变成罗马的一个行省。这个例子说明罗马政府已经改变了做法，决定把附属关系变为臣属关系，所以马其顿四个联盟的灭亡，对于罗马的全体属国而言，无不是一种沉重的打击。在以前的战争中，罗马胜利后，把伊庇鲁斯地区（包括爱奥尼亚群岛、阿波罗尼亚港口以及伊比丹奴斯）从马其顿王国脱离出来，而这一地区就一直在意大利人的掌管之下，现在，该地区又回归了马其顿，所以从这个时候起，马其顿版图的西北部就延伸到了思科德罗以外伊利里亚的边界。罗马声称对希腊本土具有保护权，现在，这保护权也随之转到了马其顿新政府的手中。由此，马其顿又恢复了统一，疆域也几乎达到其最强盛的时期盛况。只是它不再是一个王国，而是一个行省，仍然保有其整体组织甚至地区组织，只是受到意大利总督和财务官的管辖，他们的姓名以及国家的名字同时出现在当地的钱币上。赋税的安排仍按照保卢斯规定的低廉赋即每年一百塔兰特（合二万四千英镑），按固定比例由几个民社分摊。可是当地人仍念念不忘昔日王朝的风光。在伪菲利普被镇压几年之后，又有另一个人冒充珀尔修斯的儿子亚历山大，在纳斯图斯地区（卡拉苏河流域）举起了造反的大旗，很快就聚集了一千六百人。财务官卢修斯·特拉梅利乌斯毫不费力就压制了这次反叛，将这些亡命之徒驱逐到了达尔达尼亚地区（罗马纪元612年即公元前142年）。二百年前，马其顿人在希腊和亚洲成就了如此辉煌的事业，如今，这是他们在民族自豪感的驱使下进行的最后一次运动。自此以后，关于马其顿人就乏善可陈了，只是，他们记录这不光彩岁月的日期就从王国转变成行省的那一天开始。

自此以后，马其顿北部和东部边界的边防，换句话说，希腊文明对于野蛮人的防御，也由罗马人来掌管了。罗马人对于这里的防务既没有使用充足的兵力，也没有花费太多的精力，相反，他们为了军事目的而修筑了一条埃及大道，这条大道从波利比奥斯时代就从两个西部主要港口阿波罗尼亚和都拉斯，横穿赛萨洛尼卡腹地，之后还延伸至布鲁斯地区（马里特撒）[11]。这个新行省此后成了一个天然的军事基地，一方面可以对付达尔马西亚人的混乱，另一方面还可以远征位于希腊亚平宁半岛北部的伊利里亚人、凯尔特人和色雷斯部落，我们将在下文讲到他们的历史关系。

希腊

希腊人与马其顿人相比，有更多的理由庆贺自己得到了罗马的恩惠。罗马的亲希腊派可能会认为与珀尔修斯战争的灾难后果在逐渐消失，当地的情形正在好转。以前优势党中最激烈的煽动分子，体面的罗马人决不允许其进入家门，比如埃托利亚人里希斯库斯、皮奥夏人马西普斯、阿伽纳尼亚人科里梅塔斯以及臭名昭著的伊庇鲁斯人卡罗普斯，现在也都一个一个进入了坟墓。另一代人成长起来，旧的回忆、旧的恩仇都泯灭殆尽。罗马元老院认为是时候相互原谅，遗忘过去了，于是他们于罗马纪元604年（即公元前150年）释放了亚加亚爱国志士的幸存者，他们已被关押在意大利已有十七年，同时亚加亚公会也从没停止过要求释放他们，但是他们错了。不管罗马人如何愿意安抚希腊人，但他们就是无法与希腊人的爱国精神达成一致，这一点最为明显的莫过于希腊人对于阿塔利德王朝的态度。作为罗马人的朋友，欧迈尼斯二世在希腊遭到了切齿痛恨[12]，但是他和罗马人的关系刚刚有些降温，立刻就在希腊受到欢迎，希腊人希望帕伽姆斯人能解救他们免受外国奴役，就像以前的马其顿人一样。现在，希腊各小国之间社会混乱不断加剧，罗马人也只有听之任了。这个国家的衰落并非由战争或者瘟疫引起的，而是由于国内的上等阶层生活腐化，对妻子不负责任，同时犯人和流浪者也主要集聚在希腊，等待征兵。整个社会债台高筑、经济能力很差、缺乏信用。一些城市，尤其是雅典和底比斯，在经济危机时就直接进行抢劫掠夺邻近的一些地区。同时，社区内部的纠纷也绝未平静，比如情愿加入亚加亚同盟和不情愿加入的成员之间就存在深刻的矛盾。即使罗马人愿意相信自己的想象，愿意相信眼下暂时的平静，他们也会很快发现，希腊的年轻一代并不比老一代更正直、更明智。事实也正是如此，希腊人很快就找到机会向罗马人挑衅。

亚加亚战争

为了掩盖一桩罪恶的交易，亚加亚同盟当时的主席迪亚厄斯罗马纪元605年（即公元前149年）在公会发表声明：拉奇代蒙人作为亚加亚联盟的一个成员，联盟授予他们的权利——比如免受亚加亚刑事裁判权和单独派使者到罗马等——并没有得到罗马人的保证。这是无耻的谎言，但公会还是愿意相信自己希望为真的事情，同时亚加亚人还表示要用武力来证明此言为真，实力较弱的斯巴达人不得不暂时屈服，或者更准确说，亚加亚人要求交出的一些人士前往罗马元老院诉说他们的遭遇。元老院照例回答说要派遣使者前去调查，可是来到亚加亚和斯巴达的使者并没有传达元老院的意思，而是宣布说元老院已经做出有利于他们的判决。这样，亚加亚人更加觉得，既然他们是罗马人的同盟，则自己应与罗马人处于同等地位，又因为罗马人攻打伪菲利普时，亚加亚人曾施以援手，所以便自觉在政治上的重要性提高，因此于罗马纪元606年（即公元前148年）派达摩克利图斯率军进攻拉科尼亚，罗马大使途经亚细亚，在梅特路斯的劝说下，警告他们要维持和平，等候元老院委员到来，却毫无用处。接着爆发了一场战役，近一千名斯巴达人死于其中，如果不是因为达摩克利图斯既无政治能力又无军事才干,斯巴达城必被攻陷。达摩克利图斯被免之后,他的继任人戴安乌斯正是挑起这场战争的主角儿,所以此时就狂热地继续战争。同时他还向那令人畏惧的马其顿司令官表示亚加亚对其同盟的绝对忠诚。

不久,盼望已久的罗马委员终于出现,由奥利里乌斯·俄瑞斯忒斯带领。战争暂时停止,亚加亚公会列队于科林斯,听取委员的指示,但这指示出乎意料,且令人深感不快。斯巴达并入亚加亚,本来就是强迫的,有悖常理,所以罗马人决定将它取消,并且将在一切事务上对亚加亚人采取强硬措施。几年前(罗马纪元591年即公元前163年),亚加亚人曾被迫放弃与埃托利亚城市普劳伦的同盟,现在又被命令放弃自第二次马其顿战争以来所获得的一切领土——这包括伯罗奔尼撒半岛的科林斯、奥克美纳斯、阿格斯、斯巴达和欧伊特附近的赫拉克勒亚,他们的同盟缩小到汉尼拔战争结束时的规模。亚加亚人闻听此言,不待罗马使者说完,立刻奔到集市,向大家宣布罗马人的指示。无论官员还是百姓立刻异口同声表示,要立即抓捕目前还在科林斯的拉奇代蒙人,因为这些斯巴达人给他们带来了横祸。这场抓捕混乱至极,拥有拉哥尼亚的姓名或者穿双拉哥尼亚的鞋子都成为他们关押别人的理由,事实上,亚加亚人甚至闯入罗马使者的住所,把躲在那里避难的拉奇代蒙人抓走,还对罗马使者恶言相向,好在没有动手。

罗马使者愤而回国,向元老院哭诉其遭遇,并且难免言过其实,但是一向对希腊人采取温和手段的元老院,起初的方法仅限于劝告。他们言辞极其温和,对自己所受到的侮辱甚至没有提到赔偿,赛克斯图斯·尤利乌斯·凯撒只是在爱吉姆的公会里重申了罗马人的命令(罗马纪元607年即公元前147年春)。亚加亚的领袖们推举克利图劳斯为他们的统帅(从罗马纪元607年5月—608年5月即公元前147—146年),这些人都精通国家大事、熟悉政治策略,可他们得出的结论却是，罗马在迦太基和维里亚都地位不稳，于是就继续欺骗和冒犯罗马人。他们请求凯撒在泰耶阿组织一场各方代表会议，对上面的问题进行调停。凯撒照做了，但是，凯撒和拉奇代蒙的大使在那里白白等待亚加亚人很久，最后却只有克利图劳斯一个人到场，对他们宣布说，只有亚加亚大会才有权处理这个问题，此事只能在公会中得到解决，也就是说，只有六个月后才能得到解决。于是凯撒返回了罗马。

在克利图劳斯的提议下，亚加亚人的下一次大会正式对斯巴达人宣战。即使现在梅特路斯仍然试图友好解决此次争端，派使者来到科林斯，但是市民议会的吵闹声（主要是这个富裕的商业和制造业城市百姓的声音），很快就把罗马使者的声音给淹没了，他们不得不离开这个地方。克利图劳斯宣布说，希望罗马人成为他们的朋友而不是他们的敌人，这得到了广大群众的热烈欢迎。公会成员想要干预，百姓却群起保护他们爱戴的这个人，当时人们讽刺说"富人背叛祖国"，"他们需要军事独裁"，并且还暗示说，有很多民族和国王都预备反对罗马。此后的两个决议都表明了此次活动的动机：一个是所有俱乐部都应永久存在；另一个是一切债务诉讼都应搁置，直至恢复和平。

亚加亚人就这样发动了战争，他们甚至还拥有了底比斯人、皮奥夏人和哈尔基斯人的同盟。罗马纪元608年（即公元前146年）初，亚加亚人进军色萨利，迫使欧伊特附近的赫拉克勒亚屈服，因为该地区早前遵元老院之命，脱离了亚加亚同盟。元老院派遣执政官卢修斯·穆米乌斯前往希腊，尚未到达，于是梅特路斯就负责率领马其顿的军团来保护赫拉克勒亚。亚加亚－底比斯军队一听说罗马人到达的消息，立刻不再言作战之事，只想着如何才能退回安全的伯罗奔尼撒半岛。军队急忙撤退，甚至塞莫皮莱的据点也放弃了，但是梅特路斯加紧追击，在斯加费亚附近的洛克里赶上并大败希腊军队。希腊人死伤无数，还有一部分被俘。此次战役以后，克利图劳斯从此销声匿迹。希腊残军七零八落，到处奔走，始终没有地方愿意收容。帕特莱部全军覆没于福西斯，阿卡迪亚军战败于契罗尼亚。希腊北部地区根本没有军队的踪影，只有一小撮亚加亚部队和底比斯的市民成群结队逃到了伯罗奔尼撒半岛。梅特路斯用最温和的手段诱使希腊人放弃自己无谓的抵抗，比如，他下令所有底比斯人（除了一小部分外）都恢复自由，但是他的措施用意虽好，却遭到了拼死抵抗，这并非由于人民愿意抵抗，而是由于官员们忧虑自身的安全。

克利图劳斯死后，戴安乌斯重任军队统帅，他把所有能使用武器的男子都召集到峡谷地带，并命令一万二千名奴隶及希腊本地人编入军队。富人交租交税，爱好和平的人士如不愿贿赂统治者以免除兵役的，都遭到血腥迫害，人数骤减。战争由此继续下去，战况也一如从前。由四千名壮年男子组成的亚加亚先锋军在阿尔卡美尼斯的率领下驻扎在梅加拉，他们一见到罗马军队的身影，立刻四散逃窜。梅特路斯正要命令军队进攻峡谷地带的主力，这时，执政官卢修斯·穆米乌斯带领几名随从抵达罗马指挥部，接任统帅。同时，由于罗马哨兵的疏忽，亚加亚军队取得一次胜利，因此信心大增，竟在琉科波特主动向兵力两倍于己的罗马军队挑战。罗马人毫不犹豫，立刻应战。开始，亚加亚骑兵在约为自己六倍的罗马骑兵面前溃不成军，接着，顽强抵抗的希腊步兵也在敌人的侧翼攻击下乱成一团，战争就此结束。戴安乌斯逃回家中，杀死其妻，自己也服毒而死。所有城市都不战而降，就连传说中坚不可摧的科林斯——穆米乌斯害怕埋伏，犹豫三天不敢进城——最后也没有丝毫抵抗就被占领。

亚加亚行省

希腊事务的管理权现在都交由元老院的十名委员和执政官穆米乌斯，穆米乌斯在这个被征服的国家声名尚可，但是毫无疑问，由于自己在这里的赫赫战功，他自称"阿卡科斯"，并毕恭毕敬地为胜利者赫拉克勒斯建立了一座神庙，至少这一点做得并不聪明。由于他并不习惯贵族的奢侈腐化，基本上是一个"新人"，相对较为清贫，所以还算是一个正直、宽容的执政者。据说，除了戴安乌斯外，亚加亚没死一人；除了皮西亚斯外，皮奥夏也没死一人，这当然只是一种夸大其词的说法。在卡尔基斯也有残暴的事情发生，但总体来讲，他在处罚犯罪时还是宽大为怀。穆米乌斯拒绝了推倒菲洛皮门（亚加亚爱国党领袖）雕像的建议，此外在当地征收的罚款也并非交给罗马国库，而是用于修建毁于战火的希腊城市，并且此后也大都得到豁免。家有父母妻子的叛变者，财产变卖后并未充公，而是交由家属使用。只有科林斯、特斯皮伊及其他城市的艺术品被运走，一部分树立在首都，一部分就放在意大利的乡村[13]，还有一些送给了峡谷地带的德尔斐神庙和奥林匹克神庙。在这个国家的组织结构上，他也同样采取了温和的措施。当然，在引入行省制度时这一点就不言而喻，那些特殊同盟，尤其是亚加亚同盟都将被解散，各民社都自行其是，同时还有一条命令阻止他们的相互交往，也就是说，没有人可以同时拥有两个民社的土地。不仅如此，各民社的民主法律都被废除，各民社都由富人组成的议会进行管理，这些政策都在弗拉明努斯实施过[14]。此外，各民社都须向罗马缴纳固定的土地税，他们都处于马其顿省长的管辖之内，他是最高的军队统领，对当地的司法和行政实行监督，比如，他可以对更加重要的刑事诉讼进行判决。即便如此，希腊各民社仍然拥有一定的"自由"，他们拥有正式的主权（虽然罗马主权对其进行了一定限制），他们拥有土地所有权和一定程度的行政及司法权[15]。几年之后，旧的同盟又开始时断时续地存在，就连限制土地所有权的命令也被废除了。

科林斯的毁灭

底比斯、卡尔基斯和科林斯等民社受到的待遇则相对严厉，其中前两个民社的居民都卸下了武器，拆除了城墙，变成了开放的村庄，这本是无可非议的，但是昔日繁华的科林斯——希腊第一个商业城市就这样无缘无故被拆毁，确实是罗马编年史上的一个黑点。元老院有令，科林斯公民全部被抓，没有杀掉的一概卖为奴隶，城市本身也被拆掉城墙和城堡——如果罗马人不打算永远驻守此地，这个办法在所难免——被夷为平地，而且罗马人还依照惯例诅咒此地永远不得重建。该地区的大部分领土归罗马所有，其中一部分土地被送给西锡安，条件是后者应代替科林斯支付海峡地带民族节日的费用。

希腊大地上最后一个珍贵的装饰品，"希腊的眼睛"，一个曾经如此富饶的城市，就这样消失了。但是，如果文明回顾一下整个灾难的过程，公正的历史学家不得不承认——该时期的希腊人自己也坦白承认——此次战争并非罗马人之错，相反，希腊人背信弃义，国势衰微却冒失鲁莽，罗马人不得不进行干涉。废除联盟虚伪的主权以及与此相关的有害梦想乃是此地的幸事。马其顿的罗马元帅掌管此地，虽然并不如人愿，但与昔日希腊联盟和罗马委员的混乱与暴政相比，已经好得多了。伯罗奔尼撒半岛也不再是雇佣兵的庇护所。有人断言，此地受到罗马人的直接统治后，会在一定程度上恢复其平静与繁荣，这点倒是可信。第米斯托克利曾说过"灭亡拯救了灭亡",当时的希腊人就用这句话来说明希腊丧失独立的结果,其实不无道理。即使现在,罗马人对于希腊人仍然过分纵容,这一点与罗马人当时对待斯巴达人和腓尼基人的做法对比,就会更加明显。残暴对待野蛮民族似乎未尝不可,但这一时期的罗马人,也像后来的皇帝图拉真一样,认为"剥夺雅典和斯巴达人残存的一点自由,未免太过严厉,太过野蛮"。

对待亚加亚人的宽容态度和对待科林斯的残暴形成了鲜明的对比。罗马人对于科林斯的残忍,就是为毁掉努曼提亚和迦太基城做辩解的人士也不以为然,即便按照罗马国际法,罗马使臣在科林斯街头遭到恶语相待也不是他们遭到如此惩罚的理由。这种残忍并非由于某个人的命令,更不是穆米乌斯的命令,而是罗马元老院深思熟虑的结果。如果我们认为这是商人党造成的结果,这结论一点不错,因为商人党很早就开始干预贵族的政策,除掉科林斯就等于消灭了一个商业对手。如果罗马的大商人在希腊事务上有发言权,我们不难理解为什么单独科林斯城遭到这样悲惨的待遇,为什么罗马人不仅毁掉了这个城市,而且还禁止在这块适合商业发展的土地上进行任何重建工作。自此以后,众多罗马商人云集希腊,伯罗奔尼撒半岛的阿哥斯就成了罗马商人的集聚地。然而对于罗马的批发商来说,提洛岛却具有更加重要的意义。即使早在罗马纪元586年(即公元前168年),提洛岛就是一个著名的自由港了,它吸引了罗德斯大部分的商业,现在也同样继承了科林斯的遗产。该岛在很长一段时间内都是西方到东方货物的集散地[16]。第三个大洲距离遥远,罗马人的统治不如在非洲和马其顿-希腊各国那样顺利,因为这些地区与意大利之间只隔着一条狭窄的水域。

佩尔加盟王国

在小亚细亚，塞琉古王朝被驱逐之后，波尔加蒙王国就成了第一强国，阿塔利德王朝不受亚历山大王朝传统的诱惑，而是明智地保持冷静，不去强求不可能的事情，努力维护国内的平静。他们既不愿扩张自己的领土，也决不在罗马的强权下屈服。他们只是在罗马人的允许之下，尽力促进帝国的繁荣与和平。可惜他们还是没能逃脱罗马人的嫉妒和怀疑。该国既拥有欧洲海岸普罗庞提斯，西邻小亚细亚海岸，在内陆地区又远达卡帕多西亚和西亚边界，并且与叙利亚国王保持着密切的联系——其中一个国王安条克·伊皮法尼（罗马纪元590年即公元前164年）曾在阿塔利德王朝的帮助下登位——波尔加蒙国王欧迈尼斯二世势力日渐强大，马其顿和叙利亚王国的不断衰落，使其国家更为显赫，甚至引起了其创办人的忧虑。前面我们曾经讲过，在第三次马其顿战争后，罗马元老院曾试图用不正当的外交手段来削弱这个盟国。在当时的情况下，波尔加蒙统治者对于国内自由或半自由的商业城市的相互关系，以及边境上那些野蛮邻国的关系，早觉得焦头烂额，现在其主国对本国表示不满，更是增添了事情的复杂性。由于罗马纪元565年（即公元前189年）的和平条约并没有清楚显示，潘菲利亚和皮西迪亚边界的陶鲁斯高地到底属于叙利亚还是波尔加蒙王国[17]，而那些英勇的塞尔吉人，好像名义上承认叙利亚对他们的统治，所以在那几乎无路可通的皮西迪亚山区，对国王欧迈尼斯二世和阿塔罗斯二世进行了旷日持久的激烈反抗。亚洲凯尔特人，在罗马人的授意下曾有一段时间臣服于波尔加蒙王国，现在也开始反抗欧迈尼斯，并与阿塔利德王朝的世敌浦路西亚斯国王比提尼亚联合，突然于罗马纪元587年（即公元前167年）对欧迈尼斯发起战争。欧迈尼斯国王没有时间去雇佣军队，他的智勇又不足以阻止凯尔特人大败亚洲军队，阻止他们蹂躏他的国土。对于欧迈尼斯的请求，罗马人屈尊进行调停，方式却相当奇特，我们上文曾经讲过。不过，这位国王一旦有了时间，又有国库里充足的库存，他很快召集了一支部队，不久便收复失地，将敌人逐出边境。尽管加拉提亚仍未收复，而他在当地维持自己立足之地的努力也因为罗马的影响惨遭失败[18]，虽然邻国和罗马人对他施以明枪暗箭，然而，他死时留下的王国仍然势力未减。欧迈尼斯死时儿子尚未成年，本都王法那西斯试图夺取监护权，欧迈尼斯之弟阿塔利德二世费拉德尔费亚在罗马人的帮助下驱逐了法那西斯，然后代替其侄摄政，就像安替柯·多森一样，终身为其监护人。此人非常聪明能干、能屈能伸，是个真正的阿塔利德人，他竟能设法让元老院相信他们此前所怀有的疑心毫无根据。虽然国内的反罗马派指责他把土地出卖给罗马人，并且奴颜婢膝承受罗马人的侮辱和勒索，但是他有了罗马人的保护，竟然能够插手叙利亚、卡帕多西亚和比提尼亚的王位之争。即便在与比提尼亚的战争中，也是罗马人的干预挽救了他的性命。比提尼亚国王普鲁西亚斯二世外号为"猎手"，野蛮人和文明人的缺点他都兼而有之。阿塔利德二世与比提尼亚的战争极为凶险，但罗马人直到最后关头——他被围困城中时才开始施以援手，而且普鲁西亚斯对于罗马人的第一次警告根本不予理睬，甚至还对此加以嘲笑。不过，当他监护下的阿塔利德三世·费罗梅托继位之后，国王所实行的和平宽大政策就为亚洲苏丹式的暴政所代替。比如，他父亲的朋友经常对其进行忠告，很不方便，为了除掉这些人，他便把他们召集到宫中，命令卫兵将他们一一杀死，此后又除掉其妻子家人。除此之外，他还写些有关园艺的文章，种植有毒植物，制备蜡炬模型，最终猝然死亡。

亚细亚行省与亚利斯托尼库斯的战争

阿塔利德二世死亡，阿塔利德王朝随之消失。在此关头，根据罗马属国的宪法，末主有权利用遗嘱规定王国的继承权问题。他竟然在遗嘱中将王国留给了罗马人，很难断定他这么做究竟是由于痛恨臣民们对阿塔利德末代君主的折磨，还是想进一步确认罗马对王国的实际统治。总之，遗嘱已经立下[19]，罗马人也接受了这份馈赠。阿塔利德王朝的土地和财宝就像一个新鲜的苹果一样，成了罗马各政治党派争夺的焦点。在亚细亚，这份遗嘱还引起了一场战争。由于亚洲人痛恨外族人对他们的统治，欧迈尼斯的私生子亚利斯托尼库斯就利用这种心理，在士麦那和福西亚之间的一个小海港城市路加亚揭竿而起，要求继承王位。福西亚和其他一些城市都追随了他，但是艾菲希亚人在库迈附近的海上把他击败，因为他们发现，只有遵从罗马人的命令才能给自己带来好处。亚利斯托尼库斯不得不逃往内地。大家都认为这场运动就此结束了，可是他突然又以"太阳城公民"[20]首领的名义出现在大家面前，换句话说，他率领着一群刚获自由的奴隶，占领了吕底亚的提亚提拉城和阿波罗尼斯城，甚至一部分阿塔利德王朝的城市，并召集了一群色雷斯自由人加入他的队伍。战争进行得非常激烈。亚细亚没有罗马军队，而当地的自由城市以及比提尼亚、帕负拉哥尼亚、卡帕多西亚、本都、亚美尼亚等属国的军队都无法抵抗伪王的军队。他依靠强大的兵力一直攻入克罗峰、萨摩斯和敏杜斯，罗马纪元623年（即公元前131年）底，罗马军队抵达亚细亚时，他几乎统治了他父亲的整个王国。

罗马军队的统帅，执政官兼大祭司长普布利乌斯·李锡尼乌斯·克拉苏穆奇亚努斯，是当时罗马最富有也是最文雅的一个人，同时他还是一个杰出的演说家和律师。统帅意欲把伪王围困在路加亚，可是正在准备期间，他因为过于轻敌，竟然被对手打得措手不及，本人也被一支色雷斯部队围困起来，这让他吃了一惊。他可不愿意让敌人得逞，自己一个堂堂的罗马统帅怎能成为他们的俘虏，于是他故意激怒了那些并不知道他身份的野蛮人，结果那些人把他处以死刑（罗马纪元624年即公元前130年初）。当人们认出他就是执政官时，他已成了一具尸体。卡帕多西亚国王阿里阿拉斯好像也是和他同时死去的。这次胜利不久，伪王就为克拉苏的继任人马库斯·波非那所败，他的军队四散逃窜，本人也被围困在斯特拉托尼西亚，成为战俘，不久在罗马被处决。

波非那猝死之后，征服最后一个进行抵抗的城市、对此地进行彻底管理的任务就落在了曼尼乌斯·阿基利乌斯的身上（罗马纪元625年即公元前129年）。其实行的政策跟在迦太基地区的政策一样。阿塔利德王国的东部地区被划给了属国国王，这样，罗马人就不用防御其边界，军队也不必常驻亚细亚了。泰尔米苏斯划归利西亚同盟[21]，色雷斯在欧洲的部分归于马其顿行省；其他地区就组成了一个新的罗马行省，和迦太基一样，这个行省就以它所处的大陆命名（其中自有其深意）。当地昔日向波尔加蒙王国缴纳的税赋全免，他们推行的政策也和希腊以及马其顿一样温和，由此，小亚细亚最大的一个国家变成了罗马的一个行省。

西亚　卡帕多西亚

西亚众多的其他小国和城市，比如比提尼亚、帕负拉哥尼亚、加里克王国、利西亚、帕姆菲利亚同盟等，还有自由城市基齐库斯和罗德等，他们的关系还一如从前。哈里斯河以外，在卡帕多西亚，阿里阿拉特五世费罗帕特在阿塔利德王朝的支持下，与在叙利亚支持下的哥哥赫罗福尼斯争夺王位，并取得成功。此后，该国一直采取与波尔加蒙相似的政策,不仅绝对忠诚于罗马,而且还倾向于接受希腊文化。就是他把希腊文化引入了当时几近野蛮的卡帕多西亚,当然还有希腊文化的奢侈浪费,比如对酒神巴克斯的崇拜以及所谓"流浪艺人"的腐化生活。忠诚的阿里阿拉特五世费罗帕特参与了罗马与波尔加蒙伪王的战争,并因此死亡,为表达对这种忠心的赞赏,罗马人不仅驱逐了想要篡位的本都王,辅佐其幼子阿里阿拉特六世上台,而且把阿塔利德王国东南部的利考尼亚及其东部原属西里西亚的地区划归卡帕多西亚。

本都国

在小亚细亚东北部遥远的地区,被称为"海上卡帕多西亚"或者简称"海国"的本都国范围渐渐扩大,势力也逐渐增强。马格尼西亚战役后不久,国王法那西斯一世就把其主权扩张到了哈里斯河以外、比提尼亚的边界第乌斯,尤其是占领了富饶的锡诺普地区,并将其由一个自由的希腊城市变成了本都国王的居所。毫无疑问,他的这种侵略危害了邻国的利益,于是,在国王欧迈尼斯二世的带领下,几国联合对其发起了进攻(罗马纪元571—575年即公元前183—前179年)。在罗马人的调停下,他同意从加拉提亚和帕负拉哥尼亚撤军,但是这一系列事件都表明,法那西斯以及他的继任人米特拉达特斯五世尤尔哥特斯在第三次布匿战争以及与亚利斯托尼库斯的战争中,都是罗马的忠实同盟,不仅拥有哈里斯河之外的地区,而且实际上还保有对帕负拉哥尼亚和伽拉太王国的保护权。阿塔利德王国解体后,罗马人之所以愿意把大弗里吉亚划归米特拉达特斯,表面上因为其在与亚利斯托尼库斯战争中的英勇行为,实际上则是因为向罗马将军缴纳了大量财物。这一点只有在上面假设的前提下，才能得以解释。另一方面，本都在高加索和幼发拉底河方向延伸到何种程度，我们不能准确断定，但它确实占有了亚美尼亚西部地区的恩迪尔斯和迪维利奇，这些地方也被称为小亚美尼亚。大亚美尼亚和索非尼地区则成立了独立的王国。

叙利亚和埃及

在亚平宁半岛的小亚细亚地区，罗马大体上就这样行使自己的统治权，虽然这些国家在很多事务上都不愿按照罗马的愿望，甚至与它的愿望相反，然而在土地分配上，基本还是由罗马来统治，不过在陶鲁斯和幼发拉底河上游，直到尼罗河谷地大体上还都享有自治权。所以在罗马纪元565年（即公元前189年），管理东方事务所应遵循的基本原则，也就是说哈里斯河应成为罗马属国的东方边界，这一点，元老院并没有遵守，不过从其性质上看，也根本无法遵守。政治上的地平线和自然界的地平线一样只是一个幻觉，如果叙利亚所拥有的战舰和战象数目完全符合和平条约规定；如果叙利亚军队在罗马元老院的要求下，只取得一半胜利就从埃及撤军，那这些事情都表明他们明确承认罗马的霸权和自己的属国地位。同样，叙利亚和埃及的王位之争也要得到罗马的命令才能解决。

在叙利亚，自从安条克·伊皮法尼斯死后（罗马纪元590年即公元前164年），当时在罗马做人质的塞琉古四世之子艾皮法尼斯（后改名为索特），开始与先王安条克·伊皮法尼斯的幼子安条克·尤帕托争夺王位。在埃及，自从罗马纪元584年（即公元前170年）以来，一直由两兄弟共同执政，其中长兄托勒密·费罗米特（罗马纪元573—608年即公元前181—前146年）被弟弟托勒密二世（或叫胖托勒密）逐出本国（罗马纪元590年即公元前164年），因此亲自跑到罗马，希望能重新夺回王位。罗马元老院完全依靠外交手段解决了这两件事情，并以罗马的利益为准则。在叙利亚，德米特里厄斯更有资格继承王位，却被搁置一边，安条克·尤帕特继承王位。这个幼年国王的监护权则落到了罗马元老盖乌斯·奥克塔维乌斯的手中，不负罗马人的愿望，他的统治完全是为了罗马人的利益。他根据罗马纪元565年（即公元前189年）的协议，裁掉了海军和战象，以一种循序渐进的方式削弱了这个国家的军事力量。在埃及，不但费罗米特成功复位，而且昔兰尼地区也被分割出去，成了尤尔哥特斯的属地，这部分是为了结束两兄弟之间的争端，部分也是为了削弱罗马依旧强大的力量。此后不久，一个犹太人写道："有用的人，罗马人便立之为王；没用的人，便逐出国门，远离家乡和亲人。"不过这也是罗马元老院最后一次在东方事务上拥有如此的能力和精力，之前这种能力和精力在与菲利普、安条克和波修斯等人的合作中也表现出来过。

虽然政府内部的腐败在对外事的影响中反应比较滞后，不过最终还是会产生很大的影响。如果政府不稳定，整天处于风雨飘摇之中，那他们对权力的把握就会松弛，几乎掌握不稳。叙利亚的摄政王被谋杀于劳迪西亚，而那个被迫放弃王位的迪米特里斯也逃出了罗马，假借元老院的名义，废掉幼小的国王，获得了祖国的统治权（罗马纪元592年即公元前162年）。不久，埃及和昔兰尼之间由于争夺塞浦路斯岛而爆发了一场战争。元老院先把塞浦路斯判归兄长，后判归弟弟，而现在塞浦路斯仍归埃及所有，这与罗马人最近的决定恰恰相反。与此同时，罗马政府虽拥有至高无上的权力，且国内外一派和平，却总遭到东方国家一些无能国王的嘲讽。这些人冒用他的名义，滥杀其监护人和使臣。七十年前，伊利里亚人胆敢以同样的方式攻击罗马使者，当时的元老院就在市场为受难者立了纪念碑，并立刻召集海陆部队进攻杀人者。同样，这时的元老院也按照惯例，要求为盖乌斯·奥克塔维乌斯树立纪念碑，但他们没有率领军队进攻叙利亚，而是确认了迪米特里斯的王位。罗马政府确实太强大了，毋庸为自己的荣誉而战。同样，埃及人不顾罗马的命令，仍然占有塞浦路斯，而且在费罗米特死后（罗马纪元608年即公元前146年），尤尔哥特斯继任其位，把分裂的国家重新合二为一，元老院也听之任之，并不反对。

印度和巴克特里亚

这些事件之后，罗马对这些国家的影响逐渐动摇，他们的活动不再需要罗马的帮助，但是我们还是不能忽略近东甚至远东的历史。埃及四面隔绝，现状不容易改变，同时，在罗马统治暂时停止的一段时间里，亚洲的幼发拉底河东部和西部地区的民族和国家都经历了根本的改变。在伊朗大沙漠以外，亚历山大统治后不久，印度地区就出现了钱德拉古朴塔领导的帕里姆波斯拉王国，上奥克斯地区出现了强大的大夏国，两国均受到当地元素与希腊文化最东分支的综合影响。

亚细亚王国的衰落

两国的西部便是亚细亚王国。这个国家在安条克国王的统治下，国势已经衰微，但其国土仍从赫勒斯滂海峡一直延伸到麦甸和波斯行省，包括整个幼发拉底河和底格里斯河流域，国王也仍然插手沙漠之外的帕提亚和巴克特里亚地区，就是在他的领导之下一个偌大的国家才开始四分五裂。他不仅在与马格尼西亚的战争中丢掉了西亚细亚，而且两个卡帕多西亚省和两个亚美尼亚省——东北部的亚美尼亚本部和西南部的索非尼地区也都得到解放，由叙利亚的公国变成了独立的王国。在这些国家中，由阿塔柯西领导的大亚美尼亚很快就强大起来。他的继任人安条克·艾皮法尼斯（罗马纪元579—590年即公元前175—前164年）采取了愚蠢的统一政策，让帝国遭受到更大的灾难。尽管他的王国的确是由众多的小国而不是一个单一的民族组成，并且公民国籍和宗教的不同也确实为政府的管理带来了很多障碍，但是在他的整个统治区都引进希腊-罗马的生活方式和宗教习惯，并将所有的民族在政治上和宗教上都整齐划一，这确实不太明智。更重要的是，这个讽刺版的"约瑟夫二世"本人并不适合从事这么庞大的事业，他进行改革的方式非常糟糕，不仅大规模地拆掉寺庙，而且对异教徒进行了疯狂的压迫。

犹太人

这种政策造成的一个结果就是，居住在埃及边界的犹太人，本是一个非常驯顺、非常谦卑的民族，而且非常活跃、非常勤劳，现在为这种大规模的迫害所逼，开始公开反抗（罗马纪元587年即公元前167年）。此事闹到了罗马元老院。当时的元老院正对迪米特里斯·索特深怀怨愤（他们这么做有正当的理由），同时还担心阿塔利德王国和塞琉古王朝联合起来，此外，在叙利亚和埃及之间建立一个强大的国家，无论如何对于罗马都是有利的，所以罗马轻而易举就承认了发起叛乱的国家的独立和自治（罗马纪元593年即公元前161年）。除了无须动用财力的事情外，罗马人没有为犹太人做任何事。尽管罗马和犹太人签订的条约规定，当犹太人遭受攻击时，罗马人必须出手相助，而且罗马人禁止叙利亚和埃及国王从犹地亚行军，但是，抵抗叙利亚国王的事情还得犹太人自己去做。英雄的马加比家族领导人民进行了英勇而谨慎的斗争，同时叙利亚王国内部也纷争四起，与强大罗马的同盟比起来这些起到了更大的作用。在叙利亚国王德里夫与德米特里斯·尼卡特的战争中，罗马人正式同意了犹太人的自治权，并豁免了他们的赋税（罗马纪元612年即公元前142年）。不久之后，马加比家族的掌门人马蒂提亚之子西蒙还被国家以及叙利亚国王正式任命为大祭司和以色列王子。[22]

帕提亚帝国

与此同时，在东部各省还出现了比以色列暴乱更加重要的事件，这些事件的起因与以色列暴乱的起因可能一样，因为安条克·艾皮法尼斯把那些地区的波斯神庙全部拆毁，就像拆掉耶路撒冷的寺庙一样，而且阿胡拉·马兹达和米特拉的信徒所得到的待遇并不比耶和华的信徒好多少。上述事件在此地引起的结果和在犹地亚一样，不过范围更广、规模更大，都是本地的习俗和本地宗教反对希腊风俗和希腊神灵。促进这场运动的是帕提亚人，而帕提亚帝国也产生于这场运动。安息人也称作帕提亚人，起初是波斯帝国无数民族中的一个，定居在呼罗珊到里海东南部地区，五百年后受到西亚人即图雷尼人的统治，是独立国家安息的一个高贵的种族，不过这个民族直到一百年后才开始出现在历史舞台上。安息王朝第六代国王米特拉达特斯一世是帕提亚强盛帝国的创立者，巴克特里亚帝国也臣服于它。其实巴克特里亚帝国本比它强大，但因为与从图兰来的塞西亚游牧部落为敌，并与印度各国发生战争，同时也可能因为内部混乱，竟至成为帕提亚帝国的属国。此外,米特拉达特斯一世在沙漠西部各国还取得了同样的胜利。叙利亚当时正值混乱时期,部分由于安条克·艾皮法尼斯的希腊化措施失败,另一部分原因是其死亡后引发的继位纷争,其内部各省纷纷要求脱离安条克的统治。比如科马根,叙利亚最靠北的省份,其总督托勒玛乌斯宣布独立;幼发拉底河对岸,北美索不达米亚或奥斯若恩的艾德撒王子以及重要省份米提亚的总督提马克斯也同样宣布独立。实际上,后者的独立还得到了罗马元老院的确认,并获得了亚美尼亚的支持,其范围竟然远达底格里斯河上的塞琉古。这个亚洲帝国的永恒特征就是混乱。在那些独立或半独立的省份里,总督不停进行叛乱,都城的人民也同样不守规矩,难以驯服,就跟罗马或亚历山大城一样。

其邻国国王——比如埃及、亚美尼亚、卡帕多西亚、波尔加蒙也都不断干涉叙利亚的事务,并在继位问题上挑起争端。所以在这些国家,内战不断发生,主权通常被几个伪王争得四分五裂,这些都是经常性的灾难。其主国罗马,不是进行挑拨,就是一个冷眼旁观的旁观者。除此之外,帕提亚帝国还依仗其财力优势、在语言和宗教上的优势以及军事和政治优势向东进攻其他的国家。不过对于这个死而复生的居鲁士帝国来说,这并不是值得大写特写的部分。尽管希腊文化对于这个国家的影响很大,但是帕提亚王国和塞琉古王国相比,本国的风俗与宗教足以与希腊文化抗衡,古老的伊朗语、僧侣阶级、对米特拉的崇拜、东方封地制度、沙漠骑兵还有弓箭都是从这里出现并与希腊文化对抗的。在这些东西面前,帝王的位置颇为可怜。塞琉古家族绝不像拉吉兹家族那样衰落,他们的成员中绝不乏勇敢能干之人,可是叛乱、篡夺王位者、爱好挑拨者实在太多,即便他们能降伏一两个,无奈他们的政权缺乏坚固的基础,甚至无法暂时控制这种混乱的局面。所以这种局面无法避免。在叙利亚东部各省,总督们毫无防护,有的甚至起兵叛乱，它们逐渐都并入了帕提亚王国；波斯、巴比伦、米提亚则永久脱离了叙利亚帝国。帕提亚王国的新版图横跨沙漠，从奥克斯和兴都库什到底格里斯河和阿拉伯沙漠，就像波斯帝国和亚洲的其他大国一样，再次成为一个内陆政权，同时，在一边开始了和图兰人的永久争执，另一边和西方人的战争也连绵不绝，这一点也和波斯帝国一样。叙利亚王国除了沿海地区外，只占有美索不达米亚的大部分地区，永远失去了其大国地位，主要由于其内部纷争不断而不是因为其版图缩小。如果说叙利亚没有完全被帕提亚征服（这种危险时刻存在），那绝不是因为塞琉古末代君主的顽强抵抗，也绝不是因为罗马的影响，相反，正是因为叙利亚国内过于纷乱，尤其是图雷尼人入侵其东部各省所致。

东方人对西方人的反应

亚洲腹地民族关系的变革是这块古老土地历史的转折点。自西渐东的民族运动风潮在亚历山大大帝时期是最后的高潮，此后就进入低谷。帕提亚国建立后，仍保留在巴克特里亚和印度的希腊文化渐渐灭亡，在西伊朗也是如此。这些风俗数百年来在伊朗已经废弃，但从未彻底清除。亚历山大政策的第一个重要结果罗马元老院没有重视，因此引起了倒退运动，甚至延伸到了格拉纳达的阿尔罕布拉宫和君士坦丁堡的清真寺。只要从拉格和波斯波利斯地区到地中海沿岸地区的国家仍臣服于安条克国王，罗马的势力就只能延伸到大沙漠边缘，帕提亚国永远无法成为罗马在地中海的属国，不仅因为其势力强大，而且因为它的中心在亚洲腹地，离海边很远。自亚历山大时期起，全世界就对西方人表示臣服，东方和西方的关系，就如以后美国和澳大利亚与欧洲的关系一样。自从米特拉达特斯一世以后，东方人又重新开始了政治运动，世界上又有了两个主人。

海上关系　海盗

接下来我们看一下这个时期的海上关系，不过除了那时没有一个海上强国之外，其余没什么可说的。迦太基灭亡了；根据条约，叙利亚的战舰也全部废除；埃及的海军曾经如此强大，可是在软弱的国王统治下也彻底衰落；其余一些小国，尤其是一些商业城市，毫无疑问都有自己的武装运输舰队，但是这些兵力根本就不足以驱逐海盗——这在地中海地区可是一件极难的事情。所以剿灭海盗的任务逐渐落到了罗马的身上，罗马成了地中海剿灭海盗的主要力量。一百多年前，罗马政府为此事做出英勇决定，为了取得其东方霸权，派遣海上警察积极进行剿匪工作，但到了这个时期，海上警察的工作几近废弛。这明显说明，罗马的贵族政府正以可怕的速度走向衰落。罗马甚至不再有自己的海军，只有在必要时，征用意大利、小亚细亚及其他地区沿海城市的海军。不用说，结果就是，这些地区的海盗逐渐联合起来，成立了统一的组织。在罗马势力到达的地区，比如在亚得里亚海和第勒尼海，对于剿匪也做了一部分工作，但那根本不够。本时期远征达尔马西亚和利古里亚沿海地区，主要也是为了剿灭意大利这两个地区的海盗。罗马纪元631年（即公元前123年），罗马人占领巴利阿里群岛也是出于同样原因[23]。在毛里塔尼亚和希腊地区，沿海居民和水手们就只能自己想方设法对付海盗船了，因为罗马对于这些遥远地区的政策就是尽量不要麻烦自己。毋庸置疑，这里沿海地区混乱不堪且财力不济的国家自然就成了海盗船的聚居地，而亚洲尤其不缺乏这样的海盗船。

克里特岛

在这方面一个糟糕的代表当属克里特。克里特地理位置优越,由于东西方各国的软弱或纵容,它成了希腊土地上唯一一个独立的国家。不用说,罗马使者也在这里来来往往,可是他们无所作为,比在叙利亚和埃及的成就更小。可是,好像命运让克里特人保持独立只是为了让大家看看希腊人独立会有什么下场一样,那里的情形相当可怕。克里特法律那种多利安式的严苛逐渐演变成了一种无法无天的民主,就像塔伦特姆城的情况一样,而当地居民那种英勇豪侠的精神也变成了对争吵和抢劫的疯狂热爱。一个令人尊敬的希腊人自己就说,在克里特,凡是有利可图的事情,就没有什么可丢人的。即便信徒保罗也非常赞同克里特诗人的话:"克里特人一概都是骗子、懒骨头、肮脏的畜生。"

尽管罗马人一再想法调停,可是连绵不断的内战,还是把这座"百城之岛"上古老而繁华的城市一座座地变成废墟。这里的居民四处流浪,无论海滨还是内陆,随地抢劫。自从这种抢劫行为不见容于伯罗奔尼撒地区之后,克里特这座岛屿成了周围邻国招兵买马的基地,尤其是成了海盗的聚居地,比如这个时期的西弗诺斯岛就被克里特海盗洗劫一空。罗德岛失去的土地虽然一直未能夺回,其商业所受打击也无法恢复[24],但还是觉得必须与克里特开战,以剿灭海盗(约罗马纪元600年即公元前154年)。罗马人虽然进行了调停,但根本缺乏诚意,而且很明显也没有取得成功。

西里西亚

与克里特一样,西里西亚很快就变成了这些海盗的第二个聚居

61

地。由于叙利亚政府的无能，海盗们不仅占有了领地，而且还得到了篡位者迪奥多特·特里丰的支持。特里丰由奴隶摇身一变成为叙利亚的国王（罗马纪元608—615年即公元前146—前139年），他不遗余力地鼓励西里西亚地区的海盗行为，希望借助于此来巩固自己的统治。海盗既可以捕捉奴隶，又是奴隶的主要出售者，与他们交易非常有利，所以，海盗行为在亚历山大城、罗德岛和提洛岛上都得到了一定程度的容忍，政府如若没有参与其中，至少也是视而不见，无所作为。这里的海盗非常猖獗，元老院不得不在罗马纪元611年（即公元前143年）派遣西庇阿·埃米利安努斯来到亚历山大和叙利亚，以调查该如何解决这个问题，但是罗马人的外交手段并不能让软弱的政府强大起来。没有别的办法，只能在这些地区组织自己的海军，可是罗马政府又缺乏这种精神与毅力，所以一切只能保持原样。海盗船只是地中海地区唯一强大的海上力量，贩卖人口是那里唯一繁荣的行业。对此，罗马政府只是一个旁观者，但是罗马商人作为奴隶市场的最佳顾客，却与海盗们保持着良好的关系，因为他们是为当地、提洛岛以及其他一些地区提供这种商品的重要批发商。

总体结果

我们对于这段历史的描述主要是沿着罗马与罗马-希腊世界的外部关系这条主线进行的，从皮德纳战争到格拉古时代，从塔霍河和巴哥拉达斯到尼罗河和幼发拉底河流域。罗马人要管理罗马-希腊世界，这可是个庞大而艰巨的任务。他们对这个问题的理解并非完全有误，但他们确实没解决这个问题。加图时代的思想认为，国家应限制在意大利范围内，意大利以外的地区以保护制度进行，但这种思想难以立足，后代的领导人物无疑都发现了这一点。他们意识到有必要以直接统治来代替这种保护制度，并且保护属国的自由，但是他们并没有坚决、快速、整齐划一地实行这些措施，而是受到小利益的诱惑或是偶然事件的驱使，为了自己的方便吞并了一些孤立的省份，而大部分属国则还保持着原来那种无可忍受的状况，甚至像叙利亚那样，彻底脱离了罗马。

同样，罗马政府也一步步衰弱，变得短见而自私。他们只是在拖延时日，每天只是逼不得已才处理事务，但对于弱者来说，他们仍然是严厉的主人。执政官普布利乌斯·克拉苏斯要求卡利亚的麦拉撒城送来一根横梁以供制造重装机之用，可是横梁与要求不符，于是该城的长官就受到了鞭打之刑，而且克拉苏斯还算得上正直善良，远不是一个坏人呢。另一方面，该严厉的时候他们执法却非常宽松，比如在对待边境的野蛮人以及海盗的问题上。当中央政府宣布放弃对于行省事务的监督权和管理权时，它不仅放弃了人民的利益，而且放弃了国家的利益，把这些利益都留给了当时的省长。发生在西班牙的事情，虽然本身并不重要，但是在这方面却很有启发性。西班牙的政府与其他省份比较起来相对软弱，在很多事务上仅仅是个旁观者，罗马地方长官根本无视国际法，背信弃义，完全不可信赖，视协约为草芥，不仅唆使刺客谋杀敌方将军，而且大肆屠杀已经投降的群众，使罗马的荣誉受到很大损害。不仅如此，他还违背罗马最高长官的意思，私自宣布开战或者缔结和平条约。在对待一些无足轻重的事件上，比如对于努曼提亚人的反抗，他就表现出了惊人的邪恶和愚蠢，让事件演变成了那个国家的灾难和危机。对于这些事情，罗马政府根本就无意加以惩罚。

在重要职位的补缺和重要政治事件的处理问题上，元老院内部不同集团的钩心斗角在其中起到了重要的作用，而且即使这时，外国王朝的金钱在罗马元老院内部也找到了自己的门路。据说叙利亚国王安条克·伊皮法尼斯的大使是第一位意欲贿赂罗马元老院并取得成功的人。向权势极大的元老赠送礼物很快就变得非常普遍，西庇阿·埃米利亚努斯在努曼提亚城下收到叙利亚国王的赠品，把它扔进军需库，这竟然成了一件怪事。古老的原则认为，"统治的报酬就是统治，这种统治既是一种权利，一种利益，同时也是一种义务，一种负担"。可是现在这种原则已经废弃不用了，并由此兴起了一种新的国家经济，不再专门向公民课税，反而认为属国人民是本国获取利润的财产，这一方面是为了公共利益，一方面把剥削属国人民的任务交给了公民。罗马商人肆无忌惮的贪婪不但受到行省官员非法的纵容，就连他们讨厌的商业对手也遭到罗马军队的驱逐，邻国一些富饶的城市也同样遭殃，但它们并未牺牲在对权势的贪欲中，而是牺牲在更为残酷的商业投机中。早期的军事组织确实给公民和国家带来了沉重负担，但是优越的兵力也确实是国家所依赖的最后一根稻草，所以军事组织的灭亡大大削弱了国家的抵抗力。海军已经彻底灭亡，陆军也衰落到了不可置信的地步。保卫亚洲和非洲边境的任务只能落到了属国人民的身上，而属国人民无法承担的任务，比如意大利、马其顿和西班牙等边境的防御工作，也都做得非常草率。上层阶级人士大都退出军队，政府甚至无法征到足够的军官前往西班牙军队。人们对去西班牙服役越来越厌恶，而征兵时长官们又徇私严重，所以到了罗马纪元602年（即公元前152年），政府不得不放弃了原来的做法，由军官对应服兵役的人自由忖度并征得必要数目的士兵，改为现在所有人参与抽签，这对于军队的团体精神可不是一件好事，也不利于每个分队的作战效率。长官们对于此事并不严格贯彻，而是把常人弄虚作假的做法搬到这个场合。只要有一个执政官恪尽职守为西班牙战场征兵，保民官就会利用他的宪法权利进行制止。据记载，西庇阿要求允许其征兵进行努曼提亚战争就遭到了元老院的拒绝。围攻迦太基城或努曼提亚的罗马军队让人想起叙利亚军队，他们军队里的面包师、厨师、演员及其他非战斗人员竟然超过士兵的四倍。罗马军官在毁灭军队方面本来就比迦太基军官差不了多少，而无论是非洲战争还是西班牙战争、马其顿战争还是亚洲战争，开初通常都会打败仗。格涅乌斯·奥克塔维厄斯的谋杀案现在也无人提起了，而维里亚都被谋杀则成了罗马外交史上的杰作，征服努曼提亚则是一项伟大的成就。曼奇努斯很为自己的爱国精神骄傲，叫人在罗马竖起了自己赤身被绑的雕像，这个讽刺事件表明，罗马人的民族精神和男子气概消失得如何彻底。无论讲到哪一方面，我们都会发现罗马的内部能力和外部势力都在快速衰落。历经多次战争所获取的土地，在和平时期并未扩大，甚至没能守住原来的地盘。统治全世界是一件很难做到的事情，要保持下去更难。

注释

[1] 西庇阿肯定想把伊塔里卡建成意大利的公共集会场所，后来高卢的阿奎·塞克斯提亚也是同样。迦太基和纳尔波只有在很久以后才形成了跨洋的公民社区，而从某种意义上来说，当时的西庇阿就已经朝着这个方向迈出了第一步。

[2] 与维里亚都进行战争的时间不是很确切。有一点可以肯定，维里亚都出现在与维提里乌斯发生冲突之时，他死于罗马纪元615年。他统治的年限有人认为是八年，也有人认为是十年、十五年，也有人认为是二十年。不过第一种看法可能性较大，因为维里亚都的出现与科林斯的毁灭有关。对于跟维里亚都作战的罗马军官来说，有几个毫无疑问来自北省，因为尽管维里亚都活动范围主要在南方，但他并非只局限在南方，所以我们不能根据这些名字来判断他统治的年限。

[3] 此处指凯尔特战争。

[4] 此次指迦太基与罗马的和平条约。

[5] 报勒所记载的尺寸是用米及希腊尺计算的（1希腊尺=0.309米）。
[6] 狄奥多罗斯记载的高度（可能包括象厩在内）为六十英尺，现在保存下来的还有十三到十六英尺（四五米）高。
[7] 近代挖掘中发现了一些马蹄形的房间，深度为十四希腊尺，宽度为十一希腊尺，入口宽度不详。这些尺寸大小是否作为象厩，还需要更为精确的研究。
[8] 现在的格尔塔堡垒就在此处。
[9] 这个腓尼基单词表示挖掘出来的圆形物体，这在狄奥多罗斯的记载中有说明，而且这词在希腊语中表示"杯子"。这只能表示迦太基城的内港，阿庇安认为科松前面一个长方形的港口是内港的一部分，不是很精确。
[10] 原文是 υιοs πεπνυται, τοιδεσχιαιαισοουσιν。
[11] 这条路被认为是亚得里亚海和黑海之间的一条商道，直到现在也依然从杜拉佐开始，穿过奥奇里德湖畔的巴哥拉群山，经过蒙那斯特尔，最后抵达萨洛尼卡。
[12] 他属于希腊国家党。
[13] 在萨宾城、帕尔马，甚至在西班牙的伊塔里卡，都发现了刻有穆米乌斯名字的三角墙，以前应该是放置礼物的，现在都成了废墟的一部分。
[14] 这些都是在希腊实施的最终规定。
[15] 希腊是否在罗马纪元608年（即公元前146年）成为罗马的一个行省确实值得争议。整个希腊地区仍然保持一定自由这一点毫无疑问，但是希腊是否被罗马"占有"这一点不确定。每一个希腊社区都要向罗马缴纳一定赋税，而罗马总督也统治着整个希腊，管理所有城市的行政，有时甚至掌管刑事审判权，跟元老院一样，而且，马其顿的某些行省制度在希腊也得到应用。罗马人对于希腊的占领主要局限于科林斯，可能还有尤伯亚的部分地区。不过如果我们仔细分析希腊社区与马其顿总督的关系，就会发现希腊也可以看作是马其顿的一部分，就像马西利亚是纳尔波的一部分一样。

另一方面，如果我们看看自由神奇的正式主权，就会发现从法律上看，希腊的地位并没有因为罗马纪元608年（即公元前146年）的事件而改变。在马其顿作为一个独立的罗马行省建立以后，罗马人就夺走了对希腊属国的控制权，所以希腊也可以不看作是马其顿"控制"的一部分。
[16] 其中一个显著的证据就是希腊的铜器和铝制品在西塞罗时代都被称作"科林斯品"或者"达利安铝"，很明显，这些名字不是来自产地，而是来自出口地，当然，我们也不能否认科林斯和德洛斯也出产同样的产品。
[17] 这里指波尔加蒙王国的边界。
[18] 最近又发现了几封尤蒙斯二世和阿塔利德二世给帕西努斯主教（通常被称为阿提斯主教）的信件，从信件中可以清晰看出他们之间的关系。最早也就是唯一署有日期的一封信写于尤蒙斯二世继位三十四年，也就是罗马纪元590年即公元前164年，信中主动提出要给主教提供军事援助。其他信件也都表

明他与主教的联盟关系。另一方面看,阿塔利德二世也向主教阿提斯承诺要提供军事援助,但后来国王又表示不事先咨询罗马的意见,他们不会采取任何措施。

[19] 在遗嘱中,国王还宣布波尔佳木斯城自由,也就是可以实行"城市自治"。在遗嘱打开后,但是尚未得到罗马人的确认之前,法律规定居住在本国的士兵包括马其顿人,都享有公民权利,目的是希望所有人都能和平相处。很明显,公民是希望在罗马人没有正式统治他们之前先做好打算,不希望罗马人利用公民之间的权利差异夺走他们的城市自治权。

[20] 据我的一位朋友分析,这个奇怪的称呼可能表示这些解放了的奴隶希望建立一座"太阳城",这可能只是他们的一种想象。这种想象就来自叙利亚人所崇拜的太阳神。

[21] 这表明波尔加蒙王国版图大幅扩大。

[22] 刻着"以色列王子"的硬币就是由他而来,还有另外一种类似的硬币上面刻有西蒙(以色列的一个王子),并非出于对他的纪念,而是为了纪念巴·科奇巴,哈德良时代一支军队的领袖。

[23] 这里是指西班牙政治形式重组。

[24] 这里指受到叙利亚-埃及战争的影响。

第二章

改革运动及提比略·格拉古

格拉古时代之前的罗马政府

皮德纳战役之后，罗马国家整整几十年都异常平静，偶尔一点小波澜也不会影响大局。其统治范围远达三大洲，势力不断扩大，声名远播重洋。意大利是所有人瞩目的地方，世界各地的人才和财富都源源不断流入罗马，似乎和平繁荣和享受生活的黄金时期只能从这里开始。这个时期的东方人中流传着关于西方伟大共和国的传说："远近的王国全部臣服，听到这个名字的人都浑身战栗，但它诚心对待友邦和属国人民。没有人觊觎王冠，没有人身穿紫衣耀武扬威，他们对于自己选作最高长官的人毕恭毕敬，从未有过嫉妒之心或者有丝毫不协调的地方，这就是罗马的荣耀。"

颓势不断扩散

远看罗马的确如此，但就近细看，罗马却呈现出不同的面目。贵族政府正不遗余力地毁掉自己辛苦工作的成果。当然，我们的意思并不是说被征服者坎尼的子孙与胜利者扎马的子孙与各自的祖先完全不同，其实，变化如此显著的并不是元老院的元老，而是时代。由少数财力雄厚、政治显赫的古老家族掌管政府，在危难时刻，他们就会展现出无可比拟的韧性及英勇的自我牺牲精神，而在和平时期，他们就会变得目光短浅、自私自利、玩忽职守——其实这二者本质上都来自世袭制和同僚制。这种病态制度存在已久，但它还需要合适的条件才能生长。因此，加图的问题就具有很深的含义："罗马在世上无所畏惧的时候，它的未来会怎么样呢？"现在就到了这个时候。它曾经害怕的邻居现在都灭亡了，而那些生长在旧制度下、经历过严酷的汉尼拔战争的人，只要一息尚存就依旧发出呼声的人，死神已经一个一个召去了，甚至最后一个人——老兵加图——的声音也永远不会在元老院或者讨论会上响起。年轻一代掌握了政权，可是对于那个爱国老将的问题，他们的政策给出的答案却让人遗憾。在他们的统治下，属国臣民和对外政策究竟如何，我们前面已经讲过。在内部事务上，他们更是放任事态发展。如果我们认为内政不仅仅是处理眼下杂务，那就可以说这个时期的罗马没有政府。政府官员主要的思想似乎就是维护他们篡夺来的特权，如果可能的话，再扩大这种特权。国家没有权力选择最合适最能干的人充任最高长官，但是那个圈子里所有的人天生就有担任最高长官的权力，而且同阶级的竞争和下层阶级的侵犯都不会影响这种权力。因此这个党派约定，对重新竞选执政官加以限制，并极力排除"新人"，这也是他们最重要的政治目标，事实上，他们确实于罗马纪元603年（即公元前151年）通过法律对前者加以限制[1]，使政府里充满了无能的贵族。毫无疑问，即使政府在对外关系上无所作为也与贵族排斥普通人、不信任本阶级成员的政策有关。平民要想成为贵族，成就功业是他们的途径，所以要想阻止平民进入贵族阶层，最有把握的办法就是不给他们机会建功立业。对于现存的无能政府来说，即使是征服了叙利亚和埃及的人在这里也无法施展手脚。

不允许元老选举骑士百人团　对元老在刑事委员会中的永久权力的限制　尝试改革公共选举

当然，这个时期并非没有反抗，而且反抗在一定程度上也取得了成效。行政司法有所改善。对于行省长官的行政裁判权，通常由元老院自己行使，但在某些情况下，也由特别使臣团行使，但无论哪种情况，这种行政裁判权都不太恰当。罗马纪元605年（即公元前149年），在卢修斯·卡尔普尔尼乌斯·皮索的提议下，成立了一个常任元老院使臣团，对公民控告罗马官员进行勒索的案件进行司法审理。这是一个创新，对罗马社会的公共生活具有重大影响。此外，人们还努力把公民大会从贵族的优势影响中解放出来。罗马民主政治的灵丹妙药就是在公民大会进行秘密投票，罗马纪元615年（即公元前139年），因为官员选举，秘密投票在《加比尼法》中首次实行；罗马纪元617年（即公元前137年）因为民众法庭，秘密投票在《卡西乌斯法》中实施，最后在罗马纪元623年（即公元前131年）为了对立法建议进行投票，秘密投票在《帕皮里法》中实施。同样，此后不久，一道人民法令命令元老在进入元老院时应交出公共马匹，放弃他们在选举骑士百人团中的特权[2]。这些措施的目的是解放选举人，使之不受贵族统治阶级的支配，对于提出这些建议的人来说，这可算是国家再生的第一步。事实上，对于罗马社会法律制度缺乏自由的现象来说，这些措施没有带来一点改善，相反，它们只是让这种缺乏自由的现象更加明显，与此有关或者无关的人都能看见。同样无用但更加明显的是，元老院把公民聚会的场所从元老院下面的会场转移到弗洛广场，以此表明正式承认公民的独立和自治。人民这种形式上的自治与实际制度之间的冲突，大部分只是一种表象。各党派的口号四处流传，可是真正需要解决实际问题时，却不见这些党派的踪迹。在七世纪的整整一百年间，每年一度的民事官员选举，尤其是执政官和大法官的选举，是当时一个长期的问题，同时也是政治的焦点，但是只有在很少情况下，不同候选人才会代表不同的政治主张。通常情况下，这个问题只是人的问题。赞成凯西利氏的人多还是赞成科尼利氏的人多，根本无关大局。罗马社会缺少那种超越所有党派生活并能补偿党派生活所有缺陷的活动，比如人民大众为争取某个有利目标而进行的自由而普遍的活动，罗马人民忍受所有这些缺陷，仅仅为了得到统治阶级各利益阶层权利游戏带来的一点好处。

罗马贵族很容易通过财务官或保民官等职务进入仕途，但要做到执政官或大法官一职，则需要多年的努力不可。做官的好处很多，可是真正值得拥有的则很少。正如一位罗马诗人所说，"竞争对手们就如在赛马场上，起初很宽，可是越到尽头越窄"。这些官职是一种荣耀，而那些具有军事、政治或法律才能的人就是争夺这顶花冠的竞赛者，这固然无可厚非，但是现在的贵族几乎已经同化，这就使竞争失去了意义，只留下许多的坏处。上层社会家庭的年轻人全都涌入政坛，很少有例外，他们草率且尚未成熟的政治抱负促使他们寻找别的办法去升官发财，比为公众谋福利更为有效。

谋取公共职位的首要条件如今变成了权贵亲属，因此，他们的仕途就开始于权势家族的前厅，不像以前的官员，仕途开始于军营。现在逐渐出现了一批有教养的门客，一大早就来到保护人的府上侍候，并公然伴随他出入公共场合，而这在以前都是由仆人或者随从所做的。人民大众也是一个尊贵的主人，需要得到相应的尊重。他们开始要求未来的执政官应当承认街头每一位衣衫褴褛的游民都是自己的主人，以表示尊重。每个候选人在巡回演讲时，都应招呼每一位选民的名字，并跟他们握手，而那些上流社会人士也毫不犹豫地接受了这种不体面的要求。真正的候选人不仅在宫中进行阿谀奉承，在街上也是如此，得到公众认可的方式就是哗众取宠、纵容他们或者以雅俗共赏的方式跟他们客气。当然他们也利用煽动或鼓励群众进行改革的方式来获得公众的关注和赞成，但他们针对的不是事，而是人，而且攻击得越厉害，效果就越好。那些乳臭未干的年轻贵族通常就以加图自居，用自己幼稚的口才以及远未成熟的爱国热忱进入公共生活，或者宣称自己是国家的律师，如果可能的话，对那些地位很高但不受人欢迎的人进行攻击，这都成了当时的风俗。关于刑事司法和政治警察的严肃制度竟然成了这些人求官的工具，罗马人竟也听之任之。筹办公共娱乐活动，或者更糟糕的，承诺举办这样的活动早已成了就任执政官一职的先决条件，就如这是一条法律一样。选民的投票可以直接用金钱购买，这一点在罗马纪元595年（即公元前159年）的禁止令中有明确规定。

不过贵族统治阶级不断讨好人民大众导致的最恶劣的结果可能就是，这样的谄媚讨好与政府和被统治者所处的地位不相协调。政府因此由人民的福音变成了一种诅咒。在紧急时刻，他们不敢为了国家的利益，冒险去处理公民的财产和生命。他们给公民撒下一种危险的念头，就是他们从法律上免除了缴纳直接税的义务，即便是贷款式的直接税——自从与玻尔修斯的战争之后，这个国家就没有征收过贷款式的直接税。他们宁肯让军队日渐衰落，也不愿逼迫公民到海外服役。有一些军队长官试图按照严格的法律规定进行征兵，他们的结果如何，我们前面已经讲述[3]。

贵族党和平民党

这个时期的罗马,既有退化的寡头政治,又有尚未充分发展但已腐化不堪的民主政治,这两种祸害相互交织,孕育着可怕的后果。他们党派的名字在这个时期才始见于史书,根据名字可以知道,贵族党希望实现上流社会的愿望,平民党希望实现普通民众的愿望,但事实上在当时的罗马,既没有一个真正意义上的贵族,也没有能够决定自己命运的民众。两党所争夺的无非是镜中花水中月,而且他们笼络的人才也只是些狂热分子和伪君子而已。两党同样政治腐败,同样毫无价值。他们都同样满足于现状,因为他们都没有什么可以改变现状的政治理想,更不用说政治计划了,因此可以说,两党在步调上完全一致,手段和目的也全都相同,党派的改变只是改变了政治策略,而不是政治主张。如果贵族党真能引进世袭轮流制而不实行公民选举制,或者平民党真能建立一个人民做主的政府,这毫无疑问是国家的幸事,但七世纪初的贵族党和平民党相互依赖严重,他们不会做出两败俱伤的事情。他们不仅不能消灭对方,而且,即使能够,他们也不愿这么做。同时,整个国家在政治上和道德上也越来越腐败,正在逐步走向解体。

社会危机

罗马革命的危机不仅仅来自无聊的党派之争,更多是来自经济和社会关系。正如对其他事情一样,罗马政府对经济和社会关系也同样放任自流,因此那些病态的因素久经发酵,此时就毫无障碍地以可怕的速度和力量走向成熟。从很早开始,罗马经济就建立在两个因素的基础上——小农阶级的农业和资产阶级的金钱,这两种因素相互需求且常有分歧。后者与大规模拥有土地紧密相连，向农民阶级开战已有几百年，看样子不消灭农民阶级，并最终消灭整个国家，战争绝不停止。可是由于罗马在战争中已取胜，获得了大量的国外土地，所以国内的战争未见胜负便告终。上面我们说过，在这个时期的罗马，贵族与平民之间的对立又尖锐起来，只是名称不同而已。两个阶级的财产严重不均，为资本家再次进攻农业做了充分准备。当然他们使用的方法与之前不同。之前，毁灭小农阶级的是贷款，贷款把他们实际上变成了债主的管家，现在摧毁他们的是海外竞争，尤其是奴隶生产的粮食与他们进行的竞争。资本家们学会了与时俱进。他们的资本在攻击劳动力或者是人的自由时，会严格依照法律规定，他们不再以不名誉的形式把自由人变成奴隶，而是付出一定的价钱去合法购买奴隶。根据时代要求，以前的高利贷者摇身一变成了辛勤的种植园主，但二者最终的结果完全相同——他们都造成了意大利农民阶级的消亡。大种植园起初在某些行省，后来在整个意大利都逐渐代替了小农阶级。当时流行的做法就是在意大利的种植园饲养牲畜、生产橄榄油和葡萄酒，最后，逐渐以奴隶劳作代替了自由劳工。同样，当时的显贵比一般贵族更危险，因为显贵不像一般贵族一样，由于制度变化就可能失去贵族身份，所以这种新资本势力比第四、第五世纪的资本势力更危险，因为即便法制有所变化也不会影响他们。

奴隶制及其后果

在我们讲述劳资双方的第二次重大冲突之前，必须先讲述一下奴隶制的性质和规模。我们现在所讲的不是那种旧的农村奴隶制，那种奴隶制基本上没什么害处，农民会与奴隶共同耕作，如果农民拥有土地过多,自己耕种不完,便让奴隶单独管理一份田产,这时,奴隶就是一个管家,或者就是一个租户,每年缴纳一定数量的农产品。不用说,这种关系在各个历史时期都存在过,比如在帝国时期,这在科姆周围地区是一种流行做法,但只限于一些享有特权的地区或者人性化管理的地区。我们现在所说的是大规模的奴隶制,就跟以前的迦太基一样,罗马的这种制度也起源于资本带来的优势。早期,从战争中抓到的俘虏和世袭的奴隶就足够奴隶的来源,但现在的奴隶制就跟美国的奴隶制一样,完全建立在有计划地捕捉奴隶的基础上,因为人们使用奴隶时根本不顾及他们的生命和繁殖,奴隶的数量在不断减少,即使能够带来新鲜奴隶的战争也不足以补充奴隶的数量。凡是有猎物可以捕捉的地方都无一幸免于难,即使在罗马,可怜的自由平民被当成奴隶使用也不是什么新鲜事。不过当时的黑奴产地却在西亚[4],克里特和西里西亚的海盗是专业捕捉和买卖奴隶的人,他们在叙利亚和希腊海岸进行抢劫。和他们一样,罗马的包税商也在这里的属国进行抢劫,并把劫来的人数充作奴隶。事情最终发展到这样的程度,约罗马纪元650年(即公元前104年),比提尼亚国王宣称自己无法招到足够的兵员,因为所有的劳动力都被罗马的包税商抓到了国外。在提洛岛的奴隶市场上,小亚细亚的奴隶贩子把他们的货物兜售给意大利投机商,每天早上都有多达一万个奴隶上岸,不到傍晚就全部售空。这就说明当时奴隶交易的数目多么巨大,而且供不应求。不过这也不足为奇。我们在讲到罗马纪元六世纪的罗马经济时就已经说过,罗马经济也和当时的一切大事一样,都建立在奴隶制的基础之上[5]。无论在哪个方面的投机事业都是如此,毫无例外就是把人当成牲畜来使用。各种行业大部分都由奴隶在做,利润却落到了奴隶主的手里。低级税务的征收也由社团租用的奴隶办理。此外,奴隶还要从事挖矿、制造沥青等其他工作。把大量奴隶送往西班牙矿场,这很早就是一种流行做法。那里的监工很乐意接受他们,并支付高额报酬。意大利庄园里生产的葡萄酒和橄榄油并非由庄园的人们自己劳作,而是承包给奴隶主。放牧牛羊的事情也都交给了奴隶。我们在上文就曾经提到意大利庄园里经常骑马的武装牧民奴隶[6],不久,这种畜牧业也成了罗马投机商所喜欢的一种目标。比如达尔马提亚刚被征服,罗马资本家就按照意大利人的方式,在那里从事大规模的畜牧业。从各方面来讲,种植园里奴隶们的情况更加糟糕——奴隶们身背烙印、足戴镣铐,白天在监工的监督下劳作,晚上被锁在位于地下的牢房里。这种种植园制度从东方传到迦太基[7],又由迦太基人传到西西里,可能因为这个原因,这种制度在西西里比罗马其他地方都发展得更早、更充分[8]。在莱昂蒂尼地区约有三万尤格拉耕地,检察官把它们当作罗马公地出租。格拉古时代后几十年间,土地只租给了不到八十四人,每人平均三百六十尤格拉,而这些人中只有一个是莱昂蒂尼人,剩余的全是外国人,大部分都是罗马的投机商。由此看出,罗马投机商正热心地沿着前人脚步,利用西西里人的牛马和西西里人的奴隶,在这个美丽的海岛上开设牧场和种植园,谋得大量利润。不过此时在意大利还没有这种残忍的奴隶制种植业。尽管伊特鲁里亚是意大利种植园制度产生最早的地方,而且此后在那里持续了至少四十年,现在虽然很可能存在着劳工监狱,然而这个时期的意大利农业还是主要由自由人进行耕作,至少是不戴枷锁的奴隶,而那些更大的工作则通常出租给承包商。有一件事清楚表明意大利和西西里奴隶制的不同之处:马默丁社区的奴隶是按照罗马人的方式生活的,在罗马纪元619—622年(即公元前35—前132年)的西西里奴隶暴乱中,马默丁地区的奴隶是唯一没有参与的。

奴隶是所有无产阶级中最悲惨的一群人,如果你进行深入研究,就会发现他们每时每刻都处于痛苦和悲惨生活的深渊中。与罗马奴隶遭受的苦难相比,所有黑人奴隶的痛苦加起来也只能算是沧海之一粟。不过在这里我们关心的不是奴隶们遭受的痛苦，而是奴隶制给罗马国家带来的灾难以及政府面临这些灾难采取了什么措施。很明显，这种无产阶级不是政府造成的，也不是政府所能解决的问题。要想解决这个问题，只能采用比治病更糟糕的方法。奴隶无产阶级对国家人民的生命和财产造成威胁，而政府的职责就是利用严格的警察制度，避免损害国家人民的生命和财产；另一方面，政府应尽量采取措施限制无产阶级，提倡自由劳工。我们且看一下罗马贵族是如何解决这两个问题的。

奴隶暴乱　西西里第一项奴隶法

奴隶反抗和奴隶暴乱到处都有，这就可以看出各地警察的工作做得如何。在意大利，混乱的局面是汉尼拔战争可怕的后遗症之一[9]，现在似乎又卷土重来了。突然之间，罗马政府就不得不在都城抓捕一百五十名奴隶，在民图尔纳抓捕四百五十名，在西努斯甚至抓捕四千名。可以想象，各行省的情况更加糟糕。在提洛岛的奴隶市场和阿提卡的银矿，不得不用武力将同时爆发的奴隶暴乱镇压下去。小亚细亚发生的反对亚利斯托尼库斯及其"太阳城公民"的斗争实质上就是地主对反叛奴隶的镇压[10]，但情况更糟的当属西西里——种植园制度最早产生的地方。那里劫匪盛行，早就是一个长期存在的问题，尤其是西西里内部，后来这种情况逐渐发展成为暴乱。恩那地区一个富裕的种植园主达摩费鲁斯，他在本国都城进行的商业投资，足以与意大利的投机商进行竞争。他遭到愤怒的农庄奴隶的攻击并被杀死。接着，这群野蛮人又冲进恩那城，进行更大规模的反抗。其他奴隶也群起响应，反抗自己的主人，把他们杀死或者把他们变成奴隶，并推举一位来自叙利亚阿帕米亚的江湖骗子为这支已经强大起来的军队的首领。这个江湖骗子会吐火,并能预知未来,之前是一个奴隶,名为尤努斯,现在成了军队的首领,号称"叙利亚国王安条克"。这有何不可呢?几年前,另一位叙利亚奴隶甚至还不会预言任何东西,就戴上了塞琉古王朝的王冠。希腊奴隶阿凯夫斯是新国王英勇的将军。军队横扫全岛,不仅远近的野蛮牧民蜂拥而至,加入他的队伍,就连那些素来对农场主并无好感的自由劳工也与这些奴隶叛军联合起来。在西西里的另外一个地区,科里昂——一个在本国就是一个亡命之徒的西里西亚奴隶,也在此影响下揭竿而起,占领了阿格里真托。后来这两个首领达成一致,在战斗中取得了一次又一次的胜利,最后终于成功击败执政官卢修斯·希普塞乌斯率领的军队(其中大部分都是西西里的民兵),并占领他的营地。通过这种方式,全岛都落入了叛军之手。根据最低估计,其军队能参加战斗的人数也达到七万人。罗马人连续三年都不得不派遣执政官和军队到西西里,最后,经过几次胜负未定的战役甚至几次失败之后,执政官夺回了陶尔米纳和恩那地区,叛军失败。叛军中一些坚决的人退守恩那城,他们自知不可能得到解救或者原谅,想以这个牢不可破的城堡为据点顽抗到底。执政官卢修斯·卡尔普尼乌斯·皮索和普布利乌斯·卢皮里乌斯驻军于城下两年,最终收复城市,不过他们依靠的并不是武力,更多是因为饥荒。

  罗马元老院及其在意大利和各行省的官员所领导的警察制度对于秩序的维护,结果就是如此。要解决无产阶级带来的问题,仅靠政府的权力和智慧是不够的,相反,运用警察的力量进行镇压对任何一个大国都相对容易。如果无产大众对人民的威胁就像虎狼豺豹对人民的威胁一样,那将是国家的幸事,只有胆小如鼠之辈或者借群众无知的恐惧来牟利的人才会预言,公民秩序会在奴隶的反抗或无产阶级的叛乱中灭亡。即便是镇压奴隶叛乱这么容易的工作,罗马政府也力不从心。虽然现在国家太平,又享有无穷无尽的资源。

这就是国家衰弱的表现，但表现出来的还不止衰落这一点。根据法律，罗马政府应保证公共道路的安全，抓住的盗贼如果是奴隶，就应处以绞刑，这是很自然的事情，因为如果不进行恐怖统治，奴隶制就无法实行。在这一时期的西西里，道路很不太平时，政府会时不时进行一次远征，这一点毫无疑问，但是为了讨好那些意大利庄园主，被抓住的强盗一般都交给他们的主人自己处置。那些庄园主都是些吝啬之徒，如果他们的牧民奴隶要衣服穿，回答就是一顿皮鞭，然后质问他们："难道经过这里的游客都是光着身子的吗？"这样纵容的结果就是，镇压奴隶叛乱之后，执政官普布利乌斯·卢皮里乌斯下令将所有的俘虏——据说有两万人——全部钉在十字架上。庄园主想要节约也不可能。

意大利农民

政府出于对自由劳工的关心，对奴隶无产阶级进行限制，这都表明胜利成果更难得，也更丰富。不幸的是，在这方面，政府一件事都没有做。在第一次社会危机时，就有法律规定庄园主应雇用和奴隶数量一致的自由劳工[11]。现在在政府的建议下，一本关于农业的布匿专著被译成了拉丁语，毫无疑问这是以迦太基的方式对庄园体系进行指导的书籍[12]，以供意大利投机家使用。这也是罗马元老院鼓励文学创作的第一例，也是唯一一例。这样的趋势也同样表现在更为重要的事情中，或者更准确地说，表现在对罗马非常重要的问题——殖民地问题中。

无需特别的智慧，大家只需要回忆一下罗马第一次社会危机的情景就会发现，对于农业无产阶级的困境，唯一一个真正的解决办法就是广泛而严格的移民政策[13]，对此，罗马的对外关系提供了绝佳的机会。事实上，直到罗马纪元六世纪末，意大利小地产者都在不断减少，但是不断有新的农庄分配给地主，所以二者相互抵消。当然，政府对这些事情的处理并没有做到应该并且可以做到的程度，不仅私人世代占有的领地没有召回[14]，而且他们还可以占有更多从战败国新夺来的土地。对于其他重要的土地比如加普亚地区，并没有被某人占领，但是也没有进行分配，而是作为可享收益权的公地进行出租。然而分配田地还是让人民受益多多，不仅给缺田者带来福音，更是给所有人都带来了希望。但是自从卢那城建立之后，除了罗马纪元597年（即公元前157年）奥克西姆的皮森尼殖民地外，很久都没有分地的事情发生。理由很简单：自从征服波伊和阿普安尼之后，除了贫瘠的利古里亚山谷外，意大利就没有得到什么新土地，所以除了租出去的或者被人占领的公地外，就没有什么土地可以分配了。可以想象，要动用这些土地，贵族们一定不会同意，跟三百年前的情况完全相同。要分配意大利境外获得的土地，政治上也不允许。意大利是主国，意大利和各行省之间的分界线不可打破。除非政府同意不去考虑那些高瞻远瞩的政策，或者放弃他们阶级的利益，否则的话，他们只能坐视意大利农民阶级日益灭亡,别无他法。于是这样的事情也确实发生了：资本家便继续从小地产者手里购买土地，如果对方不同意，那就不用购买，直接抢走。可以想象，在这种情况下，解决问题的办法就不会很友好了。他们经常采用的办法就是趁小地产者在田间劳作时，把他的妻儿逐出家园，然后以"既成事实"的理论让他屈服。同时，庄园主继续雇佣奴隶而不用自由劳工，因为前者不会像自由劳工一样会被召去服兵役，结果，自由劳工的日子越来越凄惨，最终落到和奴隶一样的地步。此外，庄园主们还以低廉的价格出售西西里奴隶生产的粮食，试图把意大利粮食逐出都城市场，从而拉低整个半岛上粮食的价格。在伊特鲁里亚，本国贵族与罗马资本家相勾结，早在罗马纪元620年（即公元前

134年）就把事情做到了这种地步——整个国家没有一个自由农民。在资本市场上你可以这样说，动物都有自己的巢穴，但是自由公民却只有空气和阳光，那些自称为世界主人的人，在整个世界上却没有一块土地是属于自己的。罗马市民的人口普查册对此提供了证明。从汉尼拔战争结束到罗马纪元595年（即公元前159年），公民的数量稳步上升，原因就是不断补充相当数量的土地，但到了罗马纪元595年（即公元前159年），人口普查表上只有三十二万八千名公民能够参军打仗，人口在不断下降，罗马纪元600年（即公元前154年）只有三十二万四千人；到了罗马纪元607年（即公元前147年），则只有三十二万二千人，到了罗马纪元623年（即公元前131年），就只有三十一万九千人能服兵役了。这个结果已经非常惊人了，因为这个时期国内外都没有发生战争。如果事情照着这个速度发展，公民团将会只包括庄园主与奴隶了，罗马最终也会像帕提亚一样，需要到奴隶市场上去购买兵丁。

改革思想　西庇阿·埃米利亚努斯

进入七世纪以后，罗马当时的内部情况和外部环境就是如此。目之所及，到处都是腐败和衰退。每一位心怀善意的明智之士都会不由自主想到一个问题：这种情况究竟有没有补救的可能？罗马就有很多这样的人士，但是没有一个人比普布利乌斯·科尼里奥斯·西庇阿·埃米利亚努斯·阿非利加努斯更致力于进行政治和经济改革这项宏大的工作。他是艾米里乌斯·保卢斯最喜欢的儿子，也是老西庇阿的干孙子。他光辉的姓氏阿非利加努斯不仅仅是继承来的，更重要的是他的一种个人权利。和父亲一样，他是个性情温和的人，非常健康，从不生病，对于需要立即采取行动的事情从不犹豫。即使年轻时期,那些政治新手们耍弄的手段他也从不屑于参与,比如到某位显要元老的家里侍奉,或者就某个法律问题进行滔滔雄辩。另一方面,他非常喜欢打猎。十七岁时,他跟随父亲出征对抗玻尔修斯,表现优异。作为回报,他要求可以随意在马其顿国王的鹿苑里打猎,当时鹿苑已经四年无人问津了。此外,他还喜欢在闲暇时候进行科学研究、阅读书籍。在父亲的教导下,他很早就接受真正希腊文化的熏陶,因此超脱于当时流行的半希腊式的无聊文化。他能恰到好处地辨别希腊文化的好坏,又有贵族的雍容举止,所以这位罗马人在东方的王宫里留下了很好的印象,甚至连喜欢嘲笑罗马人的亚历山大人都对他刮目相看。他非常希腊化,说话时微妙的嘲讽口气和纯粹的拉丁口音都表明了这一点。尽管严格来说,他不算是一个作家,不过他也跟加图一样,经常会撰写一些政治演说稿。他的演说稿和他干姐姐——格拉古兄弟母亲——的文字一样受到后世文学家的重视,被奉为散文精品。此外,他还喜欢和一些好的希腊及罗马文人一起相聚。和这些平民团体相聚无疑引起了很多元老院同僚的疑心,而这些同僚唯一出色的地方就是他们的出身。这是个信仰坚定、值得信赖的人,无论对待敌友他都言而有信。他不大兴土木,不搞投机,生活非常简单。在金钱问题上他公正无私,令人尊敬,同时又仁慈慷慨,相对于当时人们的重商精神,他的行为颇显独特。他是个能干的士兵和军官,从非洲战场上载誉而归,而这种花环只授予那些无视自身安危从险境中救人性命的英雄。在这场战争中,开始时他只是一个小军官,战争结束时他已经是全军统帅了。他没有合适的机会,没有遇到真正困难的工作,去施展自己作为将军的才能。西庇阿和他父亲一样,不是什么天才,他对严肃的士兵和稳重的作家色诺芬有一种特别的偏好喜欢就证明了这一点。他非常诚恳真实,正是适合进行社会改革,遏制初期腐败的人才。更重要的是他根本没有试图进行此种改革,诚然,在有机会又有能力时，他确实对于防止和纠正腐败做出了成就，并对司法工作的改善做了很大努力。主要在他的帮助下，卢修斯·卡西乌斯——很有能力的罗马人，严厉而正直——才能够不顾贵族党的坚决反对，将自己的投票法付诸实施。该法规定无记名投票来选举在刑事司法中具有重要作用的热门司法人员[15]。同样，虽然他并不愿参加对童子进行的弹劾，但在他成年时期，确实把几个罪行严重的贵族拉到法院受审。此外，在迦太基和努曼提亚指挥战争时，是他把妇女和僧侣们逐出军营，并让那些乌合之众再次受到纪律的约束。罗马纪元612年（即公元前142年）做审查官时，他严肃批评了贵族子弟的纨绔习惯，并以诚恳的语言劝告这些年轻人学习祖先的好习惯。但是大家尤其是他自己都清楚知道：司法管理偶尔一次严格的干预，对于整个社会的弊病来说甚至算不上初步的治疗，因此对于这些痼疾，西庇阿没有动手。

盖乌斯·莱伊利乌斯，西庇阿的忘年交、政治导师和知心好友，打算提出一个建议，把意大利尚未分配、只是暂时被占有的公地分配出去，救济那些日渐衰落的意大利农民。他看到自己的提议会面临什么样的暴风骤雨，退缩了，因此被后世称为"明智"。西庇阿也认为如此。他很清楚当时社会的弊端根深蒂固，然而还是以一种令人尊敬的勇气无情攻击这种弊端，完全不徇私情，自己也冒着极大的危险。同时他也很清楚，这个国家只有通过革命才能革除这些弊端，就像第四、第五世纪因为改革问题爆发的冲突一样，而且，无论对错，他认为这种治疗方法比病症更糟糕。就这样，他和为数不多的朋友们就成了贵族和平民党的中间派。贵族们因为他支持卡西乌斯法，永远都不能原谅他；平民党人对他永远都不满意，他也不愿取悦他们。他活着时孤立无援，死后却得到两党的赞美，有时是贵族的拥护者，有时又是改革的发起人。到他那时为止，监察官在卸任时，总是祈求神灵赐予国家更大的权力、更大的荣耀，而监察官西庇阿却祈祷神灵能保佑这个国家。他这句痛苦的祈祷表明了自己对国家深深的担心。

提比略·格拉古

这位曾经两次领导罗马军队由危机走向胜利的人都失望了，但是还有一位毫无建树的青年人胆敢声称自己是意大利的救世主。这位青年就是提比略·塞穆普罗尼乌斯·格拉古（罗马纪元591—621即公元前163—前133年）。他父亲与其同名（曾于罗马纪元577年即公元前177年，罗马纪元591年即公元前163年担任执政官，罗马纪元585年即公元前169年担任监察官），是一名罗马贵族的真正模范：他组织的市政官赛会富丽奢华，肯定是建立在属国的财力之上，元老院曾对此进行了严厉而正当的批评；西庇阿氏与其有仇，但他们不幸被控时，他又出面干涉，这表明他具有侠义心肠，当然也可能是出于对同阶级人的尊重；担任监察官期间，他对解放奴隶采取了很多积极行动，这足见他的保守性格；作为埃布罗省的省长，他的英勇尤其是他的正直为国家作出了永久的贡献，同时也赢得了属国人民的尊敬和爱戴，在他们心中立下了永久的丰碑。提比略的母亲柯妮丽娅是扎马征服者的女儿。由于那次宽宏大量的调停，他父亲被自己的前对手挑选为女婿。柯妮丽娅本人也非常高雅，远近闻名。她年老的丈夫死后，她拒绝了埃及国王的求婚，独自抚养三个孩子，以此纪念她的丈夫和父亲。提比略是两个儿子中大的一个，心地善良，品德高尚，性格温和，外表一点都不像是一个能够鼓动群众的演说家。从亲属关系和政治观点来看，他属于西庇阿一派，他与兄弟姐妹们全都通晓拉丁文化及本地文化。西庇阿·埃米利亚努斯既是他的表兄弟，也是他姐姐的丈夫。在他的带领下，提比略十八岁就参加了迦太基的战役，而且他的英勇也让自己脱颖而出，并获得了那位严厉的将军的称赞。他们那一派人流行的观点就是：官吏腐败严重，意大利农民的地位应当提高，而提比略作为一名精力充沛、态度严谨的能干年轻人，很自然地接纳了这些观点，并将它们发扬光大。莱利乌斯不敢实施自己的改革，不仅不明智，而且有些懦弱，这也不仅仅是年轻人的看法了。阿皮乌斯·克劳狄乌斯曾于罗马纪元 611 年（即公元前 143 年）担任执政官、于罗马纪元 618 年（即公元前 136 年）担任监察官，是元老院最受尊重的人之一，他就以克劳狄乌斯家族所特有的激烈批评西庇阿一派人这么快就放弃了分配公地的计划，并且因为他在竞选监察官时曾与西庇阿·埃米利亚努斯发生过冲突，所以批评得更加猛烈。普布利乌斯·克拉苏斯·穆奇安努斯，当时的大祭司长也表达过同样的观点。无论作为普通人还是律师，他都得到了元老院及市民的普遍尊敬。即使他的哥哥普布利乌斯·穆奇乌斯·斯卡埃沃拉，罗马法理学的奠基人，好像也不反对这个改革计划，而且哥哥的话语更具权威性，因为他不屑参加那些党派之争。抱有同样观点的还有昆图斯·梅特路斯，他是马其顿战争和亚加亚战争的胜利者，但是辉煌战绩给他带来的尊敬还是其次，他在家庭生活及公共生活中表现出来的、老一派贵族的严谨和风度更让人倾慕。提比略·格拉古和这些人联系非常紧密，尤其是后来成为他岳父的阿皮乌斯以及他弟弟的岳父穆奇安努斯。一旦自己拥有这种法律权力的职位，他非常希望亲自实施这个改革计划就不足为奇了，个人动机可能更加强了他的决心。罗马纪元 617 年（即公元前 137 年）曼奇努斯与努曼提亚人签订的和平条约实质上全是格拉古兄弟的功劳。元老院又废除了这份条约，那位将军也因此被交给敌人，而格拉古兄弟与其他高级军官则因为受到公民的爱戴而逃脱了同样的命运，所以这件事肯定不会让这位正直、骄傲的年轻人对于掌权的贵族更有好感。他很喜欢与两位希腊雄辩家——米蒂利尼人迪奥菲尼斯和库迈人加伊乌斯·伯劳休斯谈论哲学和政治，这两个人让他所拥有的理想更加坚定。他的意图逐渐为更多的人所知晓，很多人对此抱赞许态度，甚至很多公民张贴海报呼吁这位非洲英雄的孙子垂念穷人，拯救意大利。

保民官格拉古及其土地法

提比略·格拉古于罗马纪元620年（即公元前134年）十二月十日被任命为人民保民官。官吏腐败的可怕后果，公民在政治、军事、经济及道德各方面的衰退，这时才清楚出现在大家眼中。在当年的两位执政官中，一位在西西里镇压反叛的奴隶却一无所获，另一位就是西庇阿·埃米利亚努斯，几个月来一直致力于摧毁一座西班牙小城，而不是为了征服它。这种形势让每一位爱国志士心里都充满了难言的忧虑。如果格拉古还需要什么特殊指令才能将自己的愿望付诸实施，现在这种形势就是一种指令。他岳父承诺要给他提供建议及行动帮助。法学家斯卡埃沃拉不久前曾于罗马纪元621年（即公元前123年）当选为执政官，他也可能会支持格拉古。因此，格拉古上任不久就提议制定土地法，从某种程度来说，这只是对《李锡尼-赛克斯法》的翻版。这项法律规定：所有毫无报酬被占领的国家公地都应收归国家所有，但那些出租的土地，比如卡普亚的土地不受该法影响。该规定有一个限制，每个占有者可保留五百尤格拉，每个儿子二百五十尤格拉（但总数不超过一千尤格拉），作为永久可靠的财产，或者有权得到相应的补偿。以前占有者所做的改进，比如建筑、农庄等，似乎都能得到补偿。收回的公地被分成若干份，每份三十尤格拉，然后部分分配给公民，部分送给意大利的盟国，不是作为他们的自主财产，而是作为不可转让但可遗传的租赁产业，它们必须被用作农业用地，并向国库缴纳微薄的租金。由三人组成的执行委员会负责收回和分配土地的工作，他们是国家的常任长官，每年选举一次。这个委员会后来又增加了重要而困难的功能：依法区分公地和私人产业。这种分配土地的政策就这样无限期地持续下去，直到幅员广阔且难以调整的意大利公地被全部分配完毕。《塞穆普罗尼乌斯土地法》与《李锡尼-赛克斯法》相比，有如下新特征：第一，有利于遗传占有者的条款；第二，新分配的土地只能出租不得转让；第三，尤为重要的是永久性的管理机构，缺少这个管理机构是以前法律不能得到长期实际应用的原因。

针对大地产主的战争就这样打响了，而这些大地产者的喉舌，正如三百年前一样，仍然是元老院。经过多年沉默之后，又有一个长官挺身而出，激烈反对贵族政府。元老院应对此次冲突的方式，仍然是按照惯例，利用官员职位本身来限制他们越权[16]。格拉古的一个同僚马库斯·屋大维是一个非常坚决的人，他对这个公地法非常反感，当有关该法的提议付诸表决时，他投了反对票，因此该提议被搁置起来。格拉古反过来也暂停了国家事务及行政司法，用印章封闭了国库，政府对此也毫无办法——这的确很不方便，好在这一年就要结束了。格拉古在疑虑不安中，第二次将他的法律提议付诸表决，屋大维当然也再次投了反对票。他的同事及前好友请求他不要妨碍自己拯救意大利，他回答说，对于拯救祖国的方式他们有不同见解，但无论如何，他拥有宪法规定的否决权，这一点毫无疑义。元老院现在决定为格拉古寻一条退路，两位执政官要求他在元老院进一步讨论此事，这位保民官热烈赞成。他认为元老院此举就是基本上同意了他有关分地的提议，但事实上，元老院根本没有这个意思，他们也不打算在这件事上让步。讨论没有任何结果。法律手段至此已经用尽。之前的人们在这种情况下都会把这个提议搁置一年，以后每年提起一次，直到他们恳切的要求以及公众的意见能够战胜反对力量。不过今人处理问题的方式不同。格拉古认为事情已经到达了这样一步，要么彻底放弃改革，要么就进行革命。他选择了后者。于是他来到公众面前宣布说：屋大维和他必须有一人隐退，并向屋大维建议，由公民来投票表决谁应该隐退。屋大维本能地拒绝这样一个奇怪的挑战，他认为否决权存在的目的就是要让同僚们对事情具有不同的意见。格拉古就不再与他的同僚辩论，而是向聚会的群众提出了一个问题：一个人民保民官却做出了反对人民的事情，是否应该剥夺其职位呢？聚会的群众早就习惯了赞成每一个提出的问题，而且他们大部分都由从农村来的农业无产阶级组成，对这个法律的制定很感兴趣，毫无疑问他们几乎全体一致给出了肯定的答复。于是格拉古命令士兵把马库斯·屋大维的保民官座位搬了出去，然后，在大家的欢呼声中，土地法通过了，第一届分配委员会的人选也确定了。当选的人就是这项法律的制定者及其年仅二十岁的弟弟盖乌斯，还有其岳父阿皮乌斯·克劳狄乌斯。当选的全是一个家族的人，这更激起了贵族们的愤怒。当这些新任长官向元老院申请装备资金及日用经费时，他们发现装备资金根本没有，而日用经费也只有二十四阿斯（相当于一先令）。这种不和愈演愈烈，而且手段也越来越狠毒，越来越带有私人攻击性质。要分清楚土地的性质并进行登记，然后分配，这项任务困难而复杂，几乎给每一个公民团体甚至意大利的盟国都带来了冲突。

格拉古的下一步计划

贵族们在法律上毫无办法，只好默许这位多管闲事的立法者的做法，但他们一定会对他进行报复，这一点毫不掩饰。昆图斯·庞培公开宣布：他一定会在格拉古卸任当天对他进行弹劾，不过这还远算不上最严重的危险。格拉古有理由相信，他的人身安全受到严重威胁，每次到论坛广场都要带上三千到四千名随从，这种做法更遭到了元老院的尖刻批评，即使并不反对这场改革的梅特路斯对此也不甚满意。总之，如果格拉古曾经认为，通过《土地法》就实现了自己的目标，那他现在深刻明白，这才仅仅是个开始。"人民"应该对他心存感激，但是如果他除了人民的感激外没有别的保护措施，如果他不再是人民不可缺少的人，如果他不提出更全面的建议让人民对他产生新的兴趣，抱有新的希望，那么他必定不能自保。就在这时，根据佩尔加蒙末代国王的遗嘱，阿塔利德王国的土地和财富都落入了罗马的手中。格拉古向人民建议，佩尔加蒙王朝的财富应分配给新的地产主，以置买必需的工具和牲畜，并以此证明（当然，这有违于常规），公民有权决定新省的事务。据说他还拟定了其他一些更受欢迎的措施，比如缩短兵役时间、扩大上诉权、废除元老单独作为陪审团的特权，甚至接纳罗马盟国人民为罗马公民等。他的计划实施到了什么程度无法确定，但有一点可以肯定的是，格拉古发现，唯一能保证他安全的就是让公民选举他第二年继续任职。这是违反法律的，但是为了做到这一点，他进行了进一步的改革。如果他第一次冒险是为了拯救祖国，现在他为了自己的安全，不得不做出危害国家安全的事情。

他恳求再次竞选保民官

各部落聚会以选举下年的保民官时，第一组投了格拉古，可是反对派很快占了优势对此进行否决，至少此次聚会是没有达到目标，他们决定推迟到第二天进行选举。为了这一天格拉古采取了所有手段，不管合不合法。他穿戴丧服出现在公众面前，向他们托孤。料想此次选举还会再次被否决，他预先采取措施，用武力把贵族的信徒从朱庇特神庙前面的聚会中驱逐出去。第二天的选举开始了，投票人数比前一天下降，否决派又占了上风，于是冲突爆发。公民被驱散，选举聚会就此结束，朱庇特神庙被关闭。城里不断有谣传说，提比略罢免了所有的保民官，决心不通过再次竞选继续就任其职。

格拉古之死

朱庇特神庙关闭后，元老院众人在忠诚神庙聚会。当他的死对头进行演讲时，在混乱之中，提比略手指额头，向群众表示他有生命危险，可是被人认为他在召集人们给他戴上王冠。贵族们要求执政官斯卡埃沃拉把这个卖国贼立刻处死，可是斯卡埃沃拉是个性情温和的人，且本身并不反对改革，就愤慨地拒绝了这个无理而野蛮的要求。执政官普布利乌斯·西庇阿·纳西卡是一个严厉而暴躁的贵族，他把那些持有同样意见的贵族召集在一起，抄起武器，追赶提比略。当天几乎没有农村人进城选举，城里人看到这些世家子弟眼冒怒火，手持棍棒、椅子腿等冲向前去，都胆怯地放弃了。格拉古带着几名随从试图逃跑，可是在途中，他摔倒在卡庇托尔山上，被一个暴怒的追踪者一棒打在太阳穴上（普布利乌斯·撒图雷乌斯和卢修斯·鲁弗斯之后为了这个不义之名还争得不可开交），死在忠义神庙七王雕像的前面。此外还有三百人被杀，却没有一个为铁器所伤。晚上到来时，他们的尸体都被扔进了台伯河。盖乌斯请求归还哥哥的尸体进行埋葬，被拒绝了。罗马人还从未见过这样的场面。第一次社会危机中，党派之争持续了一百多年，都没有发生过这种灾难，而第二次危机现在才刚刚开始。大部分贵族对此事都不寒而栗,但他们无法退缩。他们要么把忠诚的党羽交给愤怒的人民群众,要么就共同担负起谋杀的责任,除此之外没有别的出路。他们选择了后者。他们正式宣布说格拉古确实图谋窃取王位,并用阿哈拉的原始先例证明此次谋杀当属正义[17]。事实上,他们甚至组成了一个由普布利乌斯·波皮里乌斯领导的委员会,进一步调查格拉古的同犯,对一大批无足轻重的人士进行血腥迫害,目的是给谋杀格拉古的事件盖上一个合法的印章。群众宣称要向纳西卡复仇(他至少有勇气公开承认自己的作为并为自己辩护),贵族们编造了冠冕堂皇的借口,把他派去了亚洲。在他出国不久,就任命他为大祭司。在这件事上,即使是温和派也没有背弃自己的同僚。盖乌斯·莱利乌斯甚至参与了对格拉古党羽的调查;曾试图阻止这次谋杀的普布利乌斯·斯卡埃沃拉,之后也在元老院为此事进行辩护;西庇阿·埃米利亚努斯从西班牙归来后,被当众询问他是否赞成自己的妹夫被杀,他的回答至少是模棱两可的:"如果提比略确实图谋王位,那他确实该杀。"

公地问题弊端出现

我们在此公平评价一下前面这些重大问题。成立一个正式委员会,利用国家所能支配的全部土地,分配给小地产主,阻止农民阶级日益减少这个危险现象的发生。毫无疑问这并不是一个健康的经济制度,不过在当时的政治和社会条件下,这是一种适宜的做法。公地的分配,并不是一个政治党派问题,即便是分到最后一块草场,也不会改变现有法律,不会动摇贵族对政府的控制。所以很难说触动了某些人的权利。从名义上讲,国家是公地的主人,一般来说暂时的占有者不能拥有真正的所有权,在例外情况下，他即使宣称自己有所有权，也要依照法律规定，不得违反法律。分配公地并不是废除财产权，而是行使财产权，所有法学家都认为这具有正式的合法性，但是要试图实施国家的合法权利，在政治上并不一定能保证既不违反法律，又不侵犯别人的权利。如果一个地产主突然开始坚决维护法律上属于他但实际上很久没有使用的权利，通常会引起人们的反对，同样格拉古的法律也遭到同样甚至更强烈的非难。不可否认，这些公地被贵族们世代占有，时间甚至长达三百余年，国家对土地的所有权，从本质讲，比私人所有权更容易丧失。就这些土地而言，国家的所有权早已荡然无存，现在的所有者大都通过购买或其他合法途径获得，早已具有私人的性质。不管法学家怎么说，对于实干家来说，这种方式无非就是为了农业无产阶级的利益，剥夺大地产者的土地所有权。加图时代的政治家如何对待他们时代的类似事件，清楚表明了他们具有同样的意见。罗马纪元543年（即公元前211年），加普亚及附近地区的土地被划为公地，但在此后的连绵战火中，大部分都变成了私人财产。在第六世纪，由于不同的原因，尤其是由于加图的影响，政府管理严格，公民决定收回坎帕尼亚地区的土地，重新出租，以充实国库。他们对土地的所有权也是以占有为基础的，这种占有不是由于受到邀请，最多是得到了默许，而且这种占有一般都不超过一代人，但是市政官普布利乌斯·伦图鲁斯仍在元老院的命令下给他们支付了一笔赔偿费。新分土地为可以继承的租借性质，不可转让，这样的做法让人更容易接受，但仍不无危险。罗马之所以伟大是因为它关于自由买卖的原则非常宽容。现在他们严格限制农民以固定的方式经营自己的一点田地，而且政府的分地还规定了取消权，并且与此相连还有一系列的限制措施，这都与罗马法律的精神完全相悖。

必须承认，对《塞穆普罗尼乌斯土地法》的反对不可轻视，但这没有任何决定性意义。这样剥夺大地产者对土地的占有权当然是一种错误，但是意大利农民阶级的衰落却是一件更大的弊端，甚至会直接毁灭整个国家，而分配土地是唯一一项能抑制这种弊端的措施。因此我们能够理解，即使是保守党中最著名最爱国的人士，比如盖乌斯·莱利乌斯和西庇阿·埃米利亚努斯对于分地也表示赞成和同意。

公民所面临的公地问题

如果说罗马大部分明智之士都认为提比略·格拉古分地的目标有益而正当，可是另一方面，他采取的方法，却没有一个著名的爱国人士表示赞同。此时的罗马主要由元老院所控制，任何人采取的措施如果遭到元老院大多数的反对，那就无异于挑起一场革命。格拉古把公地问题交给人民解决，这本身就是一场违背宪法精神的革命：他以不合法的形式罢免了自己的同僚，还用不伦不类的诡辩为此事辩护，不仅在当时而且永远破坏了保民官的否决权，这一点又违反了法律条文，因为否决权是国家机器的矫正器，通过它元老院可以从本质上消除对其统治的干涉。格拉古的行为在道德上和政治上的错误还不在此。在历史上，叛国罪没有固定的标准。任何一个人都可以鼓动一方势力反对另一方势力。他就是一个革命家，同时也可能是一个出色的政治家。格拉古革命的一个主要缺点就在于一个经常被忽略的事实——当时公民大会的性质。斯普利乌斯土地法与提比略·格拉古的土地法内容及目标都大致相同，但是二人采取的方式完全不同，正如罗马公民团今昔的差别一样大。罗马昔日的公民团能与拉丁人和赫尔尼西人共享沃尔西人的战利品，现在的罗马人却把亚洲和非洲许多国家变成自己的行省。前者是一个城市社区，他们能自由聚会共同行动，后者却是一个强国，要把所有属国都组织起来，参加一个统一的大会，并由该大会做出最后决定，那这个决定只能是又可怜又可笑。古代政治的主要缺点就在于，它从未从城市形式充分进化为国家的形式，也就是说，未从全体大会进化到议会制的形式，所以，在这里，这种恶果就表现出来了。如果英国的最高会议不是派代表参加，而是所有选民都聚集在国会——大家为各种利益各种情感驱使，乱糟糟一团，根本不可能产生任何结果，那么罗马的最高会议就是这个样子。这种最高会议根本不能纵观事情全局，不能形成自己的决定，而且一般情况下，在这种大会里，都有成百上千个市民被随便从街上拉过来代表公民进行投票表决。公民们一般都认为，他们在部落大会和百夫会里的代表与在区会里的三十名代表一样，都足以代表他们的利益。区会的法令对于他们来说只是官吏召集代表们开会的命令，同样，部落大会和百夫会的法令实质上也只是一些官吏的法令，并得到了善于附和的人的认可。在这些选举大会里，公民大会对于资格问题远不够认真，大体上只要是公民就能参加。在更流行的人民大会里，只要具有人形的动物都可以参加并尽力呐喊，不管他们是埃及人还是犹太人，是流浪者还是奴隶。这样的聚会在法律上肯定没有什么意义，既不能投票也不能制定法令，但实际上，这种大会统治了全部街道，而当时的罗马，街上人民的意见也具有很强大的力量。所以，这群乌合之众对于你的演讲是报以沉默还是狂呼，他们是掌声雷动、欢欣鼓舞还是嘘声一片、赶你下台，对于一个演说家都具有一定意义。没有几个人敢于像西庇阿·埃米利亚努斯一样对公众端起架子，他对于妹夫的死亡有些言辞遭到了一片嘘声，这时他说："如果意大利不是你的母亲，而是你的后母，那你们最好住口！"可是群众的愤怒更加强烈了，他又说道："难道你们以为我会害怕那些奴隶解放出来吗？是我把他们用链子锁起来送到奴隶市场去的。"

公民大会这种腐败的机器居然被用于选举和立法，这本身就够糟糕的，而这些群众（主要是公民大会，还有人民大会的）又被允许干预行政，并且元老院防止他们进行干预的法律也被踩在脚下。所谓的公民团也被允许颁布法令处理公地及其他一些国库物品。在当时的情况下，任何人对于无产阶级的影响能够控制街道几个小时，那么他的力量就足够在人民的意志上盖上法律的印记。到了这时，罗马人就不是获得了完全自由，相反他们是马上就要失去完全自由，因为罗马面临的不是民主政治，而是君主专制。因此，前一段时期，加图及那些和他观点相同的人士并没有在公民大会讨论这个问题，只是在元老院单独谈论过几次。也是因此，格拉古的同时代人，比如西庇阿一派的人都认为，罗马纪元522年（即公元前232年）的《弗莱明土地法》是踏入致命事业的第一步，也是罗马由强盛走入衰落的开始。还是因为这个原因，他们才同意杀死这个分配公地的始作俑者，并希望他的惨死能够阻止将来的效仿者，但同时他们仍然宣布耕地分配法有效并竭力实施，这充分说明罗马当时的情形有多么可悲——那些爱国志士被迫成了伪君子，一方面抛弃那个罪魁祸首，另一方面又不得不保留其恶果。最后还是因为如此，格拉古的反对者声称其谋求专制，在某种程度上来说并不算错，他自己可能并没有这样的念头，但这只能是一种新的指责，也并不能算是一种辩护。当时的贵族政府腐败至此，如果有公民能够取而代之，可能对这个国家更加有利。

结果

提比略·格拉古并非如此胆大妄为，他只是一个相当能干的保守派爱国者，做事完全是为了国家。他只是不知道自己在做什么，他坚信自己是在号召人民，结果却唤醒了一群乌合之众。他已手抓王冠，自己却一无所知，结果在无情的局势下，他不可避免地成了一个鼓动家，一位无可奈何的暴君。他全家人出任这种职务，干预国家财政，在绝望的情况下，不得不继续进行"改革"。他出入有随从陪伴，在街上引发冲突，这都让这位可悲的人越来越清楚地暴露出自己的面目，直至最后，革命的劲头冲破约束，吞噬了这位无能为力的改革家。那桩臭名昭著的谋杀案，不仅造成了他的死亡，也造成了反对派贵族的没落。经常用来赞美提比略·格拉古的英雄殉道主义，其实并不准确。与他同时代的明智之士对此都有不同看法。当此次灾难传来时，西庇阿·埃米利亚努斯即引用了荷马的这句诗词："任何人做出这样的事，最终必得这样的死。"

当提比略的弟弟还想继续他的事业时，他母亲写信说道："我们家的疯狂就没有尽头了吗？什么时候才结束呢？国家混乱至此，都是我们的错，我们不该惭愧吗？"这话并非出自一个忧虑的母亲，而是一位迦太基征服者的女儿。她经历过比死去儿子更加惨痛的不幸，深知其中的痛苦。

注释

[1] 罗马纪元537年（即公元前217年），在意大利战争期间，限制执政官选举的法律被废止，一直到罗马纪元551年（即公元前203年）。罗马纪元546年（即公元前208年）马塞勒斯死后，执政官再次进行选举仅在罗马纪元547年（即公元前207年）、罗马纪元554年（即公元前200年）、罗马纪元560年（即公元前194年）、罗马纪元579年（即公元前175年）、罗马纪元585年（即公元前169年）、

罗马纪元586年（即公元前168年）、罗马纪元591年（即公元前163年）、罗马纪元596年（即公元前158年）、罗马纪元599年（即公元前155年）、罗马纪元602年（即公元前152年）等这些年份发生，并没有罗马纪元401—410年（即公元前353—前344年）间频繁。毫无疑问，马库斯·马塞勒斯于罗马纪元588年（即公元前166年）和罗马纪元599年（即公元前155年）分别担任执政官，后来于罗马纪元602年（即公元前152年）再次当选，当时是什么情况我们并不知道，但是这件事导致了禁止执政官再次参加竞选的法律产生。这个提议肯定是罗马纪元605年（即公元前149年）提出的，而且得到了加图的支持。

[2] 这些贵族同时还拥有骑士百人团的特权，此时必须放弃。
[3] 我们前面在"全面影响"一章中讲过。
[4] 据说那时候人们就认为当地的人特别适合当奴隶，因为他们具有无与伦比的韧性。
[5] 农庄的奴隶需要生产橄榄油、酿酒、喂养牛羊，这是当时经济的基础。
[6] 他们主要从事牧场上的各种劳作。
[7] 是指迦太基在非洲的领地上。
[8] "干苦力的地方"这个词就是希腊和罗马语的混合词，这表明这种管理方式是由使用希腊语的地方传到罗马的，而且当时希腊文化还没有充分发展。
[9] 人口数量也大幅度减少。
[10] 即反对亚利斯托尼库斯的战争。
[11] 这里指《李锡尼－塞克斯提亚法》。
[12] 书名为《资本及其在迦太基的力量》。
[13] 这里是指罗马公地数量增多对壮大农民阶级的影响。
[14] 这里指公地。
[15] 这里指永久刑事委员会。
[16] 这里指法律所规定的该职位的权力。
[17] 这里指格拉古反对革命、建立君主制的企图。

第三章

改革及盖乌斯·格拉古

分配公地委员会

提比略·格拉古死了，但是他的两个工作——分地和革命——还在持续。在面对饥饿的农业无产阶级时，元老院可能采取谋杀，但他们无法还使用谋杀的方式去废除《塞穆普罗尼乌斯土地法》。在激烈的党派之争中，这项法律不仅没有动摇，反而更加根深蒂固。以昆图斯·梅特路斯（当时的审查官）和普布利乌斯·斯卡埃沃拉为首的、对改革持友好态度的贵族党派，与并不反对改革的埃米利亚努斯一派一起，逐渐在元老院占有优势。元老院明确命令三委员开始工作。根据《塞穆普罗尼乌斯法》，三委员应每年由公民推举，这条命令可能得到实行，不过由于他们工作的性质，每年当选的都是同样几个人，只有一个地方的委员死后，职位空缺，才会进行新的选举。因此提比略·格拉古的弟弟盖乌斯的岳父普布利乌斯·克拉苏斯·穆奇安努斯被任命代替他的职位，罗马纪元624年（即公元前130年）穆奇安努斯阵亡[1]，阿皮乌斯·克劳狄乌斯也死了，分配土地的任务就交由年轻的盖乌斯·格拉古以及行动党最活跃的两个成员马库斯·福尔维乌斯和盖乌斯·派皮里乌斯·卡波掌管。这两人的姓名就保证了公地的征收及分配工作进行得非常热烈，事实上，这方面的证据确实很多。

早在罗马纪元622年（即公元前132年），当时的执政官也就是主持追查提比略·格拉古同党的普布利乌斯·波皮里乌斯就让人在一个公共纪念碑上刻下了如下句子，他"是第一个把羊群逐出耕地，让农民填充其内"的人，并且这种分地的做法还一直推广到整个意大利。结果，在原有的民社内，农庄的数目不断增多，这也正是《塞穆普罗尼乌斯法》的目的所在，即不需要建立新的民社，仅在原有民社的基础上，扩大农民阶级的数量。

罗马的量地方法有很多都可以追溯到格拉古分配土地时期，这也证明了当时分地的深远程度和综合效果。比如，界石安放在什么位置能够预防将来的错误，就首创于格拉古时代的分地和测量人员。不过最清晰的数据还是来自公民户籍上的数目。罗马纪元622年（即公元前132年）进行、罗马纪元623年（即公元前131年）发布的人口普查表明，能服兵役的人数有三十一万九千人，六年后（罗马纪元629年即公元前125年）人数增加到三十五万九千[2]，也就是说，增加了四万人，而之前每年的人数都在下降。毫无疑问，这全部来自分配委员为罗马人所做的功劳。意大利的农庄是否以同样的比例增加是个问题，但无论如何，他们所作的贡献已经为意大利人带来了有益的后果，虽然这种做法侵犯了不同阶层人们的利益和权利。

分地委员都由最坚决的人士组成，绝对独断专行，做事不顾一切，甚至会引起骚乱。他们发出公告，要求每一位人士都尽其所能给出关于公地范围的信息。他们按照旧的土地登记册办事，毫不留情，占有公地者，不论新旧，一概收回，即使是真正的私有财产，如果占有人无法出具足够的证据，也一起没收。尽管人们怨声载道，而且大都确有根据，元老院还是坚持让分地委员们继续自己的工作。很明显，要彻底解决公地问题，不依靠这种方式根本无法进行。

西庇阿·埃米利亚努斯暂停分地工作

这种默许有一定的底限，意大利的公地并不全都掌握在罗马公民手中。根据公民及元老院的法令，还有一部分土地分给了一些特殊同盟民社，供其单独使用。此外，拉丁人民也占有一部分。不管有没有经过同意，最终，分配委员开始对这些土地动手。要收回非公民手中的土地无疑是法律允许的，即便是根据元老院或者公民法令分配给意大利民社的土地（因为分给他们土地并不意味着国家放弃权利），而且从各个方面看，分给民社的土地和分给私人的土地一样，都可以予以收回。这些同盟及属国人民抱怨说罗马不遵守现行条约。罗马人民的权益受到分地委员侵害时发出的抱怨，政府可以置若罔闻，对于同盟的抱怨就不能同样对待了。

从法律上看，属国人民的抱怨并不比本国人民的抱怨更有理，但后者属于本国人民的私人利益，而有关拉丁人的土地，却引发了另外一个问题：这些同盟国在军事上的地位非常重要，而且由于罗马在法律上和实际上已经严重伤害了他们的物质利益，因而与罗马日渐疏离，现在又在土地方面得罪他们，这在政治上是否合适？这个问题取决于中间派的意见，因为这个党派在格拉古死后，与格拉古的追随者一起继续进行改革，反对寡头政府，现在也只有这个党派能与寡头政府联合对改革进行限制。拉丁人亲自拜见该党派的显要人物西庇阿·埃米利亚努斯，请求他保护他们的权利。埃米利亚努斯答应了。由于他的影响，罗马纪元625年（即公元前129年），出台了一条人民法令废除了分地委员的裁判权，把决定何为公地何为私有财产的决定权交给了执政官，法律规定由执政官来代替他们行使这种权利。其实，这只是用一种温和的方法终止了进一步的公地分配活动。执政官塔迪坦努斯根本不赞成格拉古的观念，也根本不愿意进行耕地划分这样困难的工作，趁着伊利里亚战争爆发的机会领军参战，没有完成交给他的分地任务。分地委员会此时还继续存在，但是公地分配的司法管制工作已陷于停顿，他们也被迫终止工作。

埃米利亚努斯遭到谋杀

改革党对此极为愤慨，即便普布利乌斯·穆奇乌斯和昆图斯·梅特路斯也不赞成西庇阿干预此事，其他人的怒火仅靠语言表达远远不够。此后一天，西庇阿宣布要就与拉丁人的关系进行演讲，但是当天早上他被发现死在自己的床上。他那时才仅仅五十六岁，身体健壮，精力充沛。前一天还进行了公共演说，晚上回家时间比平时早了一点，预备第二天的演讲。毫无疑问，他是个政治暗杀的牺牲品。不久之前他还在公众面前提到了暗杀他的阴谋。什么人在夜里杀害了这位一流的政治家和军事家，永远没人找出真相。当时城中对此众说纷纭，当然重复这些说法并不是我们历史学家要做的事情，更不用说孩子气地猜测哪种说法更为可信了。目前的事实只有这么多：此事的煽动者必是格拉古党派，谋杀西庇阿其实就是对于贵族党派在忠义神庙所作所为的报复。法院对此没有干预。平民党当然害怕其领导人盖乌斯·格拉古、福拉库斯和卡波被这件事牵连（不管他们究竟是否有罪），都尽力反对对此事进行调查。西庇阿之死让贵族们失去了一个同盟，同时也失去了一个对手，所以他们也同意息事宁人。多数民众和温和派人士对此都深感震惊，尤其是曾经反对西庇阿干预改革的昆图斯·梅特路斯，但是他现在却背弃了自己的同盟，命令自己的四个儿子把这位伟大对手的灵柩送去火葬。葬礼举行得非常仓促。扎马征服者家族的最后一位成员被蒙着头，没有一个人被允许看到一眼这位已逝者的面容，柴堆的火焰就这样吞噬了这位优秀人物的遗体，一同带走的还有他的过错。

罗马历史上有很多人比西庇阿·埃米利亚努斯更有天分，但没有一个人在道德上比他更正直，政治上比他更无私，比他更热爱自己的国家，同时也没有人比他的结局更悲惨。尽管他用意纯正、极具才干，却不得不目睹自己的祖国走向衰落；他不得不勉强抑制拯救国家的热忱，因为他清楚看到这样只能使事情更糟；他不得不批准纳西卡那样的暴行，同时又要保护受害者的工作不受干扰。不过他可以自豪地说他没有白活。罗马公民的土地增加了八万多块，他的功劳至少和《塞穆普罗尼乌斯法》的制定者一样大；当土地分配已达到最大利益时，是他适时地终止了这种做法。不过土地分配该不该停止，当时心存正义的人士都争论不休，但是按照他哥哥的法律，一些应该收回但并未收回的公地，盖乌斯·格拉古并没有认真考虑，这一点说明西庇阿选择的时机是正确的。他采取的两次措施都是从各党派手里争取来的——第一次是从贵族手中，第二次则是从改革派手中——而且每次采取新的措施，其首倡者都失去了性命。无数次在战场上出生入死，结果安全归来，却死在谋杀者的手中，这可能就是西庇阿的宿命。不过，如果说他死在迦太基城下是为罗马而死，那么死在安静的卧室也是为了罗马。

卡波和福拉库斯领导下的民主运动

  土地分配运动终于结束，革命还在继续。改革派以土地分配委员会为领导，即使在西庇阿活着的时候也经常与现存政府发生冲突。尤其是卡波，他是当时最出色的演说家，在罗马纪元623年（即公元前131年）出任保民官时给元老院带来了不少麻烦：他在公民大会里全部推行无记名投票，甚至还提出一个建议，使保民官可以在第二年作为候选人参加同一职位的竞选，从而在法律上废除掉提比略·格拉古之前所遇到的障碍。该提议当时受到西庇阿的反对而告终，但是几年之后，很明显西庇阿死后，该提议又重新提起，尽管还有一些限制条款[3]，但总算得到通过。这个党派的根本目的就是促使分地委员会已终止的活动重新开始。他们的领导人打算授予同盟国人民公民的地位，从而消除他们对土地分配制度的阻碍，并就这个问题做了认真讨论，同时他们的行动也主要朝着这个方向发展。为了阻止他们的这种活动，元老院命令平民保民官马库斯·朱尼乌斯·皮努斯提议把都城的非公民全部驱逐出去，尽管平民党人，尤其是盖乌斯·格拉古坚决反对，拉丁民社也因为这个可恶的提议发生动乱，但这个提议最终还是通过了。

  马库斯·福尔维乌斯·福拉库斯第二年担任执政官，提出另一个建议以示报复，他鼓励盟国公民获取公民权，没有获得公民权的人在遭到刑事审判时也可以上诉至公民大会。不过他当时几乎处于孤立无援的地步——卡波已改变颜色，成了一位热心的贵族党，盖乌斯·格拉古出任撒丁的财务官，不在罗马——所以，该提议不仅遭到元老院的反对，甚至公民们也不赞成，因为他们不愿意将自己的特权扩及更大的范围。福拉库斯于是离开罗马，担任凯尔特战争的最高统帅。他打算通过在阿尔卑斯山另一侧的胜利为将来的民主活动铺平道路，同时，他也避免了尴尬，不用拿起武器攻打那些由他鼓动起来的盟国人民。

弗雷格莱的毁灭

弗雷格莱位于拉丁姆和坎帕尼亚的边境，在一块广阔而富饶的地区中间，是利里斯河的一个渡口，当时可能是意大利的第二大城市，在与罗马人的谈判中，是拉丁殖民地的喉舌，由于福拉库斯的提议遭到失败而对罗马发动战争。在一百五十年来不断爆发的严重叛乱中，并非由外国力量引起，而是意大利人自己起来反对罗马霸权，这还是第一次。不过在这次叛乱中，战火还没有蔓延到其他盟国，便被成功扑灭。并不是由于罗马人武器先进，而是由于当地一位名叫昆图斯·努米图里乌斯·普鲁斯的人的叛变，罗马将军路奇乌斯·奥皮米乌斯很快就成了这个叛乱城市的长官。这个城市也失去了它的特权和城墙，变成了一个村庄，就像卡普亚一样。罗马纪元 630 年（即公元前 124 年），罗马人在该地区建立了法布拉特利亚殖民地，其他地方和城市都被分给了周围的民社。这种快速而可怕的惩罚措施震惊了其他同盟，不仅弗雷格莱人，甚至罗马的很多平民党领袖都以叛国罪被控告，因为罗马的贵族党理所当然地认为他们是这次暴乱的支持者。这时盖乌斯·格拉古也回到了罗马。贵族党害怕格拉古。起初他们打算不派遣接替人，把格拉古留在撒丁，可是他不顾这一点，毅然回国，贵族党就控告他支持弗雷格莱叛乱，但是公民们宣布他无罪释放。于是现在他也决定宣战，参加了平民保民官的竞选，成为罗马纪元 631 年（即公元前 123 年）的保民官（当年选举与会人员非常之多）。战争就此开始。平民党人经常缺乏能干的领导，不得已终止活动九年，现在休战状态结束，这次的领导人比卡波正直，比福拉库斯有才，在各个方面都足以胜任领导职位。

盖乌斯·格拉古

盖乌斯·格拉古与大他九岁的哥哥差别甚大。与哥哥一样，他也不喜欢粗俗的享乐，只喜欢高雅的追求。他精通各种文化，英勇善战，在努曼提亚（在姐夫的军队里）以及后来的撒丁都功勋卓著。在天分、性格、尤其是在对事物的热情方面，他都居于哥哥之上。之后在实际上执行他的法律时，他自然需要做很多工作，可是在压力之下，依然能够看事清楚，做事沉着，这都表明了他的政治天赋。朋友们对他忠心耿耿，至死不变，这一点也说明他品德高尚，本性可爱。他所经受的磨难以及过去九年间的韬光养晦让他更加明白自己的目标，行动能力也更加增强。对于谋杀他哥哥、毁掉其祖国的党派他无比憎恨，这种恨意深深藏在心中，燃烧出强烈的火焰。由于这团郁积已久的火焰，他成了当时罗马最优秀的演说家。没有这种情感，我们可能就只能把他当作古往今来一流的政治家了。在他保存下来为数不多的演讲中，即使现在，我们也能感受到那种激动人心的力量[4]，而当时听到或者读到他演讲的人，如何被他滔滔的演讲所感染、所激发，这都可以理解了。不过这位演讲家虽然是位语言大师，但他也经常为自己的怒气所控制，演讲时时常会语无伦次或者支吾不清，这一点正反映了他在政治上的作为和遭受的痛苦。提比略性格多愁善感、有些短视且不分好坏、对人一概忠厚老实，妄想用眼泪和乞求去改变政治对手的意见，这些弱点盖乌斯完全没有。他以无比的坚定开始了自己的革命事业，决心实现自己复仇的目标。他母亲给他写信说："能够向敌人复仇，是最光荣最伟大的事情，只要你不给祖国带来灾难。如果不能做到这一点，那就让敌人继续下去吧，这总比毁灭我们的祖国要强一千倍。"柯妮丽娅了解自己的儿子，可是他的信念却恰恰相反。他要向这个腐败的政府复仇，不管付出什么代价，即使他自己和祖国一起灭亡也在所不惜。

他预感到自己也会遭到和哥哥同样的命运,这只促使他赶快行动,就像一个受伤的人不顾一切扑向敌人一样。他母亲的想法更加高尚,但是被激怒的儿子的热情已被唤起,他那纯粹意大利的天性使他不能回头。后世人对于她这个儿子惋惜多于指责,而他们的看法并不谬误。

盖乌斯·格拉古更改法律 粮食分配 投票次序改革

提比略向公民提出的只是一项行政改革,而盖乌斯提出的一系列改革无疑将是制定一套新的法律。新法律的基石就是之前通过的一项改革制度,就是说,人民保民官第二年可以重新参加选举。这项法律可以保证这位平民党领袖永居其位,从而保护自己。他接下来的目标就是争夺实权,换句话说,就是让都城大多数人的利益与他们的领袖结合在一起——那些偶尔从农村来到城市的人根本不可靠,这一点已经证明。为了实现这一点,首先,他的都城开始分配粮食。国家通过什一税在各行省征收的粮食通常以名义价格分配给公民[5]。格拉古规定,每一位来到都城的公民每月都可以从国家仓库里分得一定份额的粮食,一般都是五莫迪(相当于4.546公斤),价格为每莫迪6.3阿斯,还不到平均市价的一半[6]。为了这个目标,他又新建了塞穆普罗尼乌斯粮仓,以扩大公共仓库。分配粮食时,住在都城之外的公民都不包含在内,这就把众多的无产阶级公民都吸引到了罗马,他的目的就是让那些主要依靠贵族们的无产阶级公民转而依靠改革党的领袖,这样,既给国家新领袖带来了很多护卫,又在公民大会里找到了坚决的拥护者。不仅如此,为了巩固自己在公民大会的地位,之前公民大会里每个部落的公民都按照其财产多少分成五个等级,并依次投票,现在这种现存的投票方式也被废除,取而代之的是，将来公民大会的每位公民都按照抽签的先后顺序进行投票。这些政策制定的目的是让国家新领导人得到无产阶级的支持，从而完全掌控都城甚至国家和公民大会，并在必要时来震慑元老院和各行政长官。与此同时，立法者也开始积极热情地解决现存的社会弊端。

土地法　卡普亚殖民地海外地区的殖民化

意大利的公地问题在某种程度上确实得到了解决，提比略的土地法，甚至分地委员会在法律上依然有效，所以格拉古的土地法没有制定什么新的措施，只是又恢复了土地委员会被取消的审查权。采取这一步骤的目的只是为了保持一种原则，而事实上，分地制度即使再次实行，也只是在非常有限的程度上实行，罗马纪元629年（即公元前125年）和罗马纪元639年（即公元前115年）的人口普查数据完全相同就充分说明了这一点。很明显，盖乌斯并没有在此事上继续下去，因为罗马公民占有的公地实质上都已分配完毕，而拉丁人所占有的公地如果被收回，就涉及有关罗马公民范围这个困难的问题。另一方面，他又采取了超越提比略土地法的一个重要步骤，提议在意大利建立殖民地——比如在塔伦图姆，尤其是在卡普亚——那里的公地被国家出租，不包括在分地之列，现在那些土地也可以被分配了，只是要按照殖民地的政策，而不像以前，土地不能进行分配。

毫无疑问，建立这些殖民地的目的也是让他们永远支持改革，因为他们的存在有赖于改革。盖乌斯·格拉古提出的更重要、更值得注意的一项措施，就是为海外地区的无产阶级谋取生路。他向迦太基故址派去了六千名殖民者，不仅包括罗马公民，还有来自意大利盟国的居民,并且向这个新城朱诺尼亚授予了罗马公民殖民地的权利。他所建造的新城非常重要,更加重要的是由此奠定的海外移民原则。这为意大利无产阶级找到了一个永远的出路,这种救济不仅是暂时的。可是这样一来,现存有效的国家法律都等于作废,这些法律的原则就是:意大利是统治者,而其他各行省则是被统治者。

修改刑法

除了针对无产阶级这个重大问题制定的措施外,格拉古还制定了其他一系列的措施。与现行法制的严苛相比,这些新制度的原则更加宽容,与时代精神更加一致,军制改革就属此列。关于兵役期限的问题,旧法中并未规定,只是说"年满十七岁、未满四十六岁的市民必须服兵役"。后来,由于占领西班牙,兵役似乎变成了永久性质,那时首次从法律上规定,"凡连续服兵役满六年的,可以有权退伍",当然退伍并不等于以后不会再次被征入伍。后来,可能在本世纪初,又出现了一个新规定,"凡在步兵团服役二十年,或在骑兵队服役十年的,可以免除再次兵役"。"未满十八岁的公民不得被征入伍"这条规定似乎经常有人违反,所以格拉古对这个规定做了修改。同时,为了减少服兵役的人数,他还限制了战役的数目。不仅如此,士兵的军服费用之前一直在他们的军饷中扣除,此后,也都由国家无偿供应。此外,格拉古的法律还有一种趋势在很多场合都很明显:死刑即便没有废除,至少也比之前遭到严厉限制,这种趋势在军事司法中也在某种程度上得到应用。共和国成立以来,官吏们没有得到公民大会同意就没有权力判处公民死刑,除了在军事法中[7]。在格拉古时代之后不久,公民的上诉权在军营中也可以行使,而且军官判处死刑的权力只能适用于盟国或属国公民，这种变化的来源可能就是盖乌斯·格拉古的上诉法。民社宣判死刑或坐实死刑的权利也间接受到限制，因为格拉古撤销了公民审理容易导致死刑的公共案件的权利——比如投毒案和谋杀案等，而把这种权利移交给永久法庭。这些法庭与公民法庭不同，不会由于保民官的干预而解散。他们的判决毋庸上诉至民社，同时也不会受到民社的取消，正如历史悠久的民事陪审团的判决一样。在公民法庭中，尤其是严肃的政治案件里，被审判人在审判期间仍然保持自由，只要交出公民权就至少能够活命或者获得自由。当然，即使逃亡的人，也仍然要遭到财产罚款或者民事审判。这种情况下，至少在预先羁押和完全执行这法律上还是可能的，有时候对于达官贵人也能够生效，比如，卢修斯·赫斯提里乌斯·图布鲁斯，罗马纪元612年（即公元前142年）的执政官，被控犯有十恶不赦的罪行，并且不准流放到外地，最终被逮捕处决。另一方面，这些司法委员都来自民事诉讼，可能一开始就无权干涉公民的自由或者生命，最多只能宣判他们流放到外地。流放到外地一直都是对犯罪人员的一种减刑，现在第一次成为一种正式的处罚。不过这种被迫放逐和自愿出国一样，其财产在缴纳罚金进行赔偿之后若还有剩余，一律交由其本人处理。最后，在债务方面，盖乌斯·格拉古没有做出任何改变，但是可靠的记载认为，他至少给那些欠债者一些希望，可以降低或者减免债务。如果此说正确的话，这一做法也可以算作一项激进的利民法令。

骑士阶层的兴起

格拉古的新令让一部分民众的地位得到切实改善，另一部分还在期盼之中。格拉古就这样一方面依赖民众的支持，另一方面也同样努力促进贵族的消亡。他清楚地看到，一个国家领导只靠无产阶级的支持会非常危险，所以他尽力去分化贵族阶级，把其中一部分引入自己的阵营。其实这样的分裂迹象早就存在了。富有的贵族在反对提比略·格拉古时团结一致，但他们其实由两个本质不同的团体组成，在某种程度上与英国的爵位贵族和城市贵族一样：其中一个集团主要包括统治集团的元老家族，他们不屑于进行直接投机，而是把自己的巨额资产一部分投入地产，一部分作为匿名合伙人投入大商号；第二个集团的核心人物就是一些投机家，他们自己经营公司商号，或者以自己的名义在罗马霸权的范围内进行商业与金钱交易。我们前面讲过，尤其是在第六世纪[8]，后面一个集团渐渐与元老规则并驾齐驱，由格拉古的先驱盖乌斯·柯拉米尼乌斯颁布的《克劳迪安法》禁止元老们从事商业，在元老和商人及投机家之间划了一条分界线。在本时期，商业贵族开始以"骑士阶级"的名义在政治事务上发挥决定性影响。这个称呼，起初专指服役的骑兵，后来渐渐用于（至少在称呼上如此）一切拥有至少价值四十万塞斯特斯的地产且有服兵役、做骑兵义务的人士，这就包含了罗马上层社会所有人士，无论元老还是非元老。在盖乌斯·格拉古之前不久，法律规定元老院的席位与骑兵之位不能兼而有之[9]，因此元老们就不能再称为"骑士"。骑士阶级与元老阶级相对应，就代表了整个投机贵族。虽然如此，元老家族成员没有进入元老院的，尤其是年轻成员，也照样服役成为骑兵，因此也被称作骑士。事实上，他们——也就是十八个百人团队——骑士公民的称呼恰如其分，因为他们是有监察官编制的，所以主要还是由年轻的元老家族成员组成。

骑士阶层——实质上就是富有商人——在很多方面都与统治阶级的元老们发生冲突。文雅的上流社会与依靠金钱买来地位的商人之间有一种天然的排斥感。统治阶级的上层，尤其是一些优秀分子完全不屑于投机。同样，那些追求实际利益的商人对于政治上的钩心斗角也漠不关心。这两个阶层经常会产生尖锐的冲突尤其是在各行省内，因为，总体来说，虽然各省人民比罗马资本家更有理由抱怨罗马官吏执法不公，但是元老们并不像资本家所希望的那样，完全支持他们以属国人民为代价的、贪婪不公的行为。尽管他们在反对共同敌人（比如提比略·格拉古）时团结一致，但是上层贵族和商人贵族之间存在着很深的鸿沟，而盖乌斯比他的哥哥更加明智，他尽力扩大这种鸿沟，瓦解其联盟，将商人阶级拉入自己的队伍。

骑士阶层的标记

后来把骑士阶层与其他民众区分开来的外部特征——比如佩戴金戒指而不是普通的铁戒指或者铜戒指，并且在公民节日时占有单独且位置更佳的席位——最初是否由盖乌斯·格拉古授予骑士阶层并不确定，不过并非没有这种可能。因为无论如何，它们就出现在这个时期，而且，把迄今为止元老院专有的特权赐予骑士阶层，凸显他们的最贵地位，这也是格拉古的典型作风。所以格拉古的目标就是给骑士阶层盖上一个印章，使他们成为介于元老规则和普通百姓之间的一个中间阶层，不仅享有特权，而且很难进入。这种阶级标志虽然微不足道，而且许多有资格的骑士也并不使用，但它们比很多重要的法令更能达到格拉古的目标。这些看重实际利益的商人贵族虽然并不轻视这些荣誉，但是只有这些根本不可能收买他们。格拉古心里明白，这个阶层一定属于出价最高的人，所以他就把国家在亚洲的年收入和审判法庭都拱手送给他们。

亚细亚行省的税收

根据罗马的财物管理制度，间接税和公地收入都由中间商来征收，这样就给了罗马资本家最广泛的特权，当然那些需要缴纳赋税的民众就付出了沉重的代价。直接税收在很多行省就是由民社缴纳固定数额的金钱，这样就防止了罗马资本家的介入，或者像西西里和撒丁那样，直接税就是指田地什一税。什一税的征收一般出租给省内人士，这样富裕的省份或属国就自己征收什一税，从而把危险的罗马中间商挡在门外。六年前，当亚细亚行省落入罗马之手时，元老院就按照第一种制度来管理这个地方[10]，盖乌斯·格拉古[11]利用一项人民法令废除了这种做法，向当地人征收大量的间接税和直接税，尤其是田地什一税，不仅加重了当地人民的负担（迄今为止当地人几乎不用缴纳赋税），而且还规定全省的赋税必须在罗马进行公开拍卖。这样就排除了省内人员参与拍卖，并且他还把管理亚细亚省什一税、放牧税和关税的中间商组织成一个巨大的资本家团体。除此之外，格拉古为让资本家脱离元老院所做努力的重要标志就是颁布法令，规定元老院不能如以前一样随意免除规定租金的全部或一部分，而是应该根据具体情况依法处理。

审判法庭

格拉古就这样为商人阶级开发了一座金矿，而资本家团体的成员财力逐渐壮大，形成了一个"商人元老院"，对政府都产生了重大影响。此时，他们又在审判法庭获得了参与公共活动的具体场所。进行刑事诉讼的权利依法应归公民所有，在罗马人中，它的范围从开始就非常狭窄，正如以前所说，盖乌斯·格拉古的改革让它变得更窄[12]。大部分诉讼过程，不管刑事诉讼还是民事诉讼，都由单个的陪审员或者委员会进行（委员会一部分由永久委员，一部分由特殊委员组成）。无论前者还是后者全部都从元老里面挑选人员。格拉古把陪审的任务转移到骑士阶层身上——无论是民事诉讼，还是在永久或临时委员里——他命人按照骑士百人大会的方式，从有资格的骑士里每年制定出一个新的陪审团名单。这个名单直接把元老们排除在外，同时，由于名单有一定的年龄限制，来自元老家庭的年轻人也被排除在外。陪审人员条件的制定，使得当选的只能是那些在商人团体里具有领导地位的人士，尤其是在亚细亚和其他地区征收年赋的人，这未必不可能，因为是否出席法庭与这些人有切实的利害关系。如果陪审员名单与商人团体的名单在领导人员方面完全一致，我们就能更好理解建立这个反元老院团体的意义所在了。其影响显而易见，迄今为止在罗马只有两个权威机构：政府是行政和统治机构，公民大会是立法机构，法庭由二者共同掌握，现在这个商人贵族阶层不仅在坚实的物质利益基础上团结起来，成为了一个联系紧密的特权阶层，而且作为一支审判和统治力量参与国政，差不多与统治贵族并驾齐驱。商人阶级对于上层贵族的憎恶在陪审团对于案件的宣判中找到了实际的宣泄方式。尤为重要的是，当各行省长官接受审判时，有关其公民权利的决定，元老们必须听命于这些大商人和银行家，而不似往常听从自己同僚的命令。这些富裕贵族之间不仅产生分化，而且格拉古还刻意让这些分化不断加强，并且经常爆发冲突。

专制政府代替元老院

无产阶级和商人阶级作为格拉古进行斗争的武器已准备齐全，

接下来他就开始其主要工作——颠覆整个贵族统治阶级了。不过，颠覆元老院一方面意味着要改变法律，剥夺其主要职能，另一方面要通过个人性质的短暂措施彻底摧毁贵族阶级。格拉古采取了两种措施尤其是行政职能，到目前为止都专属于元老院，格拉古把他们这项权力剥夺了，因为一方面他通过公民大会法律来解决最重要的行政问题，换句话说，就是通过保民官的命令解决问题；另一方面他尽可能限制元老院参与目前事务，最后，他用一种复杂的方法把政务都集中在自己手里。第一类措施我们已经讲过，比如：国家新领导通过分配粮食，给国家财政增加了永恒的负担，没有申请元老院就动用国库资源；私自处理公地，没有通过元老院和公民大会的共同法令，而是仅通过公民大会法令就划分了殖民地；干预行省政务，利用公民大会法令废除了元老院在亚细亚行省实施的财政制度，并以另一个不同的制度来取代它。元老院最重要的任务之一——按照自己的意思选出两位执政官——还没有被剥夺，但是现在元老院被要求在选出执政官之前就先规定他们的权限，这样最高长官因此产生的间接压力就变小了。最后，盖乌斯以无与伦比的精力把政府最为复杂的政务都拢到自己身上。他亲自监督粮食分配、挑选陪审人员、建立殖民地，尽管法律规定他的职位就在罗马都城，他还是亲自视察修路工程、签订建筑合约、主持元老院的讨论、解决执政官选举问题，简而言之，他让人民相信，一个人能解决所有的问题，他一个人有力而多样的管理使得元老院同僚们松懈无能的统治相形见绌。

格拉古对于元老院司法权的干涉比对行政权的干涉更加猛烈。我们已经讲过，他剥夺了元老们陪审员的资格。此外，元老们作为最高行政委员，在特殊情况下具有裁判权，但这种裁判权也被剥夺了。格拉古在他恢复使用的上诉法中，还用严刑禁止元老院任命特殊委员会来惩治叛国罪，比如他哥哥被谋杀后，元老院任命来裁判其随从的委员会。这些措施的综合效果就是元老院彻底失去了其控制权，只保留了一些国家行政首脑应当持有的权力。仅有这些基本法令还远远不够，这时期的上层贵族也受到了直接的攻击。纳西卡就在这个时期死去，他死之后，普布利乌斯·波皮里乌斯成了平民党人最讨厌的贵族。格拉古完全是出于报复，命令上述法律具有追诉权，因此迫使普布利乌斯流浪海外。值得注意的是，该提议在部落大会中仅以十八比十七的票数通过，这表明，至少在有关个人利益时，贵族仍对大多数人具有影响。格拉古还提出了一条与此类似但有欠公允的命令，规定"任何一个由人民法令剥夺官职的人，都不能重新担任公职"，这条法令是专门针对马库斯·屋大维的。在母亲的要求下，盖乌斯撤回了这条法令。盖乌斯也因此避免了恶意违反宪法、玩弄正义、大肆报复正人君子的坏名声，因为马库斯·屋大维从未说过提比略一句坏话，只是按照宪法以及自己的职责行事。盖乌斯还有另外一个计划与这些措施完全不同，他打算向元老院再吸纳三百位元老（大概和现有元老同样的数量），并且新元老应由公民大会从骑士阶层进行选举。这种方式极端复杂，而且此举一定会使元老院完全依赖国家的首领。不过这个计划几乎没有得到执行，这倒是真的。

盖乌斯·格拉古新法律的特征

这些就是盖乌斯·格拉古所制定的法律，其基本部分都在其担任保民官的两年内实施，而且，我们看到，他的法律没有遇到任何值得一提的抵抗，也不需要动用武力来达到自己的目标。由于流传的资料混乱，这些法律制定的顺序无法得知，而且有关它们的很多问题也都没有答案。可是虽然资料不全，很多重要的因素我们还是能够知道的，因为主要的事实，我们有可靠的资料。盖乌斯又完全不像他的哥哥，由于时事的变化，只好不断敦促法律的执行，他显然有一个全盘的综合计划，他的本意在一系列特别法律中完全体现出来。对于任何一个能够又愿意看见的人来说，《塞穆普罗尼乌斯法》都清楚表明，盖乌斯·格拉古根本无意将罗马共和国建立在民主的基础上，跟古往今来一些心地忠厚的人士猜想的相反，他希望废除民主，代之以专制。用现代语言来说，他希望建立的不是一种封建专制，也不是神权专制，而是像拿破仑那样的绝对专制——执政长官能定期进行重新选举，从而终身在职，并对最高公民大会具有绝对的控制能力，成为一个权力无限的终身制人民保民官。事实上，如果格拉古志在推翻元老院政府，如同他演讲及作品中所说的那样，那么推翻了贵族政府之后，在这个无法使用公民大会而议会政治又尚未存在的大国，除了专制制度还有其他什么政治组织可能存在呢？其前任的一些梦想家、后世的骗子流氓可能对此不以为然，但是盖乌斯·格拉古是个政治家，虽然这位伟大人物内心有这种想法，但他从未正式表达出来。后人对他的做法也见解各异，不过毫无疑问他肯定知道自己在干什么。他具有篡夺专制权的意图，这点绝不会错，但是看清当时状况的人绝不会因此责备格拉古。

绝对的君主专制是一个国家的不幸，但这未必比绝对的寡头政治更糟糕，而历史也绝不会因为一个人让国家陷于小难、免于大难而责难他，尤其是像盖乌斯·格拉古这样满心爱国热忱、品行高尚的人。历史无法掩盖一个事实：在他的法律中有两个迥异的目标相互矛盾，这一点非常有害——一方面，这些法律是为了公共利益；另一方面，它们有时又是为了个人目标，实际上是领导人为了公报私仇。格拉古努力工作就是为了寻找解决社会弊端的方法，为了抑制贫困的蔓延，但同时，他又利用分粮的方式故意在都城培养了一批街头无产阶级，使粮食成了对这群懒惰而饥饿的乌合之众的奖励。

格拉古用最尖刻的语言批评元老们收贿受贿的现象，毫不留情地揭露了曼尼乌斯·阿基利乌斯与小亚细亚行省所做的丑恶交易，然而就是因为这个人的作为，都城人民才不得不通过政府对属国的照顾，来换得属国人民对于他们的给养。格拉古强烈反对对各行省强取豪夺的行为，不仅在具体情况下严厉禁止这种做法，而且还废除了无能的元老院法庭。在那个法庭，即便西庇阿·埃米利亚努斯依靠其全部影响都无法对那些罪行确凿的人进行审判。与此同时，格拉古建立了由商人组成的法庭，把行省的物质利益拱手送给这些商人，使得这些商人比贵族阶级还要肆无忌惮。他在亚细亚行省实行了一种税制，与之相比，即使按照迦太基模式在西西里实行的税制也算得上温和、有人性。这是因为，一方面他需要商人阶级的支持；另一方面，他又需要广泛的新资源来填补由于分粮及其他措施给财政带来的负担。毋庸赘言，格拉古希望行政管理有力，司法严格有序，这一点从其法律条款中可以看得出来，然而他的行政制度建立在一连串仅在法律上得到许可的篡权行为之上。每一个井然有序的国家，即使不能把司法系统凌驾于政党之上，也会尽力使之脱离政党，而格拉古却故意把司法系统拉入改革的洪流之中。当然，盖乌斯·格拉古这种矛盾的做法大部分是他所处的环境所致，而不是他本人的观念使然。专制制度尚未开始之时，他就在道德上和政治上面临着一种危险的窘境——他必须同时既是一个强盗首领，又是国家第一公民——伯里克利、凯撒和拿破仑都必须为这种窘境做出重大牺牲。这种情形还不能完全解释盖乌斯·格拉古的做法，除此之外，支配他的还有一种强烈的情感、一种复仇的欲望。他自料必死，就预先把复仇之火投到仇人家里去。他自己曾经说过，有关陪审员及类似法令的目的就是分裂贵族，他把这些法令称作匕首。他把这些匕首投进敌人的广场，这样那些上流人士可以用它们相互残杀。他是一个政治纵火犯，不仅长达百年的革命始于他，只要是一个人的作为，肯定就是他的作为，而且那些可怕的城市无产阶级，受到上流社会的奉承和养育，格拉古也是这种做法的创始人。这些人聚集在都城（这当然是分粮的功劳），一方面道德沦丧，另一方面统治阶级又深知其强大的力量，他们的要求时而愚蠢，时而无赖，又时常谈论人民至尊这样的话题，这都使他们成为罗马共和国的负担长达五百年，直至最后与它一起灭亡。这个罪大恶极的政治罪人同时又是他祖国的拯救者。罗马的专制制度并没有一个结构性观念，这并不是起源于盖乌斯·格拉古。源于盖乌斯·格拉古的有一个原则：属国的一切土地都属于罗马的私人财产。从某种意义上说，这个原则无疑来自古代战争的传统精髓，但是这个原则在现代不断扩展并得到实际应用，这是古代所没有的。该原则的本意是为了表明，国家有权随意在属国征税或者征收土地（如在亚细亚），或者建立殖民地（如在非洲）。后来，这条原则成了帝国的一条基本原则。源自盖乌斯·格拉古的还有一些战略战术，经常被政治煽动家伙同暴君利用来获取物质利益，打败统治贵族，以一种严格而有效的行政来代替先前的无能政府，并最终将法制的改变合法化。君主专制一旦建立，罗马和各行省的关系必将得到和解，这最初的步骤尤其要归功于格拉古。此外，格拉古还打算重建被意大利毁灭的迦太基，并为意大利移民通往各行省打开一条道路，在一连串重要而有利的活动中，这是第一步。无论是对还是错，幸运抑或不幸，这些事都错综复杂地交织在这位非凡人物和政治奇才身上，所以历史在这种情况下，不对他做出任何评价，这也是适合的，不过在历史上这种情况出现得非常少。

盟国问题

盖乌斯·格拉古基本上结束了对国家法律的调整之后，接着投身于第二个更加困难的工作。关于意大利同盟的问题仍然悬而未决。平民党领导人对于此事的观点，上文已经讲得非常清楚。他们当然希望罗马特权能够扩大，这样，他们就能够将拉丁人占有的土地进行分配，而且那里大量的新公民还可以壮大他们的支持者队伍。此外，他们还可以通过扩大特权选举人的数量，将公民大会完全置于自己的统治之下，从而彻底消除由于共和制度的衰落而失去其重要性的那种区别。他们遭到了本党派内部的反对，尤其是那群街头无产阶级，他们不管了不了解，以往通常都会对重要提议表示同意。原因很简单，罗马公民身份对他们来说，就像是一种股东身份，可以给他们带来各种直接和非直接的利益，他们绝不愿意扩大股东的数量。罗马纪元629年（即公元前125年）《福尔维乌斯法》被否决，弗雷格莱人爆发叛乱，都是重要的证据，表明统治公民大会的那伙人有多么固执，而盟国人民又是多么迫不及待。在第二任护民官后期，格拉古可能觉得对盟国负有义务，受此督促，他进行了第二次尝试。

马库斯·福拉库斯是前执政官，但他为了再次提出前次没有成功的提议，再次出任人民保民官。格拉古与他一起提议授予拉丁人完全自治，而对于其他盟国人民则授予拉丁人之前的权利，但是该提议受到了元老院及都城乌合之众的一致反对。执政官盖乌斯·法尼乌斯对民众发表演讲，反对此次提议，偶然有些片段保留了下来，我们从中可以清楚看出他们这种联合的性质和战略方式。那位贵族领导说道："如果你们把公民权授予拉丁人，你们以为将来还能在公民大会、赛会和娱乐大会里找到位置吗，就像现在站在我面前一样？这些人会占领我们的每一个地方，难道你们不相信我吗？"第五世纪的公民曾经在一天内授予所有萨宾人公民权，如果在当时，这个演讲者肯定会收到嘘声一片；第七世纪的公民却觉得他的道理非常明显，格拉古给他们换回的成果是分配拉丁人的土地，可是这个结果实在是太微不足道了。在进行最后投票的前一天，元老院准许把都城所有的非公民都逐出城去，这就预示着格拉古提议的命运如何。在投票之前，格拉古的同僚李维乌斯·德鲁苏斯否决了这项法律，人们对此次否决的态度让格拉古不敢再次提起此事，也不敢以对待马库斯·屋大维的方式去对待德鲁苏斯。

格拉古党派遭到倾覆

很明显，这次成功使得元老院胆气大增，敢于试图推翻这位冒险家的统治。他们所使用的武器基本上与格拉古之前所使用的武器一样。格拉古的权力建立在商人阶级和无产阶级的基础上，尤其是后者，在这次没有军事对抗的冲突中扮演了军队的角色。很明显，元老院还没有足够力量废除商人阶级或者无产阶级的新特权，任何攻击分粮法或者新陪审员制度的行为，都会导致街头冲突，形式可能粗暴也可能相对文明，但无论哪种方式都会让元老院处于孤立无援的地位。不过同样明显的是，格拉古和这些商人或无产阶级也只是因为相互利益而联结在一起，看重物质利益的商人阶级也很乐意从别人手里接受同样的位置，而无产大众也很乐意从别人手里接受面包，正如从格拉古手里一样。格拉古的制度至少从目前来讲还是坚不可摧，只除了一个方面，就是他的元首资格。这个制度的弱点就在于：在格拉古的新体制下，首领和军队之间没有任何忠诚关系，虽然其拥有别的所有重要元素，但它缺少一样东西，就是统治者与被统治者之间的道德联系。没有它，任何国家都像建立在泥土之上，不堪一击。从否决授予拉丁人公民权的提议一事上可以清楚看出，民众从来没有为格拉古投过票，他们只是为了自己。由此，贵族阶级计划在这个分粮分地的始作俑者自己的地盘上向他开火。

元老院的敌对宣传李维乌斯法

不用说，元老院向无产阶级提供的特权，不仅和格拉古提供的粮食及其他东西一样多，还远远超过了这一点。在元老院的指派下，人民保民官马库斯·李维乌斯·德鲁苏斯提议，按照格拉古法律得到田地的人一律免除租金，并且宣布他们的田地可以自由支配，随便转让。不仅如此，为了养活这些无产阶级，他们不在海外，而是在意大利设立十二个殖民地，每地三千人。为了实施该计划，民众可以提议合适的人选。只是一点，德鲁苏斯拒绝参加这一光荣使命，这与格拉古的家族委员会完全不同。为该计划承担费用的很可能就是拉丁人，因为在目前的意大利，已经没有其他大片的被占公地可供分配。我们在文献中发现了德鲁苏斯一些零星的规定，比如，拉丁士兵应受鞭刑只能由拉丁军官实施，而不能由罗马军官实施，从各方面看，这好像是为了补偿拉丁人在其他方面所受的损失。这个计划并不十分精细，竞争的痕迹过于明显：他们联合起来压迫拉丁人，以加强贵族与无产阶级之间的纽带，这种努力也显而易见。还有一个问题，现在意大利大部分公地已分配完毕，即使拉丁人占有的土地全部收回，可是十二个新的公民社团，人口稠密、数量众多，又在亚平宁半岛的什么地方容身呢？最后，德鲁苏斯宣布说，他绝不会参与实施自己的法案，这话过于精明，简直就像是愚蠢。这个笨拙的圈套对于他那些愚蠢的猎物来说却非常合适。事情过于依赖格拉古的个人影响，这时又有一件决定性的事情发生：格拉古此时正在非洲建立迦太基殖民地，他在都城的代理人马库斯·福拉库斯做事愚笨而暴躁，给他的对手带来了可乘之机。民众毫不犹豫地支持李维乌斯法，就像以前支持《塞穆普罗尼乌斯法》一样。同时为了报答新恩人，就给了旧恩人一次温和的打击，在他第三次竞选保民官时拒绝了他，不过，也有人声称主持选举的保民官操作不公，因为他之前与格拉古不和。由此，格拉古的专制土崩瓦解。进行执政官选举时，又给了他第二次打击，选举的结果不仅不利于平民党，而且使卢修斯·奥比米乌斯成为国家元首。他于罗马纪元629年（即公元前125年）任将军时曾征服过弗雷格莱，是贵族党派中一个最坚决、最不顾一切的领导。他决心一有机会就趁早除掉这个最危险的反对派。

对于海外殖民地的攻击　格拉古的死亡

这样的机会很快来临。罗马纪元632年（即公元前122年）十二月十日，格拉古卸去平民保民官一职，罗马纪元633年（即公元前121年）一月一日，奥比米乌斯入驻他的办公室。对格拉古的第一次攻击当然就是他那个最有用然而也最不得人心的措施——重建迦太基。由于意大利人还有其他更大的诱惑，所以海外殖民地到目前为止只受到了间接的攻击，可是现在传说，当时的非洲鬣狗挖出了迦太基刚立下的界石，于是罗马祭祀就应人要求，宣称这样的征兆应是一种警示，不该在受神诅咒的土地上进行重建。元老院于是觉得受良心驱使，必须出台一条法律，禁止建立朱诺尼亚殖民地。格拉古与其他被指定建立殖民地的人正在挑选移民，在表决这条法律的当天来到召开公民大会的卡庇托尔神庙，意欲通过其追随者达到废除该法的目的。他不愿给敌人留下他们求之不得的借口，所以不愿动用武力，但他无法阻止自己的忠实信徒全副武装出现。他们还记得提比略的惨死，并且对贵族们的阴谋非常明了，因此在双方激愤之时，冲突就不可避免。执政官卢修斯·奥皮米乌斯照例在卡庇托尔神庙门口祭献，其中一个侍从昆图斯·安图里乌斯在一旁手持圣物，他傲慢地命令"坏公民"离开门厅，而且似乎要向盖乌斯动手。这时一个狂热的格拉古分子拔出剑，把他砍倒，由此引发了一场骚乱。格拉古试图向民众解释，自己与这位亵渎神灵的杀手无关，可是这只是徒劳，他只是给对手留下了正式起诉他的理由，因为在混乱中，他打断了保民官对人民的讲话自己却不知道。这种罪行，按照已经作废的古老法律（起源于阶级斗争之时），应受到严厉的惩罚。贵族故意宣称今天的事情是为了颠覆共和国，所以执政官卢修斯·奥皮米乌斯采取措施进行了武力镇压。他本人晚上就在广场的卡斯特神庙过夜，第二天一大早卡庇托尔神庙前就挤满了克里特弓箭手，同时政府党派人士也把元老院和论坛广场挤得严严实实，这包括元老和一部分支持他们的骑士阶层，在执政官的命令下他们都全副武装，而且每人都由两位全副武装的奴隶陪从。贵族们无一缺席，即便年老可敬的昆图斯·梅特路斯，虽然他一直倾向于改革，此时也带着刀剑到场。德西姆斯·布鲁图斯，一位能力超强、参加过西班牙战争、经验丰富的将领负责指挥这支武装力量。

元老们在元老院门前集合，装有安图里乌斯尸体的棺材通过这里时，元老们好像吃了一惊，不约而同地挤过去瞻仰尸体，然后商量该如何处理此事。平民党的领袖们都从卡庇托尔神庙回到了家里。马库斯·福拉库斯一晚上都在为这次街头战争做准备，而格拉古则好像不屑于与命运抗争。第二天早上，当他们听说敌人在卡庇托尔和论坛广场严阵以待时，两人一同逃往阿文廷山，也就是昔日贵族与平民斗争时，平民党的堡垒。格拉古一言不发，并且没带武器。福拉库斯命令奴隶们全副武装，并在戴安娜神庙筑了一道壕沟以保护自己，并派遣幼子昆图斯到敌军阵营，可能的话，找出一个折中办法。昆图斯回来，宣布贵族们要求无条件投降，并要求格拉古和福拉库斯本人到达元老院，对自己挑衅人民保民官尊严的行为负责。格拉古打算遵守命令，但是福拉库斯阻止了他，再一次重复了这种软弱而错误的求和行为。于是昆图斯·福拉库斯再次单独来到元老院，执政官就认为两人拒绝到来是反抗政府的开端。他命令逮捕使者，开始进攻阿文廷山，并且下令，无论谁能提来格拉古或者福拉库斯的脑袋，都会得到和脑袋同样重量的黄金；同时那些在冲突爆发之前就离开阿文廷的人，将会得到重重补偿。如此一来，阿文廷山上的人员很快减少很多。胆大的贵族与克里特人和奴隶一起攻向那几乎无人防御的阿文廷山，见者无一活命，约死亡二百五十人，且全是下人。马库斯·福拉库斯与大儿子一起逃去了藏身之地，可是很快就被发现并杀死。格拉古在冲突开始之时就退入密涅瓦神庙，正欲提剑自杀，被朋友普布利乌斯·莱托里乌斯抓住胳膊，恳求他活下去以待日后。他们劝说格拉古逃到台伯河对岸，可是下山时过于匆忙，他跌倒扭伤了脚。为了让他有时间逃跑，他的两个属下转身与追捕者搏斗，拖延时间。马库斯·波姆普尼乌斯死在阿文廷山下的推介明门口，普布利乌斯·莱托里乌斯死在台伯河桥上，据说就是贺雷修斯·柯克雷斯单人匹马抵挡伊特鲁里亚军队的地方。这时的格拉古只有奴隶尤波鲁斯陪伴，来到了台伯河右岸的郊区。在弗利那的小树林里发现了他们的尸体，看样子这个奴隶先杀死了他的主人，随后自杀了。

两位平民党领导人的首级按照规定交给了贵族政府。贵族卢修斯·赛普图穆雷乌斯送去了格拉古的首级，得到了规定的奖赏甚至更多，可是杀死福拉库斯的人，由于地位低下，空手而回。死者的尸体都被扔进河里，领导人的府邸也任由群众洗劫一空。接下来，就大规模追究格拉古余党，至少三千人被杀死在监狱。十八岁的昆图斯·福拉库斯也惨死其中，他从未参加过这种政治冲突，很多人都为他年轻的生命和平易近人的性格感到惋惜。之前在恢复国内和平之后，卡米卢斯在卡庇托尔山麓的空旷处建立一座神坛，此后在类似的场合，人们又在这里为和谐之神建立了几座庙宇。现在这些庙宇都被拆毁，那些死亡或判罪的平民党领导们财产全被没收，即使妻室的嫁妆也难免于难。以这些财产为基础，执政官卢修斯·奥皮米乌斯在元老院的命令下建立了一个宏伟的新和谐神庙以及周围的一些附属建筑。现在，扎马征服者的三个子孙先后葬身于革命——先是提比略·格拉古，接着是西庇阿·埃米利亚努斯，最后是最年轻也最能干的盖乌斯·格拉古，在他们的遗骸上铲除旧的遗迹，建立新的和谐神庙，这当然是符合时代精神的。对格拉古氏的纪念遭到官方明令禁止，柯妮丽娅甚至不能穿上丧服为儿子哀悼。高贵的格拉古兄弟，尤其是盖乌斯生前，很多人对他非常崇拜，现在他们死后，这种崇敬以一种近乎宗教的热情动人地表达出来。尽管警察处处防范，那些热情的追随者对于他们死亡的地点还是寄予深切的怀念。

注释

[1] 在抵抗亚利斯托尼库斯的战斗中死亡。
[2] 其实这也正是土地改革的初衷之一。
[3] 这个限制条款即只有在缺乏其他合格的候选人时，执政官才能继任。这条法律之前没有，是由格拉古首先提出的。
[4] 以下就是他宣布新法改革时的话："我虽出身贵族，但为了国民大众的缘故失去了亲爱的哥哥，从此之后普布利乌斯·阿福里加努斯和提比略·格拉古的后人就只有我和一个未成年的孩子。我希望大家能允许我担当接下来的重任，使我们的家族能够苟延残喘下去。我想如果我请求大家的话，你们一定会同意的。"
[5] 其实这也是海外谷物在市场上竞争的结果。
[6] 这里指意大利的谷物价格。
[7] 这里指他们具有上诉权，不可以随便被判处死刑。
[8] 这里指有钱的新兴贵族。
[9] 这至少把元老们从骑士百人团里驱逐出去了。

[10] 这里指西亚细亚。
[11] 这项法律是由他而不是提比略·格拉古颁布的,这在弗朗脱给维苏斯的信中可以证明。
[12] 格拉古对刑事法进行了改革。

第四章

复辟政府的统治　政府职位的空缺

　　盖乌斯所建立的新体制，在他死后立刻趋于土崩瓦解。诚然，他的死亡和他哥哥的一样，主要是出于政敌的一种报复行为，但在君主制尚未建立之时，君主就已死亡，这是恢复旧体制的一个重要步骤。在当前的情况下更是如此，因为自从盖乌斯死后，奥皮米乌斯对其余党进行了彻底清除和血腥镇压，此时没有一个人，不管他与已故的国家领导有血缘关系还是具有出众的能力，都不敢试图占有那个空缺的位置。盖乌斯没有留下子嗣，而提比略的儿子尚未成年便夭折了，整个所谓的平民党没有一个人能担得起当领导的重任。整个格拉古体制就像没有指挥官的堡垒一样，虽然城墙和要塞都完好无损，可是没有将领指挥，没有人可以占有这个空位，除非是已被颠覆的政府。

复辟的贵族阶级

事情确实如此。盖乌斯·格拉古死后，元老院政府立刻就取而代之，这也是自然而然的，因为，严格来讲，前任保民官从来没有正式废除过元老院，他的做法只是让元老院变得形同虚设。如果我们认为这个国家机器只是重蹈覆辙，重复几百年前的老路，那我们就大错特错了。复辟也是一种革命，但在这里，恢复的不是旧政府，而是旧的统治者。君主统治被推翻，寡头政治出现，而且还披上了君主政治的盔甲。元老院利用格拉古的武器打败了格拉古，又继续利用格拉古的制度在一些重要方面进行统治，不过他们确实有新想法，即使不完全废除格拉古的制度，至少要在合适的时候废除掉与贵族统治不相容的部分。

平民党被肃清

起初这种改变大抵以人为目标。针对普布利乌斯·波皮里乌斯的制度被取消（罗马纪元 633 年即公元前 121 年），普布利乌斯也从流放中被召回，然后又对格拉古的信徒进行了大规模的起诉，此外，平民党人在卢修斯·奥皮米乌斯离职后试图控告他叛国罪，却遭到政府党派驳回（罗马纪元 634 年即公元前 120 年）。贵族对于事务的见解渐趋公正，这显著表明复辟政府的特征。盖乌斯·卡尔波曾经是格拉古兄弟的同盟，不过早已改弦更张[1]，最近在为奥皮米乌斯辩护时还非常热心，起到了相当大的作用。叛徒就是叛徒，平民党以和奥皮米乌斯一样的罪名把他起诉，而政府党又不愿干预，卡尔波见自己不容于两党，自杀而死。由此可见，进行反抗的全都是纯粹的贵族，但这种反抗并没有立刻涉及分粮政策、亚细亚行省的税收或者是格拉古对于陪审员和法庭的安排,相反,他们不仅保存了商人阶级和都城的无产阶级,而且继续强化对他们的尊重。正如李维乌斯法实施时一样,更有甚者,他们对于这些阶级,尤其是无产阶级的宽容,远超格拉古兄弟。这不仅仅是因为格拉古兄弟改革的余波仍存在同时代人的头脑中,足以保护其成果,更是因为保存广大人民的利益与贵族们的个人利益并不矛盾,这样做的结果只不过是牺牲了公共福利而已。

复辟政府治下的公地问题

盖乌斯·格拉古为了提高公共福利所采取的措施——这些措施非常好,但正如大家所看到的,也正是他的法律中遭到反对最多的地方——都遭到了贵族们的抛弃。他所有计划中最高贵的一条就是试图取得罗马公民与意大利公民在法律上的平等,然后再争取意大利与各行省的平等,这样,专门从事统治与消费的阶级与专门从事服务与工作的阶级之间的差别就得到消除;同时他还打算利用历史上最复杂、最系统的移民制度来解决社会问题,可是这个计划却很快就遭到贵族们攻击,并将其彻底废除。现在寡头政府既已复辟,他们就以一种老年人特有的乖戾执拗和顽固不化,决心践行以往时代的这种原则——意大利必须是主国,罗马必须是意大利的统治中心。即使在格拉古生前,意大利盟国的要求就已经被果断拒绝了,有关海外殖民地的伟大措施也遭到了严重攻击,这也是格拉古死亡的直接原因。他死之后,政府党不费吹灰之力就搁置了恢复迦太基的计划,不过已经分配的土地还是归个人所有。诚然,平民党派在另一个地方的相似殖民地获得了成功,而贵族们无法制止。马库斯·福拉库斯在征服阿尔卑斯山脉另一侧时,于罗马纪元636年(即公元前118年）建立了一个纳尔波殖民地，这也是罗马帝国最早的海外公民城市。尽管政府党多次攻击，尽管元老院下令直接废止这个殖民地，但由于商人阶级在此也享有一定利益，所以受到商人阶级的保护，这个殖民地永久地保留下来。这个殖民地地理位置孤立，且不甚重要，除此之外，政府在阻止土地分出意大利方面无一没有取得胜利。

意大利的公地问题也是以这种精神进行解决的。盖乌斯设立的意大利殖民地，特别是加普亚，都被取消。其中已经成立的也被解散，只有不太重要的塔伦图姆得以存在，并以新名纳普图尼亚与之前的希腊社区并立。非以殖民形式分配的土地仍然保留在得到土地的人手中。考虑到国家利益，格拉古对他们进行了一定限制——征收地租、禁止转让，如今这些限制也为马库斯·德鲁苏斯所废除。另一方面，对于那些由于占有权仍然为人所拥有的公地——除了拉丁人所占有的公地，大部分都是公地占有人根据格拉古的最高限额法所保留下来的——政府规定这部分土地归属它的一向拥有者，并杜绝其再次分配的可能性。毫无疑问，德鲁苏斯所承诺的三万六千块被分配土地，这些土地应占据大多数，但是成千成万英亩的意大利公地到哪里去寻找，他们并不关心，并且心照不宣地把李维乌斯法搁置起来，反正它已经完成了自己的使命，也许还有一个小殖民地斯科拉西乌姆也是源自德鲁苏斯的法律。另一方面保民官斯普利乌斯在元老院的命令下制定了一项法律，根据该法，分地委员会于罗马纪元635年（即公元前119年）解散，并且土地所得者都要缴纳定额租金，其收入用于都城人民的福利，很明显其中一部分用作分配粮食的资金。此外，该法令还规定,将来的公地不应归任何个人占有，或者出租或者作为公共草场。关于公共草场，规定了一个最低限度：大牲口不得超过十头，小牲口不超过五十头，拥有牲口多的人不能排挤牲口数量少的人。虽然占地制度早已废止，但只有在这些明智的规定里，其危害终于得到正式承认，可惜的是，占地制度已经夺去了国家几乎所有的公地，政府才开始实施这些规定。有人提出了更进一步的建议，要提高分配粮食的数量，但被明智的保民官盖乌斯·马里乌斯给驳回了。八年之后（罗马纪元643即公元前111年），他们采取了最后的步骤，根据一项人民法令[2]，被占有的公地直接变成了原占有者免租税的私人财产。罗马贵族就这样为自己谋取利益，并把自己手中的土地全部变成私有财产，与此同时，他们还不忘安抚意大利的那些盟国。当然，他们并没有把盟国人民尤其是盟国贵族所占有的拉丁公地变成他们的私有财产，而是保持他们依法享有的有关公地的权利。反对党的地位非常不幸，在很多重要问题上，意大利人和都城反对党的利益正好相反。事实上，意大利人甚至与罗马政府结成联盟，寻求元老院的帮助，以反对那些罗马奸雄们狂妄大胆的计划。

复辟政府治下无产阶级与骑士阶级的状况

复辟政府这样处心积虑地清除格拉古体制中每一点进步的萌芽，但他们在面对被格拉古鼓动起来的敌对势力时却软弱无力。都城的无产阶级仍然享有公认的分得食物的权利；同时，对于商人阶级作为陪审团一事，高傲的上流贵族虽然厌恶，但是元老院却予以默认。虽然这种束缚有损于贵族的尊严，但他们却不认真采取措施去摆脱它。罗马纪元632年（即公元前122年）马库斯·埃米利乌斯·斯考鲁斯至少对被解放奴隶的选举权做出了法律上的限制，这是很长一段时间内元老院为了控制那些暴民做出的唯一一次尝试，而且力度也完全不够。审判法庭成立十七年后，执政官昆图斯·凯皮欧提议把审判权重新交还元老院（罗马纪元648年即公元前106

年），可是这提议没有通过[3]。这表明了政府的愿望，同时也表明，当问题不在于滥用公地，而是对一个影响力巨大的阶级实施限制时，政府的能力有多么微不足道。政府无法摆脱那与它共掌政权的可恶伙伴。统治贵族与商人阶级及无产阶级之间的一致本非真诚，现在这些措施更进一步破坏了这一点。商人阶级和无产阶级都很清楚，元老院做出这些让步只是出于害怕，并非情愿。这两个阶级听从元老院的统治也不是由于感激或者利益关系，如果别的主人愿意给他们同样或者更多的利益，他们也会对别的主人提供相似服务，而且如果机会合适，他们绝对不会不同意欺骗或者反对元老院。因此，复辟政府的统治既遵循正统贵族的愿望和感情，同时又沿用专制的制度和方法。不仅他们统治的基础与格拉古一样，而且和它具有同样的弊端，甚至更糟。它与大众联合起来推翻有用的制度时非常有力，但在面对街头的乌合之众或者商人阶级的利益时却非常软弱。他们高坐在空出来的宝座上却于心不安，希望也各不相同，对于国家制度怀有不满，但又不能有计划地进行破坏，在所有行动中都摇摆不定，除非受到自己物质利益的驱使。对自己人和反对党一概言而无信，内部矛盾纷呈、软弱无能却又极端自私——这完全就是一个难以超越的无能政府的典范。

复辟时代的贵族们

这也是大势所趋。整个国家的智力和道德水平都在降低，尤其是上层阶级。格拉古时代之前的贵族人才虽然不算多，元老院的椅子上也确实挤满了胆小而堕落的贵族，但毕竟还有西庇阿·埃米利亚努斯、盖乌斯·莱利乌斯、昆图斯·梅特路斯、普布利乌斯·克拉苏斯、普布利乌斯·斯卡埃沃拉等人，以及其他一些可敬而能干的人士。心怀善意的观察者可能认为，元老院虽然并不公平，但有一定节制，虽然治国无方，但还体面有余。贵族政府曾被颠覆，如今又重掌政权，因此难逃复辟的劣根。贵族政府无论好坏，已经统治了一百多年都没有遇到任何明显的反抗，可是它刚刚度过的这一劫却把原有的弊端全部暴露出来，就像黑暗中的闪电一样，使他们清楚看到脚下面张开大嘴的无底深渊。从此之后，贵族统治的特点就是家族恩仇和恐怖政策，这还有什么奇怪吗？统治者团结一致，对被统治者更加严厉、更加残暴，这又有什么可奇怪的吗？家族政策盛行，就如贵族政治盛行的最糟时候，这就更无足为怪了，比如，昆图斯·梅特路斯的四个儿子和两个侄子（也许），除一人外都是庸常之才，但其中几个受命为官就因为他们的愚蠢，他们在十五年之内，全都当上了执政官，除一人外也都从战场上凯旋，此外还不算他的女婿之类呢！贵族们对待异党越残暴、越凶狠，就越能得到尊重，只要是真正的贵族，无论怎样的残暴、怎样的恶行都能得到原谅，这也不足为怪。统治者与被统治者在各方面都截然相反、剑拔弩张，只有一点相似，那就是他们都不遵守国际法，这也不足为奇。很不幸，有一点非常明显，如果以前的贵族用鱼竿去教训下人，那么复辟的贵族一定是用蝎子进行严惩。他们是重新掌有政权，但是他们统治得既不贤明，又不够好。迄今为止，还没有哪个朝代像格拉古与奇南革命之间的复辟时期一样，既没有能干的政治家，又没有出色的军事人才。

马库斯·埃米利乌斯·斯考鲁斯

足以证明上述说法的就是当时元老党的领袖马库斯·埃米利乌斯·斯考鲁斯。他的父母均为高贵的贵族，但是不够富裕，所以他不得不充分利用自己不俗的才气，最后升至执政官和审查官。他很早就是元老院的领袖，是本阶级的政治代言人。他既是一个不朽的演说家又是一个作家，同时还是本世纪几座主要公共建筑的发起人。如果我们细看，就会发现，他备受称赞的成就也就这么多。作为将军，他在阿尔卑斯山取得了几次廉价的胜利；作为政治家，他关于投票和奢侈的法律赢得了和对当时革命精神一样的胜利。他真正的天才就在于：虽然他和其他正直的元老一样贪污受贿，但他能看清楚什么时候危机到来，尤其是因为他的外表庄严稳重，所以他在公众面前总是表现得像法布里西乌斯一样。不用说，从军事观点看，当时的高等贵族里也有一些可敬的军事人才，但是通常的情况是这样的：当贵族受命指挥军队时，就赶紧抓起几本希腊军事手册或者罗马年报看看，学到的知识只要足以谈话即可。到了战场上，就明智地把真正的指挥权委托给出身低下但能力超强且行事谨慎的军官。事实上，如果说几个世纪以前，元老院挤满了君王一样的人物，那么这些继承人是真正扮演了王子的角色。与这些贵族军事能力相当的，还有他们的政治无能和道德败坏。如果宗教（下文我们将提及）不能忠实反映这个时期贵族的荒淫腐败，如果外交史不能表明贵族的放荡堕落是那个时代的主要特征，那么罗马贵族圈里接连不断发生的罪恶事件，就足以表明那个时代的主要特点。

复辟政府的行政　意大利的社会状况

这样一个政府对内对外事务的处理及可想而知了。意大利堕落的社会风气以惊人的速度传播开来。由于贵族依法能够购买小地产者的地产，所以他们很快就把小地产者赶了出去，农庄消失很快，就像水滴落进大海一样。经济上的寡头制度至少可以和政治上的寡头政治相提并论,卢修斯·马尔修斯·菲利普斯(他属于温和的平民党)曾经在罗马纪元650年(即公元前104年)表达过这样的观点:在全体公民中,拥有大量财产的只有不到两千个家庭。奴隶暴动是对这种状况的一个实际注解,在辛布里战争的头几年,意大利每年都会爆发奴隶战争,比如努凯里亚、卡普亚以及图里地区。最后一次暴动非常严重,执政官不得不带领一个军团前往镇压,但他们平定暴乱并非通过武力,而是依靠狡猾的欺诈。不过这件事有一点可疑,因为领导暴动的并不是奴隶,而是一个罗马骑士提图斯·维提乌斯,他的债务把他逼到了疯狂的地步,于是他解放了奴隶,宣布自己是他们的国王。罗马纪元611年(即公元前143年)之后,维克图穆拉的淘金业被罗马政府出租给一些富商,政府对此出台了一些预防政策:最初承租人雇佣的员工不得超过五千人,但后来奉元老院之令完全停止了这项工作,这足以证明政府多么害怕有大批奴隶聚集在意大利。在这样的政府统治之下,他们完全有理由害怕阿尔卑斯山脉另一侧的军队入侵意大利,号召那些与他们同种的奴隶起来反抗(这也是很有可能的)。

各行省的状况　占领西里西亚

相对而言,各行省受害更大。如果英国的贵族与当时罗马的贵族相似,我们了解了东印度的状况,大致就可以明白西西里和亚细亚的状况如何了。法律规定商人阶级对行政官员进行监督,这就使得官员们在一定程度上与商人狼狈为奸,对资本家在各行省的活动施以无限度的宽容,从而换取横征暴敛的自由和免受弹劾的保证。除了这些官方和半官方的强盗外,地中海地区还经常遭到抢劫犯和海盗的威胁。在亚洲一些水域,海盗尤其盛行,罗马政府不得不于罗马纪元652年（即公元前102年）派遣一支海军出征西里西亚。这支海军由拥有总督权力的执政官马库斯·安托尼乌斯率领，主要由属国商业城市的船只组成。这支海军不仅捉住了一些海盗船，毁掉了几个要塞，罗马人还打算久驻此地。西里西亚西部崎岖险要的地区是海盗的主要据点，为了捣毁他们的巢穴，罗马人占据了那里的军事要地[4]，其实这也是建立西里西亚行省的第一步，从此以后，它就出现在罗马行省之列。这个目标值得赞许，计划也很完美，只是在亚细亚尤其是西里西亚的海面，海盗依然猖狂，甚至有愈演愈烈的趋势，这也表明，新的领地对海盗的打击力量远远不够。

奴隶叛乱

奴隶叛乱不断爆发似乎是与政府复辟同时开始的，而罗马各行省官员的无能和腐败在镇压奴隶无产阶级叛乱的问题上表露无遗。从罗马纪元620年（即公元前134年）起，这些奴隶叛乱逐渐扩大成为战争，这也正是格拉古革命的一个原因，或者可以说是最近的原因。现在奴隶叛乱又死灰复燃，并且千篇一律地一再重复。跟三十年前一样，罗马帝国的奴隶暴动遍布全国。上面已经讲过意大利的奴隶暴动，比如阿提克的银矿工人暴动，占领了苏尼乌姆海角，对周围国家进行抢劫，为时很长时间。其他地区也出现了类似的暴乱。

西西里第二次奴隶战争

可是这些可怕的混乱主要还是发生在西西里。这里拥有大量的种植园，而种植园的奴隶又大都来自小亚细亚。政府试图对奴隶制这种邪恶行为进行限制，这竟然成了引发新暴动的诱因，由此，奴隶制的危害之大可见一斑。在西西里，自由无产阶级的处境也好不到哪里，这从他们对第一次奴隶暴动的态度可以看出[5]。奴隶暴动被镇压之后，罗马的投机商对他们进行报复，把大量自由无产者都变成了奴隶。结果，元老院于罗马纪元650年（即公元前102年）出台了一部法令严厉禁止这种做法。时任西西里总督的普布利乌斯·李锡尼乌斯·诺瓦在叙拉古设立了一个审判自由权的法庭。该法庭工作非常热心，短期内就审判了八百起案例，都做出了不利于奴隶主的判决，并且案子的数目还在与日俱增。吓坏了的庄园主急忙来到叙拉古，要求罗马总督停止这次史无前例的司法制度。懦弱的诺瓦感到恐惧，就以严厉的语言通知那些要求进行审判的非自由人，他们应当放弃自己追求正义和公平的、让人厌烦的请求，立即回到主人身边去。那些被赶走的人没有遵守他的命令，而是赶往深山，计划造反。总督没有做任何军事准备，即使岛上为数不多的民兵组织也很难一时到齐，于是他决定与岛上一位知名的海盗头子联合，答应只要他抓到叛乱的奴隶，把他们送交罗马人，就可以恕他无罪。用此方法，他控制了这群海盗，但是另一群逃跑的奴隶成功击破了恩那要塞，这给那些叛乱分子带来了武器和援兵——这也正是他们所需要的。死去或逃亡敌人的盔甲也给他们的军事组织带来了一定基础，叛乱分子的数量很快激增到几千人。这些身居异地的叙利亚人和他们的祖先一样，好像觉得自己不应受到国王领导，正如在家乡的同胞一样——他们戏弄家乡那位无能君主，甚至连名字都不放过——他们推举一位名为萨尔维乌斯的奴隶为首领，称之为特立峰王。他们就驻扎在恩那和莱昂蒂尼之间。当罗马总督带领匆忙召集而来的西西里和意大利军队来到莫甘提亚时，周围的乡村已都处于奴隶的掌握之下，莫甘提亚和其他一些城市也均被包围。

他占领了无人防守的驻地，但奴隶们虽被打了个措手不及，却不肯撤退。在战斗中，本岛的民兵一交锋就立刻退缩，而且只要他们放下武器，叛军们就不加阻拦放走他们，所以他们立刻抓住这个机会逃走，几乎无一例外，罗马军队因此溃不成军。如果莫甘提亚城内的奴隶对门外同伴的呼吁做出响应，那么这座城市必失无疑，不过他们宁愿从主人那里得到法定的自由，并以自己的勇猛援助挽救了这座城市，可惜虽然奴隶主郑重承诺要还给奴隶自由，但后来罗马总督宣布该承诺无效，因为奴隶主遭到了非法胁迫。

阿泰尼翁

此次叛乱以惊人的速度在西西里岛内蔓延开来，同时在西部海岸也爆发了一次奴隶暴乱。这次暴乱由阿泰尼翁领导，就像科里昂一样，他之前在西里西亚也是一个可怕的匪帮头领，被人当成奴隶运往西西里。也正如他的前辈，他利用预言及其他一些有益的箴言吸引希腊人尤其是叙利亚人归附于他。他英勇善战且很有远见，不像其他领导人一样，把前来投诚的人全部武装起来，而是把能够参加战争的人组织起来，编成一支军队，同时命令其他人做和平事业。他纪律严明，因此军队里很少有军心不稳、不服从命令的现象，而且他对待平民百姓甚至俘虏都非常和善，因此很快就获得巨大成功。罗马人希望两支暴乱军队的首领不睦，但他们失望了，阿泰尼翁主动让位给远不及他能干的特立峰王，从而保持了军队的团结。叛乱奴隶很快就彻底统治了平原地区，自由无产者再次公开或者秘密地加入奴隶组织，罗马当局者实在无法抵抗，不得不匆忙调来西西里和非洲的民兵，退守城市，城市也因此陷入了可悲的困境。整个岛上的司法行政都陷入停顿，武力是唯一的法律。由于城内的农夫不敢长久待在城门外，农村人也不敢贸然进程，可怕的饥饿悄然来临。岛上的城市人口之前养活意大利人，现在轮到罗马当局为他们送来食物供应。不仅如此，每一座城市都爆发了奴隶叛乱，城内的奴隶都蠢蠢欲动，打算里应外合，即使墨西拿城也差点被阿泰尼翁攻破。

阿基利乌斯

此时罗马正与辛布里人作战，很难派出第二支部队，不过政府还是设法在罗马纪元651年（即公元前103年）派出一支军队前往西西里，由执政官卢修斯·卢库鲁斯领导。该军队共有一万四千名罗马人和意大利人，还不包括海外的军事力量。奴隶叛军驻扎在夏卡上面的山中，答应了卢库鲁斯的挑战。罗马军队组织严明，取得了胜利，阿泰尼翁被认为死于战场，特立峰王不得不退守特里奥卡拉要塞。其实叛军这时也在认真思考是否要继续战斗下去，但是最后，决心要抵抗到最后一人的党派占了上风。阿泰尼翁竟然奇迹般生还，出现在自己的部队，鼓起他们低落的士气。卢库鲁斯粗心大意，没有采取措施乘胜追击。事实上，有人说他故意解散军队，烧毁辎重，目的是掩盖自己在军事上的无能，不希望在后继者面前相形见绌。无论此事是真是假，总之他的后继者盖乌斯·塞维利乌斯和他一样败北。这两位将军后来都受到弹劾，并以渎职罪受到处罚，当然，这并不是他们犯罪的可靠证据。阿泰尼翁在特立峰王死后独掌大权，带领这支大军，屡次取得胜利。罗马纪元653年（即公元前101年），曼尼乌斯·阿基利乌斯作为执政官和总督指挥军队作战。阿基利乌斯曾在前一年在马吕斯的带领下与条顿人作战，功勋卓著。经过两年艰苦的战斗——据说阿基利乌斯曾与阿泰尼翁亲自作战，在决斗中将其杀死——这个罗马将军终于打败了奴隶们的顽强抵抗，并用断绝粮草的方法把藏身于堡垒的叛军制服。奴隶被禁止佩带武器，岛上又恢复太平，也就是说，最近的痛苦又被以前习惯的痛苦所代替。事实上，在这个时期众多活跃的强盗官员中，胜利者本人占据要职就有很长时间。第二次西西里奴隶战争历时五年，如果有人仍然想要了解复辟贵族政府的状况，完全可以了解一下战争的起因以及领导人。

属国的状况

在罗马政府治下的广大地区，目之所及，到处都会发现同样的原因、同样的结果。如果说西西里奴隶战争表明，政府远不能胜任控制无产阶级这样一个简单的任务，那么同一时期非洲发生的事情则表明罗马在管理属国的问题上也同样无能。大约就在西西里奴隶战争爆发之时，非洲发生了一出喜剧，让全世界都感到惊奇。一个曾一举摧毁了马其顿和亚细亚的强大共和国，竟然被一个无足轻重的属国王子篡夺权力、背叛了十四年，而且还不是通过武力，而是由于其统治者的卑鄙行径才造成了这样的结果。

努米底亚　朱古达

努米底亚王国位于摩罗恰特河与大锡尔迪斯湾之间[6]，一侧与毛里塔尼亚王国的丹吉斯（现代摩洛哥）交界，另一面与昔兰尼和埃及相邻，在其西、南和东面围绕着狭窄的海岸，也就是罗马的阿非利加省。除努米底亚首领的原有地产之外，这个王国还拥有迦太基强盛时期非洲领土的绝大部分，这包括原腓尼基几个重要的城市，比如西伯-雷介斯和大莱普提斯，这几乎是北非沿海地区最大最富饶的地区了。毫无疑问，努米底亚是罗马属国中除埃及外最大的一个。马西尼萨死后，西庇阿把其统治权平均分配给三个儿子：米奇普撒、古鲁撒和马斯坦纳巴尔，长子分得了都城和国库，次子负责战争权，三子取得了司法行政权。现在两个弟弟死后，马西尼萨的长子米奇普撒独自统治整个国家[7]。他年老体弱，爱好和平，喜欢希腊哲学甚于国家政务。由于其子尚未成年，政权实际上落入他一个侄子朱古达王子的手中。朱古达是个私生子，但他不愧为马西尼萨的孙子，非常英俊，又是个勇敢且高超的骑手和猎人。他被国人认为是一个精明睿智的长官，而且在西庇阿的领导下，做过努米底亚军队的指挥，并表现出了卓越的军事才能。他在罗马政府中的朋友和战友甚多，因此很有影响，再加上他在国内的特殊地位，这都使国王米奇普撒觉得收他为义子是一件明智的事，并在遗嘱中规定，他的两个儿子阿德巴尔和西姆普撒应与义子朱古达一起继承并统治这个王国，就像他本人与两个兄弟一样。为了确保安全，此遗嘱还由罗马政府进行担保。

努米底亚王国继位问题引发的战争

不久，国王米奇普撒于罗马纪元636年（即公元前118年）去世，遗嘱生效，但是米奇普撒的两个儿子——性格暴躁的西姆普撒在此事上比他软弱的哥哥更激烈——很快就与他们的堂兄发生激烈的冲突，因为他们一向认为堂兄侵犯了他们合法的继承权，而且认为三人联合执政的做法应当废止。他们试图分配遗产，但是争吵得不可开交的三人无法将土地和财宝的数额达成一致，而那个有权应对此事进行判决的保护者，又像往常一样，对此漠不关心，于是他们彻底决裂。阿德巴尔和西姆普撒宣称其父亲的遗嘱不够光明正大，坚决要撤销朱古达继承遗产的权利，而另一方面，朱古达却决心占有整个国家。分割财产的争议正在进行之时，西姆普撒被谋杀，于是阿德巴尔和朱古达之间爆发了一场内战，努米底亚所有人都参与进来。朱古达的军队人数虽少，但纪律严明，指挥得当，所以取得了最后胜利，将整个国家握于手中，并把其堂弟的所有追随者都残酷处决。阿德巴尔逃了出来，前往罗马申诉自己的冤情。朱古达料到此事，做好准备应付罗马人的干预。昔日在努米底亚的营地里，他从罗马人身上学到的不止是战术。这位努米底亚王子混进罗马贵族的圈子之后，同时也学会了罗马贵族的阴谋诡计，并从源头上了解罗马统治者会采取什么措施。即便当时，米奇普撒死前十六年，他已经就努米底亚的继位问题与一些罗马贵族朋友进行协商，西庇阿不得不严肃告诫他，外国王子必须与罗马政府搞好关系，而不能与罗马公民有过分私交。朱古达的使者也来到罗马，他们准备的东西可不止是语言控诉，他们选择的正是外交措施的正确手段，当然结果也表明如此。认为阿德巴尔拥有合法头衔的热心支持者一夜之间就改口，转而认为西姆普撒被属下杀死是因为他的残暴统治，而且，就挑起继位战争的并不是朱古达，而是阿德巴尔。即便元老院的领袖人物也对此次丑闻感到震惊，马库斯·斯考鲁斯想要制止此事，结果却是徒劳。对于既成事实，元老院不再过问，只是命令两个现存的继承人平分国家政权，为了防止将来再次发生争吵，分家之事应由元老院的代表团负责。于是事情照此进行。由于平息革命而闻名遐迩的执政官卢修斯·奥皮米乌斯亲任代表团团长，希望趁此机会来获得他爱国的报酬。此次分家完全偏向朱古达，当然代表们也从中得了不少好处。不用说都城锡尔塔（康斯坦丁）与其港口卢斯卡德归阿德巴尔所有，但是按照合同，留给他的东部地区几乎全都是寸草不生的沙漠，而朱古达却分得了富饶而人口稠密的东部地区（也就是后来的毛里塔尼亚、凯撒利亚和西迪非）。

围攻锡尔塔

这就够糟了，不过事情很快变得更糟。为了夺得阿德巴尔的那部分土地，朱古达假装自我防卫，对阿德巴尔进行挑衅。那个软弱的人从经验学到了智慧，他任由朱古达的骑士践踏自己的领土，只是向罗马提出申诉，而朱古达此时已顾不得繁文缛节，没有任何借口，悍然发动战争。阿德巴尔在现代的菲利普维尔地区遭到惨败，逃回了附近的都城锡尔塔。围城期间，朱古达的部队每天与居住在锡尔塔的无数意大利人发生冲突，这些意大利人比阿非利加人更卖力地保卫这个城市。阿德巴尔第一次申诉时元老院就派来了代表团，可他们此时才到达。不用说，组成代表团的大都是年轻没有经验的人士。没有重大事务时，当时的政府通常都会这么做。作为阿德巴尔的保护人，代表们要求朱古达同意他们进入城市，而且他们要求朱古达立刻停止敌对行为，接受他们的调解。朱古达简洁地拒绝了这两个要求，于是代表团将匆忙返回罗马，就像小孩子一样（他们也确实是小孩子）向父亲报告这里的情况。父亲们听取完他们的报告，就撒手不管了，他们的同胞愿意抵抗多久就让他们抵抗吧。直到围城第五个月，阿德巴尔的一个信使才从敌人的保卫工事中突围出来，带着国王的迫切恳求来到元老院。元老院此时真感到了愤怒，他们还真的做出了决定——但并不像少数人要求的那样对朱古达宣战，而是派出了一个新的代表团——不过这个代表团的领头是马库斯·斯考鲁斯，陶里斯克人和奴隶叛军的伟大征服者，贵族们仪表堂堂的英雄，只要他一出现就会改变这位难以驯服的国王的主意。确实，在他的命令下，朱古达来到乌提卡与司考鲁斯商议此事。他们进行了无休无止的辩论,最终会议结束时仍是一无所获。代表团回到罗马,仍然没有宣布开战,国王也再次开始围城。阿德巴尔对罗马人的援助彻底绝望,走投无路,不仅如此,罗马人对围城感到厌倦,并且以为罗马人的威名必能保证他们的安全,所以力主投降。于是整个城市屈服了:朱古达将他的堂弟严刑至死,而城里所有的男性公民,无论是阿非利加人还是意大利人,都被用刀砍死(罗马纪元642年即公元前112年)。

罗马进行干预 罗马与努米底亚的条约

此事在意大利引起了公愤,元老院的少数派以及元老院之外的所有人士都无一例外指责政府,因为对政府来说,国家的荣誉和利益好像只是可以买卖的商品。其中商人阶级的呼声最高,因为在锡尔塔的罗马商人及意大利商人被杀,他们的利益受到直接伤害。元老院大多数人到现在还在做最后努力,这是真的,他们呼吁贵族中的利益阶层,并想出种种办法进行拖延,目的就是让眼下的和平再持续几天。第二年,盖乌斯·迈密乌斯,一个行动积极、口才雄辩的人,被任命为人民保民官。他公开提出此事,并威胁说要以保民官之力将罪大恶极之人绳之以法,元老院这才批准对朱古达开战。这个计划好像认真地实施了。朱古达的使臣没有得到觐见的机会,就被逐出罗马。新执政官卢修斯·卡尔普尼乌斯·贝斯提亚以判断正确、行动敏捷著称,至少在本阶级里确实如此。他积极进行备战,马库斯·斯考鲁斯亲任阿非利加军队指挥。不久罗马军队即到达非洲,继续沿着巴哥拉达河进发,进入努米底亚境内。那些离都城很远的城邑,比如大莱普提斯,都已经上书请降,甚至毛里塔尼亚的博库斯国王,尽管身为朱古达的岳父,还是向罗马人示好,并主动与之结盟。朱古达本人也勇气顿失，派使臣到罗马指挥部请求休战。战事似乎就要结束，比预计的要快。可是博库斯的结盟条约被驳回，因为他不了解罗马人的风俗，以为既然该条约于罗马有利，就不必再花费金钱，因此使臣没有带去与罗马结盟必需的市场价格。朱古达比他更了解罗马人，贡献了相当数目的金钱后，才提出了休战，可是他也受到了欺骗。最初的谈判之后，他发现在罗马军营，不但可以买到停战协议，就连和平都可以买到。此时的国库里，马西尼萨的金银财宝都在，所以条约问题很快得到解决。当然，为形式起见，朱古达须向军事会议提交条约，经过一系列简明扼要、不拘形式的讨论，条约终于得以签订。

朱古达无条件投降，但是战胜者非常大度，把完好无损的王国仍送还于他，只要他缴纳一小笔罚金，并交还罗马逃兵和战象即可。不过此后国王又通过与某罗马指挥官的交涉，把战象大部分赎回。签订条约的消息又让罗马沸腾起来，大家都知道和平是怎么得来的，即使司考鲁斯也公开受贿，只是价格高于常人而已。条约的法律效力在元老院受到激烈攻击。盖乌斯·迈密乌斯宣称，如果朱古达真的无条件投降，他不会拒绝亲自到罗马来。他提议立刻召见朱古达，通过合约双方的供词，查明事情的真实情况。元老院听从了建议，同时给朱古达签发了通行证，但这种做法并不合法，因为朱古达并非敌人，只是一个投降的手下败将。于是朱古达本人来到罗马，在聚会的人民面前听从审判。义愤填膺的人民要把这位杀害锡尔塔意大利人的凶手当场撕成碎片，经过劝说之后，才出于对通行证的尊重，勉强控制了自己。可是盖乌斯·迈密乌斯刚问这个国王第一个问题，他的同僚就利用否决权阻止了他，命令朱古达闭嘴。即使在这里，非洲的黄金也比人民及其最高长官更有力量。同时，关于条约法律效力的问题也在元老院进行讨论，新执政官斯普利乌斯·帕斯图米乌斯·亚比努斯热烈赞成取消合约的建议，希望远征非洲的任务能落到自己身上。马西尼萨的一个孙子马西瓦当时正在罗马，他便来元老院申请，要弥补努米底亚国王的空缺。于是朱古达国王的一名亲信博米尔卡刺杀了国王的仇敌（毫无疑问是受到国王的指派），当他因此被起诉时，又在朱古达的帮助下逃离罗马。

取消条约　宣布战争　罗马的第二次和平协议

在罗马政府的眼皮下面发生这样的事情，让元老院终于取消和平协议，并将国王逐出罗马（罗马纪元643—644年即公元前111—前110年冬）。战争重新开始，执政官斯普利乌斯·阿尔比努斯如愿以偿担任指挥（罗马纪元644年即公元前110年）。不过在这种政治和军事督导下，非洲军队自上至下都极端混乱，部队纪律松懈，不仅在休战期间抢夺努米底亚城邑甚至罗马行省，甚至还有军官和士兵与他们的将军一样，与敌人签订秘密协议。不难想象，这样的军队在战场上不会有所作为。之后朱古达在法庭上被控贿赂罗马将军，使之按兵不动，如果这是真的，那他真是多此一举，斯普利乌斯·阿尔比努斯因此乐得什么事都不做。另一方面，他不在时由他弟弟——同样愚蠢而无能的奥卢斯·帕斯图米乌斯——暂时掌握指挥权。当年冬天，这位弟弟突发奇想要夺取国王的财宝，而财宝都藏在苏图尔城（后来的卡拉马，现在的盖尔玛），很难进入，更难攻克。军队开拔抵达城下，但是围城难以成功。朱古达带领军队驻守城下一段时间后，开始向沙漠进发，罗马军官则在后面追逐，这正中朱古达下怀。在一次夜袭中，由于地势险要，并且朱古达与一些罗马军官已经达成一致，努米底亚人占领罗马军营，把丢盔弃甲的罗马军队打得溃不成军。结果，罗马人投降，条件就是从牛轭下穿过，并即刻撤出努米底亚全境，恢复被元老院撤销的和平条约。

这些都由朱古达指示，而罗马人全盘接受（罗马纪元645年即公元前109年初）。

都城人民的不满

这种耻辱可太过分了。非洲人民欢欣鼓舞，他们一直认为摆脱外族统治不可能，可是现在突然有了希望，于是无数自由、半自由的部落都投入这位得胜国王的麾下。意大利人民对这贻害无穷的腐败政府气愤无比，从而爆发了控诉热潮。同时愤怒的商人阶级又推波助澜，把一大批人从贵族圈里驱逐出去。在保民官盖乌斯·马米里乌斯·李密塔努斯的建议下，尽管元老院试图避免这些惩罚，但他们最终还是成立了一个特别陪审代表团，对有关努米底亚继位问题的叛国罪进行调查。此次审判判决两个前指挥官盖乌斯·贝斯提亚和斯普利乌斯·阿尔比努斯，以及第一批阿非利加代表团团长、杀死盖乌斯·格拉古的刽子手卢修斯·奥皮米乌斯，还有其他一些不太出名的政府党人士全部流放海外，不管他们是有罪还是无罪。由于没人敢于攻击行事谨慎且权势盖天的罪魁祸首司考鲁斯，从这一点我们可以知道，政府只是牺牲了几个干系最大的人来安抚公众的情绪，尤其是商人阶级的愤怒，而且其中完全没有迹象表明，有人敢对政府本身表示不满，尤其是对尊贵的贵族。与此相反，司考鲁斯大约就在这个时候当选为审查官，并且，令人不可思议的是，他被选为审判叛国罪特别代表团的团长。至于干涉政府的工作，更是没人敢去尝试，只有听任元老院用温和的方式去制止有关努米底亚事件的流言，因为这事的确刻不容缓，即使最高贵的贵族也发现了这一点。

第二个和平条约宣布无效　梅特路斯担任指挥官战争重新开始

元老院首先取消了第二个和平条约——三十年前的惯常做法，就是把缔结条约的指挥官交给敌人，可是现在按照条约神圣的新观念，这样做就不必要了——决心重新开战。这一次他们可是认真的。非洲战事的最高指挥权自然一定要委任给一位贵族，不过从军事和道德方面看，当时的贵族能担当此任的并不多。他们选中的是昆图斯·梅特路斯。梅特路斯的家庭有权有势，他们家族的行事原则就是严酷而无耻，他也如是。作为官员，他当然认为为了国家利益而雇佣杀手是一件光荣的事情。同时他可能还讥笑法布里西乌斯对待皮拉斯的行为，认为那只是不切实际的英勇豪侠，但另一方面他又是个不屈不挠的长官，勇气十足、不贪污腐败，同时还是个头脑精明、经验丰富的战士。他选择副将并不讲究门第高低，在这一点完全没有本阶级人士的偏见。他的副官普布利乌斯·路提里乌斯·鲁弗斯是个优秀的军官，操练认真，足为模范，而且还改良了练操法。另一个副官是勇敢的拉丁农夫之子盖乌斯·马里乌斯，出身行伍。有了这些能干的军官相助，梅特路斯于罗马纪元 645 年（即公元前 109 年）以执政官和总指挥官职务来到非洲军队。当时的军队一片混乱，迄今为止，将领们甚至不敢率领他们与敌军作战。除了不幸的罗马行省居民外，没有人会害怕他们。不过军队很快就得到严厉而快速的整顿[8]，罗马纪元 646 年（即公元前 108 年）春，军队在梅特路斯的率领下来到努米底亚前线。朱古达发现势头不对，自觉大势已去，战争尚未开始，就迫切请求和解，只要能保命，什么条件都答应。可是梅特路斯却很坚决（可能他得到了类似的命令）地表示，这位狂妄的属国国王如果不无条件投降，并遭到处决，他就不会终止战争。事实上，这也是唯一能让罗马人满意的结果。大败阿尔比努斯之后，朱古达被认为是利比亚人的救星，把利比亚人从可恨的外国统治者手中解放了出来。可是他寡廉鲜耻、诡计多端，而罗马政府又距此较远，即使缔结了和平条约，他也可以随时在本国发起战争，所以朱古达一日不死，和平便难以实现，非洲军队的威胁永难消除。表面上，梅特路斯对于国王的求和态度暧昧，暗地里却唆使使臣把他们的主人交给罗马人，不管是死是活，但是在暗杀方面，非洲人可是鼻祖，罗马将军绝不能抗衡。朱古达看穿了他的计划，而且因为别无他法，所以他只有决一死战。

穆图尔战役

罗马人进入内地的道路位于一片光秃秃的山区，穆图尔河与这片山脉平行。山脉与河流之间横亘着一片宽约十八公里的平原，除了靠近穆图尔河一带，平原上其他地方既没有河流也没有树木，只有一个山脊从上面穿过。山脊上丛生着低矮的灌木，朱古达的军队就在这个山脊上等候罗马人的到来。他的部队分成两支：一支包括步兵和战象，由博米尔卡领导，驻守在紧靠河流的山脊上；另一支由骑兵和步兵精锐部队组成，列队于通往山脉的较高处，以灌木为掩护。罗马人进入山口，就发现敌人占据的位置完全控制了他们的右翼，他们不能长久暴露在这不毛之地，必须抵达河流。所以他们必须解决一个难题：在敌人骑兵的阻挠下，通过宽达十八公里的开阔平原，而且他们自己的军队还没有骑兵。梅特路斯派鲁弗斯带领一支部队直达岸边，在那里安营扎寨，而主力部队则从山脉的峡谷中斜穿平原，开往山脊一带，目的是把敌人逐出此地。这样在开阔的平原上行军有可能会导致全军覆没，因为努米底亚步兵一待罗马人离开就立即占领了峡谷。罗马主攻纵队发现敌人骑兵从山脊上冲下来，从四面八方蜂拥进攻。成群结队的敌军阻止了罗马人的继续前进，战斗好像要分解成一群人一群人的混战，同时，博米尔卡及其部队也拖住了鲁弗斯的大军，使其不能匆忙赶去援救战事吃紧的主力部队。不过梅特路斯和马里乌斯所带领的几千战士最终还是胜利抵达山脚下，而山顶的努米底亚步兵，虽然人数众多，且位置优越，可是罗马军团一旦进行猛攻，他们立刻四散逃窜，几乎不加抵抗。抵御鲁弗斯的努米底亚步兵也同样糟糕，在罗马人第一次进攻之时就溃不成军，战象也被杀掉或者捕捉。晚上，两支获胜的罗马部队各自担心对方的安危，最终在战场中间相遇。这场战役既证明了朱古达非凡的军事天分，也表明了罗马步兵的坚不可摧，就是这一点扭转了战局，罗马人由败转胜。朱古达此战以后把大部分士兵都解散回家，开始进行游击战。他在游击战上也打得非常出色。

努米底亚被罗马人占领

两支罗马部队一支由梅特路斯领导，一支由马里乌斯带领。马里乌斯虽然出身和官职较低，自从穆图尔战役后却成了部队的一等军官。两支大军穿越努米底亚地区，占领了所有的城邑，一旦有哪座城市没有为他们敞开大门，之后所有的成年男性都会被处死。东方最大的内陆城市扎马却进行了激烈的反抗，朱古达当然尽全力支持，他甚至成功偷袭了罗马人的营地。后来，罗马人不得不放弃围城，开赴海边。为了能更容易给军队提供粮草，梅特路斯留兵戍守被攻克城市的要塞，把大军转移到罗马行省，并利用这个机会重新进行谈判，打算以适当的条件与朱古达和解，朱古达立刻同意了。他答应一次偿付二十万磅银子，交出了战象和三百名人质甚至还有三千罗马逃兵。这些逃兵立刻就被处死。与此同时，国王朱古达最信任的心腹博米尔卡害怕如果和平到来，朱古达一定会因为刺杀马西瓦把他交给罗马法庭（他的担心不无道理），因此被梅特路斯说服，答应无论死活都把朱古达交到罗马人手里，而梅特路斯就会赦免他的谋杀罪并给予重赏。不过后来，不管官方磋商还是私下密谋都没有取得期待的结果。梅特路斯一提到要朱古达自动就范，束手就擒，后者立刻就终止谈判。博米尔卡与敌军私通也被发现，遭到逮捕并被处死。这些卑鄙的外交阴谋确实无可辩护，可是罗马人现在有很多理由一定要抓住这个对手。战争到了这种地步，无法继续又难以收兵。瓦加[9]——罗马人占领的最大城市——在罗马纪元646—647年即公元前108—前107年冬发生叛乱，这足以表明努米底亚人的民心所向。在这次暴乱中，罗马的要塞失守，除指挥官提图斯·特皮里乌斯·西拉努斯外，军官和士兵全部被杀死。西拉努斯后来被控通敌，被罗马军事法庭宣布并执行死刑（不知是对是错，我们很难说）。叛乱爆发第二天，梅特路斯就率军到达，整个城市受尽军法折磨，但是，如果巴哥拉达斯岸边交通便利且较为驯顺的城市尚且如此，那么内陆沙漠地区桀骜难驯的迁徙部落又当如何呢？朱古达是非洲人的偶像，是他们民族的解放者和复仇者，杀死两个弟弟的缺点也可以忽略不计。二十年后，一个努米底亚军团正在意大利为罗马人作战，可是当朱古达之子出现在敌军之列时，这支军队立刻就被派回非洲，从这件事中可以看出，他对非洲人民的影响有多大。在这个地区，人民有其不同性情，地势又如此显要，而朱古达国王又得到了全国人民的同情，可以在这里进行无休止的游击战争，甚至还休战了一段时间，以待在合适时刻重整旗鼓。在这样的地方，结束战争的希望有多大呢？

沙漠战争　毛里塔尼亚模棱两可的态度

　　罗马纪元647年（即公元前107年）梅特路斯再次开战时，朱古达改变策略，不在一个固定的地方进行抵抗。他忽而出现在一个地方，忽而出现在另一个很远的地方，所以梅特路斯要捉住这些沙漠骑兵，比捉住雄狮更难。仗是打了，也获胜了，可是一次胜利能带来什么很难说，那个国王却消失不见了。在现代突尼斯辖区内，靠近沙漠边缘的地方，清泉孕育了一片绿洲，一座牢不可摧的城市塔拉就坐落在这里[10]。朱古达带着他的儿女、珍宝和精锐部队退驻此地，等待更好的时机。梅特路斯带领的部队用囊袋背水，行走四十五英里穿越沙漠，对国王紧追不舍。围城四十天后，塔拉城失陷，可是罗马逃兵自焚，不仅将城内建筑物和最珍贵的战利品一并烧毁，更重要的是，朱古达国王带领其子女和财宝突围逃跑。努米底亚实际上落于罗马人之手，但是罗马人并没有达到目的，战争的范围却越来越扩大了。在沙漠南方，自由的盖杜尔部落在朱古达的号召下，发起了反抗罗马人的民族战争。在西方，毛里塔尼亚的博库斯国王曾向罗马人示好，罗马人不屑一顾，但现在他非常有意与女婿一起反抗罗马人，不但把女婿迎入宫中，而且把朱古达的残兵与自己的众多骑兵联合在一起，带领他们来到锡尔塔地区，也就是梅特路斯的冬营所在地。双方开始进行磋商。很明显，朱古达现在他的手里，他握有这次战争的真正战利品。他谈判的意图究竟何在，是要把女婿卖个高价呢，还是与女婿一起共同反抗罗马人呢？罗马人不知道，朱古达不知道，即使他自己也不清楚，而且他也不愿意匆忙放弃这种暧昧的态度。

总指挥马里乌斯

就在此时，梅特路斯在人民法令的指示下，不得不离开此地，将指挥权交给了自己之前的中尉、现在的执政官马里乌斯，于是接下来，罗马纪元648年（即公元前106年）发生的战役就由马里乌斯全权指挥。马里乌斯能够升任执政官在某种程度上有赖于一次革命之功。由于他在战场上军功赫赫，而且受到一次预言的启发，他决定竞选执政官一职。此人非常能干，绝无反对政府之意，他竞选执政官不仅合法，而且在其他方面也无不正当之处。如果贵族们对他参加竞选之事表示支持，就不会引起任何麻烦，只不过在做执政官登记表中增加了一个新家族而已。可是相反，这位非贵族出身的军官却遭到了全体贵族的辱骂，他们认为他是一个不安分的革新分子，跟以前的贵族对待平民候选人的态度一模一样，只是现在没有法律来支持他们。梅特路斯曾以尖刻的话语讽刺这位勇敢的军官，他说，马里乌斯可以在候选人的位子上一直等到自己乳臭未干的儿子长大与其同僚为官，而且直到最后一刻，他才不得不放马里乌斯前去都城参加罗马纪元647年（即公元前107年）的执政官竞选。到了都城，马里乌斯得以一雪将军对他的羞辱。他在一群无业游民面前讲述了战争的局势，公开批评梅特路斯在非洲的行为。这些人本来就经常讨论贵族们骇人听闻的秘密阴谋，言之凿凿，现在他又告诉这些人梅特路斯故意拖延非洲的战事，好永久做总指挥官。对于这些整天无所事事在街头游荡的人们来讲，有一点非常清楚，很多人因为这样那样的原因反对政府，尤其是愤愤不平的商人阶级，他们正想找个敏感的切入点来伤害贵族，这个机会再好不过了。因此，马里乌斯以多数票当选执政官，不仅如此，根据盖乌斯·格拉古的法律，执政官的权限应由元老院决定，元老院决定让梅特路斯保留原职，可是公民大会法令却任命马里乌斯指挥非洲战事。

没有结局的冲突

马里乌斯因此于罗马纪元647年（即公元前107年）接任梅特路斯，并指挥第二年的战役。他虽然自信满满，保证不会像前任一样无能，一定会尽早把朱古达五花大绑送抵罗马，可是这诺言却不容易实现。马里乌斯与盖杜尔人进行了几场断断续续的战役，攻下了几座城池，还向东南边缘的卡普萨进行了一次远征（这次远征的困难程度不下于对塔拉的远征）。他通过投降协定取得该城，可是又不顾协议规定，杀死了城内所有的成年男子。很明显，这是防止这座偏远的沙漠城市再次反叛的唯一办法。此外，摩罗加特河地处努米底亚和毛里塔尼亚的交界处，河上傍山建着一处坚固的要塞，朱古达把他的财宝就存在这里。马里乌斯还对这个要塞进行了进攻，就在久攻不下打算撤退之时，幸而有几个勇敢的士兵爬上山去打开通道，进而攻下这个铜墙铁壁的城堡。

如果他的目的只是想通过这种狂妄的肆虐使兵士们更加冷酷，或者想通过征战更远的地方使梅特路斯的沙漠远征相形见绌，那他这种战术也无可非议。可是，在梅特路斯时期，一个坚定不移的目标就是抓住朱古达，而在马里乌斯这里，这个目标被撇到了一边。梅特路斯进军塔拉是一次正确之举，马里乌斯远征卡普萨则根本就漫无目的，而到达摩罗加特河的远征如果没有经过毛里塔尼亚境内，至少经过它的边界，这就完全不明智了。现在，战事是以罗马的胜利结束还是无休止地拖延下去，权力完全握在博库斯国王手里。博库斯国王与朱古达达成协议，朱古达同意割让给他一部分土地，博库斯承诺积极支持女婿反抗罗马。从摩罗加特河返回途中，一天晚上，罗马军队发现自己被大批毛里塔尼亚和努米底亚骑兵团团包围，他们来不及列成合理的队形，也来不及进行合理指挥，只是利用地势仓促反抗，军队伤亡惨重，最后能够暂时退守到两座相距不远的山上过夜,已经觉得很幸运了。大意的非洲人沉浸在胜利之中,一时疏忽大意,结果反致失败。罗马军队在夜间稍作整饬,第二天黎明,趁非洲人尚在沉睡之中,对他们发起进攻,侥幸击败非洲人,因此得以继续返回,只是这次军容整齐、行军也更加小心。可是后来又四面八方同时遭到袭击,情况万分危急,幸亏骑兵军官卢修斯·科尼利乌斯·苏拉首先击破包围他的骑兵,并率兵追赶,当朱古达和博库斯在后方攻打罗马步兵时又迅速掉头援助。至此,此次偷袭又被成功击破。马里乌斯率军回到锡尔塔,在营地驻扎过冬。

与博库斯谈判

起初罗马人虽然对博库斯国王的示好非常鄙视,后来也没有特别表示对其友善。不过在博库斯挑起战争之后,罗马人却开始热心争取他的友谊,这一点有些奇怪,不过我们现在不难理解了。这样做的好处之一是,毛里塔尼亚没有公开宣布开战。这时,博库斯国王的态度重新变得暧昧起来:一方面他没有销毁与朱古达的协议,也没有赶走朱古达;另一方面,他开始就结盟问题与罗马人进行协商。协议达成或者就要达成之时,这位国王要求:为了签订协议,接手囚犯,马里乌斯应派遣卢修斯·苏拉到毛里塔尼亚,因为苏拉曾作为元老院的大使到过毛里塔尼亚宫廷,而且毛里塔尼亚去罗马的大使曾经得到过苏拉的帮助,对苏拉大加赞赏,因此博库斯国王了解苏拉并对他颇为赞赏。马里乌斯此时非常矛盾。他若拒绝这个提议,和谈就会中断,可他若同意这么做,就意味着要把这个勇敢而高贵的军官送入敌人之手,而且这个敌人狡诈多变,他对罗马人和朱古达的两面手法众所周知,这个计划的目的就是把朱古达和苏拉当作双方的人质。不过要结束战争的欲望还是战胜一切,并且他一对苏拉提出此事,苏拉就不辞危险,同意担当此任。苏拉在博库斯儿子沃鲁克斯的带领下勇敢出发了,即使向导带领他通过朱古达的营地,他也没有退缩。随从们劝他逃跑,可是他拒绝了这种懦弱的提议,与国王的儿子一起,大踏步穿越敌人的阵营,结果毫发无损。在与苏丹进行谈判时,这位英勇的军官也表现得同样坚决,最终使苏丹痛下决心。

朱古达投降并被处决

朱古达就这样成了牺牲品。他的岳父借口说答应他所有的要求,从而把他引进了埋伏圈,随从们全部被杀,他本人被捕。就这样,这位叛国者由于亲属的背信弃义落入敌手。卢修斯·苏拉把这位焦躁不安的狡猾非洲人及其子女一起解往罗马总部,为期七年的战争正式结束。此次胜利基本上与马里乌斯的名字连在一起。罗马纪元650年(即公元前104年)1月1日,朱古达国王被押到罗马,身穿皇袍,铁链加身,与两个儿子一起走在胜利者的凯旋战车前面。在马里乌斯的命令下,这位沙漠之子几天后死于城市监狱的地牢里。这地牢就是古代卡庇托尔山的井房,这位非洲人称之为"冰浴",走进地牢之门就要被吊死或者冻饿致死。

不过有一点不能否认,在此次胜利中,马里乌斯的贡献最小。征服努米底亚一直到沙漠边缘地带是梅特路斯的功劳,抓捕朱古达是苏拉的功劳。处于这二者之间,颇有损于这位野心勃勃的暴发户的尊严。他的前任采用"努米底亚征服者"的称号,马里乌斯勉强容忍,但是后来,国王博库斯在卡庇托尔神庙前铸就一组金像,画面就是朱古达向苏拉投降的情景,马里乌斯一见勃然大怒。不过在公正的批评家眼里,这两人的功劳确实让马里乌斯黯然无色,尤其是苏拉在沙漠里的赫赫战功充分表现了他勇气非凡、沉着冷静、头脑灵敏和对士兵的控制能力,将军自己和所有士兵都看到了这一点。如果反对党没有选中马里乌斯做元老院的将军,如果政府党没有为了激怒马里乌斯,故意称赞梅特路斯,尤其苏拉是军事奇才,对他们格外偏爱,而不喜欢那有名无实的将军。如果没有这些,这些军事上的竞争本无足轻重,可是现在它与很多党派冲突混杂在一起,就要另当别论了。这些敌对情绪所引起的致命后果我们将在国内历史中进行讲述。

努米底亚改制

努米底亚属国的这场叛乱就此过去了,无论在整体政治关系上还是在阿非利加行省内部的政治关系上都没有引起任何值得注意的变化。罗马人这一时期在别处执行的政策竟然没有在努米底亚实施,没有把努米底亚变成一个行省,很明显是因为,在这里没有军队根本无法保护边防不受沙漠里野蛮人的侵袭,而罗马又绝不愿在这里留守一个常驻部队。因此他们把努米底亚最西部的一块地方(大约位于摩罗加特河到萨尔德港之间),也就是后来的毛里塔尼亚·凯撒利亚(阿尔及尔行省)与博库斯的王国合并在一起,努米底亚剩余的土地就交由马西尼萨现存的最后一位孙子高达掌管。高达是朱古达的同父异母弟弟,身体羸弱,头脑迟钝,他在马里乌斯的建议下,于罗马纪元 646 年(即公元前 108 年)在元老院提出了申请[11]。与此同时,非洲内陆的盖杜尔部落也成了罗马的自由同盟国,并入了与罗马签有条约的独立国家之列。

政治问题

朱古达战争或者朱古达叛乱的政治结果除了调整阿非利加属国关系之外，还有更重要的地方，尽管这些政治后果经常被估计过高。当然，这时政府的所有弊端都暴露无遗，有一件事不仅臭名昭著，而且简直是法定的事实：在罗马的统治贵族中，什么东西都是可以买到的，从和平条约到仲裁权，从营地的防卫到士兵的生命。那位非洲人说的一点不假，他在离开罗马时曾经宣称：如果他有足够的黄金，一定能把这座城市买下来。这个时期无论对外对内事务上，政府都同样腐败无能。历史上对非洲战事的记载要比当代其他军事和政治事件都要详细，这种通过偶然事实揭露的社会真相，我们能看得更加真切。当代人从历史中看到的无非是大家早已耳熟能详的、爱国志士都能用事实证明的事情。现在虽然增添了一些新鲜的、难以辩驳的证据，证明元老院复辟政府的腐败——其腐败程度大概只有其无能程度才可以超越，如果当时有政府不得不应付的反对党或反对声音存在，这种情形下也许能产生一定作用。这场战争不仅暴露了政府的腐败，同时也表明了反对党的无能。

罗马纪元 637—645 年即公元前 117—前 109 年间，复辟政府的政治腐败无与伦比，而任何时期的元老院都没有罗马纪元 645 年（即公元前 109 年）的元老院那么缺少防御措施，那么孤立无援。如果罗马有真正的反对党，也就是说，有一个党派愿意并促进法制的根本变革，这时是尝试推翻元老院的最佳时机。可事实上这样的事没有发生，政治问题也转变成了个人问题，比如更换指挥官，或者一两个无足轻重的小人物遭到流放。结果造成了这样的局面：所谓的平民党既不能也不愿管理国家。在罗马只有两种政府形式可能存在：专制政体和寡头政体。只要没有一个知名人物（即使不甚重要）篡夺国家政权，那么这种政府最糟糕的结果也至多是危及寡头政治的某个人，绝不会危及寡头政治本身。另一方面，一旦这种人物出现，要撼动贵族政府的政权轻而易举。从这方面说，马里乌斯的出现非常重要，因为此事本身就莫名其妙。如果在阿尔比努斯大败之后，公民们冲进元老院，这即便不算正当，至少可以理解。可是自从梅特路斯扭转努米底亚战局后，关于政府腐败就没有什么好说的，更不用说对共和国的危害了，至少从这方面是如此。此时出现的第一个野心勃勃的军官就做出了之前老非洲英雄威胁要做的事情：他公然违背政府的明确命令[12]，把军事指挥权掌握在自己手里。公众舆论在所谓的平民党手里毫无用处，但到了罗马未来君主的手里，公众舆论就成了势不可挡的武器。我们不是说马里乌斯打算篡权，至少他向群众游说争取非洲军事权的时候应该没有这种打算，但是不管他知不知道自己在做什么，总之，人民大会机构开始任命将军，或者军官能够以合法的形式自命为将军，这表明复辟的贵族政府真的到了末日。在初期的危机中，只出现了一个新元素，也就是说，在政治革命中出现了军人和武力因素。马里乌斯出现在政治舞台上是君主政治代替寡头政治的序幕呢，还是只是偶尔侵犯一下政府的特权，就没有进一步的结果了？这还难以断定。不过有一点可以看到：如果第二次君主政体的这些苗头继续发展，那么取得君主地位的不会是盖乌斯·格拉古这样的政治家，而应该是一位军人。马里乌斯改编部队向非洲进发时，他完全不顾法律要求的财产资格，规定即使是最穷的公民，只要他在其他方面拥有服役资格，就可以加入军团。他对军事系统进行的改革，可能只是出于军事需要，可是尽管如此，这种改制依然是一件重大的政治事件。以前，军队的士兵都拥有大量财产，即便到了近代，士兵也都出自富裕家庭，可是自此以后，军队就成了穷人的队伍，除了自己的武装和将军赏赐的东西之外，自己一无所有。贵族在罗马纪元650年（即公元前104年）的统治和罗马纪元620年（即公元前134年）一样，但是迫在眉睫的灾难日积月累，随时都会爆发，在政治天平线上，刀剑开始与王冠一同出现。

注释

[1] 在卡尔波和弗拉库斯的统治下曾发生过很多民主活动。
[2] 这道人民法令已经流传三百多年，到现在其大部分依然存在，不过其被称作托尔派土地法，这显然是错误的。
[3] 这是昆图斯维持和平的一次尝试。
[4] 很多人认为只有在普布利乌斯·苏维里乌斯远征西里西亚以后，西里西亚行省才建立起来，但这种看法是错误的，因为早在罗马纪元662年（即公元前92年）苏拉就担任了西里西亚总督，罗马纪元674、675年（即公元前80、81年）盖乌斯·多拉贝拉页担任了西里西亚总督，这说明西里西亚行省应该是罗马纪元652年（即公元前102年）建立的。与此同时，罗马人对于巴利阿里群岛、利古里亚、达尔马提亚等地海盗的远征也经常提到对当地沿海地区的占领，这也间接证明了上述观点，因为罗马人没有常驻舰队，他们有效控制海盗行为的唯一方式就是占领当地的海岸。还应记住一点：建立行省并非指绝对占有当地的国家，而是指罗马在当地具有独立的军事指挥权。所以，罗马人在这个地势险峻的山区起初所拥有的只是他们的船只和部队，其他一无所有，这一点很有可能。

西里西亚东部平原依然在与叙利亚帝国的提格拉尼斯人交战，陶鲁斯北部地区之前被认为属于西里西亚，所以被称为卡帕多西亚－西里西亚，而加陶尼亚则属于卡帕多西亚。前者与阿塔鲁斯王国分裂之后就归属罗马，而后者可能从与安条克王国和平之时就归属罗马。
[5] 很明显，他们对奴隶暴动持支持态度。
[6] 这都是努米底亚王国的一部分。
[7] 下面就是努米底亚王子们的族谱：马西尼萨516—605年（即公元前238—前149年）——米奇普撒、古鲁撒和马斯坦纳巴尔——阿德巴尔、西姆普撒一世、米奇普撒、马西瓦、高达、朱古达——西姆普撒二世、奥克西塔斯——朱巴一世——朱巴二世。
[8] 在塞勒斯特编年史中，这段激动人心的战争完全被忽视了。本次战争于罗马纪元649年（即公元前105年）夏季结束。如果马里乌斯从罗马纪元647年

（即公元前107年）作为执政官开始领导战争，他在那里总共指挥了三次战役，但是历史上只描述了两次战役，这也完全情有可原，因为米特卢斯早在罗马纪元645年（即公元前109年）就来到非洲，而他到达比较晚，重组军队也需要花费时间，所以只能次年开始作战。同样，马里乌斯在意大利进行军事准备也耽搁了一段时间，到罗马纪元647年（即公元前107年）冬才作为执政官或罗马纪元648年（即公元前106年）作为地方总督就任总指挥，所以米特卢斯的两次战役就在罗马纪元646年（即公元前108年）和罗马纪元647年（即公元前107年）发生，而马里乌斯的两次战役分别在罗马纪元648年（即公元前106年）和罗马纪元649年（即公元前105年），就是因此米特卢斯直到罗马纪元648年（即公元前106年）才能取胜。这与历史描述相符，穆图尔与扎马围城肯定就发生在罗马纪元646年（即公元前108年）。塞勒斯特在这点上绝对不对，比如，他甚至认为马里乌斯是罗马纪元649年（即公元前105年）的执政官。

[9] 现在阿尔及利亚的贝雅。

[10] 其具体位置现在也没有发现。以前人们认为该城市在普特地区，但没有一定根据，后来人们认为其在卡普萨东部的塔莱，也没有一定根据。

[11] 塞勒斯特有关朱古达战争的政治漫画再现了朱古达失败的场面，以诗歌形式，而不是历史形式再现了当时的情景。在当时暗淡无光的历史上，这是唯一保存其原有色彩的作品，对于整个努米底亚王国的历史也没有其他的相关记录。塞勒斯特记载了高达继承朱古达王位的事情，一个迦太基人的记录也表明了这一点，这位迦太基人被称之为国王，西姆普撒二世的父亲。在东部，努米迪亚以及阿非利加行省、昔兰尼的边界关系还一如从前，这由凯撒的历史以及行省的法律可以看出。另一方面，博库斯的王国扩大许多，这就表明，毛里塔尼亚起初只局限于丹吉斯地区，后来扩展至凯撒利亚及西提费斯地区（康斯坦丁行省的西部）。毛里塔尼亚由于罗马人的关系，疆界扩大两倍，第一次是罗马纪元649年（即公元前105年）朱古达投降后，接着是罗马纪元708年（即公元前46年）努米底亚王国分裂后。很可能凯撒利亚是第一次扩张时并入的，而西提费斯是第二次扩张时并入的。

[12] 他干预了民社的财产分配。

第五章

北方的民族

罗马与北方的关系　阿尔卑斯山与比利牛斯山之间的国家　利古里亚人和萨拉西人的冲突

自从六世纪末,罗马就统治着北部大陆深入地中海的三大半岛,至少大致如此。然而就在这里——在西班牙的北部和西部,在利古里亚的亚平宁山和阿尔卑斯山之间的谷地,在马其顿和色雷斯的山区——自由或半自由的部落仍然奋起反抗罗马政府的松懈统治。

不仅如此,西班牙与意大利之间、意大利与马其顿之间的陆上交通非常稀少,而比利牛斯山、阿尔卑斯山和巴尔干半岛之外的广大地区,也就是罗纳河盆地、莱茵河盆地和多瑙河盆地,大半都在罗马人的政治势力之外。接下来我们将讲述罗马在这些区域是如何采取措施去巩固和完善它的统治的。在这连绵的大山背后，这里的人们总是到处迁徙。在这个时期，他们开始敲打北山的门户，毫不客气地警告罗马统治者：认为自己是地球的统治者是完全错误的。

我们先看一下西阿尔卑斯山和比利牛斯山之间的地区。马西利亚是罗马一个最古老、最忠实也是最强大的一个同盟。罗马人早就通过马西利亚把地中海沿海的这个地区置于自己的统治之下。马西利亚的海港，向西有阿加达（即阿哥德）和罗达（即罗萨斯），向东有陶伦提乌姆（即西约塔特）、奥尔比亚（即赫雅思）、安迪波利斯（即安迪比斯）和尼西亚（即尼斯）。这些海港巩固了自比利牛斯山到阿尔卑斯山的沿海航线和陆路交通。马西利亚的商业和政治联系远及内地。罗马纪元600年（即公元前154年），在马西利亚人的请求下，同时也出于自身的利益，罗马人进行了一次远征，深入阿尔卑斯山区的尼斯和安迪比斯，讨伐利古里亚的奥克西比部落及德其特部落。经过几次激烈冲突（有几次战役双方都伤亡惨重），这个深山地区不得不经常向马西利亚人遣送人质，并每年纳贡。据说大约自这个时期，该地区的人民开始仿照马西利亚人的先例种植葡萄和橄榄，但为了意大利地产主和商人的利益，在阿尔卑斯山外侧、马西利亚的属地，葡萄和橄榄的种植都被禁止，这种说法并非没有可能。此外罗马纪元611年（即公元前143年）由执政官阿皮乌斯·克劳狄乌斯带领的罗马军队对萨拉西发起进攻，这场战争也带有浓郁的经济投机色彩，其目的是维克图穆拉地区的金矿和淘金场。该地区位于德里－巴尔特山谷的维切里和巴德一带。这些淘金场范围很广，甚至占领了当地下游居民灌溉农田的水源，起先人们还试图对此进行调停，但很快就引来了罗马人的武力干预。虽然这次战争初期，罗马人遭到惨败（罗马人这个时期的战争总是如此），但最终他们还是打败了萨拉西人，把产金区划归罗马。几十年后（罗马纪元 654 年即公元前 100 年），罗马人这块土地上设立了埃波利迪亚殖民地，毫无疑问，其主要目的就是控制通往阿尔卑斯山的西部通道，正如建立阿奎莱亚是为了控制东部通道一样。

阿尔卑斯山外地区与罗马的关系　阿尔维尼人

到了罗马纪元 629 年（即公元前 125 年），盖乌斯·格拉古的忠实同盟马尔克斯·福尔维乌斯·福拉库斯作为执政官掌管该地区最高指挥权之后，阿尔卑斯山区的战事才严重起来。他是第一个致力于征服阿尔卑斯山外地区的罗马将军。当时的凯尔特四分五裂，比图里吉斯也失去了其真正的霸权，仅徒有虚名。从比利牛斯山到莱茵河，从地中海到大西洋之间的大片土地中，最有实力的当属阿尔维尼人[1]。传说他们能参加战斗的人高达十八万人，此言并非夸大其词。埃杜维人曾与阿尔维尼人争夺霸权，但实力不敌。同时在高卢东北部，苏埃西翁（约在苏瓦松地区）国王统一了比利时部落同盟，疆土远达不列颠。关于阿尔维尼国王卢埃利乌斯华丽的宫殿，当时的希腊旅行家有很多记载：一大群衣着华丽的侍从跟随其后，猎手们手牵猎狗，游吟艺人载歌载舞。在他们的簇拥下，国王乘坐镶银的战车穿过王国的城镇，一路向民众抛洒黄金，闪耀的金雨"哗哗"落下，艺人们更是欢欣鼓舞，又唱又跳。此外，旅行者还描述了他宴请宾客的情景：宴席在一个宽约一千五百双步的广场进行，所有过路人都被邀请入内。此情此景真让我们想起卡马乔的结婚宴席。事实上，这个时期的阿尔维尼金币现存甚多，这也表明当时的阿尔维尼王国确实集聚了大量的财富，其文明程度也相当之高。

与阿罗布洛吉人和阿尔维尼人的战争

福拉库斯首先进攻的并不是阿尔维尼人,而是该地区位于阿尔卑斯山和罗纳河之间的一个较小的部落。在这个地方,利古里亚原有的居民和之后迁来的凯尔特人混杂在一起,产生了凯尔特-利古里亚人,从这方面讲,他们和凯尔特-伊比利亚人相似。福拉库斯战胜了萨雷斯人和位于艾克斯地区和迪朗斯河之间的萨鲁维伊人,还有他们北部的邻居沃康蒂人(位于今天的沃克吕兹和德龙两省境内)。同样,他的继任人盖乌斯·塞克斯提乌斯·卡尔维努斯也战胜了阿罗布洛吉人。这是一个强大的凯尔特部落,位于伊泽尔富饶的山谷内。萨雷斯国王图图姆图鲁斯曾逃难至此,应他的请求,阿罗布洛吉人曾试图帮助他夺回土地,但在艾克斯地区被击败。阿罗布洛吉人拒绝交出塞雷斯国王,于是,卡尔维努斯的继任人纳乌斯·多米提乌斯·阿和诺巴布斯就带军攻入他们的领土。到了这个时期,凯尔特的主要部落都冷眼旁观自己的邻居被罗马人侵略;阿尔维尼国王贝退图斯是上面所说的卢埃利乌斯之子,可是也不愿因为和东部诸部落松散的同盟关系而卷入一场危险的战争。可是后来有迹象表明,罗马人要进攻阿罗布洛吉本土,他这时才提出调停,可是请求被拒绝,于是他调出全部兵力来援助阿罗布洛吉人,然而埃杜维却倒向罗马人一方。罗马人得知阿尔维尼人出兵的消息,他们派遣罗马纪元633年(即公元前121年)的执政官昆图斯·法毕乌斯·马克西姆斯与阿和诺巴布斯联军作战。罗马纪元633年(即公元前121年)八月八日,在阿罗布洛吉的南部边境,也就是伊泽尔河与罗纳河交汇处,发生了一场激战,最终决定了高卢南部的主权问题。国王贝退图斯见同盟部落不计其数的队伍跨越罗纳河浮桥向他驶来,而罗马军队仅有不及其三分之一的人数列队与之对抗,据说曾大声说:罗马人还不够喂饱我们凯尔特军队的狗呢。然而作为皮德纳胜利者的孙子，马克西姆斯却取得了决定性的胜利。因为逃兵众多，浮桥断裂，使得阿尔维尼军队的人数覆没大半。阿尔维尼国王向阿罗布洛吉人宣布不能再向他们提供更多援助，并建议他们向马克西姆斯求和，阿罗布洛吉人听从了他的建议。因此，马克西姆斯此后就被称为"攻克阿罗布洛吉的人"，他回到了意大利，把即将结束的战事交给阿和诺巴布斯处理。阿和诺巴布斯却因为贝退图斯国王劝说阿罗布洛吉人向马克西姆斯投降，而不是向他投降，因此对贝退图斯怀恨在心。他使用奸计捉住贝退图斯国王，把他押解到罗马。元老院虽然不赞成他这种背信弃义的做法，可是不仅留下了那个被抓的国王，还下令将其儿子康贡耐题库斯也押解到罗马。阿尔维尼战争本来已快结束，可是又突然猛烈爆发，这似乎就是它的原因。于是在索格河与罗纳河交汇处的闻达利乌姆地区又进行了一次决战，可是结果与前面的战役相同：这一次主要是因为非洲战象冲散了凯尔特部队。因此，阿尔维尼求和，凯尔特地区重新回到和平时期。

纳尔波行省

这些战争的结果就是在阿尔卑斯山和比利牛斯山之间的沿海地区建立了一个新的罗马行省。阿尔卑斯山和罗纳河之间的所有部落都归顺罗马。之前他们之中不向马西利亚进贡的，现在必须向罗马纳贡。在罗纳河和比利牛斯山之间的阿尔维尼仍保有自由，且不用向罗马人纳贡，但是他们必须把国家最南端的地方割让给罗马。这块地方从赛文河南部直达地中海，从加隆河上游远抵达托洛萨。罗马人占有这块土地的主要目的是加强意大利和西班牙的陆上联系，因此他们很快下令沿海岸线修筑一条道路。因此，从阿尔卑斯山到罗纳河之间一条宽约 1~1.75 公里的沿海地带也划给了马西利亚（虽然这个国家在沿海地区已经拥有很多海港），让他们负责养护公路。在罗纳河到比利牛斯山之间的地区，罗马人自己开辟了一条军事要道，以道路创始人阿和诺巴布斯的名字命名为"多米提亚"。

罗马人驻扎在罗纳河地区

按照惯例，修建堡垒总是与修建公路同时进行。在东部，罗马人选中了盖乌斯·赛克斯提乌斯大败凯尔特人的地方。这地方风景宜人，物产丰饶，泉水丰富，还有很多温泉，于是一座罗马城市在这里拔地而起，这就是"塞克斯提乌斯浴场"阿奎-塞克斯提亚。在罗纳河西部，罗马人驻扎在纳尔波，位于可通航河流阿塔克斯河上的一座凯尔特城市，离海洋很近。即使在罗马人占领之前，该地区的商业已经非常繁荣，不输马西利亚，可以参与不列颠的锡矿贸易。阿奎没有取得城市权，仍然是一个常驻营地[2]，而纳尔波，尽管主要功能是防御凯尔特人的哨所，却成为"火星城市"，是罗马的市民殖民地，是阿尔卑斯山外的凯尔特新省，通常称为纳尔波行省。

复辟政府的政策遏制了罗马人的进一步扩张

格拉古一党主张在阿尔卑斯山外进行扩张，很明显其目的就是希望在此地开拓辽阔的疆土，以实施自己的殖民计划。这块土地与西西里和非洲一样有利可图，并且从土著人手中夺取这块土地，比从意大利资本家手中夺取西西里和利比亚更加容易。无疑，由于格拉古党人的覆灭，在这里开拓疆土的计划也遭到限制，尤其是建造城市的计划。不过即使这些计划没有得到充分实施，至少也没有完全被扼杀。他们征得的土地和纳尔波城市依然屹立在那里，等待着格拉古的未来继承者继续开发。元老院曾希望摧毁纳尔波殖民地，就像摧毁迦太基一样，结果这种努力却归于徒劳。很明显，是罗马商人阶级在保护这些地区免受贵族政府的摧毁，因为他们只有在纳尔波才能与马西利亚人竞争高卢－不列颠的贸易。

伊利里亚－达尔马提亚　他们的臣服

意大利东北也有和西北一样的问题等待处理。同样，这里的问题虽然没有完全被忽略，可是解决得比西北地区更有欠圆满。阿奎莱亚建好之后，伊斯特里亚半岛就完全归罗马人所有[3]。此外，罗马人也早就统治了伊庇鲁斯王国的部分地区和思科德拉君主的领土。可是罗马人的统治远没有深及内陆地区，甚至在伊斯特里亚和伊庇鲁斯王国之间荒凉的海岸上，他们的统治也只是徒有虚名。这里地处崇山峻岭之间，地势险恶，一层一层越升越高，既没有河谷也没有沿海平原横亘其间，海边岩石岛屿遍布，把意大利与希腊隔绝开来。在德尔米尼乌姆城（在临近提戈尔的赛缇娜）是德尔马提亚或达尔马提亚的中心，这里的民俗和周围的山脉一样粗野。尽管周围的民族文明程度很高，可是达尔马提亚还不认识钱币，在这里没有任何财产权。每隔八年，所有的土地就在成员之间重新分配一次。偷盗和抢劫是这里唯一的职业。之前，这些部落听从思科德拉君主的统治，但他们的关系相当松散，因此罗马人征伐条达女王[4]和法罗斯的德米特里厄斯时，这些部落也受到了惩戒。不过根特乌斯国王继位后，他们进行反叛，因此马其顿王国灭亡后，他们逃脱了南伊利里亚人的悲惨命运，永久依附于罗马人[5]，而罗马人也乐得让这块荒芜的地方自生自灭。

伊利里亚人尤其是住在达尔马提亚南部那伦特的道尔斯人，还有伊萨岛上的居民，都不断向罗马政府报告，因为他们在大陆的驻地特拉吉里乌姆和埃培提乌姆都遭到了当地人的严重破坏。因此，罗马政府不得不派大使前往土人处，可是他们得到的答复是，达尔马提亚人过去不劳罗马人费心，将来也同样如此。于是罗马纪元598年（即公元前156年），执政官盖乌斯·马修斯·费古鲁斯率领军队前往征讨。大军长驱直入达尔马提亚，可是很快被逐回罗马境内，直到继任人普布利乌斯·西庇阿·纳西卡罗马纪元599年（即公元前155年）占领了防御牢固的城邑德尔米尼乌姆之后，这个地区才不得不屈服，表示归顺罗马人。此地过于贫瘠，虽然只是表明顺服，但不值得为此独设一省。于是罗马人就按照在伊庇鲁斯重要属地所实行的办法，将此地交给意大利人，让他们将其与阿尔卑斯山内的高卢一同管理。即使后来罗马纪元608年（即公元前146年）马其顿行省设立以后，该省的西北边界已达到了思科德拉的西北部[6]，可是上述管理办法依然存在，至少大致如此。

罗马人在马其顿和色雷斯的统治

马其顿转变成直属罗马的行省之后，罗马人与东北地区各民族的关系就更加重要。该地区东北边境与野蛮部落相邻之处，罗马人都有义务进行防御。同样，不久以后，罗马又征服了原属于阿塔利德王国的色雷斯半岛（加利波利半岛），于是原由佩尔加蒙国王承担的、保护希腊人免受色雷斯人侵犯的义务也转交到了罗马人手中。波河流域和马其顿行省成为两个基地，为保护南方土地的安全，罗马人可以由此向东进入莱茵河的发源地，并继续向多瑙河进军，占据北方山区。

莱茵河上游及多瑙河沿岸部

在这些地区，当时最强大的国家就是凯尔特。根据当地的说法，这个民族在这一时期，从西方沿海地区大规模潜入阿尔卑斯山以南的波河流域以及阿尔卑斯山主脉以北的莱茵河上游和多瑙河一带[7]。在他们的众多部落中，赫尔维西亚部落强大而富裕，占领了莱茵河上游两岸地区。他们并没有立即与罗马人产生联系，而是与罗马人签订合约、和平共处。这时，他们的势力范围从日内瓦湖往外延伸，直达美因河，并占领了现代的瑞士、施瓦本、弗兰肯等地区。与他们接壤的部落是波伊部，这个部落大约居住在现在的巴恩和波西米亚地区[8]。这两个部落的东南部是凯尔特的另一个部落，他们在斯泰利亚和卡利西亚地区被称作陶里斯克人，之后改名为诺里西人，在弗里乌里、卡尼奥拉和伊斯特里亚地区又称作卡尔尼。他们的城市诺利亚（在克拉根福北部，离圣·维伊特不远）非常繁荣，其铁矿远近闻名，那时已经有很多人热切投入当地的挖矿工作了。更重要的是，当地的黄金储量丰富，吸引了大批意大利人，后来这些人遭到当地人的排斥，把这个当时的"旧金山"收回到自己手中。按照他们的惯例，这些凯尔特人的游牧部落在阿尔卑斯山两侧只占领了一些较为平坦、干燥的山地，阿尔卑斯山本部及阿迪杰河和波河下游区域没有被占领，仍然留在更古老的土著人手中。这些土著人属于什么民族并不确定，但他们在东瑞士山中和提罗尔的名字叫拉埃提人，在帕多瓦附近的维尼西亚和威尼斯叫优根耐人，所以在最后这个地方，凯尔特人的两大支流相距很近，只有土著人居住的一个狭窄地带把布雷西亚地区的凯尔特－西诺马尼人和弗里乌里的凯尔特－卡尔尼人分割开来。优根耐人和维尼西亚人很早以前就是罗马的顺民，可是阿尔卑斯本部的民族不仅是自由人，还经常下山来袭击阿尔卑斯山和波河流域之间的平原地区。他们并不满足于仅仅征收赋税，而且对于战争中占领的城邑人民非常残酷，类似把包括摇篮里的婴儿在内的男性公民全部杀掉的事情并不罕见。可以想象，这就是对罗马在该地区大肆侵略的一种实际报复。有一个事实可以表明拉埃提人有多么凶暴：罗马纪元660年（即公元前94年），他们在一次劫掠中毁掉了一座规模相当大的城邑——科姆城。

伊利里亚民族　加派德人　思科蒂斯人

在阿尔卑斯山外就有众多的凯尔特部落和非凯尔特部落混居在一起，那么很容易想象，在多瑙河下游山区就跟遥远的西部地区一样，没有崇山峻岭这种天然屏障把各部落分开，这里的民族混居现象会更加复杂。在原先的伊利里亚民族中，现代的阿尔巴尼亚人是唯一幸存的纯粹人种。至少在内陆地区，其他部落大都融入了凯尔特元素，凯尔特盔甲和凯尔特式战争在这个地区无孔不入。与陶里斯克人相邻的是加派德人，他们居住在现代克罗地亚境内的尤利安阿尔卑斯山脉直到阜姆港和曾格之间的地方。毫无疑问，这个部落原来是伊利里亚人，但多数与凯尔特人混杂在一起。在沿海地区，与这些部落接壤而居的是上面提到的达尔马提亚人，他们居住在崎岖高山之中，凯尔特的影响好像未能渗入。然而在内陆地区，凯尔特－思科蒂斯人消灭了强大的特里巴利部落，而且思科蒂斯人在凯尔特人远征特尔斐时起着重大的作用。在这一时期，萨瓦河下游一带直到现代波斯尼亚和塞尔维亚的莫拉瓦地区，思科蒂斯部落都是一个强大的部落。这个部落的人们经常到很远的地方,比如默西亚、色雷斯和马其顿地区去抢劫,有关他们野蛮残暴的传说广为流传。他们的主要堡垒是坚固的赛吉斯提卡,又名西斯西亚,位于库尔帕河与萨瓦河的交汇处。当时居住在匈牙利、特兰西瓦尼亚、罗马尼亚和保加利亚的民族仍暂时在罗马人的视野之外。罗马人只在马其顿东部的罗德比山脉与色雷斯人有所接触。

阿尔卑斯山区的边境冲突

即使比当时罗马政府更有能力的政府,要在这辽阔的野蛮人聚居区建立一个有组织的防御系统也不是一件易事。在复辟政府的统治下,罗马对这件重要事情采取的措施甚至不能达到最低要求。罗马人看似也不断对阿尔卑斯山一带的居民进行讨伐:罗马纪元636年(即公元前118年),罗马人战胜了居住在维罗纳上面高山中的斯托尼人;罗马纪元655年(即公元前99年),执政官卢修斯·克拉苏斯派人征服了阿尔卑斯山远近的山谷,并将不轨居民处以死刑,然而他处理的人数还不足以让他举行一次乡村凯旋,使他战胜者的桂冠能比得上在演说上获得的名望。罗马人对这样的远征就感到相当满意,取得一些胜利就撤军,可这并不会使当地人安分下来,只是激起了他们的愤怒,所以波河以外的局势大体上仍跟以前一样。

色雷斯的状况

在色雷斯边境,罗马人似乎并不关心他们的邻居。据记载,在马其顿与色雷斯之间的山区,只有罗马纪元651年(即公元前103

年）罗马人与色雷斯发生冲突，罗马纪元657年（即公元前97年）与麦迪人发生冲突。

伊利里亚的局势

在伊利里亚地区发生了更严重的冲突。该地区的达尔马提亚人混乱不堪，其邻国以及亚得里亚海上的居民对他们怨声载道。马其顿的北部边境根本没有防守，根据一位罗马人的说法，沿着这条边界，只要在罗马人刀剑所到之处，他们与野蛮人的战争从未停止过。罗马纪元619年（即公元前135年），罗马人进行了针对阿德亚爱（也叫瓦德爱）和普勒拉爱（也叫帕拉里）的远征。这是达尔马提亚的一个部落，居住在纳伦达河河口以北的沿海地带，他们经常在海上和对岸为非作歹。在罗马人的命令下，他们从沿海地区迁移到了内地，也就是现代的黑塞哥维那，并开始在这里耕种土地；可他们都不习惯这种新职业，因此在这块险恶的土地上逐渐衰落下去。与此同时，罗马军队又通过马其顿对斯科蒂斯奇部落发起进攻，大概是因为他们曾与沿海地区反抗罗马的部落联手。不久之后（罗马纪元625年即公元前129年），执政官图迪坦努斯与大败西班牙卡拉希部的德西姆斯·布鲁图斯携手征服加派德斯人，此后，经过最初的失败之后，罗马人终于攻入了达尔马提亚腹地，威名远达可卡河，离阿奎莱亚仅有一百一十五公里的距离。加派德人从此以后与罗马人和睦相处，但十年之后（罗马纪元635年即公元前119年），达尔马提亚人重新起兵反叛，这一次仍与思科蒂斯奇联手行动。执政官卢修斯·克塔带兵进攻思科蒂斯奇人，攻至赛吉斯提卡，同时他的同僚——努米底亚征服者的哥哥，后来被称为达尔马特库斯的卢修斯·梅特路斯，率领军队攻入达尔马提亚部，大败该部落，并驻扎在萨罗那过冬。这个城市因此成了罗马在该地区的主要据点。

加比尼大道由萨罗那向东直达安德提乌姆，然后通往内陆地区，有可能就是这个时期修建的。

罗马人穿越东阿尔卑斯山抵达多瑙河

罗马纪元639年（即公元前115年）的执政官马库斯·埃米利乌斯·斯考鲁斯率军远征陶里斯克人这一举动更带有征服者的色彩。他是第一个穿越东阿尔卑斯山的罗马人（该地区位于特里司特和雷巴赫之间的最低处），并与陶里斯克人结成了友好的关系。罗马人正式征服这个民族会使他们涉入阿尔卑斯北部民族错综复杂的关系中，但这种契约关系不仅使他们免受牵连，还给他们带来了重要的商业联系。与思科蒂斯奇部落的冲突虽然人们已经遗忘殆尽，但是后来在赛萨洛尼卡附近出土的一块纪念碑上，却记载了罗马纪元636年（即公元前118年）的这段历史。据石碑记载，在这一年，马其顿总督赛克斯图斯·庞培在与凯尔特人的战争中亡于阿尔戈斯（在阿克西乌斯河上游，离斯托比不远）。此后，他手下的财务官马库斯·安尼乌斯接管军队，并在一定程度上挫败了敌人，不过这个凯尔特部落不久又与密地国王提帕斯联合，进行大规模的进攻。罗马人艰难地抵御着这些野蛮人的攻击。可是形势越来越严峻，罗马人不得不派遣执政官率领大军抵达马其顿[9]。几年之后，罗马纪元640年（即公元前114年）的执政官盖乌斯·波西乌斯·加图在塞尔维昂山区被思科蒂斯奇部落突袭，全军覆没，他本人带领几名随从灰溜溜逃走了，只剩下裁判官马库斯·迪迪乌斯率军保卫罗马边境。他的继任人盖乌斯·梅特乌斯·卡普拉里乌斯、马库斯·李维乌斯·德鲁苏斯和昆图斯·米怒休斯·鲁弗斯战绩较佳。其中马库斯·李维乌斯·德鲁苏斯是第一个到达多瑙河的罗马将军，而鲁弗斯则率军沿着摩拉瓦河前进，彻底击败思科蒂斯奇人。尽管如此，不久之后，思科蒂斯奇人还是与密地人、达达尼人一起进犯罗马人的领土，甚至对特尔斐的避难所进行了大规模抢劫。直到这时卢修斯·西庇阿才最终结束了与思科蒂斯奇人长达三十二年的战争，把其余人等都逐回了多瑙河左岸[10]。自此以后，达达尼人（在现代的塞尔维亚境内）取代了思科蒂斯奇人的地位，开始在马其顿北部边境和多瑙河之间的地区称雄。

辛布里人

可是这些胜利却带来了获胜者没有料到的结果。很久以来，在多瑙河两岸凯尔特人居住区的北部，一支居无定所的部落一直在那里游弋迁徙，他们自称辛布里人，意思就是"武士"，而敌人则把这个名字翻译为"强盗"。这个称呼，从各个方面来看，即在他们开始迁徙之前，就已经成了自己的名字。他们来自北方，据记载，第一支与他们发生联系的凯尔特人叫做波伊人，可能在波西米亚境内。至于他们迁徙的原因和方向，当时人都没有确切记载，我们当然也不能冒昧揣测，因为当时波西米亚和美因河以北直到莱茵河下游东部之间的情况我们都无从知晓。罗马人起初认为辛布里人以及后来加入他们的条顿人都属于凯尔特人，但后来证明，他们都属于日耳曼人，这有两个确切的事实可以证明：第一，现在有两个小部落与他们同名，可能就是他们留在原址的遗民，一个是现代丹麦的辛布里人，一个是德国东北部临近波罗的海的条顿人。亚历山大大帝同时代的皮西亚斯在谈到琥珀贸易时曾提到他们。辛布里人和条顿人都位于日耳曼民族之列，与考契人一起同属于因格沃纳斯人。凯撒大帝第一个让罗马人了解了日耳曼人和凯尔特人的区别，他本人一定见过很多辛布里人，所以他把辛布里人归入日耳曼人之列。最后这两个民族的名字还有关于他们外表特征和风俗习惯的描述，虽然和北方大部分民族相似，不过还是最类似日耳曼人。另一方面，这样一个游牧部落已经迁徙很多年，经常在凯尔特人的附近活动，无疑非常欢迎每一位带有武器的人加入他们的部落，这肯定会带来凯尔特人的一些元素。所以辛布里竟然有首领使用凯尔特人的名字，或者罗马人竟然雇佣说凯尔特语的间谍去辛布里部窃取信息，就不足为奇了。辛布里人迁徙是一场不可思议的运动，罗马人根本没有见过。这并不是全副武装的男人远征抢劫，也不是年轻人移居国外寻找乐土，这是牧民和他们的妻子儿女，带着物品和财产去寻找一个安家的地方。车辆对于这些游牧民族来说，其重要性和希腊人及意大利人完全不同。凯尔特人在行军时也经常使用车辆，但车子对于辛布里人来说就是他们的家。他们的车顶部用皮革制成，车内家具齐全，不仅牧民的妻子儿女能够住得下，就连看家狗都有容身之地。南方人看到这些人会非常惊讶：他们的男人身材都又高又瘦，面孔英俊，有着明亮的蓝眼睛；女人都很强壮，仪态庄严，身材和力量都不输于男性；孩子们都拥有男人的头发，那些意大利人就称这些孩子"北方的亚麻色头发小孩"。

他们的战术基本上和那个时期凯尔特人的战术一样。不像之前的意大利凯尔特人，光着头、用刀剑匕首进行战斗，他们使用的是装饰华丽的铜制头盔，还有一种特别的投射武器，称为"标枪"。大刀保留了下来，还有又窄又长的盾牌，打仗的时候可能还穿上盔甲。他们并不缺乏骑兵，但是罗马人在这方面的装备，要比他们精良。他们的阵列仍然是一种粗糙的方阵，横列和竖列的数目相等。在危急关头，第一排的兵士的金属腰带通常用绳索连在一起。他们民风粗犷，常吃生肉，国王通常是最勇敢也是身材最高大的。他们常常按照凯尔特人和野蛮人的方式，预先和敌人约定交战的时间和地点，有时甚至会在交战之前，派出单个人与敌人决斗。战争开始之前，他们总是先用下流的手势或者恼人的噪音来激怒敌人。男人发出战斗的呐喊声，女人和孩子敲打车辆上的皮质篷布以壮声势。辛布里人作战非常勇敢，他们认为一个自由人最光荣的死亡就是战死沙场。不过胜利之后，他们会用最野蛮的暴行来安慰自己，有时他们会预先承诺，把所有的战利品都奉献给战神。结果就是把敌人打得一败涂地，战败者的马匹被杀，俘虏被绞死或者用于祭祀。主持这种仪式的女祭司，通常都已头发花白，身穿白色亚麻长裙，光着脚。她们就像斯凯迪亚的伊芙吉尼亚一样奉献祭祀，并从战俘或罪犯流血的情况中预知未来。这些风俗中究竟有多少是北方野蛮人的普遍习惯，有多少是从凯尔特人那里学过来的，又有多少是日耳曼民族特有的，无法确定。但是军队由女祭司而不是男祭司随从并指导的风俗却毫无疑问是日耳曼人特有的。辛布里人就这样朝着未知的土地不断进发——他们由各种不同的民族组成，以波罗的海的日耳曼移民为中心聚在一起——这与我们今天的大批移民相似，他们在跨越大洋时也同样背负重担、同样由各民族融合在一起，而且他们的目标也同样都不明确。长期颠簸流离的生活给他们带来了很多生活的技巧，他们就这样赶着笨重的马车，翻山越水，就像海浪和飓风一样给文明开化的国家带来种种灾难。他们喜怒无常难以理喻，一时极速前进，一时又突然停止、转变方向、突然后退。他们如闪电般突然到来，一阵激战之后，又迅速消失了。可惜的是，他们出现在一个比较无趣的年代，没有一个人认为这颗神奇的流星值得记载。这种移民运动，可算是日耳曼民族首次接触古老文明。等后来人开始追逐他们的踪迹时，有关此事直接而生动的记载早已荡然无存。

辛布里人的迁徙及与其他民族的冲突　卡尔波大败

这群居无定所的辛布里人向南迁移的脚步遭到了多瑙河畔凯尔特人的阻挡，尤其是被波伊人阻挡，但现在多瑙河畔的凯尔特人正与罗马人发生战争，所以辛布里人就冲破防线，长驱南下。这可能是因为凯尔特人请求自己的对手辛布里人进行援助，共同反抗罗马人，也可能是因为罗马人的进攻使凯尔特人无暇顾及自己的北方防线。总之，辛布里人穿过思科蒂斯奇人的地区，进入陶里斯克人的领土，并于罗马纪元641年（即公元前113年）抵达阿尔卑斯山的卡尼亚山口。为了保卫这个山口，执政官格涅乌斯·帕皮里乌斯·卡尔波驻扎在距阿奎利亚不远的高山上。在这里，七十年前，凯尔特部落曾试图定居在阿尔卑斯山以南，但在罗马人的命令下，他们不经抵抗就离开了自己已经占领的这个地方[11]。即使现在，阿尔卑斯山区居民一听到罗马人的威名就会感到恐惧。陶里斯克人与罗马人和平相处，所以卡尔波命令辛布里人离开这个地方。虽然罗马人与后者的协议并没有规定他们必须这么做，但辛布里人还是遵守了这个命令。卡尔波派向导护送他们离开边境地区，他们听从了向导的指挥。其实卡尔波命令向导把辛布里人引入埋伏圈，执政官率兵在此守候。于是在诺利亚（现代的卡林西亚）不远的地方发生了一场血战。在这场战役中，被欺骗的反而战胜了欺骗人的，给他们造成了巨大的损失。要不是一场暴雨及时终止了战争，罗马人一定会全军覆没。辛布里人本可以趁机直接进攻意大利，可是他们却转而往西去了。他们无须动用武力就与赫尔维西亚人和塞广尼人签订协议，穿过他们的领土抵达莱茵河左岸，并翻越侏罗山。在这里，大败卡尔波几年之后，他们又一次移居罗马附近，对罗马造成严重威胁。

西拉努斯大败

为了保护莱茵河边境和遭受威胁的阿罗波罗奇地区,罗马纪元645年(即公元前109年),罗马人不得不派遣马库斯·朱尼乌斯·西拉努斯率军攻打南部高卢地区。辛布里人曾要求把那块土地分给他们,使他们能够安居乐业——不用说这种要求遭到拒绝。不仅没有同意,执政官还派兵对他们进行攻击,但他大败而归,阵营失守。结果罗马人不得不招募新兵,可是新兵的征集本已经非常困难,元老院不得不废除限制从军义务时间的法律[12]。这条法律可能是从盖乌斯·格拉古时代就有的。辛布里人并没有乘胜追击罗马人,而是派人到元老院重申分地的要求,同时还继续扫荡周围凯尔特人的地区。

赫尔维西亚人入侵南部高卢地区　朗基努斯大败

因为日耳曼人忙于与凯尔特人争斗,罗马行省和新罗马军队暂时得以免受他们的骚扰,可是高卢地区又出现了一个新敌人。赫尔维西亚人经常受到东北部邻居的侵略,在辛布里人的启发下,他们也决定在高卢西部寻找一块平静、富饶的土地。可能在辛布里通过它们领土之时,就为了这个目的,与辛布里结成了同盟。如今,在迪维科的领导下,图格尼和提格里尼两个部落攀越侏罗山,到达尼提布洛吉斯人居住地。罗马军队在执政官卢修斯·卡西乌斯·朗基努斯的率领下,与赫尔维西亚人的军队再次相遇。罗马人中计陷入埋伏,将军本人及其副官卢修斯·皮索,还有大部分士兵都身亡于此。临时总指挥盖乌斯·波皮里乌斯逃回营地。他们在交出了一半军队所带物资及人质之后,赫尔维西亚人允许他们从牛轭下穿过,撤军而回。罗马人的处境如此险峻，省内的一个重要城邑托洛萨也趁机反抗，将罗马卫兵都囚禁起来。此时辛布里人在他处征战，赫尔维西亚人也没再骚扰罗马行省，所以罗马总指挥昆图斯·塞维利乌斯·凯皮欧有足够的时间，用奸计把托洛萨城夺回，并在闲暇之余，将凯尔特阿波罗闻名四方的古老圣殿里储存的大量财物洗劫一空。对于空虚的国库，这是一笔求之不得的财富，可惜在从托洛萨回到马西利亚的归途中，由于守卫薄弱，金银财宝都被强盗劫去，全部不见了。据说，执政官本人和他的随从是这次行动的幕后策划人。同时，对于自己的主要敌人，罗马人只是进行严格防御，以三支部队来保护罗马行省，静候辛布里人重新发起进攻。

阿劳西奥大败

罗马纪元649年（即公元前105年），辛布里人在国王波奥利克斯的率领下发动进攻，这一次他们是认真打算攻入意大利。在罗纳河右岸，地方总督凯皮欧进行顽强抵抗，左岸由执政官格涅乌斯·马里乌斯·马克西姆斯及其副官，前执政官马库斯·奥利里乌斯·斯考鲁斯防守，斯考鲁斯还带领另外一支部队。辛布里人首先对斯考鲁斯发起进攻，斯考鲁斯大败，本人被押解往敌军指挥部。在那里，这个被俘的罗马人还傲然警告辛布里人不要冒险攻入意大利，辛布里国王大怒，将其处以死刑。因此，马克西姆斯命令他的同僚率领部队来罗纳河支援，凯皮欧勉强从命，最终抵达河左岸的阿劳西奥。罗马军队的全部兵力在此与辛布里军队对抗，其人数众多，军容肃整。辛布里人于是打算谈判，但是罗马的两个高级军官意见严重不一。马克西姆斯是个庸常之才，且出身微贱，但身份比其同僚要高。凯皮欧出身高贵、因此趾高气昂，但同样是个无能之辈。

凯皮欧不愿意与马克西姆斯同住一个军营，共拟作战计划，还像以前一样拥有独立的指挥权。元老院派人劝解，却是徒劳而返，军官们建议二人面谈，却让他们嫌隙更大。凯皮欧看到马克西姆斯与辛布里人进行谈判，他认为后者想独邀战功，于是匆忙带领自己的那支部队攻打敌人。可是他遭到大败，就连营地都落入敌人之手。接下来，第二支部队也几乎全军覆没。据说，八万罗马士兵和全军过半的随军人员几乎尽数丧命，只有十人逃生。不过有一点是可信的，两支军队中逃生的只有数人，因为罗马人是背水一战。这次灾难，无论在物质上还是精神上带给罗马人的影响的严重程度都远超坎尼战役。卡尔波、西拉努斯和朗基努斯大败都没在意大利人的心上留下永久的阴影，他们已经习惯了失败。罗马军队的软弱已成定局，他们也不必为这些感到烦心。可是阿劳西奥战役大败，战胜者辛布里人距离毫无防卫的阿尔卑斯山口如此之近，阿尔卑斯山外罗马地区的卢西塔尼亚人又重新发动叛乱，并且声势浩大，意大利又毫无防守，这都让罗马突然从梦中惊醒，心里充满恐惧。四世纪时凯尔特人入侵、阿里亚湖之战和火烧罗马之事虽然一直并未被人们遗忘，此时想起，记忆却更加鲜明。高卢人之祸是意大利人最古老的记忆，也是最新鲜的刺痛。整个西方的人们都知道罗马帝国此时正在衰落。坎尼之战以后，元老院颁发命令，缩短了悼念时间。由于再次招募新兵，人们都深感缺乏人丁之痛。凡是能拿起武器的意大利人都必须宣誓不得离开意大利，意大利港口的船长们也都接到通知，不允许正值服兵役年龄的意大利人上船。如果辛布里人在连着两次胜利之后，举兵穿过阿尔卑斯山口，进入意大利，接下来会发生什么谁都不知道。不过他们首先要通过阿尔维尼人的领地，而此时阿尔维尼人正在城堡中顽强抗敌。不久，辛布里人由于久攻不下而感到厌倦，他们转而向西进攻比利牛斯山区，放弃攻打意大利人。

罗马反对党　政治斗争

　　罗马历史上有很多好运之事，眼下就是一个。罗马的危险迫在眉睫，足以激起市民的所有能力及爱国热情，然而危险并不是突如其来，使他们措手不及，无暇充分利用自己的资源。如果罗马趋于腐败的政府还能自己向有利的方向转变，这应该是一个良好的时机。不过四年前非洲战败后发生的事情，现在又重演了一遍。非洲和高卢的惨败其实大体相同。不过，在非洲战役中，该负责的是整个寡头政府，而这后者，该负责的则是个别官员。不过公共舆论首先看到的却是政府的腐败，他们首先败坏了罗马的荣誉，现在又危及国家的生存。那时的人们和今人一样对于问题的症结看得非常清楚，可是他们也和今人一样，没有试图寻找合适的方法去根除这种弊端。他们很清楚这个制度是重要原因，不过在这种情况下，他们还是只拿几个人问罪。当然这第二次风潮对于寡头政府的冲击力更大，因为罗马纪元649年（即公元前105年）的危机要比罗马纪元645年（即公元前109年）的危机严重得多。公众本能地感觉到，除了专制政府之外，没有其他方式可与寡头政府对抗，这次这种观点又有所抬头。所以每次有著名军官控制政府，以某种形式的专制来代替寡头政府，民众就欣然同意。

　　他们首先攻击的是昆图斯·凯皮欧，这很公平，因为他不服从军纪，导致了阿劳西奥战役的失败；此外他还被控贪污托洛萨城的战利品，但这一点没有得到证实。不过反对派攻击他的主要一点还是，他在担任执政官期间，居然想剥夺资本家的陪审员职位。凯皮欧违反了那个值得尊重的古老原则——即便是无足轻重的人在职，那个职位也要受到尊重。人们对坎尼战败的始作俑者非常愤怒，可是他们的愤怒闷在心中，但是他们对阿劳西奥战败者的愤怒得到了释放。通过一道人民法令，凯皮欧被剥夺了总督一职，财产也收归国有。这也是君主制灭亡以后没有发生过的事情。不久之后，第二道市民法令又把他逐出了元老院。不过这还远远不够，人们要求更多的人受到惩罚，尤其要求对凯皮欧处以死刑。以卢修斯·阿普雷乌斯·撒图尼努斯和盖乌斯·诺班努斯为首的同情反对党的几个保民官，于罗马纪元651年（即公元前103年）提议成立一个特殊审判机构，对高卢地区的受贿和叛国案件进行调查。尽管先拘禁后审讯的做法以及因政治罪而遭受死刑的事情均已作废，凯皮欧仍然被捕，并且被公然宣布死刑。政府党想用保民官的干涉来打消这个建议，可是实行干涉的保民官被逐出大会。在喧闹之时，元老院的领袖被石头击中，他们不能阻止侦查，罗马纪元651年（即公元前103年）的检举运动也像六年前那样自由进行。凯皮欧本人和他的同僚最高统帅格涅乌斯·马里乌斯·马克西姆斯以及其他名人很多都被判有罪。一位平民保民官是凯皮欧的朋友，他费尽力气，牺牲了自己的公民权，才保全了主要被告的性命。

总指挥官马里乌斯

有一个问题比这个报复手段更为重要，阿尔卑斯山那边的危险战争该如何继续，最重要的是，最高指挥权应该交给谁。如果对此事毫无偏见的话，要做出适当的选择应该不难。与早些年相比，毫无疑问，罗马的军事人才逊色很多，不过昆图斯·马克西姆斯指挥高卢战争就很出色，马库斯·埃米利乌斯·斯考鲁斯和昆图斯·米努修斯在多瑙河地区也立下汗马功劳，昆图斯·梅特路斯、普布利乌斯·路提里乌斯·鲁弗斯和盖乌斯·马里乌斯在非洲也战功赫赫；再者，他们的目标不是要打败一位名将皮鲁斯或者汉尼拔，而是要在北方野蛮人面前恢复罗马军事和策略的优势，实现这个目标不需要特殊的天分，只要是个严谨而能干的战士就行。可惜在这个时期，没有什么比公正地解决政治问题更难的了。此时政府在公众中早已威信扫地，朱古达战争也表明了这一点。只要有一个稍微知名的军官想在大众面前诽谤他，并以反对党候选人的资格当选为国家元首，很多功名卓著的将军就不得不在功成名就之时中途退出。无怪乎梅特路斯大捷之后所发生的事情在格涅乌斯·马里乌斯和昆图斯·凯皮欧失败之后也重新上演。尽管法律禁止执政官连任，盖乌斯·马里乌斯还是再次出头，竞选最高行政长官，其间他还率军在非洲征战，就再次被任命为执政官，并且取得了高卢战争的最高指挥权。不仅如此，在此后五年之间，他连续当选执政官。贵族们之前曾愚蠢而短见地想方设法排斥这位将军，从某种程度上说，他的这种行为好像是对贵族排斥的一种蓄意嘲笑，这在共和国的历史上史无前例，而且也完全不符合罗马的自由政治。在罗马军事制度中，公民参军变成了招募军人这一做法也始于非洲战争，马里乌斯在五年的最高指挥权中，继续完成了这一改革，因为他握有无限的权力，更因为时局危急，而跟任期长短没有多大关系。这是第一个平民党将军违法担任最高指挥官，这件事对后世产生了长久的影响。

罗马的防御

新元帅盖乌斯·马里乌斯率领一众经验丰富的军官以及意大利及盟邦的多支队伍，于罗马纪元650年（即公元前104年）抵达阿尔卑斯山外。在这些军官中有奋勇捉拿朱古达的卢修斯·苏拉，苏拉不久在战争中又立奇功。刚开始，马里乌斯没有找到奉命讨伐的敌人。这个行为怪异的民族早已战胜阿劳西奥，并在抢劫完罗纳河以西地区后（上面已经讲过），穿过比利牛斯山，正在西班牙与北部沿海及内地的英勇居民战得难解难分。好像这些日耳曼人初次出现在历史中，就展现出了他们不善长久占据一个地区的特性。所以马里乌斯就拥有足够的时间去降服反叛的特克土萨基人，使属下的高卢人和利古里亚人再表忠心，并获得罗马同盟或非同盟的支持和援助，比如马西利亚人、阿罗布洛吉人和赛夸诺人，他们都同样遭受辛布里人的危害。另一方面，马里乌斯还严格训练由他统率的军队，士兵无论出身贵贱，一律平等对待，并以长途行军和挖掘战壕使士兵对更严肃的战争做好准备。这些战壕中，最著名的是一条通往罗纳河的运河，以便来自意大利的军需品的运输。后来该运河交给了马西利亚人管理。马里乌斯对战争采取严格的防御措施，绝不超越罗马行省的边界。

辛布里人、条顿人与赫尔维西亚人在高卢省决定联合进军意大利

罗马纪元651年（即公元前103年），辛布里人在西班牙遭到当地部落，尤其是凯尔特-伊比利亚人的英勇抵抗，只好无功而返，重新翻过比利牛斯山，沿大西洋北上。其所到之处，从比利牛斯山到塞纳河地区，各国都对这可怕的入侵者表示臣服，直到比力奇联盟边界，他们才遭到顽强的抵抗。不过就在那里，在沃罗卡西境内时（在鲁昂附近），仍有大批援军帮助。在这个时期，不仅赫尔维西亚的三个部落——包括曾于加伦河上与罗马人大战的提格里尼部和图格尼部——与辛布里人联合，就连条顿人也在国王条图伯德的带领下与这些部落会合。这些条顿人原居波罗的海，由于某种原因（史料没有记载）被迫迁居塞纳河岸。就是这些部落联合起来，也

不能攻克比力奇人的英勇抵抗。这些盟军首领早就希望征服意大利，现在见军队人数骤增，就决定正式开始远征意大利。为了不受所掠财物的拖累，他们决定把财物留下，派六千人看守，经过多次辗转迁徙，这六千人最终在桑布尔河岸成立了阿都图西部落。不知是不是因为阿尔卑斯山路上难以取得供给的原因，这支部队又分成了两伙：一支包括辛布里人和提格里尼人，他们打算重渡莱茵河，经东阿尔卑斯山于罗马纪元641年（即公元前113年）探知的关口，入侵意大利；另一支由新加入的条顿人、图格尼部和安布伦部组成，将从罗马的高卢和西部关口入侵意大利。这是辛布里人的精锐部队，在阿劳西奥之战中已初露锋芒。这第二支部队在罗马纪元652年（即公元前102年）夏天再次毫无阻拦地越过莱茵河，并于三年后，在莱茵河左岸重新与罗马人开战。马里乌斯在伊泽尔河与莱茵河的汇合处，选择了一个地势险要、军需丰富的地方等候着他们。当时抵达意大利的路只有两条，一是经过小圣·伯纳德山，一是经过海岸，而马里乌斯的驻地可以拦截这些野蛮人的任何一个通道。条顿人连续三天攻打潜藏在壕沟里的罗马人，可是罗马人优越的守城战术和将军的谨慎，竟然挫败了他们的英勇蛮干。几次失败之后，辛布里联军决定放弃进攻，绕过罗马军队驻地往意大利进发。他们连绵不断地经过此地连续六日，这说明他们的人数之多，更表明辎重之累。罗马将军允许他们通过，并未进行攻击。敌人高声询问罗马将士可有书信带给家里的妻子，可是将军不为这样的屈辱所动，其原因为何，我们不难了解。敌人就这样在他面前列队而过，他竟然不加进攻，这也表明他有多么不相信这群未经训练的士兵。

阿奎 - 塞克斯提亚之战

蛮族的军队经过之后,马里乌斯这才拔营,追踪敌人的脚步前进,并严守秩序,一夜一夜地小心巩固防御。条顿人希望能拿下沿海道路,因此沿着莱茵河向下游抵达阿奎-塞克斯提亚地区,罗马人紧随其后。罗马军队中的利古里亚轻骑兵在汲水时,与凯尔特人的后卫部队即安布伦人发生冲突,很快冲突蔓延开来。经过一场激战,罗马人胜利,把敌人追到他们的营寨。初战告捷,将士们情绪高涨,到了第三天,马里乌斯聚集部队在山上摆起阵势,要一决胜负,罗马人的营地就在此山山顶。条顿人早就急不可耐,此刻立即冲上山去,一场激战随即开始。这场战斗非常激烈,历时长久。直到中午,日耳曼人仍像铜墙铁壁一样巍然屹立,但是他们不习惯普罗文卡尔炙热的阳光,后来,埋伏在丛林里的罗马将士高呼着冲杀出来,使得这支本来有些松懈的部队完全乱了阵脚。他们全军溃败,由于身处国外,军士都被杀死或者成为俘虏。国王条图伯德也被俘。被杀的大部分都是妇女,因为她们很清楚成为奴隶等待她们的会是什么命运,因此在车上拼命抵抗;或者被俘后请求侍奉神灵或做维斯塔的侍女,可是请求不被允许,因此很多人选择自杀。

辛布里人在意大利

高卢的日耳曼人之患就此结束。这时,他们的武装联盟也已抵达阿尔卑斯山南端。辛布里人与赫尔维西亚人联合,毫无困难地越过塞纳河,来到莱茵河的河口地带,并从布伦诺山口穿过阿尔卑斯山脉,经过艾萨克河与阿迪杰河南下进入意大利平原。执政官昆图斯·路塔体乌斯·卡图鲁斯本应该守住关口,可是他不太熟悉地势,又害怕侧面受敌，不敢进入阿尔卑斯山内，只是驻扎在阿迪杰河左岸特伦特下面，并建造了一座桥，以保证危急情况下可以退到右岸。可是，当辛布里人蜂拥从山里冲出来时，罗马军队大吃一惊，步兵和骑兵一齐逃窜。骑兵直逃往都城，而步兵则向安全的高处地带逃去。卡图鲁斯好不容易才在敌人毁桥之前，把至少大部分部队带回了河对岸。这时敌人已占领了阿迪杰河上游，正往下游排放木条和横梁预备破坏桥梁，阻断罗马人的退路。可是这位罗马将军不得不把一个军团留到对岸，而领导这个军团的懦弱保民官已经决定要投敌，这时一个百夫长，阿提那的格涅乌斯·佩特雷乌斯将他打倒，在敌人中杀开一条血路，带领部队回到阿迪杰河右岸。因此，这支部队得救了，从某种程度上说，部队的名誉也保住了。可是关口失守和匆忙撤退的后果非常严重，卡图鲁斯不得不退守到波河右岸，而辛布里人因此占领了波河与阿尔卑斯山之间的平原地带，阿奎利亚地区只能经过海路通行。这次战役发生在罗马纪元652年（即公元前102年），大概与条顿人和罗马人在阿奎-塞克斯提亚发生的那场战争同一时期。如果辛布里人才无停顿，继续进攻，罗马的局势将岌岌可危。不过此时辛布里人依然坚持冬季休兵的习惯，而且因为此地物产富饶，他们有房屋住，有热水浴，有新鲜而丰富的食物，乐于在此享受一阵子，因此罗马人才有充足时间把军队联合起来在意大利与之对抗。如果盖乌斯·格拉古仍在，他可能会继续征服高卢的事业，但是现在并不是继续这种事业的时候。马里乌斯拒绝为自己举行凯旋仪式的请求，答应到完全征服蛮族之后再举行。他在都城稍事休息之后，亲自带领那支得胜部队把战场由艾克斯转移到波河流域。

　　罗马纪元653年（即公元前101年），执政官马里乌斯和续执政官卡图鲁斯带领五万人马重渡波河，进攻辛布里人。此时辛布里人已抵达河边，预备在这支河流的上游过河。

劳迪纳平原之战

两支军队在距离赛西亚河与波河交汇处不远的韦尔切里相遇。汉尼拔在意大利土地上的第一场战争就是在这里发生的。辛布里人请战,按照他们的风俗,向罗马人送信以确定时间和地点。马里乌斯同意了,并约定好于第二天——罗马纪元 653 年(即公元前 101 年)六月三十日在劳迪纳平原开战,这块平原宽阔平坦,方便罗马优秀的骑兵在这里活动。罗马人就在这里进攻等候已久的敌人,还把敌人打了个措手不及:早晨的浓雾遮挡了一切,辛布里人没料到敌人会突然来袭,强大的罗马骑兵已至眼前,急忙撤退之时,正遇到列好阵势的罗马步兵。罗马人大获全胜,自己未遭受多少损失,辛布里人则全军覆没。那些幸存者后来也大多绝望自杀,或者在罗马的奴隶市场上被出售。他们的主人对于这些北方人也非常残忍,因为他们居然胆敢未到其时就觊觎美丽的南国。至少与他们相比,那些死在战场上的人,包括英勇的国王波奥里克斯还算幸运的。还在阿尔卑斯山关口后面的提格里尼人,本来打算追随辛布里人而来,此时一见大势不好,掉头逃回了本国。这伙人以雪山崩塌之势,十三年来一直侵扰从多瑙河到埃布罗河、从多瑙河到波河之间的所有国家,现在他们终于长眠于土地之下或者在奴隶制的枷锁下做苦役。这些日耳曼游民美好的幻想也就此破灭,无家可归的辛布里人和他们的同伙们也从此消失不见了。

胜利之后的党派之争

世界史上伟大篇章的第一页就此展开,可是罗马的政治党派仍然继续在死尸上面进行无聊的争吵,根本不在意这伟大的篇章,甚至没有想到罗马贵族党以及平民党在这一天同样尽到了职责。战争刚过，两位将军就展开了激烈的竞争。他们不仅是政治对手，而且因为去年两场战争结果迥异，他们为军事上的成就也争吵不休。卡图鲁斯认为他率领的中间部队决定了战争胜利，这支部队夺得三十一面锦旗，马里乌斯只夺得两面锦旗，而且他的部队甚至带领帕尔玛城的代表走过死人堆，以此表明马里乌斯杀人无数，其实卡图鲁斯杀死的人数则是他的十倍。可是结果马里乌斯却被认为是辛布里人的征服者，不仅仅因为在胜利那天他是军队统帅，级别较高，军事才能和经验无疑也比卡图鲁斯丰富，且如果没有阿奎－塞克斯提亚的胜利，韦尔切利的胜利就不可能。不过当时，把罗马从辛布里人和条顿人手中解放出来的荣誉完全归于马里乌斯的原因并不是因为他的军事天分，而是由于政党的关系。卡图鲁斯本人文雅而聪明，演讲优美动人，他的语言也流畅悦耳，此外，他还写传记，偶尔还吟诗，同时还是一个出色的艺术鉴赏家和批评家，可他绝不属于人民大众，他的胜利是贵族的胜利。另一方面，那位粗俗的农夫是由普通民众推选出来的，而且还带领民众去参加战争，如果他失败了，就不仅是辛布里战争和条顿战争的失败，同时也是政府的失败。人们对此次战争所抱有的希望不仅仅是能够在阿尔卑斯山的另一侧进行商业交易，或者在那里耕种田地。盖乌斯·格拉古血淋淋的尸体被投进台伯河里，距今二十年已经过去了。二十年来，没有一天人们不在忍受和诅咒复辟政府的寡头统治，可是仍然没有第二位君主为格拉古复仇，继续他创建的大业。这次，这个阿庇努姆短工的儿子真的可以为他们复仇，实现他们的愿望吗？他们真的盼来了这个叫人畏惧又期盼已久的第二次革命了吗？对于这个念头，这个国家有很多人满怀仇恨或梦想，他们中有最好的人，也有最坏的人。

注释

[1] 在奥佛涅城。他们的都城尼门图姆（也叫尼莫苏斯）离克莱蒙特不远。

[2] 李维说阿奎不是一个殖民地，而是一个常驻营地，伊塔里卡和其他城市也是同样。比如，温都尼萨在法律上从来就不是一个凯尔特村庄，而是一个坚固的罗马营地，一个非常重要的城镇。

[3] 这是为了限制阿尔卑斯山高卢人的迁入的措施之一。

[4] 针对斯科德拉人的远征。

[5] 这是对所有希腊人的羞辱。

[6] 德林河谷地属于马其顿行省，但经常侵扰邻近的伊利库姆地区。

[7] 凯尔特人经常攻击意大利北部的伊特鲁里亚人。

[8] 赫尔维蒂人居住在莱茵河与美因河之间的赫西尼森林地带，波伊人住在赫尔维蒂人之外。当波伊人赶走辛布里人之时，他们就住在阿尔卑斯山劳河与波莫瓦尔德之间的山区。说凯撒把他们迁到"莱茵河以外"的说法与事实不符，因为他可能指的是康丝坦斯湖东北部地区。

[9] 如果罗马纪元638年（即公元前116年）的执政官昆图斯·法比乌斯去攻打马其顿，他肯定也遭遇了不幸失败，因为西塞罗在这段历史中只记载了三次胜利：罗马纪元643年（即公元前111年）米特卢斯大捷、罗马纪元644年（即公元前110年）德鲁苏斯大捷和罗马纪元648年（即公元前106年）的米纽修斯大捷。

[10] 弗朗提努斯认为米纽修斯征服的部落是思科斯蒂斯奇，这肯定是一种错误。

[11] 这也是限制阿尔卑斯山的高卢人移民的一种措施。

[12] 这是刑事法的一种修订。

第六章

马略革命及德鲁苏斯改革

马略

盖乌斯·马略出身贫穷之家,父亲以打短工为生。罗马纪元599年(即公元前155年),他出生在当时隶属于阿尔皮努姆的一个叫凯瑞太的村子里,这个村子后来获得了市自治权,更名为凯瑞太-马里亚奈,至今仍被称为"马略之乡"。马略成长于田间地头,卑微的家境使他即使在阿尔皮努姆的市政机关也很难谋得一官半职。在这种环境中,他很早便学会了忍饥挨饿,承受严寒酷暑,也学会了风餐露宿,即使在他成为将军后也依然保持着这样的生活习惯。一到法定年龄马略就参加了军队,经过西班牙战争的艰苦磨炼，他很快成为了一名军官。在西庇阿[1]领导的努曼提亚战争[2]中，时年二十三岁的他作战英勇，行事稳重得体，马匹装备干净整洁，让一向严厉的将军对他青眼有加。带着一身光荣的伤疤和战争勋章，马略回到了故乡，热切地希望在已经成功开启的职业生涯中能大有一番作为；但就当时的情况而言，如果没有财富和背景，即使一个人功绩再高也无法得到政务官的职位，而这是获得高等军职的唯一途径。这位年轻的军官通过商业投机侥幸获得了财富，又通过和古老的贵族尤利乌斯家联姻有了背景关系。就这样，在经过巨大的努力和各种失败之后，他于罗马纪元 639 年成功地当上了副执政官，并在担任远西班牙省总督期间，找到了重新施展自己军事才能的机会。此后，他于罗马纪元 647 年当上了执政官，引起了贵族的怨恨；在担任行省总督期间（罗马纪元 648—649 年），结束了阿非利加的战事；在阿劳西奥会战惨败之后被委派指挥对日耳曼人的战争，并于罗马纪元 650 年至 653 年连续四年担任执政官（这在罗马共和国年鉴中是绝无仅有的事情）。他在阿尔卑斯山南侧歼灭了辛布里人，又在阿尔卑斯山北侧的高卢击败了条顿族，这些经过在前文已有叙述。作为军人，他勇敢正直，执法公正，处置战利品时表现出少有的光明磊落、大公无私，为人极其清正廉洁。他善于管理，使略显腐朽的罗马军事系统再次进入高效的运转状态。他还长于带兵，士兵在他的带领下严守纪律且情绪饱满，他与士兵往来如伙伴，赢得了他们的喜爱；对敌人则悍然直视，择机与之争论。据我们推测，他并无卓越的军事才能，但他所具有的这些可敬的品质足以在当时的情况下为他赢得才能卓著的声誉，他也借此得以在执政官和凯旋将军中享有至高的地位。但他没有因此更加融入这一精英阶层，依然保持着粗犷的大嗓门，而且他的长相凶猛，仿佛面对的仍然是利比亚人或辛布里人，而不是涵养颇深、洒了香水的同僚。他的迷信程度不亚于地道的佣兵。他第一次候选执政官不是才能使然，而是主要听信了一个伊特鲁里亚占卜师的预言。在与条顿族作战时,他的军队战争委员会向一个叙利亚女先知玛莎借助神谕的力量。这些做法从严格意义上来说与贵族作风并不冲突,因为在当时或者其他任何时候,社会的最上层和最底层在对待这类事情时的态度相差无几。但马略缺乏政治修养这一点却是令人无法原谅的。他有击败蛮族的本领固然可嘉,但作为执政官却身着凯旋服饰进入元老院,如此地无视宪法礼仪又叫人该如何作想!他在其他方面也非常坚持"平民本色"。他不仅是贵族口中的所谓穷人,更糟的是还非常节俭,并声称与所有的贪污腐败势不两立。他像士兵一样不甚讲究,却好酒贪杯,到了晚年愈发变本加厉。他不懂如何宴请宾客,他的厨师也很差劲。同样令人尴尬的还有,这位执政官只会说拉丁语,因此不得不谢绝用希腊语进行交谈。他认为希腊戏剧无聊这一点本无伤大雅,想来有这种想法的不会只有他一个,但承认有这种想法却未免不够成熟。因此终其一生他都是一个流落于贵族阶层的乡巴佬,因同僚们刺耳的嘲讽和让人愈发难堪的同情而气恼。他可以轻视这些人,却无法忽视他们的态度。

马略的政治地位

马略不仅远离上流社会,也远离各种党派。他在担任平民保民官期间(罗马纪元635年)通过的几项法令,如为了杜绝选举时常有的不光彩的舞弊行为,对拉票行为采取了进一步的控制,还有对过度赏赐人民的提案予以驳回[3]等,均不带有任何党派的印记,更没有民主派色彩,仅仅体现了他对不公正和不合理现象的厌恶。那么像他这样一个出身农家而心向军营的人起初是如何成为革命家的呢?毫无疑问,贵族的恶意攻击使他投向了反对派的阵营,他很快就被推举成反对派的将军，而且以后肯定还会获得更高的地位。不过这并非他个人争取的结果，而是严苛的环境所致，同时还因为反对派急需一位将军担任他们的首领。马略自罗马纪元647—648年动身前往阿非利加后，几乎从未在路过首都时作短暂停留。直到罗马纪元653年下半年他战胜条顿族后，为了庆祝此次大捷和上次击败辛布里人的双重胜利才回到了罗马。毫无疑问他成了罗马第一人，尽管在政治上他还是一个新手。无可争辩的事实是马略不仅拯救了罗马，而且他是唯一能担此重任的人。他的名字为人们口口相传，身居高位的人感谢他为国效劳，人民对他的爱戴空前绝后，无论他的优点还是缺点，他那非贵族式的公正无私还是他的粗野无礼，都受到人们的喜爱。他被民众称为第三个罗穆卢斯[4]和第二个卡米卢斯[5]，人们像对待神灵一样向他献酒。有如此的荣耀加身，也难怪这位农夫的儿子有时会忘乎所以。他把自己从阿非利加到高卢的出征比作狄奥尼索斯[6]跨越大陆的游行，还仿照巴克斯[7]为自己制作了一个不小的酒杯。民众对他的疯狂热情中既有感恩，也有对他寄予的希望，即便是一个更为冷酷、政治经验更丰富的人也可能因此误入歧途。对于马略的崇拜者来说，他的使命远没有结束。无耻的政府对国内的压迫更甚于蛮族，人民把再次拯救罗马的重任交给了他——罗马第一人以及深受人民爱戴的反对派首领。对于他这样一个既是军人又是村夫的人来说，首都的政治活动的确既陌生又难以适应，他有多擅长指挥作战就有多不擅长演讲。面对敌人的长矛利剑他可以镇定自若，而面对民众的喝彩或反对却无法淡然处之。但他的个人意愿并不重要，民众的希望就是他的目标。他在军队和政治上都有着相同的处境：如果他不想和辉煌的过去告别，不想辜负自己党派乃至全国的期望，不想违背自己的责任感，就要革除公共事务上的弊政，结束复辟政府的统治；而且只要他具有成为人民领袖的内在品质，这些品质就足以抵消他所缺乏的，成为受人欢迎的党派领导人所必要的政治修养了。

新的军事编制

重新编制的军队是马略手中握有的一项强大武器。以前根据塞尔维乌斯[8]制定的宪法，征兵对象仅限于有财产的公民，不同兵种的盔甲等级完全取决于财产等级[9]。不过在马略之前，这部宪法的基本原则在各个方面已经不可避免地有所废弛。以前要求人口普查表上登记的财产最低为一万一千阿斯（合四十三英镑）的市民才可以加入公民兵，如今这一要求降到了四千阿斯（合十七英镑）[10]。士兵原本根据财产被划分为六个等级，而且各个等级均有不同的盔甲装备，现已减为三个等级，其中和塞尔维乌斯的军队编制一样的地方在于：在有义务服兵役的公民当中，依旧由富人担任骑兵，由穷人担任轻武装兵；而对于中产阶级组成的前线正规步军，则不再按照财产而是根据服役年限将其划分成青年兵、壮年兵和后备兵三个部分。此外，罗马从很久以前就开始大规模雇佣意大利同盟者参战，只不过他们跟罗马公民一样，也是主要由有财产的阶层来承担兵役。不管怎样，罗马的军事系统直到马略时期主要依靠的还是这种原始的公民兵编制，而这种编制已经跟不上形势的变化。上流阶层越来越逃避兵役，罗马和意大利的中产阶级整体上也在慢慢消失。而另一方面在意大利之外，有相当多的同盟者和属民可供征用；还有意大利的无产阶级，只要调用得当，至少也可以充当非常有用的军事人才。实际上本该由富裕阶层组成的公民骑兵[11]甚至在马略之前就已经停止野外作战。骑兵作为主力兵团最后一次被提及是在罗马纪元614年的西班牙战争中，他们的傲慢无礼和不服从命令让将军倍感绝望，以至于骑兵和将军之间竟爆发了一场冲突，双方都不择手段地互相攻击对方。在朱古达战争期间，骑兵经常只是作为将军和外国亲王的仪仗队出现，之后他们就彻底退出了历史舞台。同样，靠有资格、有义务服兵役的人来补充罗马军团，在一般情况下是非常困难的。因此，像阿劳西奥战役之后不得已而为之的那样，费力保留现有的义务兵役制很可能不切实际。同时，甚至在马略之前，来自意大利以外的属民如色雷斯[12]的重装骑兵、阿非利加的轻骑兵、灵敏的利古里亚人[13]组成的优秀的轻步兵和来自巴利阿里群岛的投石兵加入罗马兵团的人数就在不断增加，尤其骑兵和轻步兵的人数甚至已经超过了各省军队的人数。一方面，缺少有资格服役的新兵；而另一方面，没有资格的贫穷公民争先恐后地自愿参军。事实上，由于罗马有众多的城市下层民众没有工作或者游手好闲，而战时服役又可以提供丰厚的酬劳，故招募志愿兵并非难事。因此国家的政治和社会变革的一个必然结果就是军事体制从公民征募制过渡到了分遣队和士兵征募制，而且骑兵和轻步兵应基本由属民分遣队组成，例如辛布里战役就从遥远的比提尼亚召集了分遣队。至于前线步兵，旧的义务兵役制并未取消，同时每个自由的公民都可自愿参军，马略在罗马纪元647年曾首次采取这种办法。

在此基础上他们又在一定程度上削减了前线步兵，这同样可以追溯到马略以前的做法。在马略之前，军团中还普遍存在着罗马的贵族等级划分。士兵被划分为四个兵种——轻步兵、青年兵、壮年兵和后备兵，也可以被称为先锋兵、一线兵、二线兵和三线兵。各个兵种的服役资格对财产或年龄有不同标准的要求，他们的大部分装备也有所不同。每个兵种在作战队形中的位置是固定的，有各自固定的番号和军旗。现在这些等级划分均被废止。任何一个被准许加入罗马军团的士兵可以去当任一兵种，完全不再需要其他条件，由军官自行决定士兵的职务。装备的区别也被取消，所有的新兵都统一进行训练。马略在武器装备和辎重运送等方面也进行了一系列相关的改革，这体现了他对战争事务实际细节的洞察和对士兵的关怀，令人敬佩。此外，他在阿非利加战争中的战友普布利乌斯·鲁提利乌斯·鲁弗斯（罗马纪元649年的执政官）还发明了一套训练士兵的新方法。值得注意的是，这种训练方法基本上是依照当时格斗学校常用的训练角斗士的方法进行设计的，大大提高了士兵的个人军事素养。军团的编制发生了彻底的改变。以前，战术单位由三十个重装步兵支队组成——每个支队由两个六十人组成的百人队和一个三十人的小队组成，现在则改由十个大队组成，每个大队有自己的军旗，并各有六个（通常只有五个）百人队。因此，尽管军队因为削减轻装步兵减少了一千两百名士兵，但整体的人数却从四千两百名上升到了五千至六千名。三兵作战的传统被保留了下来，不过不同于以前每个兵种组成一个特定小队的做法，以后由将军对大队进行统一安排，他有权按照自己的想法部署三线士兵。番号则由士兵和所属部队的序号决定。军团以前有四种军旗——狼旗、人头牛身旗、马旗和野猪旗，多半由骑兵和三个重装步兵部使用，现在这些军旗被撤了下来，取而代之的是新的大队旗以及马略命军团统一使用的新军旗——银鹰旗。就这样，在军团内部公民和贵族的区分已经完全销声匿迹，军团兵之间只有纯粹军事方面的区别。不过在几十年前，因偶然情况军团之外出现了一支享有特权的部队——将军护卫队。到目前为止，将军的私人护卫是从同盟者分遣队中挑选的。雇佣罗马军团兵，甚或有人自愿充当将军的护卫都不符合强大的共和国严格的纪律要求。但在努曼提亚战争中，由于当时军队的士气极度低落，西庇阿·埃米利亚努斯[14]被派去整顿混乱的军纪。他未能说服政府召集一支全新的武装军队，不过属国国王和罗马境外的自由城市提供了相当数量的士兵由他派遣，此外他还可以组建一个由五百名罗马公民志愿兵组成的私人护卫队。这支护卫军队的成员部分来自上层阶级，部分来自将军的下等家丁，有时他们被称为随从军,有时又被称为禁卫军。他们在将军总部供职,作为回报他们不必驻营挖壕,而且享有更高的待遇和声望。

马略军事改革的政治意义

从本质上来说,这次罗马军队组织的彻底改革似乎确实是出于纯粹的军事目的。从整体上来讲,这并非个人尤其不是野心勃勃之人工于算计的结果,而是受形势所迫,早已不堪重负的军队编制不得不进行改制的结果。从军事角度来看,也许正是马略在国内推行的征兵制度才使得国家免于崩塌,正如几个世纪之后,阿波伽斯特和斯提里科征募外籍士兵暂时推迟了国家的灭亡。然而,马略的这次革命引起了一场尽管在当时尚未成熟但却非常全面的政治改革。因为共和政体建立的根本就是全民皆兵,且只有公民才可以参军;而一旦士兵阶层形成,它的基础就不复存在。向职业角斗士借鉴了日常训练方法的新训练体系也势必会导致这一点,兵役逐渐成为一种职业。准许无产阶级参军产生的影响尽管有限,但却更为迅速;尤其根据自古以来就有的原则,只要不触及稳固的共和体制,将军就可以随意犒赏士兵,而且能干的士兵在打了胜仗后有资格从将军那里分得部分可移动的战利品,并从政府那里获得一块土地。在被征召入伍的公民或农民看来,服兵役仅对公众有利,于己则只是一种负担,打仗的报酬远远无法弥补服役带来的巨大损失。而对入伍的无产阶级来说情况则恰恰相反,因为他们的生计完全依赖于入伍后的薪酬,而且退伍后也没有荣军院乃至救济院接收他们,他们的未来只能寄希望于战场。除非获得公民身份,否则他们不会离开军队。军营是他们唯一的家,打仗是他们唯一的技能,他们所有的希望都只能寄托在将军身上,这些意味着什么是不言而喻的。在劳底平原交战后，两支意大利同盟者军队的全体士兵因作战勇敢被马略当场授予罗马公民身份，这违反了宪法的规定。马略在事后辩解道，在战场的厮杀声中无法顾及法律的要求。可一旦在更为重要的事情上，军队和将军共同产生了不合宪法的利益需求，谁又能保证那时其他的法律不会在战场的刀光剑影下被无视呢？现在，军中有了常备军、士兵阶层和禁卫军，无论在军事还是民事组织中，未来君主制所需的支柱已全部建成，只差君主本身了。当年十二只雄鹰盘旋在帕拉廷山周围，预示着国王统治的来临[15]；而马略授予军团的新银鹰旗则宣告了皇帝的即将到来。

马略的政治计划

毫无疑问，马略的军事和政治地位让他看到了辉煌的前景。这是一个让人感到悲哀的混乱时代，人们拥有和平却并不满足。当初在北方人第一次猛烈进攻罗马的危机解除之后，罗马很快恢复了活力，重新焕发出全部的生命力，经过蓬勃的发展迅速在各处重建了家园。如今情况却不同了，尽管那些有才干的将军可以屡次使国家免于当即被灭亡，但每个人都感到在复辟寡头政府的统治下，共和国只会日趋走向衰败；同时人们也感到在这种处境中，公民组织尚可自救的时代已经过去，而且只要盖乌斯·格拉古的位子依然空着，情况就不会有所改善。自从开启革命大门的两位杰出青年[16]去世后，民众是如此地深感茫然，他们不放过任何一个可以替代格拉古兄弟的人，正如下面这个例子所显示的那样，这实际上是多么地幼稚。有个假冒提比略·格拉古的儿子的人，尽管已经被格拉古兄弟的姐妹在公共集会上指控欺诈，却仍然因为其篡取的格拉古之名在罗马纪元655年被人民选为了保民官。基于同样的心情，民众对盖乌斯·马略的出现感到欢欣鼓舞。叫他们如何能不激动呢？如果说有谁能满足民众的期盼，那一定是马略了——不管怎样，他是那个时代的第一将军，是最有名的人物，公认的勇敢正直，由于远离党派纷争而被推荐为国家的改革者。因此无论是民众还是他本人，怎么可能不这样认为呢！当时的民意毫无疑问是支持反对派的，有件事情充分显示出了这一点：曾经有人提议首席祭司学院空缺的祭司职位应由公民而不是学院自己的人员填补，这一提议在罗马纪元609年的国民议会上被政府以宗教考虑为由驳回了，但格涅乌斯·多米提乌斯在罗马纪元650年又通过了这一提案，元老院也未敢严加阻拦。总而言之，似乎人们需要的就是一个领袖，能给反对派坚定的号召力和实际的目标，现在他们认为马略可以担此重任。

对于马略来说，有两种途径可以完成这个任务：他可以作为大将军带领军队推翻寡头统治，也可以按照宪法的规定对宪法进行变革来达到这一目的。他过去的职业生涯指向了前者，而要遵循格拉古的先例就要选择后者。我们不难理解他为什么没有选择第一种方式，甚至他可能都没有考虑过这种可能性。元老院看上去如此疲弱无力，为民众所憎恶和鄙视。马略认为凭自己极高的声望便足以对付他们，而且尽管他已经解散了军队，却依旧希望在必要的时候可以从等候赏赐的退伍士兵那里获得支持。也许马略在想到格拉古轻而易举地获得了近乎全面的胜利，而自己现有的资源又远远超过对方时，不由得认为推翻一个政体远没有那么困难，哪怕这个政体已有四百年的历史，而且在这个有着复杂等级制度的国家中，各个阶级和势力与这个政体已密不可分。但任何一个对这项事业的困难之处比马略有更深入研究的人都会想到，尽管军队已经开始从公民兵转变为雇佣军，但它仍处于过渡阶段，绝不适合去充当盲目的政变工具。企图通过军事手段消除异己,反而可能会助长对手反抗的力量。在斗争中加入有组织的武装力量,首先毫无必要,其次也很危险。变局才刚刚开始,而反对势力还远未到强弩之末。

民主派

于是马略按照当时现行的法规在胜利之后解散了军队,踏上了盖乌斯·格拉古曾经走过的道路,打算通过担任宪法执法官来获得国家至高无上的权力。在着手这项事业时,他发现自己目前更加需要所谓民主派的支持,需要和他们的领袖结为盟友,因为这位常胜将军完全没有指挥街头市民所必要的天赋和经验。于是,长久以来无足轻重的民主派突然在政治上重获重视。事实上,民主派在盖乌斯·格拉古到马略的这段时间里已经严重衰退。也许民众对元老院管理下的政府的不满并未稍减,但在此期间当初格拉古兄弟许下的愿景——曾为他们带来最忠实的追随者——已被证明不切实际,因此很多人不免担心,大部分心怀不满的民众绝不会追随这种格拉古式的运动。事实上在二十年的动荡不安中,革命初期特有的热情、坚定不移的信念和奋斗时所保持的道德纯洁已大部分被消磨殆尽。当初民主派曾把盖乌斯·格拉古捧得高高在上,虽然它早已不复盖乌斯·格拉古领导时那般强大,却仍把其后的民主派领袖都狠狠地踩在了脚下。实际情况也表明了这一点,除非有人能像盖乌斯·格拉古一样胆识过人,掌握国家的至高权力,否则这些领袖就只不过是权宜之计罢了。他们有的是政治新手,大肆宣泄着年轻人对反对派的热爱;而当他们作为热情的演说者受到充分的认可和喜爱之后,又多少有点圆滑地倒向了执政党的阵营。有的人则既没有财产也没有影响力,在荣誉方面也经常一无所获,他们之所以妨碍和干扰政府只是出于个人愤怒，甚至只是单纯为了制造噪音。前一种人举例来说有盖乌斯·莫密乌斯[17]和著名的演说家卢西乌斯·克拉苏，他们后来把在反对派阵营中获得的演讲桂冠利用到了对政府的狂热支持上。

格劳奇亚与萨托宁

这一时期最著名的反对派领袖属于上面提到的第二种人，其中之一是盖乌斯·塞尔维利乌斯·格劳奇亚，被西塞罗[18]称为罗马的海柏波拉斯[19]。他是来自社会底层的粗人，厚颜无耻的街头雄辩家，其尖锐和机智不仅令人印象深刻，更令人生畏。另一个则是格劳奇亚的同僚，品德与才干更佳的卢西乌斯·阿普莱乌斯·萨托宁，即使在敌人看来他也是一个充满激情、令人难忘的演说家，至少没有受到庸俗的自私的驱使。在他担任财务官期间，元老院下令收回了原本由他负责的玉米进口管理权，并非因为他管理不善，更多的是想把这份当时颇为抢手的职务交给执政党的一个领袖马库斯·斯考鲁斯，而不是交给他这个没有统治家族背景的无名小子。这一屈辱使得这位敏感、有抱负的年轻人投入了反对派的阵营，并在罗马纪元651年担任保民官期间将自己受到的屈辱连本带利地还了回去。当时，丑闻事件接连发生。萨托宁在公开市场上揭露了米特拉达特斯国王[20]的使臣在罗马行贿的事情，使元老院颜面扫地，但也险些使这位大胆的保民官丧命。罗马纪元652年，当时还是监察官候选人的他发起了一场针对努米底亚的征服者——昆图斯·梅特路斯的暴动，将其围困在朱庇特神殿，直到骑士阶层将其解救了出来，其间发生了不少流血事件。后来当上监察官的梅特路斯采取了报复行动，在修订元老院名单时要以萨托宁和格劳奇亚声名狼藉为由将其除名，不过因同事的疏忽而未能成功。萨托宁还不顾执政党的强烈反对，组织了针对卡皮欧及其同僚的特别审判委员会[21]。为了反对执政党，他在罗马纪元652年竞争激烈的执政官的选举中支持马略再次竞选。毫无疑问，萨托宁是继盖乌斯·格拉古之后元老院最厉害的对手，也是最活跃、最雄辩的民众派领袖。不过他的暴虐和肆无忌惮也无人能敌，他似乎总是准备冲向街头，要用拳头而非言辞打倒对手。

以上就是所谓民众派的两位领袖，他们如今和凯旋将军联合了起来，这很自然，因为他们的利益和目标是一致的，甚至早在马略还是候选人的时候，萨托宁就已经极其有力、坚定地站到了他这边。他们之间达成协议，计划在罗马纪元654年由马略第六次竞选执政官，萨托宁第二次竞选保民官，格劳奇亚竞选副执政官。为了达到目的，他们可能会在全国发起一场有预谋的革命。元老院勉强同意任命危险程度较低的格劳奇亚，却尽其所能地阻挠马略和萨托宁当选，至少是想方设法地安插马略的死对头昆图斯·梅特路斯成为其担任执政官期间的同僚。双方都使用了各种合法或不合法的手段，但最终元老院未能将对手的危险阴谋遏制在萌芽状态。据说马略本人并不排斥拉票，甚至也不拒绝贿赂选民。事实上在保民官的选举中，执政党已有九人当选，第十个名额似乎也已预先指定有同样背景且受人尊重的昆图斯·努尼乌斯担任，但他被一伙暴徒袭击并杀害了，传言这伙人主要由马略军中的退伍士兵组成。于是这个阴谋团伙通过极其暴力的手段达到了他们的目的。罗马纪元654年，马略当选为执政官，格劳奇亚当选为副执政官，萨托宁当上了平民保民官；担任第二执政官的也并非昆图斯·梅特路斯，而是无足轻重的卢修乌斯·瓦列里乌斯·弗拉库斯。这样一来，三人团伙就可以着手实施他们盘算好的下一步计划，并继续完成在罗马纪元633年时被迫中断的改革事业。

阿普莱乌斯法

现在让我们回顾一下盖乌斯·格拉古所追求的目标和使用的手段。他的目的是推翻国内外的寡头统治。他一方面想让当时完全依附于元老院的行政官员重新获得独立自主的权力,将元老院从统治机构转变为审议委员会;另一方面想废除把国民划分为执政公民、意大利同盟者和属民三个级别的贵族等级制度,逐步均衡与非寡头政府不相称的等级差异。三人团伙将这些理念植入了殖民法中,其中有一部分是萨托宁在罗马纪元 651 年担任平民保民官时提出的,还有一部分是现在(罗马纪元 654 年)提出的[22]。早在罗马纪元 651 年,一度中断的迦太基领土的分配就已经重新启动,主要是为了给马略的士兵谋利。这些老兵中除了有罗马公民外,似乎还有意大利同盟者。他们得到许诺,每人可以在阿非利加省分到一百尤格拉[23]的土地,约为意大利普通农庄的五倍大。民主派宣称现在不仅有行省的土地,还有阿尔卑斯山外所有独立的凯尔特部落的土地,均可在最大范围内由罗马－意大利移民使用。由于罗马人在征服辛布里人后依法获得了所有占领的土地,因此民主派依照法律拟制[24]进行了同样的安排。盖乌斯·马略被委派进行土地分配,并负责实施相关的后续措施。被贵族霸占的托洛萨[25]寺庙里的宝藏,无论是否已被交还都被指定给了新的土地所有者。如此一来,这项法律不仅最大程度地恢复了盖乌斯·格拉古和弗拉库斯起草的计划——征服阿尔卑斯山以外的地区以及对阿尔卑斯山以北及海外地区进行殖民,而且通过允许意大利人与罗马人一起移民以及不容置疑地规定将所有新社区建成公民殖民地,向实现意大利人与罗马人平等的主张迈出了第一步。这一主张尽管很难实现,但从长远来看却是势在必行。然而首先需要注意的是,如果此法获得通过,而马略被任命单独完成这些征服和分配的宏大计划,那么直到这些计划实现之前,或者更确切地说,考虑到这些计划的庞大和不确定性,可能在有生之年他都会是罗马实际上的君主。可以推测正是鉴于这种可能性,马略才想像当年格拉古连任保民官一样,一直连任执政官。尽管马略和小格拉古所处的政治地位在其他方面基本一样,但分配土地的保民官和分配土地的执政官之间实际上存在着一个非常关键的区别——前者是纯粹的行政职位,而后者则属于军职。产生这一区别的原因部分但并非完全是因为他们在成为国家领袖时的个人情况有所不同。以上就是马略及其同党为自己树立的目标的性质,接下来的问题是他们打算用何种方式破除想必一定会非常强大的来自执政党的阻力。盖乌斯·格拉古在战斗时曾借助资产阶级和无产阶级的力量,他的继任者同样没有忘记联合这些力量。骑士阶层不仅在特别法庭占有席位,而且他们作为陪审员的权力也大大增加了。这一方面是因为针对行省公共治安官勒索一事,政府出台了一项更为严格的有关常设委员会的法令——这项法令对商人来说至关重要,格劳奇亚可能在今年就会实施;另一方面无疑是因为早在罗马纪元651年,根据萨托宁的建议,针对高卢境内在辛布里战争中出现的官员挪用公款和其他贪污问题成立了特别法庭。此外,为了照顾首都无产阶级的利益,原本在分发粮食时每麦斗[26]收取的六又三分之一阿斯已低于成本价,现在更是象征性地只收取六分之五阿斯。尽管三人团伙没有轻视首都的骑士阶层和无产阶级,但真正可以帮助他们推行法案的并不是这些人,而是马略军中退役的军人。正是由于这个原因,他们才在殖民法中极尽可能地给予这些老兵自谋生路的资本,这也显示出这次改革与上次改革的区别。

投票的主要程序中呈现出的暴力军事性

三人团伙开展了相应的工作。不出所料，玉米法案和殖民法遭到政府的强烈反对，他们在元老院列出骇人听闻的数字以证明玉米法案将导致国库枯竭，萨托宁对此未予理睬。他们又通过保民官斡旋来反对这两部法案，萨托宁命令行政官继续进行投票。他们告知主持投票的行政官有人听到了雷鸣声，根据古代信仰，这表示神在警示人们要解散公众集会；而萨托宁则跟信使说，元老院最好闭嘴，否则很容易招致上天更严厉的警告。最后，市财务官小昆图斯·卡皮欧带领忠实的党羽通过武力解散了国民议会，据推测他可能是三年前被判刑的那位将军的儿子[27]，像他父亲一样也是民主派的劲敌。当时马略强悍的部下正聚集在罗马投票，他们很快集结起来驱散了暴徒，重新控制了投票场，使得《阿普莱乌斯法》的投票得以顺利完成。针对这起事件的谣言愈演愈烈，但不知元老院是否会同意这个法案。要知道他们如果不想失去元老席位就必须在法案通过五日内宣誓遵守该法。所有元老都宣了誓，除了昆图斯·梅特路斯，他宁愿被流放。既然敌对阵营中最优秀、最能干的将军自愿被流放，那马略和萨托宁也乐得看到他离开国内。

革命派的衰落

三人团伙的目标似乎实现了。即便如此，在明眼人看来这项事业依然注定会失败。主要原因就在于这个蹩脚的政治联盟，一边是没有政治能力的将军，另一边是蛊惑民心的街头政客。他们虽有能力却莽撞粗暴，徒有激情却无政治家的目标。他们在制定计划时一拍即合，但在执行计划时，这位著名的将军对政治的一窍不通就很快表露无遗。他身上有的只是农民的野心，只想对付或者可能的话凌驾于有头衔的贵族之上，而没有政治家那种因为内心的力量渴望统治国家的抱负。每次他基于政治家个人立场制定的计划，即使形势再有利，也一定会坏在他自己手中。

贵族阶层的集体反抗

马略既没有手腕拉拢对手，也没有能力让别人服从自己。针对他和同伙的反对本身就已经足够强烈了。这些反对不仅来自全体执政党，还来自大部分公民。他们唯恐意大利人侵占自己的特权，而且随着事态的发展，整个富裕阶层也被推到了政府那边。萨托宁和格劳奇亚从一开始就既是无产阶级的主人，也是他们的公仆，因此从根本上未能与富有的贵族建立起良好的关系。这些贵族并不反对偶尔由下层民众牵制元老院，但他们不喜欢街头暴动和残酷的暴行。早在萨托宁第一次担任保民官期间，他手下的武装团伙就曾和骑士阶层发生冲突。他在罗马纪元654年竞选保民官时遭到的强烈反对也清楚地表明支持他的人数是多么少。马略本应尽力做到只是适度借助这些同伙的帮助——因为这样做会有风险，并使所有人都确信国家不会由这些人来统治，他们只是来协助他管理国家的。但他做的却恰好相反，事态的发展使他们的目的看上去不是要将政府交到一个智慧、果断的主人手中，而是要交给一群纯粹的暴民。这些人在混乱的形势面前唯利是图，贪生怕死，在共同的危难面前只会转而紧紧地依附于元老院。当初盖乌斯·格拉古已经清楚地意识到仅靠无产阶级无法推翻政府，所以曾经非常努力地争取有产阶级的支持；而那些渴望继承他衣钵的人，却在一开始就使贵族阶级和中产阶级联合了起来。

马略和政客们的分歧

马略过于模棱两可的态度不可避免地在他的支持者中间引起了争论，比起敌人之间的联合，这更加速了他们事业的灭亡。决定性的建议由同党提出，由士兵们奋力推进，马略则保持着一种完全被动的状态，似乎在面对正面冲突时，政治领袖没有必要像将军一样身先士卒。不仅如此，在面对自己激起的革命激情时，他不仅感到害怕，甚至还会逃避。当他的同伙为了实现目标采取了为正人君子所不齿的权宜之策时，他就会像那些政治道德观念混乱的人一样，企图推卸责任却又想从中得利。有一则故事说的是这位将军曾经同时约了两伙人在自己家里分别进行密谈，他在一个房间里和萨托宁及其同伙商议如何反对元老院，又在另一个房间里和寡头政府的议员商讨如何干扰前者的反抗。他以对形势的忧虑为由在两个房间来回进出。这个故事就像阿里斯托芬[28]的故事中的小插曲一样，尽管是编造的，却非常形象。马略在宣誓这件事情上的摇摆不定也是众所周知。起初他似乎因为《阿普莱乌斯法》的程序不合法而拒绝宣誓，后来尽管宣誓了却又持保留意见，称"只要这项法律确实有效"，这等于宣告他的誓言是无效的。当然所有的元老都仿效了这种做法，导致这部法律的有效性不仅没有得到保证，反而第一次真正受到质疑。

这种愚蠢无比的行为很快给这位著名的将军带来了不良的后果。萨托宁和格劳奇亚没有发动革命，也没有使马略得到国家至高无上的权力，因为马略很可能会抛弃和牺牲掉他们。如果说格劳奇亚——这个人民最喜爱的小丑——曾用令人愉快的口才向马略献上最新艳的花朵，那么现在他为马略编织的花环就绝不会再有芳香的玫瑰和紫罗兰。三人团伙发生了彻底的决裂，双方两败俱伤。对于马略来说，他没有足够坚固的基础能够独自维护曾被自己质疑过的殖民法，从而获得他原本可以获得的地位；而萨托宁和格劳奇亚也没有资格去继续马略未竟的事业。

萨托宁受到孤立　萨托宁被攻击和打败

然而两位政客已深陷其中，没有了退路。他们要么照例辞去职位，但这样无异于束手就擒，任由愤怒的对手处置；或者从现在开始为自己争夺权力，即使他们自知难承其重。他们选择了后者：萨托宁打算再次竞选罗马纪元655年的平民保民官；而格劳奇亚，尽管已经是副执政官且两年后才有资格担任执政官，也打算去参选执政官。事实上在他们看来，竞选保民官完全是板上钉钉的事。马略曾阻止假冒的提比略·格拉古申请士兵保民官的职位，只是想让这位名人看看他现在的人气价值几何；当年民众也曾破门而入救出监狱里的格拉古，胜利地抬着他穿街过巷，并以多数票选举他成为保民官。为了控制更为重要的执政官选举，萨托宁和格劳奇亚试图采取权宜之计除掉棘手的竞争对手——他们前一年就曾采取这种办法；因此来自执政党的竞争对手——十一年前曾反对过他们的盖乌斯·莫密乌斯[29]突然被一群恶棍殴打致死。可他们没料到执政党一直在等着这类袭击事件的发生，好借机使用武力。元老院要求执政官盖乌斯·马略出面干预，实际上后者也声称已准备好为保守派开战，而他动用的正是从民主派那里获得并承诺只会为民主派的利益使用的武装力量。年轻人被迅速召集起来，配以公共建筑中的武器，并按军事阵形排列整齐。元老院也武装起来出现在论坛广场，为首的正是受人尊敬的马库斯·斯考鲁斯。反对派无疑更擅长制造街头暴乱，并没有准备好应对这样的进攻，他们现在只能奋力一搏。他们打破监狱的大门，召集奴隶争取自由并参加战斗。他们称萨托宁为国王或者将军——至少有这种传言。在罗马纪元654年十二月十日新的平民保民官上任当天，大市场爆发了有史以来第一次发生在首都的战斗。结局显而易见：平民派大败，他们被赶到了朱庇特神殿，并断了水源，最后只好投降。这些人曾经是马略的同党，如今成了阶下囚。马略作为总司令原本很愿意放他们一条生路，但萨托宁向民众宣称自己提出的所有计划都是为了配合马略。而这位执政官在那天所扮演的不光彩的角色，令比他更卑鄙的人也不禁感到不寒而栗。可萨托宁早已不能控制事态的发展，青年士兵未经命令就进入论坛广场，爬上暂时关押犯人的元老院的房顶，掀起瓦片砸向了犯人，萨托宁和很多更有名的犯人就这样被砸死了。士兵们找到藏起来的格劳奇亚，用同样的方法杀死了他。就这样，在没有审讯和判决的情况下，一天内就死了四个罗马人民的行政官——一个副执政官、一个财务官和两个平民保民官以及其他一些出身良好的著名人士。尽管这起事件的领头者犯了严重的错误，付出了血的代价，但我们仍然为他们感到惋惜。他们就像孤军奋战的先锋部队，在没有主力军支援的情况下，被迫在一场没有希望的冲突中毫无目的地死去了。

政府的支配地位　马略在政治上的覆灭

执政党在十二月十日这一天取得了前所未有的胜利，反对派遭到了从未有过的重创。执政党除掉了几个麻烦的闹事者，但这点成功微不足道，随时会有同伙顶替这些人的位置。执政党更大的成功在于，当时唯一能对政府造成威胁的人在众目睽睽之下彻底地自我毁灭了。最重要的是反对派的两伙人——资产阶级和无产阶级经过这次冲突后完全分道扬镳。诚然，这些并非政府之功。由盖乌斯·格拉古巧妙搭建的组织早已分崩离析，部分受形势所迫，但更多是由于其无能的继任者简单粗暴的处理方式所致。至于政府是靠算计还是运气取得的成功，从结果来看已经无关紧要。在这场灾难之后，很难想象会有谁的处境比马略这位昔日色克蒂留斯温泉和韦尔切利战场上的英雄更悲惨。当人们将其现在的处境与几个月前他身上的荣耀进行对比时，则更觉其可悲。当行政官员出现空缺时，无论贵族还是民主派都不会再考虑这位常胜将军，这位连任六届执政官的英雄甚至不敢去竞选罗马纪元656年的监察官。他逃去了东方，表面上看是去履行一个誓言，但实际上却是不想目睹自己的死敌昆图斯·梅特路斯的凯旋。他获准离去，待他归来打开家门，门厅空无一人。他一直盼望着发生冲突和战争，这样人民就会再次需要他这位身经百战的老将。他想为自己争取前往东方打仗的机会，罗马人无疑已有足够的理由要大举介入那里；然而和其他所有的愿望一样，这些都化为了泡影，罗马一直保持着太平。而一旦一个人内心有了对荣誉的渴望，在落空后往往会受到更深的侵蚀。他还非常迷信，一直念念不忘曾预示他会担任七次执政官的神谕，苦思冥想着如何实现这个预言，完成自己的复仇；但除了他自己，在所有人看来他已无足轻重。

骑士派

这次事件的后果不仅是除掉了危险人物马略，更重要的是萨托宁的暴动引起了利益集团对所谓平民派的极度愤怒。骑士特别法庭对每个公开持反对派意见的人都会判以重罪，例如塞克斯图斯·提提乌斯被判刑不是因为他推行土地法，更多地是因为在他的家里有萨托宁的雕像；盖乌斯·阿普莱乌斯·德奇亚努斯之所以被判刑，是因为他在担任平民保民官时认为针对萨托宁的行动是不合法的。甚至早前平民派对贵族阶层造成的损害也在骑士特别法庭受到追究，且不无定罪的可能。盖乌斯·诺尔巴努斯八年前曾协助萨托宁流放执政官昆图斯·卡皮欧[30]，现在则依据他自己制定的法律（罗马纪元659年）被指控犯有叛国罪。陪审员们犹豫良久，不是考虑他是否有罪，而是在考虑他的同党萨托宁和他的敌人卡皮欧哪个更让他们痛恨，最后还是将其释放。即使人民没有比以前更加倾向于政府，但当有产阶级发现自己——哪怕是暂时地——濒于被暴民统治时，便对现有政府有了新的看法。尽管众所周知这是一个非常糟糕且有害于国家的政府，但人们对更糟糕和更加有害的无产阶级政府的恐惧和担忧，使得现有政府有了相对的价值。持有这种想法成了大势所趋，以至于民众竟将一个胆敢推迟昆图斯·梅特路斯回国的平民保民官碎尸万段。民主派为了自身的安全开始勾结杀人犯和投毒者，例如用下毒的方式除掉梅特路斯；他们甚至开始联合人民公敌，有些民主派早已投靠米特拉达特斯国王，而这位国王已经在针对罗马进行秘密备战。对外关系也表现出有利于政府的一面。从辛布里战争到同盟者战争[31]期间，罗马军队很少出征，但每次出征必载誉而归。仅有的严重冲突发生在西班牙，近几年（自罗马纪元649年以后）这一地区越来越让罗马感到难以对付，卢西塔尼亚人和凯尔特–伊比利亚人对罗马的反抗异常激烈。罗马纪元656至661年，西班牙北省执政官提图斯·狄狄乌斯和南省执政官普布里乌斯·克拉苏凭借勇气和幸运，不仅重建了针对罗马军队的优势，而且将不服管理的城市夷为了平地，还让居民从坚固的山城迁移到平原上需要人口的地方。后面我们会提到，同一时期罗马政府将注意力重新转向了被上一代人忽略的东方，在昔兰尼、叙利亚和小亚细亚展示出前所未闻的巨大能量。自革命开始以来，复辟政府从未如此稳固且深得人心。由执政官代替保民官制定法律，对自由的限制取代了进步措施。萨托宁制定的法律被理所当然地废除,马略的海外殖民地也仅剩荒蛮的科西嘉岛上的一小块居住地。平民保民官塞克斯图斯·提提乌斯是一个阿尔西比亚德斯[32]的拙劣模仿者,比起政治他更擅长跳舞和球类游戏,他最突出的才能是在晚上破坏街上的神像。他在罗马纪元655年重新推出并通过了《阿普莱乌斯法》,但当元老院以宗教为由将其取消时,竟无人试图反对;如前所述,其制定者也受到了骑士特别法庭的处罚。第二年(罗马纪元656年),有两个执政官推出了一项法案,将一部法律从制定到通过常有的二十四天间隔变成了强制性规定,并禁止在同一项提案中提交性质不同的法律。这样一来,就在某种程度上限制了过度制定法律的积极性,同时也避免了政府当众被新的法律搞得措手不及。日益明显的一点是,尽管格拉古宪法在其创建者去世后被保留了下来,但自从民众和富有的贵族阶级分裂之后,这部宪法的根基便开始动摇。它原本的创立基础是贵族阶层内部的矛盾,如今反对派之间的纷争势必会导致这部法律失效。要说何时可以继续罗马纪元633年未竟的复辟事业,让格拉古宪法遭受和暴君一样的命运,取代独当政治大权的寡头统治,那就是现在了。

元老院和骑士阶层在省行政管理上的冲突

重获陪审员的提名至关重要。省级行政管理作为元老院管理政府的主要基础,有赖于陪审法庭,尤其非常依赖于负责审判勒索罪的委员会,以至于行省总督似乎不是在为元老院,而是在为资本家和商人的利益管理行省。在提及针对民主派的法令时,富有的贵族一向乐于迎合政府的意见,但当政府试图限制被他们牢牢掌握在手中、可以随心所欲控制行省的权力时,他们就会愤愤不平。到目前为此政府已做过几次这样的尝试,执政的贵族开始再次觉醒,他们当中最杰出的人士认为就算为了自己所在的阶层,也有义务阻止对行省的严重管理不善。其中态度最坚决的要属昆图斯·穆奇乌斯·斯凯弗拉了,像他的父亲大祭司普布利乌斯一样,他在罗马纪元659年担任执政官期间是当时最著名的法官,也是那个时代最优秀的人才之一。他在最富有同时也是职权滥用最为严重的亚细亚行省担任副执政官时,和他的老朋友执政官普布利乌斯·鲁提利乌斯·鲁弗斯——一位杰出的官员、法官及历史学家——以严肃且具有威慑力的形象为人们树立了榜样。无论起诉人是意大利人还是本省人,是贵族还是平民,他都一视同仁,认真审理每项案件。他不仅会强制罗马商人和国家承租人全额赔偿已经证实的受害人,而且当这些商人的政府代表——肆无忌惮的重要官员犯下死罪时,他也会无视任何贿赂,下令按期执行死刑。元老院对他的行为颇为赞许,甚至命令亚细亚的总督将他的执法准则当作范本加以效仿。然而,尽管骑士阶层不敢动这位高贵的贵族、有影响力的政治家本人,却将他的同事送上了法庭,甚至最终(约罗马纪元662年)将他的同事中最重要的一位——地方总督普布里乌斯·鲁弗斯告上了法庭,后者只能凭借自己的功绩和公认的正直,而不是家庭背景来为自己辩护。这样的一个人被指控在亚细亚进行勒索本身就很荒谬,更何况指控他的人——一个名叫阿皮乌斯的人本身就是一个声名狼藉的人,这些都使得对鲁弗斯的指控不攻自破。但骑士阶层不愿放过这样一个难得的可以羞辱执政官的机会。鲁弗斯不屑使用虚假的花言巧语,更不用说穿上丧服痛哭流涕了。他骄傲地拒绝如大权在握的资本家期待的那样卑躬屈膝,他为自己的辩护简洁扼要,直击要害。他最终还是被判有罪,并不丰厚的财产也被没收,以满足无中生有的索赔要求。之后他回到了那个自己被指控剥削过的行省,在那里受到了所有公社的荣誉代表团体的欢迎,一生都受到人们的赞扬和爱戴,在文学休闲中度过了余生。对他的指控非常可耻，可以说是极其恶劣，但却非绝无仅有。这件事激怒了元老院，也许不仅是因为骑士阶层对品行端正的新贵族滥用司法，更是因为即便血统最纯正的贵族也无法用自己的名誉为疑似的污点进行担保。鲁弗斯刚被流放到国外，年届七十高龄的马库斯·斯考鲁斯又因敲诈勒索罪受到审讯。他担任了二十多年的元老院首领，是最受人尊敬的贵族人士。即使他真的有罪，在贵族们看来这样做也是亵渎圣贤。一群无赖熟练地行使着公诉权，一个人无论年龄大小、地位高低，哪怕有无可指摘的品行也不能免于受到最危险、最恶意的攻击。审查勒索案件的委员会原本是地方人民的保护者，如今却成了可怕的苦难根源。即使最臭名昭著的强盗，只要放任同伙用一部分赃款贿赂陪审团，就能免于处罚；但如果有人试图响应地方人民提出的权力与正义的合理要求，则会被宣判有罪。他们的意图似乎就是使罗马政府再次处于法庭的控制之下，如同当年迦太基的理事会被法官学院掌控一样。盖乌斯·格拉古曾预言，他制定的有关陪审员的法律会成为一把利剑，被上流社会用来自我戕灭，现在这一预言得到了可怕的应验。

李维乌斯·德鲁乌斯

对骑士法庭的攻击在所难免。执政党内但凡还能意识到统治不仅意味着权力还包括责任的人，但凡内心还有更高贵或者更令人自豪的抱负的人，都只能奋起反抗这种可耻的政治压迫，在这种压迫之下毫无廉政的可能。对鲁提利乌斯·鲁弗斯可耻的指控似乎向人们发出了立刻开始战斗的号角，罗马纪元663年的平民保民官马库斯·李维乌斯·德鲁乌斯尤其认为自己应当响应这一号召。他与父亲同名，他的父亲三十年前领导人们推翻了盖乌斯·格拉古的统治[33]，后又因镇压斯科迪斯克人而闻名[34]。德鲁乌斯和他的父亲一样是彻底的保守派，实际上他在萨托宁叛乱时发表的观点已经证明了这一点。他属层的贵族圈子，拥有巨额的财富，还有着真正的贵族气质——非常骄傲，不屑用官职装饰自己，却可以在临终时断言世上很难再有一个和他一样的后来者。对于他来说，"高贵意味着责任"这一高尚的格言就是他一生的准则。他极度认真的性格也使他摆脱了贵族阶层难免有的轻浮和贪财，与其说他受到普通人的爱戴，不如说他受到人们的尊敬。他的大门和钱袋总是向普通民众敞开，尽管他很年轻，却凭着个人的尊严在论坛广场和元老院有了举足轻重的地位，同时他也不乏志同道合的人。马库斯·斯考鲁斯曾被指控犯有勒索罪，但他很有胆量，在自我辩护时曾公开呼吁德鲁乌斯进行一项司法改革。他和著名的演说家卢西乌斯·克拉苏是元老院中德鲁乌斯提案最热心的支持者，而且可能也参与了这些议案的提出。但大部分统治阶层的贵族绝不会和德鲁乌斯、斯考鲁斯以及克拉苏同心同德。元老院不乏资产阶级政党的坚定追随者，其中最引人注目的要属当时的执政官卢西乌斯·马库斯·菲利普斯了，他深谋远虑，热情地支持着骑士阶层的事业，正如以前支持民主派的事业一样[35]；而胆大妄为的昆图斯·卡皮欧之所以加入反对阵营，则主要是出于他个人对德鲁乌斯和斯考鲁斯的敌意。然而比这些坚定的反对者更危险的是大部分懦弱、腐败的贵族，他们当然更愿意独享剥削行省的权力，最终却没有反对和骑士阶层分摊利益。他们认为与其和贪婪的资产阶级进行艰苦而困难的斗争，不如用花言巧语、偶尔的下跪甚至一大笔钱换得免受处罚更划算，也更容易。仅从这一点就可以看出鼓动这个群体加入这项运动可以带来多大的成功，没有他们就不可能达到预期的目标。

温和派的改革

德鲁乌斯起草了一份提案,建议不再让有骑士地位的公民担任陪审员,而是将这一职责归还给元老院,同时为了满足这份额外增加的责任,元老院可以招收三百名新成员;此外还要成立一个特殊刑事委员会以审判犯有或可能犯有受贿罪的陪审员。德鲁乌斯借此实现了自己的近期目标,即剥夺资产阶级的政治特权,使其为执法不公承担罪责。但德鲁乌斯的提案和计划绝不仅如此,他不仅计划为上述目的采取措施,还要开展一项全面且经过深思熟虑的改革计划。他打算增加粮食救济,并通过在第纳尔之外永久发行一定比例的铜币来支付增加的费用;还将意大利尤其是坎帕尼亚境内所有尚未分配的耕地以及西西里岛最好的土地分给殖民地的公民。最后,他向意大利同盟者做出了有史以来最明确的承诺,要赋予他们罗马公民权。这样一来,在贵族阶层中就出现了与盖乌斯·格拉古宪法一样的改革理念,并得到了同一类势力的支持,这是一个虽然奇怪却可以理解的巧合。只不过可以预料到的是,就像暴政在对抗寡头统治时曾依赖于具有一定组织且有报酬的无产阶级一样,现在寡头统治在对抗富有的贵族时也要依赖这些人。政府曾经把由国家出钱满足无产阶级看作一件躲不掉的麻烦事,而现在德鲁乌斯却想到雇佣无产阶级至少在目前可以对抗富有的贵族阶级。我们还可以预料到,绝大部分贵族阶级会欣然接受这些改革措施,正如他们曾经同意提比略·格拉古的土地法一样,因为这些措施并未触及最高领袖的问题,其目标只是为了疗治国家的沉疴。这些改革措施固然在移民和殖民问题上没有达到民主派那样的深度,因为寡头统治的权力主要依赖于对行省的自由操控,任何常驻军事指挥部都会使其受到威胁;而将意大利等同于行省和征服阿尔卑斯山的想法也不符合保守派的原则。不过元老院很有可能会牺牲包括坎帕尼亚地区和西西里岛在内的拉丁语地区，用于增加意大利的农民阶层，但会保留政府的原有状态。还需要考虑到的是，为了最有效地避免将来产生骚乱，他们规定应由贵族阶层分配所有可供使用的土地，而且根据德鲁乌斯自己的表述，除了"街上的尘土和阳光"以外，不能给未来的政客留下任何可以分配的东西。无论统治国家的是君主还是少数统治家族，对于他们来说，意大利一半还是全部地区的人拥有罗马公民权完全无关紧要。因此，双方的改革者可能难免都会有这种想法：为了避免在更大范围内出现类似在弗雷格莱[36]发生的叛乱，应当明智、合理地扩大拥有公民权的人群范围，并为此在大批有影响力的意大利人中寻找同盟者。尽管在国家的领导地位这一尖锐的问题上，两大政党的观点和目标有所不同，但双方阵营中最杰出的人才在改革手段和方向上却有很多英雄所见略同之处。正如西庇欧·埃米利亚努斯既可以被称作提比略·格拉古的对手，也可以被称作其改革运动的推动者一样，德鲁乌斯不仅仅是盖乌斯的敌人，也是他的继承者和信徒。两个出生高贵、品格高尚的年轻改革者身上有着比看上去更多的相似之处，而且就个人而言，抛却党派的偏见之争，从更纯洁、更高尚的角度来看，他们在爱国时表现出的尽心尽力其本质并无差别。

关于李维乌斯法的一些讨论

成败的关键在于德鲁乌斯起草的法律能否被通过。这部法律的申请人就像盖乌斯·格拉古一样，暂时没有提出授予意大利同盟者罗马公民权这样有风险的方案，而是先提出了关于陪审员、土地分配和粮食分发的法律。资产阶级表达了最强烈的反对，而由于大部分贵族的优柔寡断和国民议会的犹豫不决，如果有关陪审员的法律被单独提交表决的话，无疑会遭到资产阶级的否决，因此德鲁乌斯将所有的议案放进了一部法律当中。这样一来，所有对粮食和土地分配感兴趣的公民将不得不同时投票支持关于陪审员的法律，德鲁乌斯就可以凭借这些公民和意大利人的支持通过这部法律。大部分意大利人都坚定地支持德鲁乌斯，除了大地主特别是翁布里亚和伊特鲁里亚的大地主，因为他们的领地所有权受到了威胁。不过直到德鲁乌斯让一个法庭逮捕并关押了一直持反对意见的执政官菲利普斯之后，这项法律才得以通过。人民像对待恩人一样歌颂德鲁乌斯，剧场里的人们起立鼓掌对他表示欢迎。然而这场投票并没有解决双方的矛盾，只是将其转移到了另一个战场，反对派理直气壮地认为德鲁乌斯的提案与罗马纪元656年的法律[37]相悖，因此是无效的。

注释

[1] 指小西庇阿，即普布利乌斯·科尔内利乌斯·西庇阿·埃米利安努斯。——译者注
[2] 凯尔特-伊比利亚战争期间，罗马军队攻打努曼提亚城堡的战斗。——译者注
[3] 见第四卷第四章之复辟政府的领地问题。
[4] 罗马神话中战神玛尔斯之子。——译者注
[5] 罗马共和国第一位伟大的将军。——译者注
[6] 古希腊神话中的酒神。——译者注
[7] 罗马神话中的酒神。——译者注
[8] 塞尔维乌斯·图利乌斯，古罗马王政时代第六位国王，他在统治时期（公元前578年到534年）推行了改革，完成了古罗马由氏族制向国家的过渡。——译者注
[9] 见第一卷第六章之塞尔维乌斯宪法及第二卷第三章之组织结构。
[10] 见第三卷第十一章之兵役改革。
[11] 见第三卷第十一章之占有骑士百人组席位的贵族。

[12] 色雷斯地区，自爱琴海至多瑙河的巴尔干半岛东南部地区。——译者注
[13] 远古西班牙的三大民社之一，是公元前一千年间居住在地中海西北岸的几个古代民族的通称，生活地区位于西班牙埃布罗河口至意大利阿涅内河口。利古里亚人以骁勇著称，是雇佣军的良好来源。——译者注
[14] 小西庇阿。——译者注
[15] 这是一个关于罗马建城的传说。——译者注
[16] 提比略·格拉古及弟弟盖乌斯·格拉古，他们作为平民派发起了将贵族及大地主多得的地产分给平民的改革。——译者注
[17] 见第四卷第四章之罗马与努米底亚的协议。
[18] 古罗马政治家、演说家和著作家。——译者注
[19] 雅典著名平民领袖，公元前415年因党派斗争被无辜地根据陶片放逐法驱逐。——译者注
[20] 小亚细亚希腊化国家本都的国王。——译者注
[21] 见第四卷第五章之诉讼战。
[22] 哪部分是萨托宁在第一次担任保民官时提出，哪部分是他第二次担任保民官时提出的已无法准确区分，尤其他在两次立法时也明显遵循了格拉古的旨向。《名人列传》①中73，1部分的专门论述明确说明阿非利加土地法是在罗马纪元651年推出的，这个时间和此前刚刚结束的朱古达战争恰好吻合。第二次土地法无疑是在罗马纪元654年推出的。叛国罪法案和玉米法案的推出时间只能靠推测，前者可能是在罗马纪元651年，而后者可能是在罗马纪元654年推出的。

① 作者为意大利学者、诗人，被誉为"文艺复兴之父"的弗朗西斯克·彼特拉克（1304—1374年）。这本书是用拉丁文写成的，书中列有二十一位古罗马时期的历史名人以及皮洛士、马其顿国王亚历山大和汉尼拔的传记。——译者注

[23] 罗马的土地面积单位，也被称作罗马亩，一尤格拉的四分之一公顷。——译者注
[24] 指将原本不符合某种规定的行为也按照规定处理。——译者注
[25] 西班牙基普斯夸省的一个市镇。——译者注
[26] 古罗马粮食计量单位，一麦斗约等于五十升。——译者注
[27] 所有的迹象都指向这一结论。老昆图斯·卡皮欧是罗马纪元648年的执政官，小昆图斯是罗马纪元651年或者罗马纪元654年的副执政官，所以前者大约出生在罗马纪元605年之前，而后者大约出生于罗马纪元624年或者罗马纪元627年。前者身后没有子嗣（见斯特拉博①《地理学》第四卷188页）这一情况也符合以上观点，因为小卡皮欧死于罗马纪元664年，而老卡皮欧是被流放到士麦那之后才去世的，因此可能晚于小卡皮欧去世的时间。

① 公元前一世纪出生于土耳其的古希腊地理学家和历史学家，著有十七卷《地理学》。——译者注

[28] 古希腊早期喜剧代表作家,有"喜剧之父"的美名。——译者注
[29] 见第三卷第四章之罗马与努米底亚的协议。
[30] 见第三卷第五章诉讼战。
[31] 见后文。——译者注
[32] 阿尔西比亚德斯(公元前431年—前404年)雅典政治家,伯罗奔尼撒战争中的将领。——译者注
[33] 见第三卷第四章之元老院的反向煽动以及李维乌斯法。
[34] 见第三卷第五章之到达多瑙河。
[35] 见第三卷第四章复辟政府的统治。
[36] 位于拉丁姆与坎帕尼亚的交界处,是当利里斯河的主要渡口,在古罗马时期可以说是意大利的第二大城。——译者注
[37] 见第三卷第六章之元老院和骑士阶层在省行政管理上的冲突。

第七章

意大利属民的叛乱和苏尔皮基乌斯革命

罗马人与意大利人

大约两百年前在皮拉斯[1]大败之后,意大利人寻求独立的最后一场战争便结束了。自那时起,罗马在意大利就一直处于至高无上的地位,即使在最危险的情况下其根基也未曾动摇。英雄的巴卡家族以及亚历山大大帝和阿契美尼德王族的继承者都曾徒劳地想唤起意大利人民对过于强大的罗马的反抗,但意大利人却出现在了瓜达基维尔河[2]、迈杰尔达河[3]、坦佩峡谷[4]和西皮洛斯山[5]的战场上,用青春的鲜血协助罗马人征服了三个大陆。与此同时,他们的地位也发生了变化，只不过是在下降而并非有所提高。毫无疑问，从物质角度来看，他们总体上没有太多理由可以抱怨。虽然全意大利的中小地主都因为罗马推出不合理的玉米法规而受到损失，但大地主及人数更多的商业阶层和资产阶级却蒸蒸日上。在意大利从本土行省转变为财政上的附属国后，意大利人实际上便享有了跟罗马公民一样的特权，并受到同样的保护，从而在很大程度上享受到了罗马人凭借政治优势才能享有的物质利益。总之，意大利的经济和社会情况并不主要依赖于政治上的优越性。在诸如翁布里亚和伊特鲁里亚这些同盟区，自由的农民阶级大多已经消失，而在其他像阿布鲁齐山谷地这样的同盟区，这一阶层尚有立足之地，或者几乎未受影响，罗马的不同公民区之间也有类似的不同。而相对地，意大利在政治上的劣势却表现得日益明显。不过至少在原则问题上，意大利的权利并没有真正地受到正式、公开的侵犯。意大利民社条约在主权名义之下赋予民社自由，整体上也受到了罗马政府的尊重。在土地运动初期，改革派曾就地位更高的民社可以分得罗马领地一事发起攻击，但受到绝对保守派和中间派的严厉反对，很快便放弃了异议。

属民的不利之处和受到的不公正对待

然而，罗马作为盟主在行使其独有的战事最高指挥权和整体行政管理的监督权时采用了非常糟糕的做法，几乎相当于直接宣称同盟者是没有权利的属民。罗马在公元七世纪开始实施极其严厉的军法，后虽经多次修订，但这些修订整体上仅针对罗马公民兵，最重要的修改——废除死刑——无疑也是如此[6]。从发生在朱古达战争中的一件案子我们不难想象这会给世人产生何种印象。当时声誉良好的拉丁军官被罗马战争委员会判处死刑，而同一件案子中的下等公民兵却有权向罗马民事法庭提起上诉。为公平起见，条约没有规定罗马公民和意大利同盟者服兵役的比例，两者以前提供的士兵数量基本相等[7]；然而现在士兵的人数比例却可能朝着有利于罗马公民的方向发生了变化，对于同盟者的需求在不成比例地逐渐增加[8]。因此他们不仅将主要的负担——更加沉重以及代价更大的兵役强加给同盟者，而且每征收一个公民通常就要征收两名同盟者。在拥有最高军事指挥权的同时，罗马政府也理所当然地一直保留了对意大利盟国的行政监督权（包括无法与其分割的最高行政审判权），现在这一权力的扩张使意大利人几乎等同于不受保护的行省人民，只能忍受众多罗马行政官员的任意妄为。在举足轻重的同盟城市提亚努姆-西迪奇努姆[9]，一个执政官下令将首席行政官绑在市场的柱子上接受鞭刑，只因执政官的妻子想在男浴室洗澡，而当地官员没有尽快赶走正在洗澡的人，且浴室在这位妻子看来也不够干净。同样的场景也出现在费伦蒂诺[10]——一个同样在法律上享有最高地位的城市以及历史悠久的重要拉丁殖民地卡莱斯[11]。在维努西亚的拉丁殖民地，一个并未任职、只是路过这座城市的年轻罗马外交官抓到了一个自由民，只因对方取笑他这个罗马人的轿舆便用轿子上的皮带将其鞭打至死。在弗雷格莱人叛乱期间的记录附带提到了这些事件，毫无疑问证实了类似的暴行经常发生，而且没有人因为这种恶行得到真正的赔偿；可罗马公民却可以凭借上诉权免于受到哪怕是轻微的处罚，至少他们的生命和身体可以得到某种程度的保护。罗马的先贤曾经在对待拉丁公社和其他的意大利公社时尽量有所区别，如今罗马政府如此对待意大利人，使得这种区别即使没有消失，也至少缩小了[12]。罗马设置的约束壁垒以及通过这些壁垒使拉丁公社和意大利公社保持忠心的行政划分现在也受到了同样的压制；这样一来，拉丁人就可以对皮塞努姆人[13]说他们都同样地

"屈服于束棒之下"，昔日的监工和奴隶因为对同一个暴君的共同仇恨团结在了一起。

如今，意大利同盟国的处境就这样从差强人意的附属国变成了备受压迫的奴隶地位，而且还失去了改善地位的一切指望。在征服意大利后，罗马的公民组织开始缩减队伍，不再给某个公社整体赋予公民权，对个人赋权也受到了极大的限制[14]。现在他们又更进一步：在罗马纪元 628 年、罗马纪元 632 年计划将罗马公民权扩大到整个意大利的骚乱中，移居罗马的权利也受到限制。根据人民和元老院的法令[15]，所有非公民的居民都被直接赶出了首都。这种小气的做法既令人反感，也非常危险，它侵害了各种私人利益。简而言之，以前的意大利同盟者坚定地和罗马人站在一起，他们中的一部分属于被监护的兄弟关系，受到保护而不是被统治，也没有注定永远都是少数群体；而另一部分则处于待遇尚好的奴隶地位，没有被完全剥夺解放的希望。但现在他们几乎都同样屈服于罗马主人的鞭子和斧头之下，同样地没有希望，而且我们可以最大程度地设想，他们会像有特权的奴隶一样把自己在主人那里受到的伤害转嫁给可怜的行省人民。

分裂　弗雷格莱战争　集体叛乱的困难之处

最初由于意大利同盟者受国家统一意识和共同解决危险的记忆影响，他们的转变是微小而谨慎的，直到彼此的裂痕逐渐扩大，凭专权而强大的统治者与因恐惧而服从的被统治者之间的关系才最终公然地表露出暴力特征。罗马纪元 629 年爆发的弗雷格莱叛乱标志着罗马统治的特点发生了变化，在此之前，意大利人的动乱都没有彻底表现出革命的特性。对权利平等的渴望逐渐从无声的祈望上升到大声的要求,越是遭到坚决的拒绝,这些要求就变得越发明确。当人们很快意识到不能指望对方主动让步时,就有不少人渴望强行夺回被拒绝的权力,只是当时罗马的地位不允许他们有任何这一类的念头。尽管无法准确查明当时意大利的公民和非公民的比例,但可以肯定的是公民的人数并非远少于意大利同盟者。可以参与战斗的公民将近有四十万,同盟者至少有五十万,甚至可能有六十万[16]。意大利同盟者被分到无数孤立的城市公社和郊区公社,并且在公共和私人方面和罗马之间又有着千丝万缕的联系,在没有值得一提的外敌的情况下,只要将上述比例的公民联合起来,意大利同盟者就无法共同行动。政府只要适度谨慎,依赖公民的团结和行省提供的数量可观的人力,再设法使意大利公社之间互相对立,就不会无法控制这些棘手、愤怒的属民了。

意大利人和罗马的各个党派

于是,意大利人一直保持着沉默,直到革命的爆发使得罗马的根基开始动摇。但在革命之初,他们就因为想依靠某个党派获得平等的权利而陷入罗马的党派运动和骚乱之中。他们先是和民主派,然后又跟元老院走到了一起,但均所获甚微。他们不得不承认,尽管两党最杰出的人士都认为他们的诉求公平而公正,但无论贵族还是民主派的优秀人才,几乎都没有权力使他们党派的大多数人听取意大利人的主张。意大利人还发现,即便罗马最具才能、精力最旺盛、名望最高的政治家,一旦支持意大利人就会被追随者抛弃,从而被推翻。在三十多年的革命和复辟变迁中,罗马经历过太多的政府更迭,但不论过程如何变化,掌舵的却总是目光短浅、心胸狭窄之流。

意大利人和寡头政府　《卢西乌斯-穆奇乌斯法》

最重要的是，从最近的事件可以明确看出意大利人希望罗马听取他们主张的想法是多么徒劳。只要意大利人将自己的主张混入革命派的主张之中，而这些主张又由于大众的愚蠢在革命派手中被挫败，他们就会认为寡头政府只是对主张的提出者，而非对主张本身怀有敌意，因此他们相信还存在一种可能，即真正明智的元老院会接受既适合寡头统治又有益于国家的建议。但元老院再次处于绝对统治地位的这几年，也让人们了解到寡头统治的野心是多么令人厌恶。政府不仅没有按预期进行改正，反而在罗马纪元659年由一位执政官推出了一项法律：严格禁止非公民居民索要公民权，违者将被审讯和惩罚。这项法律阻碍了一大批颇有名望的人士对罗马人与意大利人的权利平等这一问题的深切关注。尽管这项法律具有无可争辩的合法性，但从政治角度来看却无比愚蠢，完全可与导致北美独立的法案并驾齐驱。事实上它跟那项法案一样，成了内战的导火索。更糟糕的地方在于这项法律的起草者绝非顽固不化的贵族派，其中一位不是别人，正是睿智并广受尊敬的昆图斯·斯凯弗拉。他和乔治·格伦威尔一样天生是一位法官，但命运却使他成为了一位政治家。他那可敬却又有害的正直，先是引起元老院与骑士阶层之间的矛盾，接着又引起罗马人和意大利人之间的争端；另一位是演说家卢西乌斯·克拉苏，他是德鲁苏斯的朋友和同盟，而且总体来看他应该是贵族派中最温和、最有见识的一位。

意大利人和德鲁苏斯

这项法律及其引发的众多事件在整个意大利激起了严重的骚

乱，意大利人在马库斯·德鲁苏斯身上又一次看到了希望之星。一个保守派居然会接受格拉古的改革理念，并捍卫意大利人的平等权利——这在以前被认为是不可能的，但现在却发生了，一个上层贵族决心要让西西里海峡到阿尔卑斯山的意大利人和政府全都摆脱束缚，并把自己全部的热忱和值得信赖的忠诚投入这项慷慨的计划当中。他是否如传言所说领导了一个秘密社团——据说这个组织渗透到了整个意大利，而且成员都要宣誓忠于德鲁苏斯和他们共同的事业[17]——目前还无法证实。事实上罗马行政官不允许有这种行为。即使他并未参与这一危险的行动，也可以肯定他没有信守一般的承诺，危险的关系网还是以他的名义建立了起来，尽管可能没有得到他的同意，甚至有悖他的意愿。意大利人很高兴听到德鲁苏斯的第一份提案得到元老院大多数人的同意；让所有意大利公社感到更加高兴的是这位保民官在突然得了重疾后很快就恢复了。但随着德鲁苏斯进一步公布自己的计划，情况发生了变化。他不敢贸然提出主要议案，不得不一再推迟，因为他很快就要引退了。据说元老院的大部分人因为他们的领袖即将离开而犹豫不决，感到了威胁。这种趋势迅速传遍了意大利的公社，原本已经通过的法律被取缔，资产阶级对控制权的掌握比以往任何时候都更加绝对，保民官德鲁苏斯也被刺客刺杀身亡（罗马纪元663年秋）。

为反抗罗马的全面暴动进行准备

意大利人通过协商获得罗马公民权的最后一线希望随着马库斯·德鲁苏斯的去世破灭了。既然这位精力充沛的保守派在最有利的条件下也未能使其党派接受这一提议，那么看来通过友好的手段根本无法实现他们的主张。意大利人除了逆来顺受地放弃要求以外已无路可走，除非他们可以团结起来，如果可能的话，再次尝试推动三十五年前因弗雷格莱人战败而被扼杀在萌芽状态的事业，要么通过武力摧毁罗马并继承其国家遗产，要么至少强迫罗马赋予他们平等的权利。第二种办法无疑是身处绝境而不得已做出的决定；就当时的情况而言，比起北美殖民地对抗英帝国，孤立的城市公社反抗罗马政府的希望则更为渺茫。显然，罗马政府只需稍加注意，保持适度的行动力就可以使这次的暴乱重蹈其先驱之覆辙。那么如果意大利人不采取任何行动，任由事情自然发展，是不是就没那么绝望了呢？可是当想到罗马是如何惯于在意大利任意妄为时，他们对未来又能有什么期待呢？何况所有意大利城镇的重要人物都承认或被指控已与德鲁苏斯达成共识——无论是哪种情况，结局都一样——相当于在直接反抗目前占据上风的党派，因此很可能被判定为谋反。所有参加了这一秘密组织的人，事实上哪怕只是疑似参加的人都别无选择，要么宣战，要么就只能引颈就戮。

目前的形势呈现出了相对有利于意大利全体叛乱的前景。罗马人对大意大利联盟进行了瓦解，但瓦解到何种程度我们不得而知[18]。不过马尔西人、帕里格尼人，也许甚至还有萨莫奈人和卢西塔尼亚人仍然和旧公社联盟有所联系。这并非没有可能，尽管这些联盟在政治上已经不再重要，某些可能已经沦为了单纯的节日和祭祀团体；但如果现在开始发动叛乱，他们依然可以召集这些联盟，只是谁又能知道罗马是否会因此很快将它们解散？此外，据称由德鲁苏斯领导的秘密联盟，虽然已经失去了这位实际上的或人们期望的领袖，但它仍然存在并为这次叛乱提供了重要的政治组织核心。叛乱的军事组织则有赖于每个联盟城镇拥有的武器和有经验的老兵。而另一方面，罗马却没有进行认真的准备。据说意大利实际上已经在不断地发生各种运动，联盟的公社之间也一直保持着明显的往来；但政府没有快速召集公民武装起来，只是劝诫行政官员按照惯例保持警觉并派出间谍打探进一步的情况。罗马如此地毫无防备，据说德鲁苏斯的密友之一——果敢的马尔西军官昆图斯·庞培迪乌斯·西罗密谋带领一群信得过的同事，将刀剑藏在衣服之下，潜入罗马进行突袭，然后占领这座城市。为了这次起义他们做好了相应的准备，并达成了协议。他们在暗中积极地进行武装，但最后如同以往的起义一样，这次暴动由于一个意外事件比他们领袖计划的时间提前了。

阿斯库伦城起义 马尔西人和萨贝利人 意大利中部和南部

拥有行省总督权力的罗马副执政官盖乌斯·塞维利乌斯得到间谍线报，说阿布鲁齐的阿斯库伦城在向邻近公社派遣人质，于是携地方总督方泰尤斯和一小队护卫到了那里，向正聚集在剧场内庆祝运动会的民众发表了一通激烈而带有威胁性的长篇大论。愤怒的民众很清楚矛头该指向哪里，这篇演讲的威胁意味过于严重，无异于在人们积攒了几个世纪的仇恨燃料桶中扔进了一颗火星，民众当场就将这位罗马行政官撕成了碎片。似乎为了通过这次暴行断绝所有和解的可能性，地方执政官下令关闭了所有城门。居住在阿斯库伦城内的所有罗马人均被处死，财产也被充公。这场暴乱仿佛燎原之火席卷了整个半岛。无数勇敢的马尔西人带头起义，并联合了阿布鲁齐的顽强同盟，有帕里格尼人、马鲁奇尼人、弗伦塔尼人和韦思提尼人。前面提到的勇敢而睿智的昆图斯·西罗是这次运动的核心人物。由于此次起义是由马尔西人正式宣布反抗罗马而开始的，因此这场战争后来被称为马尔西战争。马尔西人为其他地区树立了榜样，萨莫奈公社紧随其后，接着从利里斯河、阿布鲁齐到卡拉布利亚和阿普利亚地区也纷纷效仿。于是，意大利整个中部和南部地区都很快开始反抗罗马。

意大利的亲罗马派

伊特鲁里亚人和翁布里亚人则被罗马人掌控，他们之前就曾和骑士阶层一起反对德鲁苏斯[19]。一个重要的事实是：这些地区拥有土地的富有贵族自古以来就人数众多，而中产阶级已经完全消失，因此阿布鲁齐及附近地区的农民阶级的纯粹性和活力均超越了意大利的其他地区。由于地方贵族依然和罗马政府携手并进，因此总体来说，起义实际上是由农民阶级和中产阶级发起的。这也就很容易解释为什么在起义地区的个别公社以及起义公社中的少数人会忠于罗马联盟。例如韦思提尼的皮纳城就是因为效忠罗马才遭到了严重的围攻，而希尔皮尼国内也存在着一支由罗马的效忠者组织起来的军队，在埃克拉努姆的米那提乌斯·马奈乌斯的带领下为罗马在坎帕尼亚的军事行动提供支援。此外，效忠罗马的还有一些享有最高法律地位的联盟公社，如坎帕尼亚的诺拉和努凯里亚，希腊的沿海城市拿波里和利基翁；而且就像当年汉尼拔战争期间的拉丁和希腊城镇一样，至少大部分的拉丁殖民地大体上都支持罗马，如阿尔巴和埃塞尼亚，而萨贝利人则在两次动乱中都反对罗马。罗马的祖先在贵族等级制度的基础上建立起了对意大利的统治，巧妙地控制着意大利人的依附程度。他们让没有特权的公社服从于有特权的公社，并让每个公社的公民服从于地方贵族。四五世纪的政治家搭建起了罗马的政治结构，但如今在极其糟糕的寡头政府的统治之下，这个政治结构的坚固和强度受到了彻底的考验。尽管它遭到过各种冲击，却仍然在坚持抵抗这场风暴。不过在提到地位更高的城镇在冲突乍起之时没有抛弃罗马，我们绝不是在说它们能够像当年在汉尼拔战争中那样坚持很长时间，并在遭到重创后依然忠于罗马。还有激烈的考验在等待着它们。

罗马暴动的影响　和解协议被拒绝　叛国罪委员会

就这样，意大利首战告捷，并被分成了两大军事阵营。诚然，正如我们所看到的那样，这次起义离意大利同盟共同反抗罗马还有很长的距离，但其发展程度可能已经超越了起义领袖的期望。叛乱者没有因此骄傲，他们向罗马政府提出了公平的和解协议。他们向罗马派出使者并自我约束放下了武器，以换回公民权，但一切都是徒劳。当问题出在罗马以狭隘的心胸固执地阻挠属民提出的请求，且这些请求还有相当大的武装力量支持时，罗马人似乎突然恢复了缺失已久的公心。就像罗马政府的政策在阿非利加和高卢受挫后的情形一样[20]，意大利叛乱的直接影响开启了一场诉讼战。担任法官的贵族对那些他们认为应当对此次事端负主要责任的人士进行了报复，不管这些人有没有被冤枉。在保民官昆图斯·瓦列乌斯的提议之下，不顾贵族派的反对和其他保民官的干扰，骑士阶层通过公开暴力的方式争取成立了一个由他们组成的"特别叛国罪委员会"。这个委员会是用来调查由德鲁苏斯创建的遍及意大利和罗马的阴谋集团。委员会认为，这次叛乱就是由这个组织引发的，导致现在意大利有一半的地方处于武装状态，对于受到惊吓的全体愤怒的公民来说这无疑就是叛国。这个委员会的判决使得元老院中支持调解的人数大幅减少：德鲁苏斯的密友——年轻且才华横溢的盖乌斯·科塔和其他的名人一起被流放，年迈的马库斯·斯考鲁斯几经周折才得以逃脱同样的命运。人们对于支持德鲁苏斯改革的元老相当不信任，以至于执政官鲁帕斯很快就从军营中向元老院汇报，称军中的贵族派和敌人之间保持着频繁的书信往来；但实际上这一怀疑很快就因马尔西的间谍被捕而被证实毫无根据。米特拉达特斯国王曾断言各派之间的相互仇视比起同盟者战争对罗马的损害更甚，从目前来看他的这番话不无道理。

强有力的法令

不过至少可以说，在叛乱及叛国罪委员会实施的恐怖主义之下，罗马起初的确表现出了一种团结和有活力的假象。人们暂停了党派纷争，各类能干的军官如民主派的盖乌斯·马略、贵族派的卢西乌斯·苏拉以及德鲁苏斯的朋友普布利乌斯·苏尔皮基乌斯·拉弗斯等均处于待命状态。显然，这一时期的粮食分发依照人民的指令被大幅缩减，以便为国家应对这场战争节省财政资源；由于米特拉达特斯国王的威胁之势，亚细亚行省随时可能会落入敌手，罗马的主要收入来源也会因此被切断，所以缩减粮食的举措变得尤为必要。除了叛国罪委员会以外的法庭根据元老院的法令暂时停止了活动。人们停止了所有的商业活动，还在进行的只剩下征兵和武器制造。

叛军的政治组织　反罗马之城

在盟主国为了应对大战在即而蓄积能量之时，叛乱者却面临在斗争中建立政治组织这一更为棘手的难题。由于帕里格尼位于马尔西、萨莫奈、马鲁奇尼和韦思提尼之间，因此成了反叛区的中心。科菲尼乌姆城位于佩斯卡拉河畔的美丽平原上，被选为"反罗马之城"，或叫"意大利之都"。所有起义公社的公民都被授予这座城市的公民权，并且在那里还以适当的规模用界桩标出范围，准备修建论坛广场和元老院。一个有五百名成员的元老院被委以设立宪法和指挥作战的重任。按照元老院的指示，民众从元老院中选出了两名执政官和十二名副执政官。他们就像罗马的两个执政官和六个副执政官一样，在战争和和平时期都被赋予最高权力。即使在当时，拉丁语依然是马尔西和皮塞努姆的通用语言，因此仍然被用作官方语言；不过为了公平起见，意大利南部的人们常用的萨莫奈语也有了和拉丁语一样的地位。同时，新意大利已经开始仿照罗马的样式和标准以自己的名义铸造银币，因此这两种语言被轮流铸于银币之上，这样意大利人就同样拥有了被罗马垄断了两个世纪的货币权。显然经过这些举措之后，意大利不再考虑从罗马人那里争取权力平等，而打算消灭或者征服罗马人，然后建立一个新的国家，事实上这也是理所当然的事情。同样明显的一点是他们的政体完全在复制罗马的，换言之，他们使用的是意大利国家自古以来流传至今的古代政府制度，建立的是城市组织而不是国家组织，主要的立法机构和罗马的国民议会一样臃肿而无用，统治组织内部有着和罗马元老院一样的寡头政治元素，还有一个众多最高行政官员以同样方式协调管理的行政部门。这种模仿深入到了最细微的细节，例如行政官员在担任总指挥时的头衔是执政官或者副执政官，在胜利之后也会普遍被意大利人授予凯旋将军的称号。事实上只有名称发生了变化，叛乱者的硬币上铸有同样的神像，除了上面的刻字从罗马改为了意大利。叛乱者的罗马和原版的罗马只有环境不同，这并不有利于叛乱者，因为无论如何罗马已经有了城市发展，至少它这种介于城市与国家之间的非自然状态是自然形成的；而新意大利只是叛乱者的聚集地，半岛上的居民仅通过一部虚构的法律便被赋予了新首都的公民权。更重要的是，将一些独立的行政区突然合并到一个新的政治联合体中，可能会让人很自然地想到现代意义上的代议政体，但他们并没有这类想法；事实上他们走上了完全相反的道路[21]，以更为荒谬的方式对罗马进行了简单的复制。也许没有什么比这件事更能说明：以古代的观点来看，一个自由的政体与主权人民直接参与主要立法是分不开的，跟城市也是分不开的；而现代共和宪政国家的最基本理念是人民通过代表大会行使主权，如果一个自由的国家没有这种完全现代理念的话将会混乱不堪。即使意大利政体的元老院在一定程度上属于代议制，公民议会的重要性也被降低，使他们仅仅接近于一个自由国家，无论是罗马还是意大利都未能突破这种局限。

战争准备

就这样在德鲁苏斯去世后几个月，在罗马纪元663年到罗马纪元664年的冬天，如叛乱者的一枚硬币上所浇铸的那样，萨贝利公牛[22]开始对战罗马母狼[23]，双方都做了积极的准备。意大利储备了大量的武器、粮食和金钱；罗马从行省尤其是从西西里得到了必需品，长期被忽视的城墙进入抵御状态以应对紧急情况。双方的力量在某种程度上旗鼓相当。为了填补意大利分遣队留下的空缺，罗马一方面增加了阿尔卑斯山南麓凯尔特地区的公民和居民征兵人数，他们几乎早已全部罗马化，其中仅坎帕尼亚的军队就有一万新兵[24]；另一方面则征用了努米底亚和其他跨海国家的分遣队。罗马还在希腊和小亚细亚的自由城邦的协助之下组建起了一支舰队[25]。双方都没有考虑留有驻军，派出了十万名士兵参加战斗[26]。无论在人力还是在军事战略和装备上，意大利都绝不逊于罗马。

双方军队的分枝

指挥战斗对叛乱者和罗马来说都非常困难，因为叛乱的地区非常广阔，而其间又分布着大量效忠于罗马的要塞。因此一方面，叛乱者虽有广阔边境的保护，但被迫要联合进行围攻战，这不仅分散了军事力量，也耗费时间；而另一方面，由于叛乱者没有真正的聚集点，因此罗马不得不在所有叛乱地区全面镇压叛乱。从军事角度来看，叛乱地区可以分为两块儿：从皮塞努姆和阿鲁布齐到坎帕尼亚南部，包括拉丁语区在内的北部——意大利一方的总指挥是执政官马尔西人昆图斯·西罗，而罗马的总指挥是执政官普布利乌斯·鲁提利乌斯·鲁帕斯；包括坎帕尼亚、萨莫奈及普遍讲萨贝利语的地区在内的南部——叛军一方由萨莫奈人盖乌斯·帕皮乌斯·马提乌斯作为执政官负责指挥，而罗马这边负责指挥的是执政官卢西乌斯·尤利乌斯·凯撒。意大利南北部的总指挥均有六个副指挥官；罗马一方的总指挥则各有五个副指挥官，每个副指挥官负责组织一个指定区域的进攻或防守，执政官麾下的军队可以自由活动，进行决定性打击。最受尊敬的罗马官员如盖乌斯·马略、昆图斯·加图路斯以及西班牙战争中有丰富经验的两位执政官提图斯·狄狄乌斯和普布利乌斯·克拉苏，都听命于这些执政官的调遣；意大利一方尽管没有如此有名望的官员堪比上述罗马官员，但结果显示从军事角度来看，他们的领袖并不逊于罗马的军官。

在这场完全杂乱无章的战争中，进攻整体上是由罗马一方发动的，即使在罗马这边，这些进攻也不够果断。令人奇怪的是罗马并未集结部队用优势兵力攻击叛乱者，而叛乱者也未向拉丁姆挺进去攻打敌人的首都。不过由于我们对双方情况知之甚少，所以无法判断他们是否能够或者如何采取其他行动，也不清楚罗马的疏忽和同盟公社之间联系不够紧密在多大程度上促使双方在组织作战时缺乏统一性。可以理解，即使在这种秩序之下无疑也会有胜利和失败，但最终的胜负很久之后才能见分晓。同样可以理解的是，由于这场战争变成了一系列由单个兵团同时进行的战斗，他们有时独自作战，有时联合行动，所以仅凭流传下来非常零碎的记录，我们无法清晰、生动地还原当时的战争场面。

战争开始　要塞　凯撒在坎帕尼亚和萨莫奈　叛军占领了埃塞尼亚和诺拉　坎帕尼亚大部分地区被罗马占领

首当其冲被攻击的当然是叛乱地区忠于罗马的要塞城镇，他们匆忙关上城门，将动产都带入了城内。西罗亲自带兵攻打坚固的阿尔巴城，这是一座为阻挡马尔西人而建的要塞，马提乌斯则攻打萨莫奈中心的拉丁城镇埃塞尼亚，两队人马均遇到顽强的抵抗。直到罗马军队集结于叛乱地区边境，在北方的费尔莫、阿特里亚和皮纳以及南方的卢塞日亚、贝内文图姆、诺拉和帕埃斯图姆等地周围很可能也发生了同样的冲突。凯撒带领的南路大军在罗马纪元664年春天集结于大部地区被罗马占领的坎帕尼亚，然后又往对罗马财政至关重要的卡普亚和更重要的联盟城市派出了驻军，此后他试图进攻马库斯·马塞勒斯和普布利乌斯·克拉苏控制的萨莫奈和卢卡尼亚，以协助被派到那里的先遣分队。但凯撒遭到了普布利乌斯·维提乌斯·斯卡托带领的萨莫奈人和马尔西人的进攻，损失惨重，于是重镇维纳弗鲁姆落入了叛乱者手中，罗马驻军也被交了出去。这座城市位于坎帕尼亚至萨莫奈的军事要道，在它投降之后埃塞尼亚就处于孤立状态，这座早已遭到猛烈攻击的要塞现在只能依赖指挥官马塞勒斯及其部下的勇敢和坚持不懈的防守了。苏拉再次以当年征讨博胡斯时的胆量合理地发动了一场巧妙的袭击，暂时解除了这座城市的困境，但他们在顽固的抵抗之后最终因为极端的饥饿还是被迫在年末投降了。普布利乌斯·克拉苏也在卢卡尼亚被马库斯·兰波尼乌斯击败之后，被迫退到了格如门图姆，但经过叛乱者长期而顽固的围攻之后这座城市也沦陷了。除此以外，罗马完全放弃了阿普利亚和南部地区。叛乱呈现出蔓延态势，马提乌斯率萨莫奈军队挺进坎帕尼亚时，诺拉的市民开城投降并交出罗马驻军。驻军指挥官被马提乌斯下令处死，其部下被分散到了胜利的叛军之中。除了坚决效忠于罗马的努凯里亚外，整个坎帕尼亚直到维苏威地区均已失守，萨勒努姆、斯塔比亚、庞贝以及赫库兰尼姆都宣布支持叛军；马提乌斯得以进入维苏威北部地区，并率领萨莫奈－卢卡尼亚军队围困了阿科莱。在凯撒军中占大多数的努米底亚人开始成群结队地投降马提乌斯或者奥赞塔斯，后者是朱古达之子，在维努西亚投降之后落入萨莫奈人手中，如今身着紫袍于萨莫奈军中担任将职；于是凯撒被迫将整个阿非利加部队遣送回国。马提乌斯甚至冒险攻击罗马军营，但遭到反击，萨莫奈人在撤退时遭到后方罗马骑兵的攻击，有近六千人死于沙场。这是罗马在这次战争中取得的第一次显著的胜利，罗马军人把他们的将军称为凯旋将军，低迷的士气也为之一振。但这支获胜的军队不久就在渡河时受到马略·埃格那提乌斯的攻击，因伤亡惨重不得不退至提亚努姆进行休整。积极的执政官在冬天尚未来临之前就努力使部队恢复了待命状态并重新夺回了阿科莱，但马提乌斯率领的萨莫奈主力军又继续将其围困了起来。

与马尔西人的战争　鲁帕斯的战败与阵亡

意大利中部也同时展开了军事行动，阿布鲁齐和福齐诺湖地区的叛乱对首都的威胁近在咫尺。格涅乌斯·庞培·斯特拉博率领的一支独立队伍被派往皮塞努姆，驻扎在费尔莫和法勒里奥，对阿斯库伦城形成威胁之势；而罗马的北方主力部队则在执政官鲁帕斯的带领下陈兵拉丁人和马尔西人的边境，以防止敌人从那里的瓦勒良大道[27]和萨拉里亚大道[28]逼近首都；横穿瓦勒良大道的图拉诺河——位于蒂布尔和阿尔巴之间，在列蒂汇入了韦利诺河——隔开了双方军队。鉴于新兵尚不习惯作战，马略建议执政官鲁帕斯先发动小规模战斗以便操练部队，但鲁帕斯缺乏耐心，迫切想取得战果。战斗伊始，盖乌斯·波本那带领的一万强兵便被彻底击败。总指挥官不允许自己打退堂鼓，解除了失利将军的指挥权，将残余士兵和马略的部队合并后兵分两路，一路由马略带领，一路自己带领，经距离不远的两座桥渡过图拉诺河。普布利斯·斯卡托率领马尔西人和他们迎面对战，他原先将部队驻扎在马略渡河处附近，但在对方过河前又从那里撤退到上游埋伏起来，只留下哨兵把守营地。他出其不意地攻击了正在渡河的鲁帕斯及其率领的军队，罗马士兵部分被杀，部分被逼进了河里（罗马纪元664年六月十一日）。执政官鲁帕斯和八千士兵阵亡。当马略渡过图拉诺河并占领敌营后才意识到斯卡托已经撤军，尽管敌人不无损伤，但在扭转战局的失利方面几乎没有起到什么作用。在马略的部队渡河的同时，塞尔维乌斯·苏尔皮基乌斯将军战胜了帕里格尼人，这两件事情迫使马尔西人多少向后撤回了防线。此外，马略在接到元老院的命令后接替鲁帕斯成为了总指挥，至少可以防止敌人取得进一步的胜利，但不久昆图斯·卡皮欧也被任命为协助指挥，和马略权力相当。与其说是因为他成功地经受住了某场战斗的考验，不如说是因为他向骑士阶层毛遂自荐，想凭着对德鲁苏斯的强烈反对领导罗马的政局。他被西罗以投诚为名诱入埋伏，和大部分属下被马尔西人和韦思提尼人砍成了碎片。在卡皮欧死后马略又一次独掌总指挥大权，通过顽强的抵抗阻止了对手凭借已有的优势获得更多的战果，并逐渐深入到马尔西人的领地。他已多年未能出征，但一旦出征便击败了鲁莽的对手——马鲁奇尼人的首领赫鲁乌斯·阿西尼乌斯，使其和部下战死战场。马略部队在第二次战役中联合苏拉带领的南方军队给了马尔西人更沉重的打击，使对方损兵六千，但这次荣耀应归于年轻的苏拉。尽管马略发动并赢得了这场战斗，但阻止敌军撤退并将其歼灭的却是苏拉。

皮塞努姆战役

当福齐诺湖周围的战事进行得热火朝天，胜负难分之时，斯特拉博率领的皮塞努姆军也在对抗命运的变换。叛军首领——来自阿斯库伦城的盖乌斯·尤达奇利乌斯，以及普布利乌斯·维提乌斯·斯卡托和提图斯·拉弗伦乌斯——联合进攻皮塞努姆军队，将其挫败并逼至费尔莫，拉弗伦尼乌斯在那里包围了斯特拉博，尤达奇利乌斯则转移至阿普利亚，劝诱该地区的坎努西姆、维努西亚及其他依然效忠罗马的城镇加入叛军。而在罗马方面，塞尔维乌斯·苏尔皮基乌斯战胜了帕里格尼人，扫清了前往皮塞努姆的道路，前去支援斯特拉博。拉弗伦尼斯受到斯特拉博和苏尔皮基乌斯的前后夹击，军营起火，本人战死，残余部队则四处溃逃，退进了阿斯库伦城。皮塞努姆的战局发生了彻底的扭转，如同之前罗马人被困于费尔莫一般，如今意大利人被困于阿斯库伦城，战争又一次变成攻坚战。

翁布里亚－伊特鲁里亚之争

最终在这一年，意大利南部和中部又发生了两场艰难、混乱的战役，第三场战役发生在北部。前几个月的事态对罗马非常不利，导致翁布里亚大部分地区和孤立的伊特鲁里亚公社宣布归降叛军；所以罗马不得不派出奥鲁斯·普劳提乌斯和卢西乌斯·波尔奇乌斯·卡托分别对付翁布里亚人和伊特鲁里亚人。这次罗马军队没有遭到像马尔西人和萨莫奈人那样顽强的抵抗，在战场上占据了绝对优势。

第一年不利战局总结

这场战争的第一年就这样艰难地结束了，无论从军事还是从政治的角度来看，双方都损失惨重，前途未卜。从军事上来看，罗马驻扎在马尔西和坎帕尼亚的两支军队均因惨败而实力大减，士气不振；尤其北方部队被迫要去守卫首都，而拿波里的南方部队则在交通上受到严重威胁，叛军轻易就可以从马尔西或者萨莫奈地区突然攻入，在罗马和拿波里之间安营扎寨，因此很有必要在库迈到罗马之间建立至少一支哨兵线。从政治角度来看，战争第一年叛军在各方面都取得了进展：诺拉脱离了联盟，维努西亚大片坚固的拉丁殖民区迅速投降，以及翁布里亚－伊特鲁里亚的叛变让人怀疑罗马的统治已经摇摇欲坠，无法经受最后的考验。他们对服役公民的要求已达极限，为了在拉丁姆－坎帕尼亚海岸线布置哨兵，已有近六千自由民被收编进公民兵，仍然效忠于罗马的同盟者也已应他们的要求做出最大的牺牲，弦已经绷到了极致。

罗马人意志消沉

公民的情绪异常低落。图拉诺河战役之后，执政官和众多知名市民的尸体从附近战场被运回首都埋葬，行政官员脱下紫袍和勋章以示哀悼。尽管政府下令要求首都居民全体武装起来，但很多人深感绝望，开始听天由命，完全失去了斗志。凯撒和斯特拉博分别在阿科莱和皮塞努姆取得胜利后，低迷的士气的确有所缓解：当凯撒战胜的消息传来时，首都的人们把军装换成了市民服装；当斯特拉博胜利的消息传来时，公众将哀悼搁置在了一旁。但从整体而言，罗马无疑在和叛军的交锋中被打败了，尤其元老院和公民已经失去了那种曾帮助他们经受汉尼拔战争的各种考验并迈向胜利的精神。在战争开启之时，他们无疑还是同样傲慢和目中无人，但他们不知道如何能像以往那样结束这场战争，强硬、顽固和顽强的毅力让位于疏忽和怯懦。战争进行仅一年后，罗马的内外政策突然发生了变化，要和叛军和解。这无疑是他们做过的最明智的选择，不过并不是由于对方的进攻迫在眉睫，在不利的条件下不得不默许这种做法，而是由于争议的焦点——罗马人相对其他意大利人拥有的永久政治特权——对共和国有害而无利。在公共事务上，人们经常会用一个错误弥补另一个错误造成的损失，这次的怯懦在某种程度上弥补了以往的固执所产生的不良后果。

政治程序的革命

罗马纪元664年初，叛乱分子提出的和解方案非常突然地遭到了拒绝，紧接着罗马就开启了一场诉讼战，自私的资产阶级打着爱国的旗号成了最富有激情的防卫者，对所有被怀疑曾提出适度、适时的让步建议的人士进行报复。不过，同年十二月十日任职的保民官马库斯·普劳提乌斯·西尔瓦诺斯通过了一项法律，从资产阶级陪审员手中夺回了叛国罪的审判大权，交给了由几大部族在没有阶级限制的情况下自由选出的其他陪审员；这样一来，原本是温和派苦难根源的叛国罪委员会成了极端分子的灾难，委员会的创建者昆图斯·瓦列乌斯被公众指责犯下了最恶劣的民主暴行——毒害昆图斯·梅特路斯并谋杀德鲁苏斯，因此和其他人被一起流放了。

效忠于罗马或向罗马投降的意大利人被授予罗马公民权

　　罗马在这次的政治忏悔中表现出了少见的坦诚，更为重要的是针对意大利人的政策方针发生了变化。罗马再次被打败，距离上次被迫求和恰好已过去三百年，唯一能获得和平的途径就是至少要在某种程度上接受对手的条件。罗马对那些武装起来要制服并毁掉罗马的公社无疑已经恨之入骨，无法说服自己做出必要的让步，而且即使他们做出让步，对方现在也未必会接受。但在一定条件下满足仍然效忠于罗马的公社原本提出的要求，一方面可以维持自愿让步的表象，而另一方面也可阻止同盟之间不可避免地以其他方式联合起来，为平息战乱铺平道路。于是，长久以来将人们拒之门外的罗马公民权在刀剑的叩门声中突然打开了，然而即便如此，它也没有完全打开，而是以一种即使被准许进来的人都会感到讨厌的方式不情不愿地打开了。执政官卢西乌斯·凯撒通过了一项法律[29]，将罗马公民权授予到目前为止所有没有公开反对罗马的公社中的意大利同盟者。平民保民官马库斯·普劳提乌斯·西尔瓦诺斯和盖乌斯·派皮里乌斯·卡波通过了另一项法案，给每个拥有住所的意大利市民两个月的期限去面见罗马行政官并申请公民权。但这些新加入的公民在投票权上受到和自由民类似的限制：在三十五个部族中，自由民可以被登记在其中的四个部族，同样新公民也只能被登记在八个部族中。这种限制只针对本人,还是会由后代承袭则无法确定。

意大利的凯尔特人被授予拉丁公民权

这项措施主要涉及意大利本土,即向北到达安科纳和佛罗伦萨以北一些的范围。阿尔卑斯山南面的高卢从法律角度来看属于异国,但从行政管理和殖民角度来看早已是意大利的一部分,因为所有的拉丁殖民地都被视为意大利公社的一员。此外,在原有的凯尔特部族公社解体后,波河以南的大部分土地没有按市政系统进行管理,而是继续归主要聚居在集市村的罗马公民所有。按照执政官斯特拉博在罗马纪元 665 年出台的一项法律,波河以南为数不多的同盟城镇,尤其是拉文那及位于波河和阿尔卑斯山之间的整个区域,均按意大利的城市结构进行管理,而阿尔卑斯山山谷的城镇被划分给了某些特定城镇作为附属村庄。不过,这些新的城镇公社没有获得罗马公民权,根据法律拟制它们属于拉丁殖民地,从而拥有和法律地位较低的拉丁城镇一样的权利。因此在那时,意大利的边境实际上就到波河为止,而波河以北的区域则被视为偏远属国。这片区域到波河北岸为止,除了克雷莫纳、伊夫雷亚和阿奎莱亚以外没有公民殖民地或拉丁殖民地,甚至这里的土著部落也完全没有像波河以南的部落一样被驱逐出去。凯尔特市区被改造成意大利城市后,其组织结构为这一富饶而重要的领土实现罗马化铺平了道路。这是在将高卢人转变为意大利主人的伙伴这一漫长而重要的过程中迈出的第一步。高卢人曾经站在意大利的对面,意大利人联合起来才击退了他们的攻击。

如果考虑到罗马公民组织的严格排他性已经存在了一百五十年,现在的这些让步还是相当大的,但远没有到了向叛军投降的程度；相反，他们一方面想稳住那些有所动摇并威胁要反抗的公社，另一方面则尽可能笼络那些逃离敌人阵营的人。这些法律特别是最重要的凯撒通过的法律能在多大程度上得以实施，我们无法准确获知，只能概括地说出这些法律颁布时所涉及的叛军范围。无论如何，主要的一点在于，到目前为止拉丁公社——不仅指来自旧拉丁联盟的公社如提布尔和普雷内斯特，还特别包括除少数归入叛军的几个公社以外的其他拉丁殖民地——都因此被接纳为罗马公民。此外，这项法律也适用于伊特鲁里亚，尤其适用于意大利南部效忠罗马的所有同盟城市，如努凯里亚和拿波里。拥有特权的个别公社对于是否接受公民权感到犹豫是很自然的事情，例如拿波里就对是否放弃之前和罗马的约定而感到迟疑：那份约定可以保证其市民免于陆军兵役并保留希腊体制，也许还有领地优势，而新的公民权又有诸多限制。也许考虑到这些公社的顾虑，罗马又和它们订立了一些协定。根据这些协定，拿波里和利基翁，也许还有意大利的其他希腊公社可以在获得公民权后仍然保留共有体制，且希腊语仍可作为官方语言。不管怎样，在这些法律实施后，从西西里海峡到波河之间的众多重要城镇公社的加入大大扩大了罗马公民的范围，而更远的波河与阿尔卑斯山之间的区域被授予同盟最优特权，因此有望将来在法律上获得完全的公民权。

战争的第二年　平定伊特鲁里亚和翁布里亚

在与那些左右摇摆的公社妥协之后，罗马又重新恢复了进攻叛乱地区的勇气。他们尽可能地废除了现有的政治体制以阻止战火蔓延，叛区至少不再扩大；尤其在伊特鲁里亚和翁布里亚地区，叛乱的势头一旦出现就很快被镇压了下去。不过这些可能更多地要归功于《尤利乌斯法》[30]，而不是靠罗马的兵力。罗马在之前的拉丁殖民地以及波河流域人口稠密的地区有了大量可靠的支援力量，加上罗马公民自身，现在在他们可以扑灭零星爆发的战火。两位前总指挥回到了罗马，凯撒被选为监察官，而马略则由于前面指挥作战时的表现被指责优柔寡断、行动迟缓，这位六十六岁的将军被认定已经年老体衰。这种指责很有可能毫无根据，马略每日出现在罗马的竞技场上至少可以说明他的体力依然充沛，且总体而言，即使在最后一次战役中，他在做总指挥时也展示出了往日的风采；但他仍然没有取得足够辉煌的成功，可以使他在政治垮台后重树自己在公众心目中的形象。令这位著名的胜利者感到痛苦和恼火的是，即使作为一位官员，他也被不客气地当作了无用之人。这一年的执政官卢西乌斯·波尔奇乌斯·卡托取代了马略在马尔西军队中的地位，此人曾在伊特鲁里亚战争中表现优异。凯撒在坎帕尼亚军队的位置则由他的副官卢西乌斯·苏拉取代，因为之前坎帕尼亚战役中一些最重要的胜利要归功于后者。现在已经是执政官的格涅乌斯·斯特拉博由于之前指挥得当，因此依然是皮塞努姆领地的指挥官。

皮塞努姆战役　围攻并攻下阿斯库伦城　征服萨贝利人和马尔西人

第二轮战役在罗马纪元665年展开。在冬天还未结束之前，叛军就妄图大胆重现萨莫奈战争的辉煌，派出了一万五千人的马尔西军队向伊特鲁里亚进军，去协助正在意大利北部酝酿的叛乱。但他们必须经过斯特拉博所在的区域，中途遭到了对方的拦截并被彻底打败，只有少数士兵逃回了遥远的家乡。等到最终天气回暖，罗马军队便发起了反攻，卡托进入马尔西人的领地成功地击败了敌人，却在福齐诺湖地区攻打敌营时战死,因此意大利中部的指挥权转交到了斯特拉博手上。斯特拉博一边继续围攻阿斯库伦城,一边镇压马尔西人、萨贝利人和阿普利亚地区。为了缓解家乡受到的压力,尤达奇利乌斯带领皮塞努姆的新兵来到阿斯库伦城攻打围城的敌军,城中的驻军部队也同时试图向北冲出包围圈,同罗马的前线部队进行了激战。据说这一天有七万五千名罗马士兵对阵六万名意大利人。胜利依旧属于罗马军队,但尤达奇利乌斯和部分支援部队成功进入了城内。由于这座城池的地势,以及当地居民由于回想到宣战时的可怕场景而怀有的绝地反抗的决心,围城又恢复到之前僵持不下的状态[31]。最终在经过几个月的英勇抵抗之后,尤达奇利乌斯看出失败在所难免,便下令用酷刑将支持罗马的公民首领处死,然后自杀了。于是,城门打开了,被判以死刑的不再是罗马人,而是变成了意大利人。所有的达官显贵均被处死,其余的居民被赶去乞讨,所有人的财产都被收归国库。在包围和攻克阿斯库伦城期间,大量的罗马军队进入邻近的叛乱地区,逐个劝降。马鲁奇尼人在基耶蒂被塞尔维乌斯·苏尔皮基乌斯大败之后投降。副执政官盖乌斯·科斯科尼乌斯攻入阿普利亚,拿下萨拉比亚和坎尼后包围了坎努西姆。马里乌斯·埃格那提乌斯带领一支萨莫奈军队前来支援这片不善战事的地区,也确实击退了罗马军队,但又在奥凡托河战役中被对方击败,埃格那提乌斯阵亡,残余部队只能退入坎努西姆城内寻求庇护。罗马军队向维努西亚和鲁沃迪普利亚挺进,占领了整个阿普利亚。罗马在叛乱的主要据点——福齐诺湖沿岸和马耶拉山附近重新建立了控制权。马尔西人向斯特拉博的副官昆图斯·梅特路斯·皮乌斯和盖乌斯·秦纳屈服,韦思提尼人和帕里格尼人则在次年(罗马纪元666年)向斯特拉博本人投降。叛军的首都意大利再次改迁至科菲尼乌姆卑微的乡村城镇帕里格尼,意大利元老院的幸存者则逃往了萨莫奈地区。

征服坎帕尼亚和诺拉　苏拉在萨莫奈

与此同时，罗马的南方军队在卢西乌斯·苏拉的指挥下攻入敌军占领的坎帕尼亚的南部地区。苏拉亲自拿下了斯塔比亚（罗马纪元665年四月三十日），提图斯·狄狄乌斯攻下了赫库兰尼姆，但似乎在攻打这座城市时不幸身亡（六月十一日）。庞贝的抵抗更持久，萨莫奈将军卢西乌斯·科伦提乌斯前来支援，但被苏拉击退；在凯尔特人加入之后他们再次前去支援，但由于加入的凯尔特人不可信赖导致全军溃败，营地被敌人占领，科伦提乌斯本人在和大部队逃往诺拉的途中被杀死。罗马军队为了表示感谢向将军献上了花环——按照家乡的习俗，军队会将花环作为徽章授予以一己之力拯救了全军战友的军人。苏拉的军队在马不停蹄地攻下萨莫奈人占领的诺拉和其他坎帕尼亚城镇后，立刻深入敌区向叛军总部进军。他们以不可阻挡之势攻下了埃克拉努姆，并对叛军进行了可怕的惩罚。恐惧传遍了希尔皮尼地区，这里的叛军甚至在前来支援苏拉的卢卡尼亚分遣队到来之前就投降了，因此苏拉的部队畅行无阻地进入了萨莫奈联盟的领地。马提乌斯带领的萨莫奈民兵在一处要隘等待苏拉军队的到来，不想后方遭到罗马军队的攻击。他们被击败了，不仅丢了营地，受伤的将军也逃到了埃塞尼亚。接着，苏拉向萨莫奈地区的首府波维亚努姆进军，并获得了胜利，迫使敌人投降。那里的战役因季节更替才算告一段落。

叛军遭到全面镇压

形势发生了彻底的扭转。叛军在罗马纪元665年战局开启时实力强大、来势汹汹，且处处得胜，但现在却是极度卑微、每战必败，彻底失去了希望。整个意大利北部被平定。东西海岸之间的整个意大利中部以及阿布鲁齐大部分地区完全处于罗马的掌控之中；远至阿普利亚的维努西亚以及坎帕尼亚的诺拉的这片区域也落入了罗马人手中；在希尔皮尼被占领之后，仅剩的两个公开反对罗马的地区——萨莫奈地区和卢卡尼亚-布鲁提亚地区之间的通信也被迫中断。叛乱地区犹如一场大火过后的场景，到处都是灰烬和废墟以及烧焦的木头。尽管废墟中不时还有一星半点儿的火焰，但火势已经受到控制，不再具有威胁。令人遗憾的是，我们无法凭借流传下来的粗略叙述充分了解局势突变的原因，但毫无疑问，很大程度上是斯特拉博和苏拉机智的指挥，尤其是罗马军队集中兵力后的快速反击导致了这样的后果，这些军事原因再加上政治原因导致了叛军势力的快速衰退。西尔瓦诺斯和卡波推出的法律完成了使命，使敌人的阵营出现了叛逃，正如经常发生的那样，逆境使人心涣散的叛军公社内部出现了争端。

萨莫奈人的坚持

马尔西人昆图斯·西罗自叛乱初期就是叛军的核心人物，在马尔西人投降后逃亡到了邻国。我们只知道萨莫奈人可能在他的领导下又建立起一个仅在他们自己领地内活动的组织，并在"意大利"被攻克之后以"撒菲尼人"或萨莫奈人的名义继续战斗[32]。这一事实也说明在意大利内部出现了分裂，而且还伴随着剧烈的动乱。强大的埃塞尼亚从限制萨莫奈人自由的壁垒变成他们的最后一处庇护所。据说他们组建起一个包括三万步兵和一千骑兵的军队，还有两万名被解放的奴隶。率领他们的有五名将军，西罗是第一将军，其次是马提乌斯。人们惊讶地看到萨莫奈的战火在两百年后又被重新点燃。这个不屈不挠的农业之国就像五世纪时那样，在意大利联邦被粉碎之后又一次要凭自己的力量强迫罗马承认他们的独立。但这种背水一战的无畏决心未能改变关键结果：尽管发生在萨莫奈和卢卡尼亚的山地战还将持续一段时日，双方也会有所牺牲，但大体上叛乱已被平定。

米特拉达特斯战争的爆发

与此同时，罗马无疑还面临一个新的难题，亚细亚的一些争议问题迫使它不得不对本都的米特拉达特斯国王宣战，并于第二年（罗马纪元 666 年）指派一名执政官率领部队前往小亚细亚。如果这场战争提前一年爆发，当时还有半数意大利和罗马最重要的行省处于叛乱之中，势必会对罗马构成巨大的威胁。但好运再次不可思议地降临到了罗马：意大利叛军已迅速溃败，而这次亚细亚战争才刚刚开始，尽管此时的意大利仍在苟延残喘，但对罗马已经构不成真正的威胁；而且因为米特拉达特斯傲慢地拒绝了意大利人的邀请，未向他们提供直接的援助，使得目前的战事更加不足为虑。不过情况仍然非常棘手。可以毫不犹豫地同时对意大利和海外开战的时机已经过去，两年战乱已使国库耗尽，而在上了战场的军队之外再组建一支新的军队也几乎不可行。不过他们很快找到了应急策略。自古以来无人占领的城堡及周围的土地[33]被卖给了想要建房的个人，筹集到的九千磅黄金（合三十六万英镑）为他们提供了必要的经济手段。他们没有组建新的部队，而是决定等意大利南部的战事告一段落后，将苏拉领导的坎帕尼亚的部队派往亚细亚。考虑到北方的军队在斯特拉博的带领下进展神速，苏拉的军队应该很快就可以前往那里了。

第三次战役　维努西亚被占领　西罗之死

于是在罗马纪元 666 年，第三次战役在有利于罗马的局势中展开了。斯特拉博粉碎了阿布鲁齐的最后一次抵抗。在阿普利亚的昆图斯·梅特路斯·皮乌斯作为科斯科尼乌斯的继任者，同时也是努米底亚征服者的儿子，跟他的父亲一样是强硬的保守派，也有着杰出的军事天赋。他率军占领了维努西亚并俘获三千士兵，结束了叛军的抵抗。萨莫奈地区的西罗无疑成功地夺回了波维亚努姆，但在与罗马将军马莫库斯·埃米利乌斯交锋时又被打败了，对于罗马人更重要的是，西罗和六千名萨莫奈军人战死在了沙场。萨莫奈人所占领的坎帕尼亚的一些小城镇被苏拉夺走，诺拉也被包围。罗马将军奥卢斯·加比尼乌斯攻入卢卡尼亚，取得了不小的战果，但在后来袭击敌营时阵亡。叛军首领兰波尼乌斯及部下几乎是轻而易举地又一次控制了广阔荒芜的卢卡尼亚－布鲁提亚地区，他们甚至试图攻占利基翁，但被西西里总督盖乌斯·诺尔巴努斯挫败。随着战事接近尾声，尽管罗马人还有一些零星的失败，但在诺拉陷落和萨莫奈投降之后，相当多的部队前来支援亚细亚的可能性似乎已不再遥远。这时在首都发生的一些事情又使形势急转直下，出人意料地使几近熄灭的叛乱之火死灰复燃。

罗马动乱　公民权的授予及其限制　政治检举的副作用　马略

罗马陷入了可怕的动乱之中。先是德鲁苏斯攻击了骑士法庭，而后骑士阶层又迅速使其垮台，接着又出现了瓦列乌斯的诉讼战这把双刃剑，在贵族阶层和资产阶级、温和派和激进派之间挑起了严重的纷争。结果完全证明了妥协派意见的合理性——他们曾经提议主动授予意大利公社罗马公民权,半数以上的人也被迫同意;但妥协派采用的方式和以前拒绝授予公民权的做法一样显示出了顽固和因为嫉妒而短视的特点。他们非但没有授予所有意大利公社平等的权利,反而用另一种方式突出了对方的劣等地位。他们接受了大量的意大利公社加入罗马公民阶层,但新加入的公民和老公民的地位差别同自由民相对于自由人的差别一样。他们不仅没能安抚波河流域到阿尔卑斯山之间的公社,反而通过给予拉丁权利激怒了对方。最后,他们拒绝给予相当一部分意大利人公民权——这些人都来自投降的叛乱公社,但这还不是最糟糕的。更糟糕的是他们不仅没有重新确立由于叛乱被作废的合约,而是最多将其作为一种可以随时撤销的恩惠重新进行了签订[34]。投票权限的缺陷造成了更深层次的冒犯:由于当时已经成立国民议会,投票权限从政治上来看就显得非常荒谬,政府对选民纯洁度表现出的虚伪关心,在每个没有偏见的人看来都非常可笑。所有的这些限制都非常危险,因为它们会招致一些煽动者为了不可告人的目的,接受被排除在公民权之外的新公民和意大利人的要求,尽管这些要求或多或少是公正的。因此,头脑更为清醒的贵族与新公民和没有被授予公民权的人的看法一样,他们认为这些勉强做出的带有偏见的让步很难令人满意。让他们感到更为痛心的是他们阶层中众多的杰出人才被瓦里乌斯的叛国罪委员会流放,从而导致目前人才匮乏;并且由于这些人受到的是陪审团法庭的判决而不是人民的判决,所以更难被召回。对于人民裁定的法令,即使这个法令具有司法性质,人们也可以毫不犹豫地通过二次裁决将其撤销;但在大部分贵族看来,由人民撤销陪审员做出的判决会成为一个非常危险的先例。总之,无论是激进派还是温和派对意大利危机的处理结果都不满意。老将马略心中的愤慨变得更加强烈,他满怀希望地前去攻打意大利,却又被无奈地召回了罗马。他意识到自己的再次出征换来的只是又一次受到严重的屈辱，敌人对他从惧怕变成了轻视，这让他内心感到非常苦涩。他的复仇情绪日益强烈，啃噬着他的内心。就像那些新公民和被排除在公民权以外的人一样，他感到无力而尴尬。不过他的名气在某个煽动家的手中仍然可以变成威力无比的武器。

军纪涣散

与这些政治动乱的因素同时出现的，还有稳重得体的军人作风和军事纪律的丧失。在平复叛乱的战争中，军队的士气非常低落，使得罗马不得不没有差别地接纳所有能够扛起武器打仗的人，尤其还把政治党派的偏见带进了部队总部和军营之中，使得无产阶级应征时埋下的种子以惊人的速度壮大了起来。这种影响很快就导致了所有军事等级制度限制的松解。在围攻庞贝时，苏拉围城部队的指挥——执政官奥卢斯·帕斯图密乌斯·亚比努斯被士兵用石头和棍棒打死，因为他们认为自己被将军出卖给了敌人。而总指挥苏拉由于部下在敌人面前表现勇敢，便规劝士兵忘记这件事情，并就此了事。这一事件的始作俑者来自一直以来都最不受人尊重的海军。很快一支主要由城市平民组成的军团就仿效了这种做法，他们在市井之徒盖乌斯·提提乌斯的唆使下要对执政官卡托动手，卡托侥幸逃脱。尽管提提乌斯被逮捕，却没有受到惩罚。不久卡托就在一次战役中真正地去世了，他的部下尤其是小盖乌斯·马略被指定为凶手，而这种指责是否公正则无法确定。

经济危机　阿瑟里乌被谋杀

除了政治和军事危机以外，更为严重的经济危机也随之开始，同盟者战争和亚细亚的纷争使罗马的资产阶级率先受到危机的影响。债务人甚至无法筹得到期利息，在债权人无情的施压之下，他们只能一方面恳请有关司法当局即市副执政官阿瑟里乌准予延期，以便处理自己的资产来还清债务；另一方面则搬出陈旧、过时的与高利贷相关的法律[35]，并根据这些古代法规指控他们的债主违反了法律规定，因为债主索要的利息是借款的四倍。阿瑟里乌同意调整实际的做法以符合法律的文字规定，并以惯常的方式对债务人的利息提起了必要的诉讼。此举得罪了债权人，他们聚集在论坛广场，在平民保民官卢西乌斯·卡西乌斯的带领下袭击并杀死了副执政官。当时他正在康科德神庙前穿着祭袍献祭，这一暴行甚至没有受到调查（罗马纪元665年）。而对于债务人来说，据说除非能有"新账簿"，也就是说除非能依法取消所有人的债务，否则受苦的民众将无法摆脱这些债务。事态又一次变成阶级斗争，资产阶级再次联合带有偏见的贵族，向被起诉、被压迫的民众以及建议对严苛法律进行修改的中间派发起了战争。罗马又一次濒临深渊，绝望的债务人将连同债权人一同坠入其中。从那时起，罗马这座原本由简单、有道德的市民组织形成的伟大农业城市，变成了充满对立情绪的多民族国家，上至王子，下至乞丐，无不道德败坏；现在，所有的矛盾都大张旗鼓地在更大的范围内愈演愈烈，令人恐惧。同盟者战争使得所有市民间的政治和社会矛盾被进一步激化，从而为新的变革埋下了伏笔。一个偶然事件成了这场变革的导火索。

《苏尔皮基乌斯法》 苏尔皮基乌斯·鲁弗斯

平民保民官普布利乌斯·苏尔皮基乌斯·鲁弗斯在罗马纪元666年向公民提议：撤销资产超过两千便士（计八十二英镑）的元老的职位，把自由还给被非自由陪审团法庭判刑的人；新的公民可以加入所有部族，同样所有部族的自由民也应获得选举权。这些提议出自此人之口多少让人有点吃惊。普利乌斯·苏尔皮基乌斯·鲁弗斯（出生于罗马纪元630年）在政治上获得成就并不是因为他的贵族出身，因为有重要的背景关系，因为有世袭的财富，而是因为他杰出的演讲才能无人能及。他强健有力的声音，接近于舞台表演的丰富的肢体语言，滔滔不绝、华丽的词藻使听众即使没有被说服，也不由得会被其吸引。从党派来说，他一开始是站在元老院这边的，他第一次出现在公众面前（罗马纪元659年）是弹劾执政党痛恨至极的诺尔巴努斯[36]。在保守派中他属于克拉苏和德鲁苏斯一派。是什么使他有机会申请罗马纪元666年的平民保民官并为此放弃贵族身份，我们不得而知。从他及整个中产阶级都被保守派当作革命派加以迫害这一事实来看，我们似乎无法因此认定他是一个革命者，他似乎也绝无按盖乌斯·马略的理念推翻宪法的想法。看起来情况更像是这样：作为克拉苏和德鲁苏斯这一派中唯一没有被瓦列乌斯诉讼风暴伤及的有声望的人，他感到自己有责任去完成德鲁苏斯未完成的事业，最终将新公民权限中仍然存在的缺陷除去，为此他需要担任保民官；甚至前面提到的他在担任这一届保民官期间的一些行为，也完全不符合其原本迥然不同于煽动家的形象。例如他的一位同僚想通过一项人民法令撤销陪审团根据《瓦列乌斯法》做出的判决，他就投了反对票阻止此事。还有前民政官盖乌斯·凯撒违反宪法越过副执政官直接竞选罗马纪元667年的执政官——据称是为了能够获得对亚细亚战争的指挥权，后来他也的确被委以此重任——当时苏尔皮基乌斯也对此表示了最为坚决和强烈的反对。他完全秉承德鲁苏斯的精神，要求自己和他人首先要遵守宪法。事实上他和德鲁苏斯一样无力调解各方矛盾，也无法实现自己的目标即严格按照法律的形式对宪法进行改革。尽管这些改革本身很合理，但永远不可能通过友好的方式获得大多数旧公民的认可。他和强大的尤利家族以及依附于该家族的贵族，尤其是和凯撒的哥哥——在元老院中颇有影响力的卢西乌斯·凯撒之间出现了矛盾，无疑促使这个易怒的人因个人恩怨做出了有违初衷之事。

《苏尔皮基乌斯法》的意向

然而他提出的议案与其个人性格及他以前的党派立场绝无抵触。均衡新旧公民的权利只是为了部分恢复德鲁苏斯提出的有利于意大利人的议案，而且就像这些议案一样，只是为了执行一项合理政策的要求。取消瓦列乌斯的陪审团做出的裁决无疑会牺牲这种判决不可侵犯的原则，因此苏尔皮基乌斯对这一原则进行了捍卫；但取消裁决首先有利于提议者的党派成员，即温和的保守派。我们可以想象，像这样一个鲁莽的人在最初站出来反对这项议案时可能非常坚决，但当他后来因遇到阻力而感到愤怒时，也可能会自己提出同样的议案。他在上次财政危机爆发时提出的反对元老破产的举措，无疑暴露了统治家族的经济状况，让这些外表光鲜亮丽的家族感到非常窘迫。这一措施无疑让人不快，但其本身有利于贵族阶层的真正利益。如果可以像苏尔皮基乌斯提议的那样，所有无法迅速偿还债务的个人都退出元老院，就可以通过铲除元老院中臭名昭著的贪赃枉法团伙，瓦解因众多破产的元老依附于富有的同僚所形成的派系。当然，我们并非想否认，如果鲁弗斯没有与统治阶层的派系领袖发生个人争执的话，他不会如此突然地提议肃清元老院，也不会如此惹人讨厌地对元老院进行曝光。最后，关于有利于自由民的法规，毫无疑问其主要目标是使提议者成为街头群众的主人；但就其本身而言，这些法则并非毫无根据，也没有违背贵族的宪法。既然自由民已经开始服役，那么到目前为止，他们对投票权的要求也是合理的，因为投票权和兵役义务一向都是并存的；而且公民议会并没有法律效力，是否再增加一条下水道通向这个泥沼在政治上是无关紧要的。寡头政府在管理公民议会时遇到的困难，并未因无限制地准许自由民获得投票权而增加，相反却减少了。这些自由民无论是个人还是其经济状况在很大程度上都依赖于统治家族，如果被运用得当的话，他们可以使政府能够更彻底地控制选举。当然，这一举措和其他向无产阶级示好的政策支持一样，最终与支持改革的贵族的意向总是背道而驰。正如玉米法之于德鲁苏斯一样，这项法案对于鲁弗斯来说也只是一种拉拢无产阶级的手段。他想凭借无产阶级的支持，来对抗他计划进行的真正有益的改革所遭到的反对。可以预见他会遇到很大的阻力，目光短浅的贵族和资产阶级在叛乱平定之后表现出的愚蠢和猜忌同叛乱爆发前并无两样。所有党派的大部分人私下，或者甚至是公开地认为在最危急时刻做出的部分妥协是不合理的，对于所有企图进一步妥协的尝试都应当给予强烈的抵制。德鲁苏斯的例子表明了仅仅依靠元老院的多数人推行保守派的改革会有什么结果。因此，和他政见相同的鲁弗斯通过煽动的方式推行反对元老院多数人的相关计划就很容易理解了。鲁弗斯没有费心地用陪审团法庭为诱饵去说服元老院接受他的观点。他从自由民尤其是从武装随从人员那里获得了更好的支持，据其反对者声称，有三千名雇佣军和来自上层阶级的六百名反对元老院的年轻人和他一起出现在了街头和论坛广场。

政府的反对　骚乱　苏拉的地位

如前所述，他的提议遭到元老院大多数人的坚决抵制。这些人为了争取时间，敦促两名公开反对煽动活动的执政官卢西乌斯·科尔内利乌斯·苏拉和昆图斯·庞培·鲁弗斯下令举行盛大的宗教仪式，导致公民议会被暂停。苏尔皮基乌斯对此的反应是发动了一起暴乱，暴乱的受害者中有年轻的昆图斯·庞培。他是上述两位执政官中一位的儿子，同时也是另一位的女婿。两位执政官的生命也受到了严重的威胁，据说马略打开家门接纳了苏拉才使他得以幸免。他们被迫屈服，苏拉同意取消已经宣布要举行的仪式，苏尔皮基乌斯的议案没有再遇到任何阻碍地通过了，但事情的结局还远不能下定论。也许首都的贵族会承认他们的失败，但在意大利还存在其他不容小觑的力量——总督斯特拉博和执政官苏拉率领的两支强大的常胜军，这是自革命爆发以来第一次出现这种局面。斯特拉博的政治立场或许有些模棱两可，但苏拉尽管暂时没有反对公开的暴行，却与元老院的大多数人保持着亲密的关系。不仅如此，他在仪式被取消后便立即动身前往坎帕尼亚，回到了自己的部队。用棍棒恐吓手无寸铁的执政官和用军队的刀剑威胁没有防御的首都，最终产生的效果是一样的，因此苏尔皮基乌斯认为一旦条件允许，对手将会以暴制暴，率领军队返回首都将他和他的法案以及四处煽动的保守派同僚一起推翻。也许他想错了，苏拉对攻打米特拉达特斯的渴望不亚于他对乌烟瘴气的首都政治的厌恶。考虑到他之前的无动于衷和对政治的极度漠不关心，他很有可能不会像苏尔皮基乌斯预期的那样通过武力夺取政权。只要听之任之，他也许会在攻克现在被包围的诺拉之后，立即带兵前往亚细亚。

马略被委派代替苏拉担任总指挥

但情况却是这样的：苏尔皮基乌斯为了躲避可能的打击，想从苏拉手中夺取最高指挥权，为此他联合了仍然很受民众欢迎的马略。将亚细亚战争的总指挥权交给马略这一提议对民众来说似乎也很合理，而且当他和苏拉发生决裂时，马略的军事地位和能力也可以为他提供一臂之力。可能苏尔皮基乌斯没有无视让这样一位既没有能力又充满报复野心的老将带领坎帕尼亚的军队所带来的风险，以及通过人民法令违规将重要的最高指挥权交给个人会引起的非议；但正是马略在政治上的无能才能保证他不会严重地威胁到宪法。最重要的是，如果苏尔皮基乌斯对苏拉的意图估计准确，那他的个人处境马上就会受到威胁，他已无暇顾及上述问题。而对那位历经风霜的英雄而言，有人愿意让他担任雇佣兵队长，他当然会欣然满足对方的要求，多年来他一直盼望能够指挥亚细亚的战事，也许还希望有机会和元老院的大多数人彻底地来一场秋后算账。于是在苏尔皮基乌斯的提议下，盖乌斯·马略被人民法令授予最高指挥权即总督的权力，负责指挥坎帕尼亚军队与米特拉达特斯作战。两名平民保民官被派往诺拉军营，打算从苏拉手中接管军队。

苏拉被召回

苏拉是不会听从这类命令的。如果说有谁适合担任亚细亚战争的总指挥，那就是他了。几年前他就曾指挥军队在这一战场大获全胜，他为平定危险的意大利叛乱作出的贡献也无人能及。在亚细亚战争爆发当年，他作为执政官按照惯例被赋予作战指挥权，并得到了与他交好并和他有姻亲关系的同僚的完全批准。在这种情况下，如果认为他会遵守罗马统治者颁布的法令，将指挥权交给他在军事和政治上的老对手，而且没人知道军队在此人手中可能会做出何等暴力、荒唐的行为，那我们就是多虑了。苏拉既没有脾气好到会自愿遵守这一命令，也没有趋炎附势到不得不这么做。他的部下是一群绝对忠于将领的雇佣兵，对政治完全漠不关心：这一方面是马略发起的军事体制改革的结果，另一方面是因为苏拉只重视士兵对军纪的严格遵守，而对他们的道德管理并不在意。苏拉本人坚毅、冷静、头脑清醒。在他看来，罗马的统治公民是一群乌合之众，色克蒂留斯温泉之战的英雄也不过是个破产的骗子。合法的形式不过是个措辞而已，而罗马则是一个没有驻军、城墙半毁的城市，攻下它远比攻下诺拉更容易。

苏拉进军罗马

基于以上的想法，苏拉采取了行动。他召集了六个军团大约三万五千名士兵，向他们解释了罗马要求更换将军的命令，还不忘提醒他们新的总指挥肯定不会带领现有的军队，而是会另外组建一支新的军队去亚细亚作战。高级军官更多地以公民而不是士兵的身份出发，对此反应冷淡，只有一位愿意跟随将军向首都进发。但士兵们根据以往的经验[37]，希望在亚细亚的战争中可以轻松地打败敌人并获得无尽的战利品，他们为此大为恼火，顷刻间便将来自罗马的两个保民官碎尸万段，并从四面八方发出呐喊，要求将军带领他们打回罗马。执政官没有耽搁便动身了，跟志同道合的同僚会合后很快就到了罗马城下，完全没有理会急忙从罗马赶来试图阻止他们的使者。突然间，罗马人就看到苏拉的部队占领了台伯河桥、科林门和埃斯奎林门，有两个军团举起军旗，列队进入了法律禁止入内的神圣的围墙内。这座高墙内曾经有许多激烈的争吵和深仇宿怨都达成了和解,从不需要军队进入这里,破坏这座城市的神圣的和平。但现在他们迈出了这一步,而是主要的起因就是派哪位军官前去指挥东方的战事。

占领罗马

军队一直行进到了埃斯奎林高地,炮弹和石块如雨点般从高处落下,士兵们开始动摇并向后撤退;最后,苏拉挥舞着炽热的火炬亲自助阵,士兵们手持火把并扬言要放火才扫清了通往埃斯奎林市场(距离圣玛丽亚-马焦雷湖不远)的道路。马略和苏尔皮基乌斯集结起队伍等在那里,以优势兵力击退了第一批入侵的纵队。但援军已经从城门赶来,苏拉的另一支部队已经做好准备攻击苏布拉区街道上的守军,后者被迫撤离。在位于埃斯奎林山通向论坛广场的斜坡顶端的泰卢斯神庙,马略试图再次作出抵抗。他恳请元老院、骑士阶层和所有市民去对方军队要经过的路上进行拦截。但正是他本人把市民变成了雇佣军,他为此遭到了报应,这些成为雇佣军的市民不服从政府,只服从自己的将军。甚至在他为了号召奴隶加入抵抗而许诺给他们自由时,前来应征的居然不超过三个人。因此对于罗马的领袖们来说,除了仓促地从尚未被占领的城门逃走以外已别无他法。几个小时后苏拉就完全占领了罗马。那天晚上,军队的营火在首都的大市场上熊熊燃烧。

苏拉第一次复辟　苏尔皮基乌斯之死　马略外逃

政府的内讧第一次遇到军事干预，这不仅证明政治斗争已经达到非公开、直接的武力不能解决的地步，也说明棍棒的恐吓在刀剑的武力前面毫无用处。首先使用武力的是保守党，因此关于谁首先使用武力的不祥预言也正好在他们身上得到了应验。目前保守党已大获全胜，而且只要他们愿意就可以正式宣布这一胜利。苏尔皮基乌斯的法令在法律上被定性为无效是很自然的一件事情。苏尔皮基乌斯和其最著名的追随者一共十二人逃跑了，元老院宣布他们为国家敌人，下令将他们逮捕并处死。于是普布利乌斯·苏尔皮基乌斯在洛兰图姆被捕并被处以死刑。这位保民官的头颅被送到苏拉面前，苏拉下令将其悬挂在论坛广场的讲台上，就在几天前保民官还以年轻的活力和雄辩的才能在此进行演讲。其余被通缉的人也遭到追捕，杀手甚至不打算放过年老的盖乌斯·马略。尽管这位将军辉煌的人生因后来一系列不光彩的行为而有所暗淡，但这位曾经拯救了国家的人竟然在逃命，使他又一次成了人们眼中的"韦尔切利的胜利者"。整个意大利都在紧张地关注着他那惊心动魄的逃亡。他在奥斯提亚登上一艘开往阿非利亚的运输船，但由于逆风和食物短缺被迫在奇尔切海岬上岸，开始漫无目的地流浪。他没有什么随从，也不敢轻易投靠别人，经常要忍饥挨饿。后来，这位头发花白的执政官徒步走到了位于加里利亚诺河河口的罗马殖民地明图尔诺附近。看到远处的追兵，他费力地逃到了岸边，搭上一艘商船离开了。但胆小的船员很快又将他扔到岸上开走了，马略只好偷偷地沿着海滩逃走。最后他藏到了明图尔诺的一块盐沼中。他走进及腰深的泥沼，并把头藏在芦苇丛中，但追兵还是发现了他，将他送到了明图尔诺的市政当局。他被投进了监狱。给他行刑的刽子手是一个来自辛布里的奴隶。当将军高傲地大声质问他是否敢杀盖乌斯·马略时，这个日耳曼人在这位昔日征服者如炬的目光之下不由得浑身战栗，将手中的斧子掉到了地上。明图尔诺的行政官员听闻此事之后不由得感到惭愧，因这位罗马的拯救者才变成奴隶的人对他的敬意之深竟然甚于被他拯救的同胞。于是他们放过了马略，送给他一艘船和一些路费，将他送到了埃那里亚（即伊斯基亚岛）。除了苏尔皮基乌斯以外，其他被通缉的人也到了这片海域，他们在埃里克斯即以前的迦太基上岸，但西西里和阿非利加的罗马行政官员将他们赶走了。他们逃到了努米底亚，在那里废弃的沙丘上找到了过冬的避难之所。他们希望能得到希耶姆普萨尔二世的支持。对方似乎曾一度愿意和他们联合，不过那只是为了让他们放松警惕，现在则试图要抓住他们。逃亡者费尽千辛万苦摆脱了他的骑兵，最后在突尼斯海岸一个叫切尔奇纳（今天的克尔肯那）的小岛上找到了临时避难的地方。我们不知道苏拉是否会庆幸自己没有担上杀死辛布里征服者的恶名，至少明图尔诺的行政官员似乎没有受到惩罚。

苏拉的立法

为了去除时弊，防止叛乱再起，苏拉建议进行一系列立法。对处于困境的债务人似乎除了限定最高利息以外没有出台其他政策[38]。此外，他下令派出大批殖民团体。因为同盟者战争和诉讼战而元气大伤的元老院也被准许增加三百名新元老，自然也是从贵族派的利益出发进行挑选。最后，他对选举方式和立法程序也做了重要的改变。根据以前塞尔维乌斯的规定，在百人团大会投票时拥有十万塞斯特斯（合一千英镑）及以上的一等公民占据了近一半的选票，但这一优势被罗马纪元513年的法规缩减了，现在苏拉又恢复了之前的旧法[39]。事实上，这是为了执政官、副执政官和监察官选举而制定的关于人口及财产普查的规定。这样一来，非富有阶级便失去了行使选举权的机会。平民保民官的立法程序也受到法律限制，此后每项提案都必须先提交元老院，只有元老院通过后才能向人民提出。

因苏尔皮基乌斯等人企图进行政变，作为保守派的坚强后盾和利剑挺身而出的执政官苏拉推出的这些法规有一种共同的特性。苏拉没有和公民或者陪审员协商便擅自宣判十二名最杰出人士实际上还包括在职的行政官员和那个时代最著名的将军的死刑，他曾为此公开辩解。但这一行为违反了神圣庄严的上诉法，因而遭到人们的严厉谴责，其中甚至包括保守派人士如昆图斯·斯凯弗拉。苏拉贸然推翻延续了一个半世纪的选举法，恢复了早已被淘汰禁止的与选举相关的人口普查。实际上，他剥夺了行政官员和公民议事会这两大群体的立法权，将其转交给一个委员会，而这个委员会以前除了提供建议以外从未被正式赋予其他权力[40]。没有任何一个民主派人士像这位保守派的改革者一样，以如此残暴的形式行使司法权，也没有任何一人如此鲁莽大胆地动摇和改变宪法的根基。但如果略过形式研究这些事情的本质，我们将会得出完全不同的结论：任何革命最后都需要找一些替罪羊才能了结，尤其在罗马更是如此，人们往往会借用司法形式让这些人弥补他们犯下的过错，而他们的过错似乎就在于他们落败了。只要想想在格拉古和萨托宁[41]死后，获胜方掀起的一系列诉讼风暴，埃斯奎林山得胜者的坦率和相对的温和就值得赞扬：首先，他毫不避讳地承认战争本就如此，于是越过法律界限宣称战败者为敌人；其次，他尽可能地缩小了攻击范围，至少没有将怒火发泄到次等民众身上。在政治安排上他也表现出了同样的温和。至于最重要的立法改革显然也是最容易理解的，因为它实际上只是使宪法的文字与其精神更为一致。根据罗马的立法，任何执政官、副执政官或者保民官可以向公民提出任何议案，并且不经讨论就可付诸表决。这种制度从始至终都是不合理的,尤其随着公民议会越来越没有法律效力,就变得更加荒谬。人们之所以能接受这种做法,实际上是因为元老院宣称他们对任何提案都有提前审议的权利,并且有权通过政治或宗教否决权对未经他们审议的投票进行驳回[42]。但革命打破了这些壁垒,因此这种制度的不合理性就彻底表露无遗,任何一个暴徒都可以通过正当的法律形式颠覆国家。在这种情况下,还有什么比正式、明确地承认元老院拥有立法权——他们一直以来都是通过迂回的方式才能实施这一权力——更合理、更必要和更能体现保守派理念的呢?选举相关的人口财产普查也是同样的情形。以前的宪法全都基于人口普查,即使是罗马纪元513年的改革也只是限制了富人的权利。但自那年后爆发的巨大的金融革命,可以很好地说明为什么要恢复人口普查。新的财权政治只是为了继续忠于宪法精神才修改了宪法的文字,至少也是在试图以尽可能温和的方式控制可耻的贿票行为和其他所有相关的弊端。最后,惠及债务者的法规和对殖民计划的恢复也明确证明苏拉尽管不赞成苏尔皮基乌斯激进的提案,但还是像苏尔皮基乌斯和德鲁苏斯及所有更有远见的贵族一样,赞成对保守派进行实质性的改革。我们不能忽略的一点是:他是在取得胜利后推出的这些法案,而且完全出于他个人的意愿。基于以上这些情况,再考虑到苏拉保留了格拉古宪法的基本根基,既没有侵犯骑士法庭的权利,也没有阻碍粮食的分发,我们有理由认为苏拉在罗马纪元666年推出的方案在本质上维持了盖乌斯·格拉古死后的现状:一方面他只是顺应时代要求修改了伤及现存政府根本的旧法规,另一方面他试图以自己的力量修复现有的社会弊端,而且两者都没有触及社会更深层的弊病。苏拉的立法完全体现出了他对宪法形式主义的公然蔑视和对现有体制内在价值的鲜明理解,以及他所拥有的清晰认知和值得称赞的意图。但同时它们也有草率和肤浅的一面,尤其是只有天性特别善良的人才会相信限定最高利息可以改善信用关系的混乱，以及元老院的提前审议会比原先的宗教否决权更能防止未来政客对公民进行煽动。

新的纠纷　秦纳　斯特拉博　苏拉动身前往亚细亚

事实上，新的乌云很快又出现在保守派的天空：罗马同亚细亚的关系日益紧张。苏尔皮基乌斯的革命使部队未能及时启程前往亚细亚，导致国家遭到极大的损失，军队的出发已刻不容缓。与此同时，苏拉希望在他走后不会出现针对寡头统治的新一轮攻击，一方面将有赖于根据新的选举法选出的执政官，另一方面则要依靠为了镇压意大利的残余叛党而雇佣的军队。但在选举执政官的公民议会上最终选出的并不是苏拉推荐的候选人，而是他的死敌卢西乌斯·科尔内利乌斯·秦纳以及绝对的贵族派格涅乌斯·屋大维。我们可以推测这主要是由于资产阶级因苏拉制定了与利息有关的法律而想借机对他进行报复。苏拉接受了这个不如意的选举结果，他声称自己很高兴看到公民使用宪法赋予的自由选择的权利，只是要求两位执政官发誓遵守现行宪法后便认可了这一现实。关于军队方面，由于大部分的坎帕尼亚军队被派往亚细亚，所以国内的局势就主要依靠北方军队了。苏拉通过人民法令将北方军队的指挥权交给忠心耿耿的同僚昆图斯·鲁弗斯，并尽可能以一种不伤害感情的方式召回了前任将军格涅乌斯·斯特拉博。苏拉之所以这么做更多地是因为斯特拉博不仅属于骑士派，且其在苏尔皮基乌斯引起的骚乱中所表现出的消极态度引起了贵族们的巨大担忧。鲁弗斯到达军队，代替斯特拉博担任了总指挥，但在几天后就被士兵杀害。斯特拉博重新担任起了军队的指挥官，事实上他也没有让出这一职权，并被看作这起谋杀案的幕后指使。可以肯定的是他有可能策划了这件事情，因为他不仅从中受益，对于众人皆知的凶手也只给了口头惩罚。在鲁弗斯被杀掉后，斯特拉博的指挥权对苏拉形成了新的严重威胁，但苏拉没有夺取斯特拉博的指挥权。不久之后，当执政官任期一结束，他就被继任者秦纳督促前往亚细亚，那里形势的确十分紧张；同时他又被新的保民官传唤到人民法庭受审。即使是最迟钝的人也能看出来，他和他的党派即将面临新的攻击，对手旨在将他除去。苏拉已别无选择，他要么和秦纳或许还有斯特拉博决裂，并再次进攻罗马，要么就只能离开去往另一个大陆，任由意大利的事态自行发展。苏拉选择了后者，是出于爱国还是更多地出于冷漠，我们不得而知。他将萨莫奈的军队交给他所信任且经验丰富的昆图斯·梅特路斯·皮乌斯，由其代替他以总督之职担任意大利南部的总指挥，又将围攻诺拉的指挥权交给地方官员阿皮乌斯·克劳狄乌斯，然后于罗马纪元667年初带领军团前往希腊东部。

注释

[1] 古希腊伊庇鲁斯的国王，于公元前280年左右曾率军攻打罗马，最后付出惨重代价，得不偿失。——译者注
[2] 西班牙第五长河。——译者注
[3] 北非的一条河流，发源于阿尔及利亚，流经突尼斯北部地区，注入地中海的突尼斯湾。——译者注
[4] 希腊色萨利大区北部一个峡谷的古名。——译者注
[5] 位于吕底亚，是今天的土耳其斯皮尔山。——译者注
[6] 见第四卷第三章之修改刑法。
[7] 见第一卷第七章之罗马与拉丁姆的关系以及第二卷第五章。
[8] 见第二卷第七章以及第三卷第十一章。

[9] 今意大利泰亚诺。——译者注
[10] 意大利弗罗西诺内省的一个市镇。——译者注
[11] 罗马人建立的第一个拉丁殖民地,拥有拉丁权利。——译者注
[12] 见第三卷第十一章。
[13] 皮塞努姆是古意大利的一个地区,是庞培大帝及其父亲庞培·斯特拉博等罗马著名人物的出生地,位于今天的马尔凯和阿布鲁佐北部。——译者注
[14] 见第三卷第十一章。
[15] 见第四卷第三章。
[16] 这些数字来源于罗马纪元639年和罗马纪元684年的罗马人口普查。罗马纪元639年可以参军的公民有三十九万四千三百三十六人,到了罗马纪元684年则有九十一万人(按照弗莱贡[①]的记载,这一数字是克林顿[②]及其抄写员错误地引用了罗马纪元668年的人口普查数据后得出的,而根据李维[③]的史书摘要第九十八卷,这一数字应为九十万人)。在这两个年份之间我们唯一知道的数据是罗马纪元668年的人口普查数据,据希罗尼穆斯记载当时参军的人数有四十六万三千人,这个数据之所以这么低可能是因为在进行这次普查时罗马正面临革命危机。即使苏拉的土地分配可以最大程度弥补战争造成的损失,意大利在罗马纪元639年到罗马纪元684年间出现的人口增长是不可能的,后来增加的五十万名士兵应该是来自在此期间加入的同盟者。在这段重要时期,意大利的人口也许或者可以说很可能减少了而非增加了,如果我们认为征兵的缺口有十万人——这个估计并不过分,那么在同盟者战争中非公民和公民的比例应该是3:2。——原注

① 希腊作家,生活在二世纪哈德良皇帝时期的自由人,主要著作有《奥林匹克运动会》《奇迹》和《长寿者》。——译者注
② 亨利·费恩斯·克林顿(1781—1852年),英国古典学者、年代学家,著有《希腊年表》和《罗马年表》。——译者注
③ 提图斯·李维(公元前59年—公元17年),古罗马历史学家,著有《罗马自建城以来的历史》共一百四十二卷,其中十一至二十卷和四十六至一百四十二卷已佚,仅剩后人所作摘要。——译者注

[17] 宣誓的形式被记录了下来(见狄奥多罗斯[①]《历史丛书》梵蒂冈第116页),其内容为:"我以卡庇托尔山上的朱庇特神、罗马人的维斯塔神、世世代代的战神、生生不息的太阳神和滋养万物的大地之神,以及罗马城的神圣建造者(罗马的家神)的名义发誓,德鲁苏斯的朋友便是我的朋友,德鲁苏斯的敌人便是我的敌人。为了德鲁苏斯和共同宣誓的同仁,我将不惜自己和父母子女的生命。如果我因德鲁苏斯法成为公民,我将视罗马为故乡,视德鲁苏斯为最伟大的恩人。我将尽我所能向同胞宣扬这一誓言。如果我所言为真请赐福给我,若我所言为虚,请让我遭遇不幸。"但我们在引用这一记录时应该谨慎,这些内容要么引自菲利浦斯反对德鲁苏斯的演讲(从这段内容的摘

录者在前面加的荒谬标题"菲利浦斯的誓言"上可以看出），要么充其量是来自在此次反对罗马的阴谋事件之后起草的刑事诉讼文件。如果是后一种情况，那段誓言是被告在审讯时被诱导出来的还是被嫁祸给他们的，仍然值得怀疑。——原注

① 西西里的狄奥多罗斯（公元前一世纪）：出生于西西里的古希腊历史学家，著有四十卷《历史丛书》，涵盖了从神话时代到他这一时代的地中海地区的历史，现仅有十五本完整地保存了下来，其他均为碎片。——译者注

[18] 见第二卷第七章之国家联盟分解。
[19] 见第四卷第六章。
[20] 见第四卷第四章之首都的不满情绪，及第四卷第五章之诉讼战。
[21] 关于这部分内容我们掌握的资料大部分来自狄奥多罗斯的《历史丛书》第538页以及斯特拉博①的《地理学》第五卷。即使这些资料不够充分，也可以清楚地看出文中提到的这点。例如斯特拉博清楚地表明由公民组织选择行政官员。有人声称意大利的元老院有意采取和罗马不同的组织形式并拥有不同的权力，但这一点并未被证实。当然元老院在最初成立时会注意在某种程度上统一代表叛乱城市，但并没有人提到公社会定期向元老授权。同样无法证实的还有宪法由元老院负责起草，由行政官员公布，由人民大会批准这一说法。——原注

① 公元前一世纪出生于土耳其的古希腊地理学家和历史学家，著有17卷《地理学》。——译者注

[22] 古代传说中的萨贝利人的部落图腾。——译者注
[23] 源自古罗马建城的传说。——译者注
[24] 从阿斯库伦城发现的铅弹可以看出斯特拉博的军中有许多高卢人。
[25] 我们手中有一份罗马元老院于罗马纪元676年五月二十二日下发的一份命令，是向即将退伍的三位希腊船长卡利斯托、克拉佳美纳伊和米利授以荣誉并给予奖励，因为他们自意大利战争开始（罗马纪元664年）以来一直忠心耿耿。门农①的记载中也有类似的描述，有两艘三列桨战船从赫拉克利亚应征前往黑海参加意大利战争，他们在十一年后满载丰厚的奖赏光荣地回到了故乡。——原注

① 约一世纪的希腊历史作家，可能是赫拉克利亚的庞蒂卡人，他的历史巨作只能通过福提乌斯的节选可以有所了解。——译者注

[26] 从阿斯库伦城发现的铅弹上有第十五军团的字样来看，阿庇安的这一说法并非夸张。
[27] 古罗马时期意大利的一条道路，可能起源于公元前154年的监察官马库斯·马勒良·梅萨拉。——译者注
[28] 早期罗马为了加强与周围城市的贸易修建的几条大道之一，也是最为重要的一条，连接着台伯河入海口处的奥斯提亚（罗马最重要的港口城市）。奥斯

提亚出产的盐是早期罗马的重要收入来源,因此这条大道自然而然地被罗马人称为"盐路"。——译者注

[29] 《尤利乌斯法》应该是在罗马纪元664年的最后一个月通过的,因为这一年当中比较怡人的季节凯撒都在战场上。根据保民官提出法案的常规规定,《普劳提乌斯法》很可能是在保平官上任后立即提出的,因此应该是在罗马纪元664年十二月或者罗马纪元665年一月。

[30] 前文提到的凯撒所推行的法案。——译者注

[31] 铅弹上刻有军团的名字,有一些上面有"逃跑奴隶"的诅咒(这应该是罗马人投放的),或者刻有"打倒皮塞努姆人"(罗马人投放的)或者"打倒庞培"(意大利人投放的)的字样。甚至在现在的阿斯科利地区有时还能找到那个时代的铅弹。

[32] 用奥斯坎字母①刻有"Safinim②"和"G. Mutil"字样的稀有钱币应当属于这一时期,因为只要叛乱分子还保留着"意大利"的叫法,那就没有哪个行政区可以作为主权国家以自己的名义铸造钱币。——原注

① 奥斯坎语与翁布里亚语是构成印欧语系古意大利语族的两大语言,其中萨宾人、萨莫奈人、卢卡尼亚人以及布鲁提亚人等均使用奥斯坎语。——译者注

② 萨莫奈人对自己国家的称谓,是奥斯坎语。——译者注

[33] 见第一卷第七章。

[34] 关于罗马纪元667年,李基尼乌斯①在其书中(第15页)写道:"所有的'降人'均被指定城市;他们承诺授予成千上万名士兵,但仅授予十五个……大队。"李维书中(节选自第八十卷)的叙述——"这是元老院指定给意大利人民的城市"——更明确地说明了这一情况。根据罗马的国家法律,"降人"指的是那些臣服于罗马但未被允许成为同盟者的"自由外国人"(见盖乌斯法第一卷13—15,25,以及《学说汇纂》②中乌尔比安③摘录部分第二十卷十四章及二十二卷第二章)。他们不仅可以保有自己的生命、自由和财产,而且可以组成自己的公社并拥有自己的法律。"无城邦者","无特定国家公民"(见《学说汇纂》乌尔比安摘录第二十卷第十四章及《学说汇纂》第四十八卷19)根据法律拟制只是地位等同于"降人"的自由民,只有在错误的情况下才会被直接称呼为"降人",优秀的作者很少会这么称呼他们(见盖乌斯法第一卷12,《学说汇纂》乌尔比安第一卷14,以及保卢斯④第四卷12,6)。但在罗马国内这些"降人"是没有权利的,根据罗马国家法律,所有的"投降"都是无条件的(见波利比奥斯⑤之《通史》第二十一卷1,《学说汇纂》第二十卷9、10以及第二十七卷2),所有经过明示或默许赐给他们的权利都是临时的,因此可以随意撤回(见阿庇安⑥《罗马史》中西班牙部分第四十四章)。因此罗马无论是当时还是之后颁布关于"降人"的法令,都不能算作是侵犯他们的权利。这种没有权利的状态只有在同盟协议

签订之后才会结束（见李维《自建城以来》第二十四卷57）。因此，"投降"和"盟约"在宪法中是一对互相排斥的术语（见李维书第四卷30及第二十七卷34，狄奥多西法典⑦第七卷13、16和戈德弗罗伊⑧之《民事法典》等），同样，法学家们普遍认为"准降人"和"准拉丁人"之间也有类似的区别，因为拉丁人显然就是指"同盟者日耳曼人"（见西塞罗⑨的演讲《为巴尔布斯辩护》24，54）。

根据古宪法，除了几个公社由于汉尼拔战争被撤回条约以外（见24页），意大利没有"降人"。在罗马纪元664—665年的《普劳提乌斯法》中，"各个城市在册的同盟者日耳曼人"（见西塞罗的演讲《为诗人阿尔基亚辩护》4，7）实际上仍然包括所有的意大利人。但我们不能因此就认为在罗马纪元667年获得公民权的"降人"只包括布鲁提亚人和皮塞努姆人，我们可以假设所有放弃抵抗且没有根据《普劳提乌斯－帕皮乌斯法》获得公民权的叛军，都被视为"降人"，或者也可以说，因叛乱被撤销的条约（因此西塞罗在文章中引用了"同盟者日耳曼人"），在他们投降后未能得到恢复。

① 格拉尼乌斯·李基尼乌斯是活跃于二世纪的一位罗马作家，可能生活在哈德良时代，他的历史和百科全书等作品现在只留下了部分片段。——译者注

② 东罗马帝国皇帝查士丁尼大帝任命特里波尼安等人编纂法典，形成了欧洲第一部系统完备的法典《国法大全》，其中包括《查士丁尼法典》、《学说汇纂》、《法学阶梯》和《新律》。——译者注

③ 多米提乌斯·乌尔比安（约170—228年），古罗马著名法学家，主要著作有《论萨宾派》51篇和《法令集》81篇。东罗马帝国皇帝查士丁尼于533年底颁布的《学说汇纂》有三分之一内容引自他的著作。

④ 朱利叶斯·保卢斯（2—3世纪），最有影响力和最杰出的罗马法学家之一，和乌尔比安一起被称为最后的伟大法学家，他撰写了三百一十九种不同的法律出版物，是查士丁尼《学说汇编》中摘录最多的罗马法学家，排在乌尔比安之前，无罪推定的第一个表述由其提出。——译者注

⑤ 波利比乌斯（约公元前203—前121年），希腊历史学家，晚年成为罗马公民，著有巨作《通史》。——译者注

⑥ 阿庇安（约95—约165年），古罗马历史学家，生于埃及的上层贵族家庭，后在罗马获得公民权，其代表作是用希腊文撰写的《罗马史》。——译者注

⑦ 狄奥多西法典由皇帝狄奥多西二世于437年颁布的法律汇编，在东西罗马均有效。——译者注

⑧ 丹尼斯·戈德弗罗伊（1549—1622年），法国法学家，著有《民事法典》。——译者注

⑨ 马库斯·图留斯·西塞罗（公元前106—前43年），古罗马演说家、政治

家和作家，也是西方历史上早期杰出的法学家。其主要思想集中体现在其著作《论共和国》和《论法律》中。——译者注

[35] 见第二卷第三章。
[36] 见第四卷第六章。
[37] 见第二卷第十一章。
[38] 执政官苏拉和鲁弗斯在罗马纪元666年的"十二分之一法"中对这方面有什么规定我们尚不清楚，不过我们可以简单地将其看作是对397年法律的修订，因此罗马允许的最高年利率被再次规定为：以十个月为一年计是十二分之一，或者以十二个月为一年计则为十分之一。
[39] 见第三卷第六章。
[40] 见第二卷第三章。
[41] 见第四卷第二章、第三章以及第六章。
[42] 见第二卷第三章。

第八章

东方和米特拉达特斯国王

东方的局势

因不断爆发革命,罗马政府长期忙于镇压叛乱而处于极度紧张的状态,无暇顾及行省的事态,尤其亚细亚大陆上那些不尚战事的遥远国度,远没有像阿非利加、西班牙及阿尔卑斯山北部的邻省那样能立刻引起罗马政府的关注。罗马在革命爆发的同时吞并了阿塔罗斯王国,之后在整整一代人的时间里几乎再没有任何证据显示罗马认真参与东方事务,只有因为西西里海盗横行而被迫成立了西西里行省(罗马纪元652年)[1],而且事实上也只是设立了一个永久驻地,派遣了一小支陆军和舰队守卫东方海域而已。直到罗马纪元654年马略垮台,复辟政府在某种程度得以巩固之后,罗马当局才开始重新关注东方的情况。

昔兰尼[2]罗马人

各方面的情况同三十年前一样。在欧厄尔葛忒斯二世[3]死后（罗马纪元637年），埃及的附属国昔兰尼和塞浦路斯无论是在法律上，还是实际上已经脱离埃及。昔兰尼由去世的国王的私生子托勒密·阿皮翁继承，永久脱离了埃及。国王的遗孀克利奥佩特拉[4]（卒于罗马纪元665年）与国王的两个儿子索特二世拉提洛斯[5]（卒于罗马纪元673年）和亚历山大一世（卒于罗马纪元666年）争夺塞浦路斯的统治权，导致塞浦路斯在相当长的时间里脱离了埃及。罗马人并未参与这些纠纷。事实上罗马纪元658年因国王阿皮翁死后没有子嗣，昔兰尼人曾按其遗嘱将国家献给罗马。尽管罗马没有直接拒绝，但事实上也没有接管这个国家，而是宣布王国的希腊城市昔兰尼、托勒密[6]和贝勒奈西[7]为自由城市，甚至允许他们使用王室领地。由于距离遥远，阿非利加政府对这一地区的监管也只是名义上的，比马其顿对希腊自由城市的监管还要松懈。毫无疑问，这些举措并非受希腊哲学的影响，只是由于罗马政府的疲弱和疏忽，其后果和希腊的境况相同，内战和篡权在这片土地上不断上演，以至于一个罗马军官在罗马纪元668年偶然来到这里时，当地居民竟急切地恳求其处理当地的事务，并建立一个永久政府。

这一期间叙利亚的情况没有太大变化，更不用说有什么进展了。两个同父异母的兄弟安条克八世"鹰钩鼻"[8]（卒于罗马纪元658年）和安条克九世"库齐库斯"[9]（卒于罗马纪元659年）为继承权展开了二十多年的战争，在他们死后他们的儿子仍然继续争斗。与此同时，他们争夺的王位已经名存实亡，西西里的海盗王、叙利亚沙漠的阿拉伯酋长、犹太人的王子以及大城镇的行政官都比他们的国王更有发言权。在此期间，罗马占领了西西里岛的西部地区，而重要的美索不达米亚地区也明确交到了帕提亚人手中。

帕提亚的状况　亚美尼亚

大约在格拉古时期，安息[10]的君主制因为突雷尼部落的侵犯经历了一场严重的危机。后来，安息王朝的第九位君主米特拉达特斯二世即米特达拉特斯大帝（约罗马纪元630—667年）恢复了国家在亚洲内陆的优势地位，并击败了斯基泰人[11]，将王国的边境推进至叙利亚和亚美尼亚的边界。但在生命后期，他的统治出现了新的问题。他遭到王公贵族包括他的兄弟奥罗德斯的反抗，最终被自己的兄弟推翻并杀死，使原本无足轻重的亚美尼亚控制了局势。亚美尼亚自宣布独立[12]以来便被一分为二，即位于东北部亚美尼亚本土的阿塔西亚德王国以及位于西南部索菲尼的扎利亚德里德王国。后来阿塔西亚德的国王提格兰（罗马纪元660年即位）第一次统一了全国，这一方面使他手中的权力倍增，另一方面也削弱了帕提亚的统治。作为整个亚美尼亚的新国王，他不仅摆脱了对帕提亚的依赖，收回了以前割让的省份，而且使亚美尼亚成了亚细亚名义上的霸主。这一地位此前曾由阿契美尼德王朝让给塞琉古王朝，后又由塞琉古王朝让给了安息王朝。

小亚细亚

最终在阿塔罗斯王国瓦解后[13]，小亚细亚的领土边界划分在罗马的掌控之下基本没有什么变化。比提尼亚王国、卡帕多西亚王国、本都王国、帕弗拉格尼亚和加拉太公国等附属国以及众多的城市联盟和自由城镇，起初也看不出有什么外在的变化，但罗马对这些地方的统治从内在性质上发生了实质性的变化。罗马的统治从一开始就让亚细亚人难以忍受，一方面每届独裁政府对这些地区的压迫不可避免地会日益增长，另一方面罗马革命的间接后果。例如盖乌斯·格拉古对亚细亚行省土地财产权的夺取、罗马的什一税和关税，还有罗马人在这些地方进行人口狩猎的额外嗜好，都使得亚细亚受到了沉重的压迫，上至王权下至农民，所有人的财产都不能被免于没收，似乎每一粒粮食都是为了罗马而长，每一个自由民的孩子都是为了罗马这个残酷的监工而生。诚然，亚细亚人以无限的忍耐力被动地承受了这样的折磨，但并不是因为耐心和深思熟虑，而是因为东方人特别缺乏主动性。在这片平静的土地上，在这些柔弱的人民中，一旦出现一位能够带头反抗的人，将会发生不可思议、惊心动魄的事情。

米特拉达特斯·犹帕托

当时统治本都王国的是米特拉达特斯六世（约罗马纪元624—691年），号"犹帕托"[14]，按父亲方面的血统他是希斯塔斯普之子大流士王的第十六代子孙，是本都王国的缔造者米特拉达特斯一世的第八代子孙；按母亲的血统来看他是亚历山大王朝和塞琉古王朝的后代。他的父亲米特拉达特斯·尤尔吉提斯英年早逝，在锡诺普死于刺客之手，之后大约在罗马纪元634年，当时年仅十一岁的他登上了王位，但王位带给他的只有麻烦和危险。按其父亲的遗嘱，他的监护人，甚至似乎还有他的亲生母亲都被要求参与管理国家，而他们都想谋害小国王。据说为了躲避法定监护人的谋杀，他自愿流浪，在七年的时间里每晚都要更换自己的住所，成了自己王国里的逃亡者，过着猎人般无家可归的生活。就这样他从一个男孩长成一个有权势的人。虽然关于这位伟大国王的叙述，事实上可以追溯到与其同时代的书面记录中，但他的传奇早以闪电般的速度出现在东方，并为他添加了许多与参孙和鲁斯特姆一样的特点。然而就像云端只属于高山，这些特点也只属于他们这类人，山峰和人物的形象也因此显得更加丰富多彩、不可思议，而且经久不衰。米特拉达特斯国王的巨大身躯上穿戴的盔甲，不仅使亚细亚人，更使意大利人感到惊叹。他跑步快过最敏捷的鹿，骑马疾行赛似野马，他可以换马不换人地一日骑行一百二十英里；驾驶战车时他可以同时驾驭十六匹战马，在竞赛中获奖无数，当然在这样的比赛中战胜国王无疑是有风险的。在马背上追逐打猎时他纵马驰骋，从未失手；在餐桌上他也当仁不让，在他自己安排的宴会比赛上，他的饭量和酒量无人能敌。他在后宫寻欢作乐时亦是如此，这在他的希腊妃子们写的淫秽信件中可见一斑，这些信件和他的其他文件被保留了下来。为了满足自己的才智需要，这位国王不仅极度迷信，在解梦和希腊神话上花费了大量的时间，而且疯狂地吸取希腊文化。他喜欢希腊的艺术和音乐，热衷于收集贵重的物品和家具以及古代波斯和希腊的奢侈品，他的戒指陈列柜举世闻名。他还常常与希腊历史学家、哲学家和诗人为伍，在他的宫廷宴会上得到奖赏的除了食客和酒徒以外，还有快乐的小丑和最好的歌手。他就是这样一个人，非常符合苏丹[15]的形象。在东方，统治者和被统治者之间更多的是一种自然形成的关系，不受道德法则的约束，臣民像狗一样忠贞、虚伪，而统治者则往往残忍多疑。米特拉达特斯在这方面的表现无人能出其右。他的母亲、兄弟，还有拥护他的姐妹以及他的三个儿子和众多女儿，因为真的或者被指控犯了叛国罪而被他下令处死或者永久监禁。更令人惊骇的是，他的秘密文件中竟有事先拟好的针对他最亲信的仆人的死刑判决书。后来仅仅是为了从敌人手中夺回胜利的战利品，他便将他的两个希腊嫔妃、他的姐姐乃至整个后宫都处死了，这些妇女所能选择的只有死的方式。这同样也体现了苏丹所具有的真实特点。他将毒药和解药的实验性研究作为政府的一项重要事务，并试图让自己适应某些特定的毒药。他很早就知道所有人，尤其是他最近的亲人都可能会背叛并杀死他，他也很早就学会了用同样的方式对待所有人尤其是和他亲近的人。这样做的必然结果就是他所有的事业都因他所信任的人的背叛而以失败告终，他的经历证明了这一点。同时他身上无疑偶尔也会有高尚正义的一面：他在惩罚叛徒时，通常会饶过那些因为和主犯有私人关系而被牵连的人，不过总体而言，每个野蛮的暴君都不乏某种公正的时候。使米特拉达特斯真正有别于其他众多苏丹的地方在于他的活动范围极为广阔。他曾经在一个美好的早晨离开皇宫后数月内杳无音信，以至于人们认为他已经被杀死而放弃寻找。待他归来，人们才知道他微服出访了整个西亚，认真调查了那里的国家及其人民。同样，他不仅善于言谈，而且可以使用各个国家的语言管理治下的二十二个国家而无需翻译。在多语种的东方，对于这位多才多艺的君主来说，这一优点显得尤为重要。他在统治国家时也表现出同样的特点。据我们所知（非常遗憾，所有的权威资料中都没有提及他对国内的管理），像其他的苏丹一样，他把精力花在了收集珍宝、集结军队和扩大疆土上，不过他通常不会亲自率领军队攻打敌人，而会雇佣希腊士兵，至少在他早年时是如此。而就他在积极推进文明进程、认真化解各民族矛盾和特殊的天赋等更高层次上的表现来说，并不突出，至少从流传下来的资料来看是这样。因此我们无法将他和奥斯曼帝国伟大的统治者如穆罕默德二世和苏莱曼等相提并论。尽管他接受了希腊文化，但他和希腊文化就像卡帕多西亚人和罗马的盔甲一样格格不入。

他是一个彻头彻尾的东方人，有着东方人通常所具有的特点：粗糙、充满了感官欲望、迷信、残忍、背信弃义、没有道德，但善于组织，并且体格健壮。他的目中无人和顽强抵抗的勇气常常看上去仿佛是他的一种才能，有时甚至像是一种天赋。的确，在共和国垂死挣扎时期抵抗罗马比在西庇阿或者图拉真时期要容易得多，而且也是由于亚细亚事务的复杂性和意大利内部的骚乱，米特拉达特斯抵抗罗马的时间才会比朱古达长了一倍；但不可否认的是，在帕提亚战争之前，他是东方唯一给罗马带来真正困扰的敌人，他对抗罗马如同沙漠中的狮子对抗猎人一般。不过根据已知的情况，我们不能说除了反抗精神以外，精力充沛还带给了他更多的特质。不管我们如何评价这位国王的个性，他在历史上的地位依然至关重要。米特拉达特斯战争的爆发很快引起了希腊对罗马在政治上的最后一次反抗，开启了反对罗马霸权的起义运动，对抗的立场与以往完全不同而且更加深刻——由亚洲国家对抗西方国家。米特拉达特斯的帝国就像其国王一样非常具有典型东方国家的特点：一夫多妻制和后宫制度在宫廷和贵族阶层中非常普遍，市民和官方的信仰主要都是古老的民族崇拜，这里的希腊文化与亚美尼亚的提格兰王朝、帕提亚帝国的安息王朝的希腊文化没有什么不同。可能在很短的一段时间里，小亚细亚的希腊人以为这位国王会支持他们的政治理想，但事实上米特拉达特斯的目标与马格尼西亚战争和皮德纳战争的目标完全不同。东西方之间在长期的休战之后又开启了大决战的新篇章，双方的决斗从马拉松之战一直延续到这一代人，也许还会再延续几千年。

小亚细亚的各个民族

尽管这位卡帕多西亚国王的所有生活和行动都带有明显的异域

风情和非希腊人的特点，但可以肯定地说，想要分辨他身上哪种民族特质更为突出是非常困难的，也许想对此进行详细或者清晰地研究也是完全不可能的。在所有的古代文明中没有哪个地区像小亚细亚一样，有如此多的民族从很久以前便聚居或杂居在这里。这些民族是如此不同，如此多样，互相之间的关系非常错综复杂。从叙利亚到塞浦路斯和西里西亚都生活着闪米特族人，在卡里亚和吕底亚地区的西海岸生活的原始群体也属于这一族群；比提尼亚人占据了西北角，他们和欧洲的色雷斯人是近亲。内陆和北海岸则主要生活着印度-日耳曼人，他们和伊朗人的族系非常接近。可以确定的是，亚美尼亚语和弗里吉亚语[16]以及卡帕多西亚语很有可能非常接近古波斯语。有报告称迈西亚人使用吕底亚语和弗里吉亚语表明这里有闪族人和伊朗人混居的状况，可能与亚述的情况类似。位于西里西亚和卡里亚之间的地区，尤其是吕底亚，尽管作为现存的特例仍完全保留着本族的语言和文字，但仍然缺乏可靠的结果，因此这些部族很可能应该被认为是印度-日耳曼人，而不是闪族人。所有这些混杂在一起的民族是如何被希腊的商业城市网络所覆盖，又是如何受希腊民族在军事和才智上的优势影响而引入希腊文化的，已在前面概述中有所阐述。

本都王朝

米特拉达特斯国王统治着上述这些地区，尤其是黑海流域的卡帕多西亚地区即所谓的本都国。这个国家坐落在小亚细亚的东北端，和正对着的亚美尼亚多有往来。比起亚细亚的其他地区，居住在这里的主要是伊朗民族，很少有其他民族，甚至希腊文化也未能深入影响这一地区。整个国家仍然处于非常原始的状态，只有沿海地区有几个固有的希腊聚居地,尤其是重要的商业贸易中心如特拉布宗、阿米苏斯以及帝国最繁华的城市——米特拉达特斯出生和居住的锡诺普。这里到今天仍然没有荒废,相反本都仍然是世界上最富饶的地区,粮田与野生果林交错生长,毫无疑问即使在米特拉达特斯时代这里也得到了精心的开垦,人口也相对较多。这里几乎没有什么真正的城镇,只有各种要塞为农民提供庇护,并作为国库用以保管国王的积蓄。事实上仅在小亚美尼亚就有七十五座这样的皇家堡垒。我们没有发现米特拉达特斯在发展帝国的城镇方面有何重要建树,也没有发现他反对希腊文化,尽管他可能没有完全意识到,但他所处的位置很容易让人想到这一点。

米特拉达特斯的领土扩张 科尔基斯 黑海北岸

米特拉达特斯似乎把精力更多地放在了对疆土的全面拓展上,这同样完全体现了他的东方风格。即使在当时,这个国家的领土原本也不算小,其范围可能超过了两千三百英里。我们从资料中可以看到他的军队、舰队和他的使臣一直穿梭于黑海流域、亚美尼亚和小亚细亚,但没有哪里能像黑海的东海岸和北海岸更适合成为他大显身手的舞台,我们不能不去了解这片区域当时的状况,尽管我们很难甚至无法给出清晰的看法。黑海的东岸长久以来几乎不为人所知,在米特拉达特斯率先开拓了这里之后,才为更多的人知晓,其中发西斯河沿岸的科尔基斯地区(即明格列里亚地区和伊梅列季亚地区)和商业重镇狄奥斯库里亚被他从当地贵族手中夺走,变成了本都的属地。他在北部地区展现了更加宏伟的雄图大略。[17]那里的草原广袤无际,看不到山峰和树木,一直延伸到黑海、高加索和里海的北岸,由于其自然环境,尤其因为这片区域的温度差异很大——

从斯德哥尔摩到马德拉群岛气候迥然不同，而且经常会出现完全没有降水的情况——一般会持续二十二个月甚至更久的时间，因此完全不适合耕种或者永久定居。尽管两千年前的气候可能会稍好一些，但大体上这里一直都是这种情况[18]。流浪的冲动使不同的种族来到这片区域，服从这里的自然法则并过着游牧生活（在某种程度上现在依然如此），赶着牛群，更多的时候是马群，用马车屋载着他们的财产，不断地更换住所和牧场。他们的战斗装备和方式也很符合这种生活方式：这些草原居民大部分在马背上作战，且排列松散；他们的防具有头盔、皮甲和皮盾，武器有剑、矛和弓箭，是现代哥萨克人的祖先。最早生活在这里的是斯基泰部落，他们似乎属于蒙古族，生活习惯和外貌与今天的西伯利亚人很接近。后来萨尔马提亚部落——包括塞尔玛提亚人、罗克索拉尼人和伊阿居格人——从东面来到了这里，他们通常被认为有斯拉夫血统，但我们用来称呼他们的正式名称也与米底亚和波斯的名字很接近，因此他们更有可能属于伟大的波斯种族。色雷斯部落是从西边来到这里的，尤其盖塔人最远到了德涅斯特河流域。而进入东西两个部落之间地区的可能是伟大日耳曼的移民分支（其主体似乎并未到达黑海地区），其中凯尔特人到了第聂伯河，巴斯塔内人也居住在同一片区域，皮欧西尼人居住在多瑙河河口。这里没有形成通常意义上的国家，每个部落生活在各自贵族和长老的领导之下。

这一地区的希腊文化

与所有这些蛮族占领的区域形成鲜明对比的是希腊人的聚居地，它们是在希腊商业被大力推动时期，主要由米利都城邦在沿海地区建立的，一部分用于市场贸易，一部分用于从事重要的渔业甚至还有农业——正如我们前面说过的，黑海的东西海岸在古代时并不像今天一样适于耕种。就像利比亚的腓尼基人一样，希腊人为了使用这里的土地要向当地统治者交纳税款和土地租金。这些聚居点中最重要的是建在陶瑞克半岛（克里米亚）斯基泰人领地的自由城市克索涅索斯（离塞瓦斯托波尔不远）以及建在半岛对面、位于连接黑海和亚速海的海峡边上的潘吉卡裴（刻赤）。前者尽管自然环境非常不利，但由于健全的体制和公民的公共精神而得以保持适度的繁荣。后者自罗马纪元457年便由世袭市长统治，这些市长后来被称作博斯普鲁斯的国王、阿奇纳克蒂迪国王、斯巴托科斯国王和裴利萨底国王。亚速海地区的农耕和渔业文明很快使这座城市走向了繁荣，其领地在米特拉达特斯时期依然包括克里米亚东部的较小区域，包括狄奥多西亚城与对面亚洲大陆上的法纳格里亚城和辛迪卡地区。在繁荣时期，潘吉卡裴的贵族曾经统治着亚速海东岸和库班河谷这片土地上的人民，并用舰队控制着黑海，但潘吉卡裴家族已今非昔比。没有哪里能比这些偏远的聚居点更能让人感受到希腊文化没落的可悲了。雅典在鼎盛时期是唯一掌管这片区域的希腊国家，当然雅典人也是出于对本都的粮食的需求才承担这一责任的。在阿提卡[19]的海上力量没落之后，总体上这些地区就无人问津了。尽管亚历山大帝的父亲腓力和利西马科斯曾试图占领这片地区，但希腊的陆军力量从未认真干预过这里。罗马人原本在征服了马其顿和小亚细亚之后，有义务充当希腊文明的坚强保护者，却对这里的利益和相应的荣誉均置之不理。锡诺普的战败和罗德岛的陷落使得黑海北岸的希腊文明彻底与世隔绝。奥尔比亚（位于奥恰科夫附近，离第聂伯河河口不远）的铭文把他们在面对游牧蛮族时的处境生动地记录了下来，这些铭文出现的时间似乎比米特拉达特斯时代稍早一些。市民不仅每年要向蛮族国王进贡，而且当其驻扎在这座城市前面，甚至仅仅是路过时都要向其送礼。他们同样也要用礼品买通小酋长，事实上有时甚至要给整个部落送礼，而且如果礼品看上去太微薄的话，他们的日子就不会好过。城镇的财政破产以后，他们不得不抵押寺庙的宝物。同时，蛮族部落会蜂拥而至到达城门外，将田间劳力全都拉走，导致这里的领土被荒废。最糟糕的是，邻近蛮族中相对弱小的斯基泰人为了抵抗来自更野蛮的凯尔特人的压迫，试图占领这些城墙内的城镇，因此众多市民离开了这里。居民们早已考虑过要彻底放弃这座城市。

米特拉达特斯对博斯普鲁斯王国的控制

这就是米特拉达特斯到达时这里的情况。当时他的马其顿方阵正越过高加索山脉进入库班河和捷列克河山谷，同时他的舰队也进入了克里米亚水域。这里就像以往狄奥斯库里亚的情形一样，到处都有希腊人敞开怀抱迎接这位本都国王，把这位有一半希腊血统的国王和他那按希腊风格武装起来的卡帕多西亚人的军队看作他们的救世主，这也不足为怪。在被罗马忽略的这片地区，局势变得一目了然。对潘吉卡裴统治者交纳贡品的要求已经到了非常过分的程度，克索涅索斯城也受到了居住在半岛的斯基泰国王西卢鲁斯及其五十个儿子的严重压榨。前者很愿意交出他们世袭的领地，而后者则愿意放弃他们长久以来的自由以挽救他们最后的资产——希腊文化。这些付出没有白费力气。米特拉达特斯的勇将丢番图和尼奥普托列墨斯以及训练有素的军队轻易地战胜了这些草原民族。尼奥普托列墨斯是在潘吉卡裴海峡击败他们的，他的军队经由水路或者在冬天通过冰面发动的攻击。克索涅索斯被占领，突雷尼人的要塞被攻破，半岛由于有精心建造的堡垒才得以保全。丢番图向前来援助突雷尼人的罗克西纳勒人即后来的罗科索拉尼人（驻扎在第聂伯河和顿河之间）进军。五万罗科索拉尼人在面对丢番图率领的六千人的方阵步兵时四处溃散，本都军队攻打到了第聂伯河沿岸[20]。因此米特拉达特斯国王在本都之外又获得了一个王国，这个王国跟本都一样主要建立在众多的希腊商业城镇之上。这里被称作博斯普鲁斯王国，包括今天的克里米亚半岛和对面亚洲的海岬，每年供给国库和军火库两百塔兰特（合四万八千英镑）和二十七万蒲式耳的粮食。至于高加索山脉北坡到多瑙河河口的草原部落，至少其中的大部分部落都依赖于本都国王或者与其订有条约。即使他们不能提供其他物资，至少也可以源源不断地为其提供兵源。

小亚美尼亚　与提格兰联盟

米特拉达特斯国王在北方获得重大胜利的同时，也将领土向东西两个方向进行了扩张。小亚美尼亚在被吞并之后从附属国变成了本都王国整体的一部分，但更为重要的是这位国王和大亚美尼亚国王之间建立了亲密的联系。他不仅把女儿克利奥佩特拉嫁给了提格兰，还大力支持提格兰摆脱安息王国的控制并取代了对方在亚洲的地位。他们之间似乎达成协议，大意是由提格兰着手占领叙利亚和亚细亚内陆，由米特拉达特斯占领小亚细亚和黑海沿岸，并且双方承诺要相互支持。毫无疑问这一协议是由更为积极、更有能力的米特拉达特斯提出的，是为了巩固后方并获得一个强大的盟友。

夺取帕弗拉格尼亚和卡帕多西亚

最后，这位国王将目光瞄准了小亚细亚的帕弗拉格尼亚的内陆——其沿海一带长期以来属于本都帝国——和卡帕多西亚[21]。本都声称前者已由其上一任国王皮莱墨涅斯遗赠给米特拉达特斯·尤尔吉提斯国王，但这种说法遭到帕弗拉格尼亚各合法或不合法的王位觊觎者及全国的反对。而对于卡帕多西亚，本都的统治者并没有忘记这个国家和海上的卡帕多西亚曾经是统一的，而且双方想要重新统一的想法也从未中断。米特拉达特斯联合比提尼亚的尼科梅德斯国王占领并瓜分了帕弗拉格尼亚。当元老院对此提出异议时，米特拉达特斯做出了让步；而尼科梅德斯则将自己的一个儿子封为皮莱墨涅斯，借这个封号继续占有帕弗拉格尼斯。而在卡帕多西亚，两国联盟则采取了更糟糕的权宜之计。阿里阿拉特六世被戈尔狄俄斯所杀，据说是奉了阿里阿拉特的内弟[22]米特拉达特斯·优帕托的命令，或者至少与其利益相关。为了抵抗比提尼亚国王的进犯，阿里阿拉特的幼子只能借助于居心叵测的叔父，而后者却建议他允许杀害自己父亲后逃走的戈尔狄俄斯回到卡帕多西亚，导致双方决裂并发动了战争。就在两军对阵之际，这位叔父又要求事先进行会面，然后趁机亲手杀死了手无寸铁、尚且年幼的侄子。之后，杀死阿里阿拉特六世的凶手——戈尔狄俄斯按米特拉达特斯的指示接管了该国。愤怒的民众对此表示反对并要求已故国王的小儿子继承王位，但后者无力对抗米特拉达特斯的优势兵力。这位被民众置于王位的年轻人很快就去世了，使得本都国王有了更大的行动自由，因为这样一来卡帕多西亚的王室就后继无人了。就像发生在帕弗拉格尼亚的情形一样，一个假冒阿里阿拉特家族的人成了名义上的统治者，而真正管理国家的则是米特拉达特斯的助手戈尔狄俄斯。

米特拉达特斯帝国

米特拉达特斯比很久以来许多本地的君主都要强大,他的统治范围远至黑海南北海岸和小亚细亚内陆。似乎有无限的资源可供这位君主通过陆路和海路作战。他的征兵范围从多瑙河河口延伸至高加索山脉和里海地区,他的麾下有色雷斯人、斯基泰人、萨乌罗马泰人、巴斯塔内人、科尔斯基人以及伊比利亚人(在今天的格鲁吉亚境内),他首先会在勇敢的巴斯塔内人中间征集军队。科尔斯基的统治者除了会向他的舰队提供亚麻、大麻和蜂蜡以外,还会从高加索山上顺流而下送来优质的木材。他的舵手和军官则来自腓尼基和叙利亚。据说这位国王进军卡帕西亚时曾带领了六百辆镰刀战车、一万匹战马和八万名步军,而这还远未动用他的全部资源。由于没有罗马和其他值得提到的海上强国的影响,本都舰队以锡诺普和克里米亚的港口作为据点,对黑海区域有着绝对的掌控权。

罗马人和米特拉达特斯　元老院的干预

罗马元老院在对待本都王国时也坚持其一贯的方针,使这些国家或多或少地依附于罗马,这一点从他们在米特拉达特斯五世突然去世后,本都王位继承之际表现出的态度就可以看得出来。他们从年幼的王子手里要回了大弗里吉亚。当初米特拉达特斯五世参加了反对亚里斯托尼库斯的战争,也可能是为了对方的大量钱财[23],因此罗马将这一地区赐予他,如今这块区域又变成了直接隶属于罗马的领土[24]。但在这位王子最终成年之后,在面对他的四处侵略和强权时,罗马元老院又表现出完全被动的态度,而且这种状态持续了有二十年之久。就在这段时间里,罗马的一个附属国发展成了坐拥十万雄兵的军事强国,其统治者又与东方新崛起的伟大国王建立了非常亲密的联系,并协助对方成了亚细亚内陆的霸主。这位统治者还吞并了邻近的亚洲国家和地区,他所找的借口听上去几乎就是在嘲笑这些地区的保护势力因其信息不足且鞭长莫及。最后,他甚至在欧洲建立了政权,成了克里米亚的国王,并且几乎成了马其顿-色雷斯边境的长期保护者。这些情况的确引起了元老院的议论,但这个大名鼎鼎的组织在面对尼科梅德斯让假冒的皮莱墨涅斯继承帕弗拉格尼亚一事时却只会自我安慰。很明显他们没有感到被骗,反而因为可以有借口不必认真干预此事而感激不尽。与此同时,对米特拉达特斯的各种抗议在日趋增多并越来越急切。被米特拉达特斯从克里米亚赶走的斯基泰的亲王向罗马求助,而元老们在根据罗马政策的传统准则进行考虑时就不能不回想起,当初安条克国王率军跨越欧洲占领色雷斯半岛曾导致亚细亚战争的爆发[25]。尽管现在的情况与当时截然不同,但相比而言,本都国王占领克里米亚半岛更加让罗马不能容忍。卡帕多西亚在事实上的重新统一使得天平终于发生了倾斜:比提尼国王尼科梅德斯原本打算再次让假冒的阿里阿拉特占有卡帕多西亚,却因本都的冒充者抢先一步而导致计划失败,因而竭力要求罗马政府予以干预。元老院做出决议,米特拉达特斯应将克里米亚的统治权还给斯基泰的亲王。政府的疏忽导致他们的政策如此偏离了正确的轨迹,他们不去支持希腊人反抗蛮族,反而支持斯基泰人压迫可以算是罗马半个同胞的种族。由于米特拉达特斯委派的阿里阿拉特的冒充者必须离开卡帕多西亚,而这个国家的代表们拒绝接受给予他们的自由,因此还需要通过自由普选选出一位国王。

苏拉被派往卡帕多西亚

元老院的法令听上去颇有威力,但他们犯了一个错误:没有派出军队而是派正在治理海盗和盗贼的西西里总督卢西乌斯·苏拉带领一小撮军队去插手卡帕多西亚的事务。幸好比起如今的罗马政府,罗马昔日的威力留给人们的印象更能维护其在卡帕多西亚的利益,同时西西里总督也弥补了元老院所欠缺的能力和灵活性。米特拉达特斯忍气吞声,转而劝说亚美尼亚伟大的国王提格兰派兵进军卡帕多西亚,后者不像他一样受罗马的约束。苏拉迅速集结了军队和亚洲的同盟者分遣队,穿过托鲁斯山脉,将总督戈尔狄俄斯连同其亚美尼亚的援军一起赶出了卡帕多西亚。这一行动切实有效,米特拉达特斯做出了全面的让步,戈尔狄俄斯不得不为卡帕多西亚的骚乱承担责任,而阿里阿拉特的冒充者也消失了。本都派系曾徒劳地想让戈尔狄俄斯当选卡帕多西亚的国王,但最终当选的是受人尊敬的卡帕多西亚人阿里奥巴尔扎尼斯。

罗马人第一次接触帕提亚人

随着苏拉远征至幼发拉底河,罗马军旗第一次倒映在该河的水面上,这是罗马人第一次涉足帕提亚,后者因与提格兰产生矛盾才得以与罗马人接触。东西方的两大势力在第一次接触时似乎在某种程度上都认为,己方不应放弃统治世界的主权,但苏拉比帕提亚的使者更为大胆,在与卡帕多西亚国王和帕提亚大使的会面中一直居于上座。这次著名的会议比起苏拉在东方获得的胜利更加使他名声大振。帕提亚的使者由于此事引起了帕提亚国王的不满而被处死。尼科梅德斯倚仗罗马的支持未从帕弗拉格尼亚撤出,但由于元老院正式通过的针对米特拉达特斯的法令被进一步实施，因此他许诺至少会让斯基泰首领复位。于是东方似乎又恢复到了原来的状态（于罗马纪元662年）。

米特拉达特斯的又一轮进攻

尽管表面上看似乎如此，但没有任何迹象显示东方真的恢复了以往的秩序。苏拉一离开亚细亚，大亚美尼亚的国王提格兰便进攻并驱逐了卡帕多西亚的新国王阿里奥巴尔扎尼斯，然后恢复了本都冒充者的王位。在比提尼亚的老国王尼科梅德斯二世去世后（大约在罗马纪元663年），他的儿子尼科梅德斯三世菲洛佩特被人民和罗马元老院立为合法国王，但他的弟弟苏格拉底谎称自己是王位的继承者并赋予自己统治国家的权力。显然卡帕多西亚和比提尼亚动乱的真正幕后黑手不是别人，正是米特拉达特斯。尽管他没有采取任何公开的行动，但所有人都知道提格兰是受他指使才出的兵，苏格拉底也是和本都军队一起攻入的比提尼亚，而且尼科梅德斯三世的生命也受到了米特拉达特斯派出的杀手的威胁。甚至对克里米亚及邻近的国家，本都国王也丝毫没有想过要退兵，反而一再纵兵深入。

阿基利乌斯被派往亚细亚

在阿里奥巴尔扎尼斯国王和尼科梅德斯国王亲自向罗马求助之后，罗马政府派遣执政官马尼乌斯·阿基利乌斯前去支援小亚细亚总督卢西乌斯·卡西乌斯。阿基利乌斯曾在辛布里战役和西西里战争中受到磨炼，不过这次他不是作为将军带领部队，而是作为使者前去命令亚洲的附属国，尤其命令米特拉达特斯要在需要时提供武装支援。结果同两年前一样，这位罗马官员凭借亚细亚行省总督提供的一小支罗马军队以及弗里吉亚和加拉太的新兵完成了委派给他的任务。尼科梅德斯国王和阿里奥巴尔扎尼斯国王又一次登上了摇摇欲坠的王位。米特拉达特斯尽管找了各种借口拒绝提供分遣队，但并未公开抵抗罗马人，相反他甚至下令处死了比提尼亚王位的冒充者苏格拉底（罗马纪元664年）。

介于战争与和平之间的事态

事态异常复杂。米特拉达特斯深信自己不能公开和罗马发生冲突，因此坚决不允许事情发展到与罗马公开决裂并爆发战争的地步。如果他没有这么坚决的话，那现在就是开战的最好时机：阿基利乌斯正在进军比提尼亚和卡帕多西亚，意大利的叛乱也在如火如荼，即使是弱小的国家也可能借机反抗罗马。然而米特拉达特斯没有利用这一时机，让罗马纪元664年就这样过去了。不过他以同样的坚韧和积极的态度继续在小亚细亚扩张领土。无疑这种一方面不惜任何代价保证和平，而另一方面又在不断征服的奇怪政策本身是站不住脚的，只能又一次证明米特拉达特斯算不上真正的政治家。他既不能像菲利普国王那样懂得如何为冲突做好准备，也无法像阿塔罗斯国王那样懂得妥协，只能在征服的巨大欲望和自己的软弱之间摇摆不定，这正是典型的苏丹作风。即便如此，只有在想到米特拉达特斯已经有二十年面对罗马政策的经验时，我们才能理解他的这些行为。他深知罗马政府并不想发动战争，事实上，任何有名望的将军对罗马政府的统治造成的严重威胁都会让他们再次想起辛布里战争和马略，因而他们对战争的恐惧更甚过米特拉达特斯自己。于是他便采取了相应的对策。他不怕降低身份，尽管任何强大的政府只要不是出于自私的考虑都会因此得到各种理由和时机对他开战。他小心翼翼地避免和元老院发生公开的决裂，以免对方不得不发动战争。一旦人们表现出坚定的态度，他就会退缩，在面对苏拉和阿基利乌斯时都是如此。毫无疑问，他希望自己不必总是去面对厉害的将军，而是能像朱古达那样碰到斯考卢斯或者阿尔比努斯之流。我们不得不承认他的这种想法并非没有理由，尽管朱古达的例子也从另一个方面说明，妄图通过贿赂罗马指挥官以及依靠罗马军队的腐败来征服罗马人民是多么地愚蠢。

阿基利乌斯发动战争　尼科梅德斯

局势一直在和平与战争之间摇摆，而且看上去这种状态很有可能会持续很长时间，但阿基利乌斯不允许出现这种局面。尽管他不能强迫政府对米特拉达特斯宣战，但他利用尼科梅德斯达到了这一目的。尼科梅德斯的权力在这位罗马将军之下，而且因为累积的战争费用以及他许诺给予将军本人的巨大金额，因此他不得不答应同米特拉达特斯开战。比提尼亚宣战了。尽管尼科梅德斯的战舰封锁了博斯普鲁斯海峡以对抗本都的船舰，而且他的军队也进军到了本都的边境地区并摧毁了阿玛斯特里斯地区，但米特拉达特斯的和平政策仍未动摇。他不仅没有将比提尼亚人赶出边境，反而向罗马使节提出申诉，要求他们要么进行调解，要么允许他进行自卫。阿基利乌斯却通知他要尽可能避免和尼科梅德斯开火。其意图真是再清楚不过了。他们曾经对迦太基就使用过同样的策略：一方面他们派出鹰犬袭击受害者，而另一方面又不允许受害者自卫。米特拉达特斯预料到自己会像当年的迦太基人一样失败，但与当年腓尼基人因为绝望而放弃的做法相反的是，锡诺普的国王召集了军队和战舰。据传他曾说过："即使一个人注定要死，那他在面对强盗时也不能捍卫自己吗？"他命令儿子向卡帕多西亚进军，并再次致信罗马使节，通知对方他不得已采取了行动并要求对方发出最后通牒。这正是阿基利乌斯预期的结果。尽管罗马元老院、米特拉达特斯国王以及尼科梅德斯国王都不希望发生决裂，但阿基利乌斯希望，因此战争爆发了（罗马纪元665年末）。

米特拉达特斯备战

战争就这样被强加到了米特拉达特斯身上，他以特有的活力在政治和军事上做好了准备。首先他进一步巩固了跟亚美尼亚的提格兰国王的联盟关系，后者承诺将派援兵进入西亚细亚并为米特拉达特斯国王占领那里的土地，而搜刮来的战利品将归提格兰国王本人所有。帕提亚国王由于受到苏拉傲慢姿态的冒犯，因此尽管不能完全算作罗马的敌人，但也不是罗马的盟友。而对于希腊来说，米特拉达特斯则努力扮演菲利普和珀尔修斯的角色，即作为希腊的守卫者来对抗来自罗马的异族统治。本都派出使者前去觐见埃及国王，并拜访希腊最后的自由之地——克里特岛城市联盟，恳请这些深受罗马桎梏的人们在这个最后的时刻起来反抗罗马，拯救希腊民族。至少他在克里特岛的努力没有白费，众多的克里特岛人加入了本都军队。本都的愿望得到了满足：弱小的受保护国努米底亚、叙利亚和希腊共和国会相继起义，一些行省也将发动叛乱，尤其是受到无限压迫的小亚细亚西部。他们还努力煽动色雷斯人起义，甚至鼓动马其顿人叛乱。原本就很猖狂的海盗现在更加无人管束，他们成了最受本都欢迎的盟友。这些海盗连自称为本都的私掠船，以惊人的速度遍及整个地中海海域。人们热切而欣喜地听闻罗马的公民中出现了骚乱，且意大利的叛乱有所减弱但远未结束。不过，他们尚未与意大利的叛军和心怀不满的人们建立起直接的联系，只是在亚细亚按罗马的方式组建起一支外国军团，其中的精英由罗马和意大利的逃亡者组成。自波斯战争之后，亚细亚就没有出现过像米特拉达特斯的军队这样的武装力量。据说除了亚美尼亚的援军以外，被他带上战场的有二十五万步兵和四万骑兵，还有三百艘本都甲板船和一百艘敞口船出海参战。对于他这样一个有无数草原居民可供驱使的好战君主来说，这样的规模似乎算不上夸张。他手下的将军，尤其是尼奥普托列墨斯和阿奇劳斯兄弟都是久经沙场且用兵谨慎的希腊将领。他的麾下不乏视死如归的士兵，还有斯基泰人和米提亚人闪闪发光的金银盔甲和华丽的服饰，也与希腊军队的铜铁铠甲交相辉映。不过，他们的确没有形成统一的军事组织把不同的种族联结起来，像米特拉达特斯的军队这种庞大的亚洲战争机器往往抵挡不住优秀的军事组织，最近一次的例子就发生在一个世纪前的马格尼西亚。不管怎样，罗马帝国的东部要和罗马进行武装对抗，而帝国的西半部也远不太平。

罗马的无力应对

尽管罗马在政治上非常有必要对米特拉达特斯宣战，但选择的时机却不可能再糟糕了，很有可能是马尼乌斯·阿基利乌斯出于个人利益的考虑才在这种时候引起罗马和米特拉达特斯的决裂。此时除了卢西乌斯·卡西乌斯手下的一小支罗马分队和西亚的民兵以外，他们在亚洲并无其他军队可以调遣。由于叛乱战争，罗马国内在军事和财政上均已陷入危机；即使情况发展非常顺利，罗马在罗马纪元666年夏天之前也无法派遣任何军队前往亚洲。到目前为止，不管处境多么艰难，罗马行政官员依然希望能保护罗马的行省并坚守阵地，尼科梅德斯国王率领比提尼亚军队占据了一年前他们攻下的帕弗拉格尼亚领地，位于阿玛斯特里斯与锡诺普之间；由卢西乌斯·卡西乌斯、马尼乌斯·阿基利乌斯和昆图斯·奥庇乌斯率领的分队则在更远的比提尼亚、迦太基和卡帕多西亚等地，同时比提尼亚－罗马的舰队则继续封锁博斯普鲁斯海峡。

米特拉达特斯占领小亚细亚 当地的反罗马运动

米特拉达特斯在罗马纪元666年初春发起攻势。在哈吕斯河的支流阿姆尼亚斯河流域（今特施－科普瑞附近），由骑兵和轻武装部队组成的本都先锋部队与比提尼亚军队发生了交锋。尽管比提尼亚军队人数众多，仍然在第一次交战时便被击败了。败军四处逃散，军营和军资尽归胜利一方所有。此次巨大的成功主要归功于尼奥普托列墨斯和阿奇劳斯。亚洲民兵驻扎在更远的地方，但也更为疲弱，甚至在和敌人交锋之前就投降了：米特拉达特斯的将领刚靠近，他们就已溃不成军。罗马的一支分队在卡帕多西亚被击败。卡西乌斯试图率领民兵守住弗里吉亚的阵地，但又一次没有战斗就解散了队伍，然后带领为数不多的亲信部队逃往了迈安德河上游的城镇，尤其是阿帕米亚。奥庇乌斯也同样放弃了潘菲利亚，退守到弗里吉亚的劳迪西亚后闭城不出。阿基利乌斯在比提尼亚的桑加留斯桥附近撤退时，被敌兵追上并彻底击败，失去了军营，只能逃到罗马省的帕加姆斯避难，但很快这里也相继失守，落入本都国王之手，同样落入敌手的还有博斯普鲁斯海峡及海上的战舰。米特拉达特斯在每次胜利之后都会释放所有被俘的小亚细亚民兵，从一开始他就获得了全国人民的同情，但仍不忘通过各种办法获得更多的支持。现在除了少数几个要塞，整个国家直至迈安德河都落入了他的权力范围。同时又传来新的消息称罗马爆发了新的革命，原本要攻打米特拉达特斯的执政官苏拉没有启程赶赴亚洲，而是进军到了罗马。罗马最著名的两位将军为了谁来担任亚细亚战争的总指挥发生了战斗。罗马似乎正忙于自我毁灭，难怪即使各地的少数民族仍然效忠罗马，但小亚细亚的大多数本地人已经和本都国王站在了一起。希腊人和亚细亚人都在喜庆地欢迎这位救世主，他们看到了他身上和神圣的印度征服者相同的地方，因此用"新一代的狄奥尼索斯"来问候他已经成了惯例。不管他到哪里，都会有各个城市和岛国派出的信使邀请这位"救世主"前去光临。市民们穿着节日的盛装去城门迎接他，有一些地方将暂驻在当地的罗马官员囚禁起来交给了这位国王，劳迪西亚就是这样交出了他们的指挥官昆图斯·奥庇乌斯，莱斯博斯岛的米蒂利尼也交出了执政官马尼乌斯·阿基利乌斯[26]。昔日面对阿基利乌斯时战战兢兢的蛮族首领米特拉达特斯，如今将满腔的怒火都发泄到了这个悲惨的战争发动者身上。这位老人被游街示众，有时被绑在一名强壮的巴斯塔尼亚骑兵身后步行，有时被缚在一头驴上并要高呼自己的名字。当他最终走遍小亚细亚回到帕加姆斯的皇家广场时，可怜的一幕又上演了：国王下令将熔化的金水灌进了他的喉咙——说是为了满足他的贪欲，他就是因此才发动的战争——直至将他折磨至死。

以弗所[27]发出的大屠杀令

如此野蛮地嘲弄阿基利乌斯仍无法使本都国王满意，尽管这一行径足以使其不再有资格名列真正的贵族行列。米特拉达特斯国王从以弗所发出命令，要求所有依附于他的总督和城市在同一天内将居住在其境内的所有意大利人——无论是自由人还是奴隶，也无论男女老幼——均一一处死；任何帮助不法之人逃跑的人将不问缘由一律被处以重刑；被杀者要被弃尸喂鸟，财产也要被瓜分，一半归屠杀者所有，一半归本都国王所有。除了少数几个地区如科斯岛以外，其他地方都准时执行了这一恐怖的命令。于是在小亚细亚有八万——或如其他资料所记载的有十五万——男人、女人和儿童在一天之内被冷血屠杀。这些人即使并非无辜，也至少是手无寸铁。这场可怕的杀戮成了一些人摆脱债务的好时机，它虽体现了亚细亚人相对不那么卑劣的复仇心理，但也同时表现出了他们对苏丹的奴颜婢膝和甘愿为其充当刽子手的心态。从政治角度来看，这场屠杀不仅没有任何合理的理由——其财政目的不需要血腥的法令也可以实现，小亚细亚的当地人也不会因为这种极为血腥的罪行而陷入好战的狂热之中，而且还跟本都国王的意图背道而驰：它一方面迫使罗马元老院只要尚有能力就必须积极发动战争，另一方面不仅打击了罗马人，还打击了本都国王的天然盟友——并非罗马人的意大利人。以弗所的这次大屠杀完全是一种毫无意义的野蛮报复行为，它之所以给人一种壮观的假象，在很大程度上仅仅是因为它体现了苏丹统治的特征。

对被征服省份的组织管理

总而言之，本都国王的目标越来越高。他因绝望发动了战争，没想到轻而易举地就取得了胜利，而令人畏惧的苏拉也没有来到亚洲，这些使他有了极大的奢望。他将大本营设在小亚细亚西部；原本罗马统治者所在的帕加姆斯成了他的新首都，锡诺普的旧王国作为辖区传给了他的儿子米特拉达特斯；卡帕多西亚、弗里吉亚和比提尼亚也成了本都的行省。帝国的达官显贵和国王的亲信得到了丰厚的奖赏和封地，国王不仅免除了所有公社拖欠的税款，而且承诺五年内不会向他们征税。如果他期待小亚细亚的居民会因此效忠于他，那这一举措跟屠杀罗马人的做法一样大错特错。

从意大利人那里和其他地方没收的财产无疑大大地填充了国王的金库，例如仅从科斯岛的犹太人那里他就拿走了八百塔兰特（合十九万五千英镑）。小亚细亚北部及附近的大部分岛屿均在国王的势力范围之内，除了帕弗拉格尼亚的一些小君主外，几乎没有一个地区仍然效忠于罗马，整个爱琴海都由米特拉达特斯的舰队所把持。只有西南部的卡里亚和利西亚的城市联盟以及罗德市还在反对他。可以确定，位于卡里亚的斯特拉多尼西亚已被武力攻克，但西皮洛斯山的马格尼西亚成功地顶住了猛烈的围攻，打败了米特拉达特斯最能干的军官阿奇劳斯并使其受伤。总督卢西乌斯·卡西乌斯和其他罗马人从亚细亚逃到了罗德岛，那里成了他们的庇护所。米特拉达特斯派出了优势兵力从海上和陆地上对罗德岛发动了猛烈的进攻。然而，尽管水军在国王的监督下作战英勇，但都是蹩脚的新手：即使他们的兵力四倍于罗德的舰队，却仍被对方击败，战船也被俘获。陆地上的围攻也无任何进展。于是在几次失利之后，米特拉达特斯放弃了进攻，这个重要的岛屿和对面的陆地仍然属于罗马。

本都入侵欧洲　色雷斯人的掠夺性入侵　本都军队占领色雷斯和马其顿　驻扎在爱琴海的本都舰队

亚细亚行省几乎没有抵抗就被米特拉达特斯占领，主要原因是苏尔皮基乌斯的革命在战争局势对罗马最不利的时候爆发了。米特拉达特斯甚至下令趁机攻击欧洲。早在罗马纪元662年,马其顿北部和东部的边境就曾再次遭到邻邦猛烈和持久的攻击。罗马纪元664、罗马纪元665年,色雷斯人侵占了马其顿和整个伊庇鲁斯,并抢劫了多多那的神谕所。尤为特别的一点是,他们还试图再次将一个名叫尤芬尼斯的冒充者推上马其顿王位。在克里米亚半岛的米特拉达特斯和色雷斯人保持着联系,对这些情况并不陌生。马其顿的副执政官盖乌斯·森提乌斯的确在色雷斯的登特勒泰部落的协助下抵挡住了入侵者,但不久又来了更强大的对手。被胜利冲昏头脑的米特拉达特斯,下定决心要像安条克王一样把争夺亚细亚主权的战争在希腊做个了结,并从陆路和海路派出了精英部队。他的儿子阿里阿拉特从色雷斯侵入防守薄弱的马其顿,一路攻城略地,并将这些地区归入了本都的辖区之内。阿夫季拉和腓利比成了本都军队在欧洲行动的主要基地。本都舰队在米特拉达特斯最优秀的将领阿奇劳斯带领下进入了爱琴海,那里几乎看不到任何罗马的船只。他们占领了罗马在这一片海域的商业中心提洛岛,有近两万居民被屠杀,其中大部分是意大利人,埃维亚岛也遭到了同样的厄运。位于马利安海角以东的所有岛屿很快也落入了敌手,本都可能会继续进攻欧洲大陆。不过,本都舰队从埃维亚岛向重镇德米特里阿斯发起的进攻,毫无疑问被马其顿总督英勇的副官布鲁提乌斯·苏拉带领迅速集结起来的一小队人马和几艘战船击退了。这位副官甚至占领了斯奇亚索斯岛,但未能阻止敌军占领希腊本土。

本都进军希腊

米特拉达特斯在继续采取武力行动的同时也在进行国家形象的对外宣传。被他用来对付雅典的主要是一个名叫亚里斯提安的人。

此人出身雅典的奴隶阶层，曾经是伊壁鸠鲁学派的学者，现在成了米特拉达特斯的宠臣。他非常擅长说服别人，凭借在宫廷中的成功经验，他深知如何迷惑大众。他郑重其事地向民众保证迦太基的援军正在赶来的路上，而迦太基早在六十年前就已变成一片废墟。到目前为止这个"新伯里克利"[28]的演讲是有效的，只有少数几个人没有丧失判断力，逃离了雅典。大量民众和几个文人都被洗脑，正式宣布放弃罗马的统治。于是，这位昔日的哲学家摇身一变成了一个暴君，在一帮本都雇佣军的支持下开启了一段臭名昭著的血腥统治，比雷埃夫斯也成了本都的一个港口。米特拉达特斯的军队刚在希腊大陆上有了落脚点，大部分的自由城邦——亚加亚、拉科尼亚、维奥蒂亚甚至塞萨利就归顺了本都。苏拉在马其顿获得增援后便进军维奥蒂亚去援助被围困的塞斯比阿，并于三天后在奇罗尼亚与阿奇劳斯和亚里斯提安发生了冲突，但未决出胜负。后因本都的增援部队从伯罗奔尼撒半岛赶来，苏拉被迫撤退（罗马纪元666年末罗马纪元667年初）。战况对米特拉达特斯非常有利，尤其在海上。见此状况，意大利叛军派出大使邀请米特拉达特斯登陆意大利，但这时叛军的起义已经失败，因此国王拒绝了这项提议。

罗马的处境

罗马政府的处境开始变得严峻。小亚细亚和希腊全境以及马其顿大部地区皆落敌手。本都战舰在海上无人能敌。意大利的叛乱虽然总体上得到了控制，但叛军仍然对意大利的广大区域拥有无可争议的指挥权。罗马虽然勉强镇压住了革命，但叛乱随时会卷土重来，而且会更加势不可挡。此外，意大利的内部矛盾和亚细亚资产阶级的巨大损失引起了令人恐慌的商业和金融危机[29]，而且国家也极度缺少可靠的军队。政府本来需要三支军队分别去镇压罗马的革命、平定意大利的叛乱以及应对亚细亚的战争，但他们只有苏拉这一支队伍，北方军队由不可靠的格涅乌斯·斯特拉博率领，只会使情况更加窘迫。苏拉必须在上述三项任务中做出选择，正如我们前面看到的，他选择了亚细亚战争。他在国家的整体利益和自己党派的具体利益发生冲突时，选择了前者，这不是一件微不足道的事情，甚至可以说是一项伟大的爱国壮举。苏拉不顾自己的离开会使他的法案和政府陷入危险，仍然于罗马纪元667年春天离开了意大利，在伊庇鲁斯的海岸登陆。

苏拉登陆　希腊被占领

苏拉这次现身东方与以往罗马总指挥官常见的情形有所不同：他的军队只有五个军团，最多只有三万人[30]，比普通执政官的军队强不了多少，而这还不是最大的不同之处。以往罗马在东方从来不缺战舰，实际上罗马的舰队总是毫无例外地拥有海上的统治权。如今，尽管苏拉被派去夺回两个大陆的土地和爱琴海的岛屿，却没有一艘战船可供使用。以前的将军会携带充足的资金，从国内将大部分补给通过海路运来。现在苏拉来的时候却两手空空，为罗马纪元666年战役艰难筹集的款项已经用在了意大利，所以他只能完全依靠征收来筹集军费。以前的将军唯一的对手就是敌人，因为各个阶级会停止斗争，所有政治派系将无一例外地联合起来对抗国家的公敌；但现在米特拉达特斯麾下有罗马的名将，意大利的大片区域又渴望与其结盟，而民主派是否会仿效苏拉值得称道的爱国行为，在他和亚细亚国王作战期间与他休战，这一点至少是值得怀疑的。苏拉这位有魄力的将军不得不面对所有的这些窘境，在迅速完成手头的任务之前，他不习惯于为将来的麻烦而烦恼。他向本都国王发出和平的建议，大致是希望将局面恢复到战前的状态，但遭到了国王的拒绝。于是苏拉刚刚登陆便从伊庇鲁斯港口向维奥蒂亚进军，在提尔服西姆山击败了敌军将领阿奇劳斯和亚里斯提安后，长驱直入占领了希腊大陆。阿奇劳斯和亚里斯提安逃往了雅典和比雷埃夫斯的要塞，因此这些地方没有在苏拉的突袭之下被攻破。卢西乌斯·荷尔顿西乌斯率领的一支罗马部队占领了塞萨利，并进入了马其顿；另一支由穆纳提乌斯率领的部队驻扎在卡尔基斯前，以抵御驻扎在埃维亚岛由尼奥普托列墨斯率领的敌军。苏拉本人在埃莱夫西斯和迈加拉扎营，指挥希腊和伯罗奔尼撒的战事，并对雅典城和港口发起围攻。希腊城市一向容易受到眼前的恐慌支配，因此无条件地投降了罗马，而且对于只要提供装备、人力以及缴纳罚款便可以被赦免而兴高采烈。

对雅典和比雷埃夫斯的长久围攻　雅典陷落

对阿提卡的围攻进展缓慢，苏拉不得不准备使用各种大型攻城器具，为此需要将阿卡德米学园和莱森学院的树木做成木材。阿奇劳斯也以同样旺盛的精力和同样的精明进行着防御，他通过武装船员加强了军事实力，以优势兵力击退了罗马的进攻，并频繁地出击，且常常获得成功。德洛弥开特斯率领本都军队前来解围，却被罗马军队击败于雅典城下，其中苏拉勇猛的特使卢西乌斯·李锡尼·穆雷纳表现非常杰出，但围攻并未因此而进展迅速。与此同时，起决定性作用的是卡帕多西亚人占领了马其顿，他们将充足的供给定期从海上送进被围攻的城市，而苏拉无法从港口要塞切断这条供给线。雅典的供给无疑出现了短缺，但由于两座要塞相距不远，因此阿奇劳斯有机会用各种方式向雅典提供大量粮食，而且这些尝试没有完全失败。罗马纪元667年至罗马纪元668年的冬天就这样索然无味且毫无结果地过去了。待天气转暖，苏拉就亲自率兵开始猛烈进攻比雷埃夫斯。事实上，他成功地用炮弹在坚固的城墙上打开了一道缺口，罗马士兵随即攻了进去，但被敌人击退。当他们再次发动进攻时发现倒塌的墙后建起了月牙形壕沟，因而受到了三个方向的炮火轰击，只好被迫撤退。苏拉停止了对雅典的围攻，仅仅进行了封锁。此时雅典的供给已完全耗竭，驻军部队试图达成有条件的投降，但苏拉派出能说会道的使者暗示他们面对的不是一名学生，而是一位将军，他们只能无条件投降。亚里斯提安很清楚自己将面临怎样的命运，迟迟不肯屈服。于是罗马军队架起梯子，几乎没有遇到任何抵抗便一举拿下了这座城池（罗马纪元668年三月一日）。亚里斯提安逃到了雅典卫城，但很快也投降了。作为罗马将军的苏拉听任士兵在雅典城里烧杀劫掠，众多的叛乱头目被处决，但城市本身包括重镇提洛岛却因此重获自由和财富，又一次因故去的先贤而幸免于难。

苏拉的危险处境　缺少舰队

伊壁鸠鲁学派的那位学者就这样被击败了。但是，苏拉仍然面临巨大的困难，甚至可以说他处境危急。在超过一年的时间内，他在亚细亚战争中没有任何值得提及的进展，一个港口就耗尽了他全部的力气，而亚细亚则完全未受影响，且米特拉达特斯的副将在攻克安菲波利斯后占领了马其顿。日益明显的一个问题是：面对敌舰和众多海盗，没有舰队不仅不能保证通信和供给的畅通，甚至无法收复比雷埃夫斯，更不用说亚洲和众多岛屿了；然而现在很难看出他们如何才能获得战船。早在罗马纪元667—668年冬天，苏拉就派出最能干、机敏的军官卢西乌斯·李基尼乌斯·卢库鲁斯前往东方水域去征集尽可能多的船只。卢库鲁斯从罗德岛和其他小公社借来了六艘敞篷船，但被一个海盗中队夺走了大部分船只，他本人侥幸才得以逃脱。他更换船只骗过敌人，经克里特岛和昔兰尼来到了亚历山大港。对于他提出的出借战船的请求，埃及王室礼貌但坚决地拒绝了。没有什么能比这件事更能体现出罗马悲惨的败况了。想当初埃及王提出要举全部海军之力支援罗马，却被罗马婉言谢绝；而如今罗马在亚历山大的政客眼中已经彻底失败。财政的困境更是雪上加霜，苏拉早已被迫清空了奥林匹亚宙斯神庙、阿波罗神庙以及埃皮达鲁斯的阿斯克勒庇俄斯神庙的金库，用在底比斯境内没收的财产补偿了这些金库的一半损失。但罗马的政治革命远比其军事和财政面临的困境更加棘手。这场革命之迅猛和彻底已经远远超过人们的担心。革命党控制了首都政府，苏拉被罢免，亚细亚战争的指挥权交给了民主派执政官卢西乌斯·瓦列里乌斯·弗拉库斯，此人指日便可到达希腊。士兵无疑是拥护苏拉的。苏拉一直在尽力维护军队的士气，但现在不仅缺乏资金和供给，而且将军也被罢免，继任者已经在路上；再者，他们的对手强硬，控制着整个海域，使得这场战争的结束变得遥遥无期。在这种情况下，士兵们会作何反应又如何能够预料战争的走向呢？

本都军队进入希腊　从比雷埃夫斯撤军

但米特拉达特斯国王似乎试图将他的对手从这种危险的处境中解救出来。他显然不同意手下将领提出的防御体系，下令要求他们以最快的速度击败敌人。早在罗马纪元667年，他的儿子阿里阿特就曾从马其顿出发进攻驻扎在希腊本土的苏拉，只是在行军到塞萨利的提萨安海角时王子突然死亡，致使讨伐中断。现在（罗马纪元668年），王子的继任者——塞莫皮莱的塔克西莱斯前去攻打驻扎在塞萨利的罗马军队，据说他带领了十万步兵和一万骑兵以及德洛弥开特斯的部队。阿奇劳斯也被迫加入进来，很明显不是受苏拉军队所迫，而是接到了国王的命令。他的部队先是部分，然后全部撤出了比雷埃夫斯，与位于维奥蒂亚的本都主力军会合。苏拉下令将比雷埃夫斯及令人赞赏的防御工事摧毁后，便率军前去追赶本都军队，以便赶在弗拉库斯到来之前与敌人鏖战一番。阿奇劳斯建议本都军规不去应战，而是继续占领这片海域和海岸，以此来拖延敌人，但这一建议遭到了拒绝。如同当年被大流士和安条克统治时一样，东方的民众仿佛受到火势惊吓的动物，又一次仓促、盲目地投入了战斗。然而，现在这种情况下这种行为比以往更加愚蠢，因为只要再等几个月，亚细亚人就可以目睹苏拉和弗拉库斯自相残杀了。

奇罗尼亚之战

罗马纪元668年三月，两军在距奇罗尼亚不远的基菲索斯河平原交战。即使加上从塞萨利撤退并与罗马主力军胜利会师的部队以及希腊的分遣队，罗马军队的实力也仅有对手的三分之一，何况对方还有很强的骑兵优势，考虑到战场的情况，形势对罗马军队非常不利。为了应对这一局面，苏拉认为有必要挖战壕以保护军队的两翼；至于正面部队，他在一线和二线之间设置了一道栅栏以抵御敌军的战车。开战时，对方先派出了战车，一线的罗马士兵便撤退到栅栏后面；对方的战车受困于栅栏，又担心受到罗马投手和弓箭手的攻击，因此退回了后方，扰乱了马其顿方队和意大利流亡部队的阵型。阿奇劳斯急忙调遣两翼的骑兵对战罗马军队，以争取时间重新部署步兵。骑兵以雷霆之势冲破了罗马的阵线，罗马的步兵迅速集中起来勇敢地对抗来自四面八方的骑兵。与此同时，苏拉亲自率领骑兵攻打暴露出来的敌军侧翼，亚细亚的步兵甚至尚未正式交锋便已退散，导致他们的骑兵出现了混乱。罗马步兵因此得以喘息，之后他们发动了总攻，决定了罗马最后的胜利。阿奇劳斯下令关闭城门以阻止士兵后退，但只是徒增更多的伤亡。当城门最后被冲破时，亚细亚士兵和罗马士兵一起涌了进来。据说阿奇劳斯带领不到十二分之一的兵力逃到了卡尔基斯。苏拉一路追赶，但由于无法穿越狭窄的港湾，因此仅追到了尤里普斯海峡。

胜利的影响不明显　苏拉和弗拉库斯

这是一次伟大的胜利，但战果却微不足道：一方面是因为缺少舰队，另一方面是因为罗马的得胜者被迫要去应对来自同胞的伤害，因此未能乘胜追击。本都军队仍然独霸海面，他们甚至向西扩张到了马利安海角，连阿奇劳斯也在奇罗尼亚之战后，率领军队登陆扎金索斯岛并驻扎在那里。与此同时，卢西乌斯·弗拉库斯已带领两个军团在伊庇鲁斯登陆，途中由于遇到暴风雨和游弋在亚得里亚海的敌舰而受到严重的损失。他的军队到了塞萨利，因此苏拉第一时间赶到了那里。罗马的两支军队彼此对峙，驻扎在俄特律斯山北坡的梅利台亚，冲突似乎在所难免。弗拉库斯了解到苏拉的士兵绝对不会背叛他们的常胜将军而去投靠他这个毫不知名的民主派总司令，反而他的前卫却逃去了苏拉的军营。为了避免和自己在任何方面都不能与之匹敌的对手发生冲突，他决定向北出发，打算穿过马其顿和色雷斯到达亚细亚，在那里为将来打败米特拉达特斯铺平道路。苏拉没有阻止这个弱小的对手离开，也没有去追击对方；相反他回到了雅典，在那里度过了罗马纪元668—669年的冬天。从军事角度来看这有点儿出人意料，也许我们可以认为这次他也是受到了政治动机的影响。他愿意放弃战胜自己同胞的机会说明他非常稳健，也非常爱国，至少现在他们还要去对付亚细亚人，因此需要在亚细亚叛军和欧洲寡头政府的军队的前后夹击中，找到最能接受的解决方案。

本都再次挥师希腊　奥科美那斯之战

罗马纪元669年春天，欧洲又迎来了新的战事。米特拉达特斯不知疲倦地继续在小亚细亚进行备战，他已经下令多里劳斯率军前往埃维亚岛，军队人数不少于上次死于奇罗尼亚之战的士兵数量。这支军队在和阿奇劳斯的残余部队会合之后，渡过尤里普斯海峡去了维奥蒂亚。本都国王是根据以往战胜比提尼亚和卡帕多西亚的经验，对自己军队的能力进行的评估。他不能理解欧洲的局势已经变得不利于己方，而且朝廷中也出现了阿奇劳斯叛变的谣言。他强制下令新建的军队立刻发动攻击，歼灭罗马军队，且不容失败。国王的意愿得到了执行，他的军队即使不能战胜敌人，也至少展开了战斗。罗马人和亚洲人又一次在奥科美那斯附近的基菲索斯河平原短兵相接。人数众多、精良的亚细亚骑兵迅猛地冲向罗马步兵，使后者开始动摇并向后撤退。在形势危急之时，苏拉接过战旗率领副官和传令兵冲向了敌人，并向士兵们高声喊道：如果回到祖国，有人问起他们是在哪里抛弃了自己的将军，就告诉他们是在奥科美那斯。此举发挥了作用，军团集结起来击退了敌人的骑兵，然后又毫不费力地摧毁了对方的步兵。第二天，亚细亚的军营再次遭到围攻，绝大部分士兵丧命于科帕沼泽。只有少数几个人包括阿奇劳斯逃回了埃维亚岛。维奥蒂亚的公社因为再次背叛罗马付出了惨痛的代价,有几个公社甚至被全部歼灭。罗马势不可挡、长驱直入地进入了马其顿和色雷斯,占领了腓利比,本都的驻军自动撤出了阿夫季拉,欧洲大陆的敌人大体上已被清除。亚细亚战争的第三年(罗马纪元669年)年末时,苏拉得以将冬季营地扎在塞萨利,打算在罗马纪元670年春季开启亚洲战役[31],为此他下令在塞萨利港口制造舰船。

小亚细亚对米特拉达特斯的对抗

与此同时,小亚细亚的情况也发生了重大的变化。虽然米特拉达特斯国王曾经作为希腊的解放者挺身而出,并且在刚开始统治时就承认了小亚细亚各国在市政上的独立并赦免了税赋,但在短暂的狂欢之后小亚细亚人很快就尝到了苦涩的滋味,他们迅速醒悟了过来。国王很快露出了他的真实面目,他的独裁统治比罗马政府的专制犹过之而无不及,即使是逆来顺受的小亚细亚人也不得不公开反抗他。这位苏丹采取了非常极端的临时手段:他给予归顺的城镇独立的权利,赋予来自希腊的移民以公民身份,赦免了所有债务人的债务,分给没有土地的人土地,给了奴隶自由,将近有一万五千名被释放的奴隶加入了阿奇劳斯的队伍。他专横地对现有秩序的破坏产生了非常严重的后果。一些举足轻重的商业城市如士麦那、克勒芬、特拉勒斯和萨底斯,拒绝他派来的总督进城,甚至将他们处死,并转而拥护罗马[32]。国王的副官狄奥多罗斯是一位与亚里斯提安齐名的哲学家,只不过属于另一个学派,但同样精于奉承。他奉国王之命处死了阿德拉米蒂姆市议会的所有委员。他怀疑希俄斯岛的居民有依附罗马的倾向,便先是判他们上交两千塔兰特(合四十八万英镑）的罚款；当发现上交的钱数不对时，又悉数将他们戴上镣铐赶到了船上，让他们的奴隶将他们押送到了科尔斯基海岸，并派本都殖民者占领了希俄斯岛。本都国王下令将所有小亚细亚的凯尔特人的首领及其妻儿在一天之内处死，并将加拉太变成本都的领地。无论是在米特拉达特斯的总部，还是在加拉太，这些血腥的法令大都得以执行；但少数逃跑的人率领强大的部族赶走了本都国王的总督欧迈俄斯。不难想象，这样的一位国王肯定会遭到刺客的追杀，结果有六百名卷入这场叛乱的人被皇家法庭处以死刑。

卢库鲁斯和亚细亚海岸舰队

在本都国王自我毁灭式的暴行激起暂且归顺的臣民造反时，在亚细亚的罗马人也通过海路和陆路分别向他施以巨大的压力。卢库鲁斯在尝试劝说埃及舰队反抗米特拉达特斯未果之后，又试图从叙利亚的沿海城市借走战船并取得了成功，然后在塞浦路斯、潘菲利亚和罗德岛的港口增强了新生舰队的实力，直到足以发动攻击。他巧妙地避开了对方的优势兵力，取得了不可忽视的有利条件。他占领了尼多斯岛和半岛，袭击了萨摩斯岛，从敌军手中夺回了克勒芬和希俄斯岛。

弗拉库斯到达亚细亚　芬布里亚　芬布里亚在密勒托波利斯获胜　米特拉达特斯的危险处境

与此同时，弗拉库斯带领部队穿过马其顿和色雷斯到达了拜占庭，后又渡过海峡到达了卡尔西顿（罗马纪元668年末）。这之后军中发生了一起反对弗拉库斯的叛乱，表面上看是因为他侵吞了士兵的战利品。这次事件的幕后主使——部队的一名主要军官盖乌斯·弗拉维乌斯·芬布里亚，因与总指挥官意见相左，便将以前在论坛广场上使用过的煽动人心的手段用到了军营之中，芬布里亚这个名字后来在罗马成了暴民演说家的代名词。弗拉库斯被自己的军队罢免，不久就在离卡尔西登不远的尼科米底亚被处死。士兵们推举芬布里亚代替弗拉库斯，他也自然任由他们放纵，例如在对罗马友好的塞西卡斯，居民被命令将所有的财产献给士兵，违者将被处死；为了杀鸡儆猴，有两位最受尊敬的居民被立即处死。不过从军事的角度来看，更换总指挥却不无益处，芬布里亚不像弗拉库斯那样无能，他更有干劲和才能。在密勒托波利斯（在布鲁萨西部的林达库斯河上），他的夜间突袭彻底击败了作为本都总督前来攻打他的小米特拉达特斯，并借此打开了通往帕加姆斯的道路。那里以前是罗马的行省首府，如今成了本都王国的首都。他赶走了本都国王，使其被迫逃往不远处的皮塔涅港并打算从那里乘船逃走。就在此时，卢库鲁斯恰好带领舰队出现在这片海域，芬布里亚请他予以支援，这样便可抓住本都国王。但对卢库鲁斯而言，利益最大化比爱国更重要，他没有停下来而是继续开走了，使得本都国王逃到了米提利尼。即便如此，米特拉达特斯的处境也已经足够窘迫。罗马纪元669年末，欧洲失守，小亚细亚的国家中有一部分反对他，而另一部分则被罗马军队占领，他本人也受到相邻地区的罗马军队的威胁。卢库鲁斯率领舰队通过在莱克图姆海角和忒涅多斯岛取得的两场胜利控制了特洛伊海岸，同时，苏拉下令塞萨利建好的船队前去与其会合。凭借卢库鲁斯舰队对赫勒斯滂海峡的控制，罗马元老院的将军苏拉便可在来年春天安全、方便地回到亚细亚。

议和

米特拉达特斯企图议和。在其他情况下，这个以弗所大屠杀的罪魁祸首是绝不可能指望罗马接受他的议和条款的，但现在罗马共和国内部动荡不安，讨伐米特拉达特斯的将军也被执政党判为罪犯，他在国内的同党也遭到十分恐怖的迫害。尽管两位罗马将军一致对外，但他们彼此对立，因此本都国王不仅希望能达成和约，还希望能获得有利于自己的条件。他可以选择联系苏拉或者芬布里亚，他也同两边都进行了谈判，但似乎从一开始他就打算跟苏拉达成协议，至少在他看来，苏拉明显强于其对手。阿奇劳斯将军奉命请求苏拉将亚细亚割让给本都国王，而作为回报，国王也会协助苏拉对付罗马的民主派。苏拉保持着一贯的冷静和清醒，尽管意大利的事态使他想尽快解决亚细亚的战事，但他在衡量之后认为对于将要面临的意大利斗争来说，和卡帕多西的联盟带来的好处可以说微乎其微，而且作为一个罗马人，他完全不能接受这样一个可耻和有侮辱性的妥协。

在德里昂进行的初步会谈

罗马纪元669—670年冬天，双方在埃维亚岛对面，维奥蒂亚海岸的德里昂举行了和平会谈，苏拉明确拒绝让出哪怕一寸土地，但根据罗马胜利后不在战前提出的要求基础上增加条款的惯例，也没有再提出更多的条件。他要求本都国王归还且不得再次攻打所有被本都攻占的地区——卡帕多西亚、帕弗拉格尼亚、加拉太、比提尼亚、小亚细亚及岛屿，交出战俘和逃兵，并将阿奇劳斯的八十艘战船转交给还不够强大的罗马舰队，然后他要求对方提供军队所需的酬金和供给，并支付金额不高的三千塔兰特（合七十二万英镑）作为战争赔款；还要把被驱赶到黑海的希俄斯岛人送回家乡，让那些因亲近罗马而被迫流亡的马其顿家族回到自己的国家，并将一定数量的战船转交给罗马的结盟城市。严格来说参加和平会谈的应该还有提格兰，但缔约双方都对此闭口不谈，他们都不希望因为提格兰国王的加入而导致会谈无休止地进行下去。这样一来，本都国王仍然保留了战前的领土，他的名誉也不会受到任何损失[33]。阿奇劳斯很清楚，他们得到的已远超预期，也不可能再提出其他条件，便按上述条件缔结了初步的停战协议，然后从亚细亚人占领的欧洲大陆撤走了军队。

新的困境　苏拉赶赴亚细亚

但米特拉达特斯拒绝了和约，他要求罗马至少不再坚持要求其交出战船和帕弗拉格尼亚，同时他坚称芬布里亚已准备给他更有利的条件。看到自己的提议和冒险家提出的非官方建议被放到了同样的位置，苏拉感觉受到了冒犯，而且他早已做出了最大限度的让步，因此中断了谈判。他利用这段时间整顿了马其顿，并严惩了达尔达尼人、辛提人和米底人，为部队谋得了战利品并驻扎到更靠近亚细亚的地方。他已经下定决心无论如何要到亚细亚和芬布里亚做个了结。他立刻下令驻扎在色雷斯的军团和舰队进军赫勒斯滂海峡。阿奇劳斯最终成功地劝说顽固的国王勉强同意了和谈协议，但也因此在朝廷上被人们恶毒地视为提出这项不平等和平条约的元凶，甚至被指控犯有叛国罪，以至于不得不离开祖国到罗马寻求庇护。罗马对他欣然接纳并给了他无上的荣誉，罗马士兵对此产生了抱怨，他们感到很愤慨——这本身是可以理解的，因为这位蛮族将军杀死了他们的八万同胞，给意大利和亚细亚带来了难以形容的痛苦，而现在他居然带着从亚细亚掠夺的大部分财富，不受惩罚地回到了罗马；但更多的无疑是因为士兵们没能从亚细亚得到预期的战利品而感到失望。也许苏拉痛苦地意识到了，自己的任务从军事角度来看是如此简单，却因为受到复杂政治因素的破坏而变得令人非常困扰。他在指挥整场战争时所具有的克制和智慧在签订和谈条款时再次得到体现。本都国王几乎拥有整个黑海海岸，而其顽固程度又从最近一次的谈判中可见一斑，跟这样的君主打仗即使在最有利的条件下也仍然需要数年时间。鉴于意大利的现状，仅率领少数几个兵团去反对执政党，即使对于苏拉来说也似乎为时已晚；[34]且在此之前还有一件事情必须要做，那就是打败民主派在亚细亚军队的将军——厚颜无耻的芬布里亚，这样一来芬布里亚就不能在将来某个时候，像苏拉返回意大利镇压叛乱一样从亚洲前去支援意大利的革命了。苏拉在赫布鲁斯河的塞浦西拉接到了米特拉达特斯接受和谈条件的报告，但他继续率部前进。据说本都国王希望亲自和罗马将军协商并签订和平协议，可以推测这只是进军亚细亚，除掉芬布里亚的一个借口而已。

达耳达诺斯和平协议　苏拉对战芬布里亚　芬布里亚之死

苏拉带领军队在阿奇劳斯的随行之下，渡过赫勒斯滂海峡，在本都的亚细亚海岸达耳达诺斯与米特拉达特斯会面，口头缔结了条约。然后他带领军队继续前进，直至遇到驻扎在帕加姆斯附近的提亚提拉的芬布里亚所率军队之后，紧邻其军营驻扎了下来。苏拉的士兵无论数量、纪律性，还是领导能力和作战能力都优于士气低落、意志消沉且总指挥名不正言不顺的芬布里亚的军队，因此对后者不屑一顾。从芬布里亚军队逃跑的士兵越来越多，芬布里亚下令进攻苏拉，但他的士兵拒绝攻打同胞，甚至拒绝按他的要求宣誓在战场上忠于彼此。在试图刺杀苏拉的计划失败后，芬布里亚请求两者会面。苏拉并未出席，只派一名军官去建议芬布里亚逃跑。芬布里亚尽管厚颜无耻，但不是懦夫。他没有接受苏拉提供的船只投靠蛮族，而是去了帕加姆斯，在阿斯克勒庇俄斯神庙自刎了。他的军队中最没有原则的一部分士兵不是投靠了米特拉达特斯就是投靠了海盗，并被欣然接纳。其余大部分士兵都归入了苏拉的军队中。

对亚细亚事务的管理

面对即将到来的斗争，苏拉并不信任加入的两个军团，因此决定让他们留在亚细亚，那里还有一些城市和地区仍处于危机之后的可怕阴影之中。他将这支队伍的指挥权以及罗马对亚细亚的管理权交给了他手下最杰出的军官卢西乌斯·李锡尼·穆雷纳。米特拉达特斯在叛乱时采取的手段如释放奴隶和取消债务均被撤销，这项措施在很多地区需要动用武力才得以实施。东部边境领土上的一些城镇受到了全面整顿，罗马纪元670年被视为它们成立的时间。此外，胜利者按自己的理解实施了正义。米特拉达特斯最著名的追随者和意大利人大屠杀的元凶均被处死。应纳税的个人要立即按估价用现金支付过去五年内拖欠的全部什一税和关税，此外他们还要支付两万塔兰特（合四千八百万英镑）的战争赔款，卢西乌斯·卢库鲁斯将留下收缴这一款项。这些措施之严厉，所达到的效果皆令人可畏，但当我们回想以弗所大屠杀的情景时，就会觉得这些措施只能算是

315

相对温和的报复而已。他们在其他方面没有进行特别的压榨，这一点从胜利后拿走的战利品以贵金属计总价值仅有一百万英镑便可以看得出来。同时，一直效忠于罗马的公社，特别是罗德岛、利西亚地区和迈安德流域的马格尼西亚均得到重赏，罗德岛至少收回了与珀尔修斯对战时失去的部分领地。对于遭受苦难的希俄斯人以及在谈判时因加入苏拉阵营而遭到芬布里亚疯狂残忍虐待的伊利恩瑟人，也通过免费包租和特别优惠的措施尽可能地得到了补偿。苏拉已经带着比提尼亚国王和卡帕多西亚国王前去达耳达诺斯与本都国王会面，让他们许诺要保证和平，睦邻友好。但傲慢的米特拉达特斯不允许阿里奥巴尔扎尼斯出席会议，因为他认为后者没有皇家血统，只是一个奴隶。盖乌斯·斯克里伯尼乌斯·库里奥受命在米特拉达特斯撤出后监督这两个王国法律秩序的恢复。

苏拉动身前往意大利

这样一来，目标已经达成。四年的战乱之后，本都又一次成了罗马的附属国，希腊、马其顿和小亚细亚重新建立了单一、稳定的政府。士兵对利益和荣誉的需求也在条件允许的情况下得到了尽可能的满足，哪怕还不够充分。苏拉不仅作为军人和将军是出色的，而且在克服千难万险的同时能够既坚定不移又审时度势地做出让步。他像汉尼拔一样战斗并赢得胜利，并往往凭借上一场战争中俘获的军队，为下一场更为艰苦的战斗做好准备。苏拉让士兵们在富饶的小亚细亚西部享受豪华的冬季营地，以便在某种程度上弥补他们付出的辛苦，然后于罗马纪元671年春天率领士兵驾驶着一千六百艘战船从以弗所出发到了比雷埃夫斯，然后又经陆路到达了帕特雷，在那里船只已准备好再次运送军队前往布林迪西。苏拉在到达之前先向元老院送去了一份关于他在希腊和亚细亚作战的报告，看上去似乎对自己被革职一事毫不知情，都无声地宣告了他即将复位。

注释

[1] 见第四卷第八章之攻占西里西亚。
[2] 利比亚著名古城，建于公元前七世纪的古希腊城市，后被罗马占领。——译者注
[3] 即托勒密八世（公元前182—前116年），他的王室称号"欧厄尔葛忒斯"在希腊语中有"施惠者"的意思。——译者注
[4] 指克利奥特佩拉三世。——译者注
[5] 即托勒密九世（公元前182—前116年），其称号索特有"救主"的意思，其绰号为拉提洛斯，意为"鹰嘴豆"。——译者注
[6] 由托勒密王国的一位统治者建立并命名，起源于公元前七世纪后期的一个希腊小定居点，其废墟位于今天利比亚的一个小村庄。这座城市是形成昔兰尼加的五城之一，其他四个城市是昔兰加、贝勒奈西、特奇拉（今托克拉）和阿波罗尼亚（今苏萨）。——译者注
[7] 利比亚第二大城和重要海港班加西的古称。——译者注
[8] 安条克八世的绰号 Grypus 意为"鹰钩鼻"。——译者注
[9] 安条克九世，同安条克八世均为安条克七世之子，因其母亲将其送往库齐库斯，因而得此绰号。——译者注
[10] 即帕提亚帝国，是亚洲西部伊朗地区古典时期的奴隶制帝国。——译者注
[11] 公元前八至前三世纪位于中亚和南俄草原上印欧语系东伊朗语族的游牧民族。——译者注
[12] 见第三卷第九章之亚美尼亚。
[13] 见第四卷第一章之西亚细亚。
[14] 古希腊语，意为"高贵的"。——译者注
[15] 这个词最初在阿拉伯语中有"力量"和"裁决权"的意思，后来变为"权力"和"统治"的意思。最后成为特殊统治者的称号。被苏丹统治的地方一般都对外号称拥有独立主权。——译者注
[16] 引用的弗里吉亚语单词"Bagaios"指的是宙斯，而旧的皇室名称"Manis"

毫无疑问指的正是古波斯语中的"Bagha"，意为上帝，也就是日耳曼语中的"Mannus"以及印度语中的"Manus"（见拉森[①]发表于《德国东方学会杂志》第十卷第329页的《法理社会》一文）。——原注

① 拉森·克里斯蒂安（1800—1876年），出生于挪威，德国研究东方学与印度学的学者，波昂大学教授，最先根据语言学阐明南传佛教圣典用语，引起了巴利语起源之争。——译者注

[17] 之所以将以上内容放到一起，是因为尽管有部分计划毫无疑问是在与罗马的第一次和第二次战争之间实施的，但这些计划在一定程度上甚至要早于第一次战争（在门农节选第三十卷、查斯丁[①]的《〈胼利史〉概要》第三十三卷第七章、阿庇安的《罗马史》之米特拉达特斯以及欧特罗皮乌斯[②]的《罗马史概要》第五卷中均可见以上内容），因此根本没有办法按时间顺序进行叙述。即使是最近发现的《克森尼索法令》也没有给出这方面的相关信息。依照这一法令，丢番图曾经两次被派去讨伐陶里安人和斯基泰人，但第二次叛乱是否和罗马支持斯基泰君主的法令有关，却无法从文件中得知，而且这种可能性也不大。

① 全名马库斯·优尼亚努斯·尤斯蒂努斯，三世纪时期罗马帝国的历史学家，著有《〈胼利史〉概要》。——译者注
② 弗拉维乌斯·欧特罗皮乌斯（320年代—4世纪），古罗马历史学家，曾在君士坦丁堡担任帝国秘书，撰写了《罗马史概要》。——译者注

[18] 俄罗斯中南部曾经有很多森林，可以保护沿海省份不受炎热的东南风的侵袭，很有可能正是因为这些森林的消失才导致现在克里米亚和这些地区普遍存在严重干旱，从而影响了农业的发展。

[19] 指阿提卡大区，希腊首都雅典所在的大区，是古希腊对这一地区的称呼。——译者注

[20] 最近发现的克森尼索城为了纪念丢番图下发的法令（见迪滕伯格[①]《希腊铭文总集》252页）完全证实了民间传说的内容。从中我们可以看到附近的城市巴拉克拉瓦港当时应该属于陶里人的势力范围，而辛菲罗波尔处于斯基泰人的范围内。这两个城市一方面受到克里米亚南岸的陶里人的压迫，而另一方面则尤其受到斯基泰人的强烈压迫，斯基泰人掌握着整个半岛的内部以及与之相连的大陆部分。从中我们还可以看出米特拉达特斯国王是如何全面解救希腊城市的：他击败了陶里人，在他们的领地建起要塞（很可能在叶夫帕托利亚），并使半岛东西两边的希腊人恢复了联系；又打败了西边的西卢鲁斯王朝以及东边斯基泰的索马库斯亲王，甚至将斯基泰人赶到大陆，并经过激烈的战斗最终打败了他们和罗克萨纳勒人（即后来的罗科索拉尼[②]人，这是他们第一次被提及），民间传说中也提到过这次战役。希腊城市似乎与米特拉达特斯国王之间并无正式的从属关系，米特拉达特斯只是作为保护者，代表希腊城市与不可战胜的斯基泰人作战，他们之间的关系接近于马西利亚、

雅典与罗马之间的关系。克里米亚的另一支斯基泰部落归顺了米特拉达特斯。——原注

① 威廉·迪滕伯格（1840—1906年），德国古典铭文学家，他的著作有《希腊铭文》以及《希腊铭文总集》等。——译者注

② 萨尔马提亚人的一支部落，位于斯基泰西部。——译者注

[21] 我们只能大致推测以下事件的时间顺序：米特拉达特斯·犹帕托大约在罗马纪元640年实际掌权，苏拉是在罗马纪元662年（见李维节选第七十卷）介入亚细亚的，这就与米特拉达特斯战争持续了三十年（罗马纪元662—691年）的说法（见老普林尼《自然史》第七卷26, 97）相一致。帕弗拉戈尼亚与卡帕多西亚在此期间出现了继承权之争，可以与之有关的一点是米特拉达特斯试图在罗马行贿（见狄奥多罗斯《历史丛书》631页）——显然发生在罗马纪元651年萨托宁第一次担任保民官期间（见本书第四卷第六章之萨托宁）。马略在罗马纪元665年离开罗马后并未在东方过久停留，他发现米特拉达特斯已进入卡帕多西亚，便使其入侵一事与之谈判（见西塞图《致布鲁图斯书》①第一卷及普鲁塔克②《希腊罗马名人传》之马略），因此阿里阿拉特六世当时应该已被处死。

① 西塞图与马库斯·尤尼乌斯·布鲁图斯之间的书信合集。——译者注

② 普鲁塔克（约46—120年），罗马帝国时代的希腊作家、哲学家、历史学家，以《比较列传》（又称《希腊罗马名人传》）一书闻名后世。——译者注

[22] 阿里阿拉特六世的妻子是米特拉达特斯六世的姐姐。——译者注

[23] 见第四卷第三章之盖乌斯·格拉古宪法的特点。

[24] 最近在辛纳达以南的阿里斯利村发现的元老院于罗马纪元638年下发的一道法令（见维莱克①之《古罗马人使用的希腊词语》第51页），证实了国王生前制定的所有法规，同时正如阿庇安提到的那样，罗马不仅在国王父亲去世之后从国王手中夺走了大弗里吉亚，而且使这一地区直接隶属于罗马。——原注

① 保罗·维莱克（1865—1944年），德国考古学家和古典语言学家。——译者注

[25] 见第三卷第九章之安条克与罗马失和。

[26] 米特拉达特斯在二十五年后去世，他的儿子法纳科斯将逮捕并交出阿基利乌斯的罪魁祸首交给了罗马，使他们遭到了报应。

[27] 古希腊在小亚细亚西岸的重要贸易城市。——译者注

[28] 伯里克利（约公元前495—前429年），古代雅典政治家、军事家，出身名门，他在阵亡将士葬礼上的演讲是世界上最著名的演讲之一。——译者注

[29] 见第四卷第七章经济危机。

[30] 我们要记住，自同盟者战争爆发以来，罗马军团在没有意大利分遣队的情况下士兵人数不到以前的一半。

[31] 通过调查可以对这些事件发生的年代顺序和其他所有细节有所了解，至少可以了解其中的一部分。我们相当确定，奇罗尼亚战役即使不是在攻击雅典当天（见保萨尼亚斯①《希腊志》第一卷20节）发生的，也至少应该是在不久之后，也许是在罗马纪元668年三月发生的。后续的塞萨利战役和第二次维奥蒂亚之战不仅占据了罗马纪元668年的剩余时间，而且持续了罗马纪元669年一整年。这除了战争本身存在可能性以外，还因为苏拉在亚细亚的计划不足以支持多场战役也加剧了这一状况。李基尼乌斯似乎也指出苏拉在罗马纪元668—669年冬天回到了雅典，着手进行调查和处罚，之后他参与了奥克美纳斯战役。因此苏拉跨海进军亚细亚并非发生在罗马纪元669年，而是发生在罗马纪元670年。

① 二世纪的希腊史地理学家、旅行家，著有《希腊志》（共十卷）一书。——译者注

[32] 最近发现的以弗所市民的决议案大致表明了这一点（见沃丁顿①在《希腊语和拉丁语铭文》一书中第三卷第136节对勒巴斯②的补充）。他们的声明中提道：由于惧怕"卡帕多西亚国王"米特拉达特斯强大的兵力和突然的攻击，他们曾落入其掌控之中。但一旦机会允许，他们便"为了罗马的霸权和公众的福祉"向其宣战。——原注

① 威廉·亨利·沃丁顿（1826—1894年），法国学者、大使和政治家。曾致力于考古研究，并在小亚细亚、希腊和叙利亚旅行。——译者注
② 菲利普·勒巴斯（1794—1860年），法国的希腊学家、考古学家和翻译家。他的父亲是法国政治家和革命家，本人曾担任拿破仑三世的导师。——译者注

[33] 米特拉达特斯在和平协议中明确要求归顺他的城镇免受处罚（见门农的节选35）——考虑到征服者和被征服者的特点，这一说法似乎并不可信，而且阿庇安或者李基尼乌斯均未提到这一点。他们忘了将和平条款记录下来，这一疏忽导致了日后的各种误传。

[34] 亚美尼亚的传说中也有关于第一次米特拉达特斯战争的内容。根据阔伦尼的摩西①的说法，亚美尼亚的阿尔塔什斯国王不甘于在波斯（当时被称为帕提亚）帝国中位居第二，因而强迫帕提亚国王阿尔沙克将最高权力让与自己，然后在波斯为自己修建了一座宫殿，并在硬币上铸上了自己的头像。他任命阿尔沙克为波斯总督，任命自己的儿子提格兰为亚美尼亚总督，让自己的女儿阿尔沙玛嫁给伊比利亚大公米特拉达特斯。后者是大流士时期米特拉达特斯总督的后裔，在伊比利亚被征服后被亚历山大任命为总督，管理整个黑海和北部山区。接着，阿尔塔什斯俘虏了吕底亚国王克里萨斯，征服了两大海洋之间的陆地（小亚细亚），然后率领无数船只横渡大海前去征服西方。由于当时罗马处于无政府状态，因此阿尔塔什斯没有遇到认真的抵抗，但他的士兵却开始自相残杀，他也死于自己的军队之手。在他死后，他的继任者

提格兰开始进攻现在转而入侵亚美尼亚的希腊军队（也就是罗马军队）。他限定了军队进军的边界，将卡帕多西亚的马萨卡②和内陆的管理权以及一支力量可观的军队，转交给了自己的妹夫米特拉达特斯，然后回到了亚美尼亚。多年后在亚美尼亚的城镇依然能看到这场战役的战利品——一些出自名家之手的希腊神像。

想要辨别第一次米特拉达特斯战争中的各种事件并非难事，但各类补充尤其还有出于爱国而对亚美尼亚进行的一些篡改，显然会使对这场战争的整体叙述变得很混乱。后来征服克拉苏的荣誉也以同样的方式被归于亚美尼亚人。对待这些东方记述时我们要更加谨慎，它们绝不仅仅是流传很广的民间传说而已。相反，流传于五世纪基督徒中的约瑟夫斯③、尤西比乌斯④和其他权威的叙述已经和亚美尼亚的传说交织在一起，希腊人的历史传奇以及毫无疑问还有摩西本人的爱国主义幻想都在很大程度上受到了影响。西方的传说本身已非常糟糕，妄图在这场战争和其他类似事件中借助西方传说来辨别真相，就像不加批判的圣马丁曾经试图做的那样，只会带来更多的混乱。

① 莫夫塞斯·霍雷纳齐（约410—490年代），也被叫做阔伦尼的摩西，是亚美尼亚古代晚期杰出的历史学家，也是《亚美尼亚历史》一书的作者。——译者注
② 今天的土耳其中部城市开塞利，在罗马帝国时期曾是西里西亚行省的首府，一般被称为"卡帕多西亚的凯撒利亚"（以区别于罗马帝国境内的另一同名城市）。——译者注
③ 提图斯·弗拉维奥·约瑟夫斯（37—100年），犹太历史学家，在第一次罗马抵抗战争中曾经当过犹太起义军的领袖和指挥官，是公元70年耶路撒冷被毁灭的见证人。个人代表作品有《犹太古史》《犹太战争》等。——译者注
④ 尤西比乌斯·潘菲利（260—340年），又名凯撒利亚的尤西比乌斯，基督教历史学家、注释家和门诊家，被称为"基督教历史之父"，作品有《编年史》《基督教会史》和《君士坦丁传》等。——译者注

第九章

秦纳和苏拉

意大利的动乱

苏拉在罗马纪元667年初从希腊出发时,意大利境内悬而未决的状态前面已有所叙述:叛乱尚未完全平息,主力部队的指挥权又大半被政治立场极其可疑的将军篡夺,首都出现了各式各样的阴谋活动,呈现出一片混乱。寡头政府通过武力获得了胜利,尽管他们采取的方式很温和,或者说正是因为这种温和而招致了各方的不满。资产阶级受到了罗马有史以来最严重的经济危机的打击,政府签发了关于利息的法令以及未能阻止发生在意大利和亚细亚的战争都使他们愤愤不平。叛乱分子尽管已经放下武器,但一方面他们因为争取与统治公民同等权力的高尚希望落空而感到失望，另一方面又为了原本受到尊重的协议被作废，使他们沦为完全没有权利的属民这一状况而哀号不已。阿尔卑斯山与波河之间的公社对于罗马政府针对他们做出的部分让步也同样不满，新公民和自由民对《苏尔皮基乌斯法令》被取缔一事感到恼怒。罗马的民众沉浸在普遍的痛苦之中，而手持军刀的政府不再默许宪法统治中出现棍棒威吓之类的事情，也让他们感到忍无可忍。苏尔皮基乌斯等人在革命失败后被判为不法分子，他们留在罗马的追随者——由于苏拉的过分温和，这些人的数量众多——狂热地要求政府允许逃亡的革命党回到国内，尤其有一些富有的贵妇为此更是不遗余力。这些糟糕的情绪大都是漫无目的、暂时性的，不会直接导致两派之间出现新一轮的激烈冲突，但它们加深了普遍的不满，并或多或少导致了鲁弗斯被杀和对苏拉的多次刺杀行动，也使得罗马纪元667年的执政官和保民官的选举在某种程度上更有利于反对派。

秦纳　卡波　塞多留

不满的民众推举卢西乌斯·科尔内利乌斯·秦纳担任国家领袖，迄今为止人们除了知道他在同盟者战争中表现出色以外，对他的其他事情鲜有所闻。跟其他罗马革命中出现的众多党派领袖相比，我们对秦纳的个性和初衷所知甚少。原因显然很简单，因为他完全是一个粗俗、极度自私的人，从始至终都没有什么长远的政治目标。可以肯定的是，他在首次亮相时就为了一大笔钱将自己出卖给了新公民和马略的小圈子。这一指控似乎很可信，即便对他的指控不实，但考虑到从未有人对萨托宁和苏尔皮基乌斯有过类似怀疑，这件事本身就意味深长。事实上，他为担任国家领袖而进行的活动无论动机

323

还是目标似乎都毫无意义。与其说是一个党派，不如说是一群没有真正政治目标或重要支持的不满者推动了这一进程，而他们的主要目的是通过合法或非法的手段促使流亡者被召回。革命者接纳秦纳参与叛乱阴谋似乎是事后才有的想法。因为保民官的权力受到限制，只有执政官才能推行法案；而在所有竞选罗马纪元667年执政官的候选人中，他们认为秦纳最适合为他们所用，因此才推举他担任这一职位。革命派的次级领导者则更有才干，如平民保民官格涅乌斯·帕皮里乌斯·卡波，他因激烈的雄辩而受民众欢迎；还有各方面都非常优秀的昆图斯·塞多留，他是罗马最杰出的官员之一，自候选平民保官时便成了苏拉的仇敌，从而加入了他根本就不属于的不满者行列。行省总督斯特拉博尽管和政府有矛盾，但并未加入这一派系。

秦纳革命的爆发　政府的胜利

只要苏拉留在意大利，这些同谋者就没有理由发动骚乱；但苏拉这位可怕的总督没有听从执政官秦纳的劝诫，动身去了东方处理那里的紧急事态。秦纳立即在大部分保民官的支持下提交了反对苏拉罗马纪元666年复位的法案，这是他们为了反对苏拉而共同筹划的部分计划。他们按照苏尔皮基乌斯提议的那样，着手给予新公民和自由民平等的政治地位，并恢复了因参加苏尔皮基乌斯革命而受到惩罚的官员的职位。新公民大量聚集在首都，在必要的时候他们可以和自由民通过武力迫使反对者屈服；但执政党绝不让步，他们用自己的执政官针对反对派的执政官，即由格涅乌斯·屋大维反对卢西乌斯·秦纳，同样也由保民官来针对对方的保民官。在法案投票当天，双方都武装上阵出现在了投票地点。元老院一方的保民官行使了否决权，当对方手持刀剑逼到讲坛上时，屋大维也以武力相争。他的手下紧密团结在一起，不仅肃清了论坛广场和圣道，而且不顾他们温和的首领的指挥，对聚集的民众实施了可怕的暴行。在"屋大维日"这一天，论坛广场上血流成河，尸首堆积如山，这在历史上是空前绝后的。秦纳呼吁奴隶们为了自由加入战斗，但就像前一年马略遇到的情况一样，他的呼吁没有得到回应，发起运动的领袖们别无他法，只好逃跑。而只要这些阴谋头目还在任期内，执政党就没有办法根据宪法继续追究他们的责任。有一个先知称放逐执政官秦纳和跟随他的六个平民保民官将使国家恢复和平和宁静，不过，他这样说更多地是出于对政府的忠诚而不是对神的虔诚。因此不是根据宪法，而是根据神谕保存者所传达的神的劝告，元老院下令剥夺了执政官秦纳的官职，由卢西乌斯·科尔内利乌斯·梅鲁拉代替他担任这一职位，逃跑的首领都被宣判为不法分子。除了多了几个流放到努米底亚的人以外，整场危机似乎即将结束。

秦纳在意大利　马略登陆

毫无疑问，如果元老院不是出于一贯的疏忽，忘了至少应该逼逃亡者迅速离开意大利，或者这些逃亡者未能作为新公民解放运动的捍卫者使有利于他们的意大利叛乱在某种程度上死灰复燃，那这次运动就不会再节外生枝了。逃亡者一路畅通无阻地出现在提布尔、普雷内斯特，以及拉丁姆和坎帕尼亚的所有重要的新公民公社，为推动共同事业而到处索要钱财。这些公社对他们也是有求必应。在得到这样的支持之后，他们又找到了围攻诺拉的军队。他们认为只要军队的将军没有通过个人影响使部下效忠于其本人，那这一时期的军队应该是倾向民主派和革命派的。有一些逃亡的行政官尤其是秦纳和塞多留的演讲，给与上次战役有关的士兵们留下了深刻的印象。他们告知士兵：深得民心的执政官被不合法地罢免了，元老院干涉了主权人民的权利。执政官与其说是用自己的，不如说是用新公民的金钱使军官们对元老院违反宪法一事有了清晰的了解。坎帕尼亚的军队承认秦纳是执政官，他们一一向他表示忠心。这里成了新公民，甚至同盟者社区的人们成群结队聚集的中心。一个庞大的军队就此产生，尽管大部分都是由新兵组成，但很快就从坎帕尼亚向首都进军了。还有其他北方的队伍加入了进来。去年被放逐的人们在秦纳的邀请下在伊特鲁里亚海岸的特拉蒙登陆，其中的武装人员不超过五百人，大部分是流亡者的奴隶和入伍的努米底亚的骑兵。盖乌斯·马略在前一年就曾经很愿意与首都的乌合之众联合，现在他命令打开这些地区的地主晚上关押田间劳动者的奴工监狱，并向这些劳工提供武器，让他们为了争取自由而战，这次他的提议没有受到鄙视。有了这些劳工和新公民分遣队以及四面八方涌来的流亡者及其党羽，马略旗下很快就集结了六千人，足以为四十艘战船配备船员。他们在台伯河河口就位，并开始追击开往罗马的粮船。马略率领这些人加入了"执政官"秦纳的麾下听其调遣。坎帕尼亚军队的将领们产生了疑虑，很有远见的塞多留更是严肃地指出跟这样一个人过分接近是多么地危险：他仅凭名字就不可避免地会成为运动的领袖，而众所周知他根本不具备任何政治家的能力，而内心又极度渴望复仇。但秦纳对这些顾虑不予理会，让马略担任了总督职位，成了伊特鲁里亚和海上作战的总指挥。

斯特拉博的犹疑不决　秦纳的军队包围了罗马

就这样，风暴聚集在了罗马周围，政府召回军队保护首都已刻不容缓；[1]但由于梅特路斯的军队在萨莫奈和诺拉受到意大利人的牵制，只有斯特拉博能够迅速支援罗马。他率兵到达并扎营在科林门，以其军队的庞大和身经百战的经验可以迅速并彻底歼灭不成气候的叛乱团伙，但似乎这不是他的本意；相反他纵容叛军完全包围了罗马。秦纳率领部下和卡波的军队驻扎在台伯河右岸，与贾尼科洛山相对，塞多留则在左岸与背靠塞维安城墙的庞培对峙。马略率领逐渐扩大到三个军团并拥有大量战船的队伍逐步占领了沿岸地区，最终奥斯提亚也背叛罗马落入了他的手中。马略却任由手下的奴隶在这座城市里烧杀抢劫，拉了即将到来的恐怖统治的序幕。仅仅是交通不畅已使首都陷入巨大的危险之中，元老院下令城墙和城门的士兵进入防守状态，并征集公民入伍保卫贾尼科洛。斯特拉博的不作为使所有阶层都感到惊讶和愤怒。人们很自然地怀疑他和秦纳正在秘密谈判，但很可能并无证据。他和塞多留发生了激烈的冲突。当马略在和驻军军官达成默契进入贾尼科洛后，他也支援了执政官屋大维，而且从他成功击退并重创叛军这一事实来看，他并没有联合，或者更确切地说没有听命于叛军首领的打算。看起来他更可能是想将帮助惊恐之中的政府和市民平息叛乱作为得到来年执政官职位的筹码，从而将控制政府的大权握于手中。

各方与意大利人的谈判　斯特拉博之死

然而元老院并不想从一个篡位者的怀抱投入另一个篡位者的怀抱，于是转向别处寻求帮助。元老院颁布了法令，所有参加同盟者战争的意大利公社只要放下武器并放弃联盟就可以获得罗马公民权[2]。看上去他们相当于是在公开地表明，罗马不惜以自己的存亡为代价对战意大利人不是为了什么崇高的目标，而是出于虚荣；一遇到暂时的困境，仅仅为了在战场上增加一两千士兵，就牺牲了在同盟者战争中付出巨大代价所获得的一切成果。事实上，因罗马让步而获益的公社所派出的士兵，并不像他们承诺的那样多，加起来最多只有不到一万人。原本更有价值的是与萨莫奈人和诺拉人达成协议，那么完全值得信赖的梅特路斯的部队便可以前来保卫首都。但萨莫奈人提出的要求让人想起了考地乌姆之耻，他们要求罗马人归还从他们那里掠走的战利品和战俘，遣回逃兵，放弃萨莫奈人从罗马人那里获得的战利品，并将公民权授予萨莫奈人和投靠他们的罗马人。即使在这种危急时刻，元老院也无法接受如此屈辱的和平条款，便令梅特路斯留下一小队人马，然后亲自率领意大利南部所有可用部队尽快赶回罗马。梅特路斯听从了命令，但萨莫奈人在他走后攻打并击败了他的副将普劳提乌斯及其率领的弱小部队；诺拉的驻军则出兵放火烧了邻近依附于罗马的城市阿贝拉。萨莫奈人从秦纳和马略那里得到了所有他们想要的东西，罗马的荣誉对他们来说又算得了什么！于是叛军队伍中又增加了一支萨莫奈人的分遣队。同样，罗马在阿里米努姆也遭到了严重的损失：在政府军战斗失利后叛军占领了这里，从而使罗马和波河河谷之间运送人力和物力的重要交通要道被切断。这座人口稠密的大城市出现了物资匮乏和饥荒的情况，其驻军甚多，但给养供应却不足，尤其马略还在不断努力切断他们的供应。他早已用战船搭成浮桥封锁了台伯河，现在又通过占领安丁姆、拉努维乌姆、阿里西亚及其他城镇控制了开放的陆地交通。同时，除了那些已经投诚的人以外，其他所有抵抗的人可能都被他下令处死，他的复仇怒火得以暂时释放。紧接着，密集地聚集在首都周围的大批士兵中出现了瘟疫。据说斯特拉博的一万一千名老兵以及屋大维的六千士兵均死于这场瘟疫。然而政府并没有因此失去信心，而且斯特拉博的突然死亡对他们来说也是一件幸事。斯特拉博死于瘟疫[3]。基于各种理由对他心怀不满的民众打开棺材,拉出他的尸体并拖着游街示众。他的其余部队被编入了屋大维的军队之中。

政府的优柔寡断　罗马屈服

在梅特路斯到达罗马且斯特拉博去世之后,政府的军队至少可再次与对手相匹敌,能够列阵于奥尔本山与叛军展开对战。但政府军的军心严重不稳,当秦纳出现在阵前时,政府军的士兵竟向他欢呼,仿佛他还是他们的将军和执政官。梅特路斯认为这种情况不宜开战,因此将部队带回了军营。贵族派也摇摆不定,彼此意见不一致。其中一派以受人尊敬但固执且短视的执政官屋大维为首,坚决反对做出任何让步,而久经沙场且更加明智的梅特路斯则试图达成妥协。他和秦纳的会面激怒了双方的极端分子,马略说秦纳太软弱,屋大维则指责梅特路斯为叛徒。心绪不宁的士兵则恰恰相反,他们不信任没有经验的屋大维——这并非没有道理,因而建议梅特路斯担当总指挥之职,但遭到对方拒绝,于是大批士兵扔掉武器,甚至投身敌营。公民的情绪日益低落,使情况愈加棘手。在秦纳的传令官宣布会保证叛逃奴隶的自由之后,奴隶们成群结队地从首都涌向了敌营。但元老院应赋予自愿加入政府军的奴隶以自由的提议遭到了屋大维的坚决反对。政府已经无法掩饰被打败的事实,如同被制服的旅客不得不与盗匪头子谈判一样,他们除了在可能的情况下与叛军首领达成协议以外已别无他法。政府派出了使者,但愚蠢的使者不愿轻易承认秦纳为执政官。在因此而拖延的这段时间里,秦纳将军营转移到了城门附近,促使太多的人从罗马出逃,以至于政府已经无法再提任何条件。元老院向这位非法的执政官无条件地投降了,只是恳请对方不要大开杀戒。秦纳答应了他们,但拒绝为此宣誓。

而谈判时站在秦纳身边的马略，则一直闷闷不乐地保持着沉默。

马略的恐怖统治

罗马的城门打开了，执政官带领军队进入了首都。马略面带冷笑地提到自己被流放一事，说除非法律允许，否则拒绝踏入罗马一步。在公民们迅速聚集到论坛广场上废除了流放他的法令之后，马略才进入罗马，然后便开始了恐怖统治。他决心不针对任何个人，而是要将贵族派的所有重要人物均处死，并没收他们的财产。城门再次关上，杀戮不间断地持续了整整五天五夜，此后每天都会有逃跑或者漏掉的人被处决，连续数月整个意大利都处在一片腥风血雨之中。第一个受害者就是执政官格涅乌斯·屋大维，他的确遵循了他一贯表达的原则——宁愿死也不会对违法的人做出一点让步，即使现在他也拒绝逃跑。他身穿执政官的袍子在贾尼科洛等待着刽子手的出现，而后者也很快现身了。被杀者中还有著名的阿科莱战役的胜利者卢西乌斯·凯撒（罗马纪元664年的执政官）[4]以及他的兄弟盖乌斯——曾以不合时宜的野心激起苏尔皮基乌斯等人的暴乱[5]，是著名的演讲家和诗人，也是和蔼可亲的伙伴；此外还有马库斯·安东尼乌斯，在卢西乌斯·克拉苏去世之后，那个时代无可争议最伟大的辩论家以及普布利乌斯·克拉苏（罗马纪元657年执政官），他在西班牙战争、同盟者战争和罗马被围攻期间都表现出了杰出的指挥才能。执政党的众多政要均被处死，贪婪的刽子手还特别积极地追查出他们的财富。尤为悲惨的是卢西乌斯·梅鲁拉之死，他之前非常不情愿地在秦纳之后继任了执政官一职，现在因此事遭到刑事指控并被国民议会传讯。在被不可避免地定罪之前，他在自己曾经担任祭司的朱庇特神坛依照祭司临终时的宗教仪式将自己的祭司头巾放到了一边，然后割开了自己的血管，停止了呼吸。昆图斯·加图鲁斯之死则更加悲惨，昔日他曾随同马略一起取得过辉煌的胜利并一起凯旋，但现在面对这位年老同僚的家属的哀求时，马略只是简短地回道："他必须死。"

马略最后的日子

所有这些暴行都是盖乌斯·马略一手造成的。所有的受害者和刽子手都由他指定，只有在一些特殊的情况下，例如在处决梅鲁拉和加图鲁斯时才多少遵循了一定的法律做法。向他致敬的人投来的一瞥或者保持的沉默马上就会招致杀身之祸，这类事情并不罕见。处死受害者仍不能满足马略的报复之心：他禁止埋葬尸体，就像苏拉之前做过的那样；他下令将被杀元老的头颅挂在论坛广场上。他还下令将某些人的尸体拉到广场上示众，盖乌斯·凯撒的尸体就被拉到曾被他指控过的昆图斯·瓦列乌斯的墓前被再次刺杀。[6]他难以克制自己去安东尼乌斯的藏身之处找到对方并亲手将其杀死的冲动，因此当有人在他用餐时送来安东尼乌斯的首级时，他当众拥抱了此人。充当刽子手的主要是他的奴隶军团，尤其是阿尔迪安人的部队[7]。当他们在为自己刚刚获得的自由而纵情狂欢时，还不忘去原来的主人家里抢劫、侮辱并杀害遇到的所有人。马略的同伙对这种疯狂的暴行深感绝望，塞多留恳请执政官不惜任何代价对其进行阻止，连秦纳也感到震惊。但在这样的时代，疯狂本身就是一种力量，人们为了逃避面对深渊时产生的眩晕而纵身跃入其中。想要阻止马略这个愤怒的老人及其手下并非易事，何况秦纳也没有这个勇气，相反他选择马略作为他来年担任执政官的同僚。胜利者中较为温和的一派对恐怖统治的恐慌不亚于失败者一方，只有资产阶级乐在其中，他们很高兴看到有其他的势力加入对傲慢的寡头政府进行彻底羞辱的行列之中。与此同时，大量没收和充公所得的战利品也大都落入了他们的腰包。在这个恐怖的时代，他们从民众那里得到了"囤积者"的绰号。

马略之死

就这样，命运实现了年迈的盖乌斯·马略——这场恐怖统治的罪魁祸首的两大愿望。所有在他胜利时让他品尝到苦涩的滋味，在他挫败时对他进行恶毒攻击的文雅人士都遭到了他的报复。他用匕首回敬了自己受到的每一份讽刺挖苦，而且他在新的一年再次当上了执政官。先知曾预言他会担任七届执政官，为此他花了十三年的时间，如今这一美梦终于成真。神赐予马略他想要的一切，但就像在古老的传奇时代一样，神通过实现一个人的愿望来摧毁他，让他受到命运的嘲弄。在他早期的执政官时期，同胞们以他为傲；在他担任第六任执政官时，他成了同胞的笑料；而现在担任第七任执政官时，他成了全民诅咒的对象，被全国所痛恨。他曾经是一个正直、英勇的人才，如今成了一群不计后果的盗贼团伙癫狂的首领。他自己似乎也有所察觉，因此终日精神错乱，夜不能寐，唯有借酒浇愁。他突然得了高烧，在病榻上直挺挺地躺了七天，疯狂地幻想着自己在注定由苏拉摘得胜利桂冠的小亚细亚的战场上跟敌人厮杀，最后在罗马纪元 668 年一月十三日去世了。他在年过七十且完全握有所谓的权力和荣誉之时，死在了自己的床上。复仇女神的面目变化多样，并非总是血债血偿。在接到这位大名鼎鼎的人民救星的死讯之后，罗马和意大利的人们的心情比听到劳丁平原战役[8]胜利的消息更加舒畅，这事实上难道不是一种报复吗？

即使在他死后，无疑还会有零星的事件会让人们回想起其恐怖的统治时期，例如盖乌斯·芬布里亚，在马略的大规模屠杀中他手上沾的鲜血比其他任何人都多。他在马略的葬礼上试图杀死广受尊敬的大祭司昆图斯·斯凯弗拉（罗马纪元659年的执政官），要知道甚至连马略都赦免了这位大祭司。当斯凯弗拉的伤势恢复之后，芬布里亚又指控其有罪，因其——按他的滑稽说法——不愿被自己杀死。无论如何无节制的谋杀已经结束。塞多留以下发报酬为由将马略手下的匪徒集结起来，然后派自己信赖的凯尔特人的部队将其包围并全部歼灭，估计最少有四千人被杀。

秦纳政府

随恐怖统治一起出现的是专制统治。秦纳不仅连续四年（罗马纪元667—670年）作为执政官担任国家首脑，而且他常常不与民众协商便提名自己和同僚，仿佛他们这些民主派故意轻蔑地对至高无上的公民大会置之不理。像秦纳这样可以在如此长的时间里，对意大利和绝大部分行省拥有如此绝对权力而不受挑战的平民派首领，在历史上是绝无仅有的；但也没有哪届政府像他的政府一样如此毫无价值，毫无目标。苏尔皮基乌斯之前提出的法案——赋予新公民和自由民与老公民一样的参政权——现在自然又被秦纳提了出来，元老院通过法令正式确认了此项法案的合法性（罗马纪元670年）。根据这项法案，所有的意大利人将被分配到三十五个公民社区内，执行这项任务的监察官也被提名（罗马纪元668年）。令人感到诡异的是，由于缺乏有资质的监察官候选人，曾在罗马纪元663年担任执政官并导致授予意大利人公民权这一方案失败的菲利普斯如今当上了监察官[9]，负责将意大利人的名字写入公民簿。苏拉在罗马纪元666年成立的反动机构当然也被推翻了。他们还采取了一些取悦无产阶级的措施，例如几年前颁布的对粮食分发的限制[10]，如今可能被再次废除。盖乌斯·格拉古想要在加普亚建立殖民地的意图在罗马纪元671年春天经平民保民官马库斯·尤尼乌斯·布鲁图斯提议后才实际上得以实行。关于债务问题，小卢西乌斯·瓦列里乌斯·弗拉库斯提出了一项法案，将每项私人索赔金额削减至名义金额的四分之一，为了照顾债务人而免除了剩余的四分之三的债务金额。这些是秦纳政府仅有的具有正面意义的措施，但无一例外都是暂时性的法令。也许在整场灾难中最令人震惊的一点，不是这些举措的实施计划可能有误差，而是它们根本没有任何政治计划作为基础。大众受到了安抚，但同时又因为政府毫无意义地漠视选举的宪法规定而感到被冒犯，这完全是没有必要的。资产阶级或许可以向政府提供支持，但与债务有关的法律又损害了他们的利益，而这恰好是他们最在意的一点。政府真正的主要依靠是新公民，但他们本身却完全不配合。政府默然接受了萨莫奈人的协助，却没有采取任何措施规范他们的奇怪立场。萨莫奈人现在名义上是罗马公民，但实际上很明显国家独立才是他们奋斗的真正目标，他们依然全副武装准备为保卫国家对抗所有的敌人。政府像对待疯狗一样打倒了杰出的元老，却没有再组建一个有利于政府的元老院，甚至也没去持续地恐吓现有的元老院，因此他们根本不能确定是否会得到对方的支持。盖乌斯·格拉古不明白寡头统治的倒台就意味着新的掌权者会在自己建造的王位上像合法君主一样按自己认为恰当的方式行事。但秦纳掌权纯属意外，并非出自他个人意愿，因此他停留在自己曾经被革命风暴席卷过的地方，直到第二次风暴将他再次冲走，这又有什么好奇怪的呢？

秦纳和苏拉　意大利和各行省对政府的支持

最软弱无能的人手中掌握着最强大的权力,这样的情况显然也同样且主要存在于革命政府与寡头统治的斗争中。罗马政府在意大利有绝对的影响力。旧公民中有很大一部分人在原则上支持民主派的观点,但更多的人则保持了沉默。他们不赞成马略的恐怖统治,但寡头政治的复辟在他们看来也只不过是反对派进行第二轮恐怖统治的开始。罗马纪元667年的暴行对国家的影响相对较小,主要受到影响的是首都的贵族阶级,而且这些影响由于政府在后面三年相当温和的统治而在某种程度上有所冲淡。而全体新公民——其中的五分之三可能都是意大利人——哪怕不支持现有政府,也都坚决反对寡头统治。

和意大利一样,大部分行省都支持寡头政府,如西西里岛、撒丁岛、南北高卢以及南北西班牙。身处阿非利加的昆图斯·梅特路斯侥幸躲过了屠杀,作为贵族派的他试图掌控那里。普布利乌斯·克拉苏死于马略的屠杀,他的小儿子马库斯·克拉苏从西班牙前来投靠梅特路斯,并带来了一支在西班牙召集的军队,增强了梅特路斯的势力;但由于他们之间不和,因此不得不听从于革命政府指派的总督盖乌斯·费比乌斯·哈德良的指挥。由于亚细亚掌握在米特拉达特斯手中,因此到目前为止由苏拉控制的马其顿行省成了流亡政府唯一的避难所。苏拉的家人艰难地逃到了这里,还有几个元老也逃出罗马在此避难,很快苏拉的总部就成了类似于元老院的地方。

针对苏拉的措施

政府发布了针对寡头政府的行省总督的法令。苏拉被公民议会剥夺了指挥权、其他的荣誉和尊严,并被宣布为不法分子,梅特路斯、阿比乌斯·克劳狄乌斯和其他著名的逃难者也受到了同样的处罚。苏拉在罗马的房子被夷为平地,田产被荒废,但这些举动并不能解决问题。假使盖乌斯·马略活得再长一些,毫无疑问会亲自赶赴他临终前在高烧中曾经神往的战场与苏拉对战。政府在他死后采取的措施前面已有说明。小卢西乌斯·瓦列里乌斯·弗拉库斯[11]在马略死后被任命为执政官负责指挥东方(罗马纪元668年)。他既不是士兵也不是军官,辅助他的盖乌斯·芬布里亚并非没有才能,却不服从他的指挥,甚至派给他们的军队在数量上也只有苏拉军队的三分之一。消息接踵而至:先是弗拉库斯为了避免被苏拉碾压,率兵绕过对方向亚细亚进军(罗马纪元668年);接着芬布里亚废黜了弗拉库斯并取而代之(罗马纪元669年初);苏拉与米特拉达特斯缔结了和平条约(罗马纪元669年到670年)。至此,苏拉一直对首都统治当局保持着沉默。现在元老院收到了他的来信,他在上面汇报了战争的结束并通知元老院他将返回意大利,还声称自己会尊重授予新公民的权利,但惩罚措施将不可避免,不过不是针对大众,而是针对这场灾祸的发动者。这份宣言惊醒了不作为的秦纳,到目前为止除了在亚得里亚海安排了一些武装人员和许多战船以外,他没有采取任何其他对付苏拉的措施,现在他决心火速赶往希腊。

试图达成和解 秦纳之死 卡波和新公民武装起来反对苏拉

苏拉的信在当时的局势下可以说是非常温和了,给了中间派和平调整的希望。大部分的元老在老弗拉库斯的提议下决定着手进行和解,为此他们召唤苏拉前来并保证他在意大利的通行安全,同时建议执政官秦纳和卡波在收到苏拉的回复之前暂停行动。苏拉没有完全拒绝这些提议,当然也没有亲自前往,而是派人带去口信称他别无所求,只要能恢复那些被放逐的人的原有地位,并对罪犯进行司法处罚;除此以外他不需要安全保证,但提议对那些身在国内的人加以保护。他的使者发现意大利的局势已经发生了根本的变化。秦纳不再顾虑元老院的法令,在会议结束后便立即赶往军队,催促他们上船。在一年当中这个不适宜的季节出海使得早已不满的士兵在安科纳的总部发动了叛乱,秦纳死于这场兵变(罗马纪元670年初)。于是他的同僚卡波不得已带回叛变的军队,放弃了在希腊开战的想法,驻扎在了阿里米努姆的冬季营地。因此,苏拉的意见没有被接纳。元老院不仅拒绝了他的提议,甚至不允许他的使者进入罗马,并命令他立即放下武器。主要持有这种坚决态度的并不是马略的余党。这一派在关键时刻被迫放弃了他们一直以来侵占的最高地方行政权,不得不为了有决定性的罗马纪元671年竞选执政官。在这次投票时,他们没能联合起来支持前执政官卡波或目前统治集团的其他有才干的军官,如昆图斯·塞留多或者小盖乌斯·马略,而是支持了无能的卢西乌斯·西庇阿和盖乌斯·诺尔巴努斯。这两人都不懂如何作战,西庇阿甚至不会演讲。西庇阿在向大众推荐自己时只会声称自己的曾祖父征服了安条克,而诺尔巴努斯则称自己是寡头政府的政敌[12]。民众对马略一党所犯罪行之痛恨远不及对他们无能的鄙视。可是,如果全国人民对此都无能为力的话,那大部分民众就更无法对抗苏拉和寡头统治的复辟了。人们打算采取认真的自我保卫措施。苏拉横跨亚细亚追击芬布里亚,使其遭到部下背叛以及自杀,意大利的政府因此有了一年的时间可以用于积极的准备。据说当苏拉登陆欧洲时已有十万人的军队在严阵以待,此后士兵的人数甚至又翻了一番。

苏拉的困难处境

苏拉只有五个军团可以对抗这支意大利大军，即使加上在马其顿和伯罗奔尼撒半岛征集的分遣队，总人数可能也不到四万人。诚然，他的部队在意大利、希腊和亚细亚经历了七年奋战之后已经脱离政治，只忠于将军本人。将军对他们的放荡、残暴，甚至不服从长官的行为也都予以纵容，只要求他们英勇、忠诚，而且还给了他们在胜利后获得丰厚奖赏的希望，因此在士兵们的内心中，高尚的热情和自私的目的交织在一起，使他们迸发出更加强烈的、英勇的热情。苏拉军中的士兵遵循罗马的习俗自愿宣誓忠于彼此，并且每个人都将自己的积蓄贡献给将军作为战争开支。尽管这支精良部队和敌人的乌合之众相比其价值不可小觑，但苏拉很清楚如果意大利决心联合起来抵抗的话，自己的五个军团是不可能战胜对方的。与平民派和其无能的独裁者决战并非难事，但在联合起来反对他的人当中还有所有出于恐惧而排斥寡头统治复辟的人，尤其还有所有的新公民，他们当中既有受尤利乌斯法限制而未能参与叛乱的人，也有在几年前参与暴动而差点使罗马毁灭的人。

苏拉作出妥协

苏拉不像自己党派的大多数人那样盲目愤怒和过分严厉，他对局势进行了全面的研究。当国家陷入战火，朋友被杀害，自己的房屋被毁，家人被驱逐，他都坚定不移地站在自己的岗位上，直到打败人民的公敌，保证国家的边境安全。现在面对意大利的事务他也同样本着爱国精神，保持着理智、和解的态度，尽可能地安抚中间派和新公民，避免内战演化成旧罗马公民和意大利同盟之间的一场新的更危险的战争。苏拉在致元老院的第一封信中提出了公平合理的要求,明确表示不会进行恐怖统治。为了体现这一态度,他又表示会无条件赦免那些到现在才脱离革命政府的人,并且命令所有士兵宣誓要像对待朋友和同胞一样对待意大利人。这项非常具有约束力的声明保证了新公民已经获得的政治权力,为此卡波希望意大利的每个公民公社可以向他提供人质,但这一提议引起了普遍的愤慨并遭到元老院的反对。事实上苏拉目前所面临的主要问题在于:由于在当时背信弃义的事情时有发生,使得新公民即使不怀疑他本人的意图,也有充分的理由怀疑他是否能够劝说自己的党派在胜利之后遵守诺言。

苏拉登陆意大利　朋党和流亡者的加入增强了苏拉的实力

罗马纪元671年春天,苏拉率领军团在布林迪西港口登陆。元老院在接到消息后宣布共和国处于危险之中,并赋予执政官无限的权力。而这些无能的领袖竟然因未能预见到这件数年前便可料到的事情而感到措手不及。国内的部队仍驻扎在阿里米努姆,港口没有驻防,而最不可思议的是整个东南沿岸没有任何武装士兵。结果可想而知,布林迪西这个重要的新公民公社未做任何抵抗便打开了城门迎接苏拉这位寡头政府的将军的到来,其后所有的梅萨皮亚人和阿普利亚人也相继效仿。苏拉的军队如入无人之境,但他们不忘自己的誓言,依然恪守严格的纪律作风。贵族派的余党从四面八方涌入苏拉的军营。昆图斯·梅特路斯之前从阿非利加逃到了利古里亚的山间峡谷,现在又从那里赶来。作为苏拉的同僚,他被重新任命为总督,他曾在罗马纪元667年担任这一职位[13],后因革命而被撤职。马库斯·克拉苏也同样率领一小支部队从阿非利加出发加入了苏拉的队伍。事实上，作为上流社会的流亡者，大部分的贵族派极其自负而无心作战。当苏拉尖锐地指出他们这些贵族大人名义上是为了国家，实则希望保全自己，甚至不肯派自己的奴隶参加战斗时，他们只能默不作声。更为重要的是，有人脱离民主派的阵营投靠了苏拉，例如优雅且受人尊敬的卢西乌斯·菲利普斯，他是唯一和革命政府达成协议并接受其任命的执政官。他受到了苏拉最亲切的接待，光荣地获得了替苏拉占领撒丁岛这件轻松的差事，和他一同到来的还有一两个众所周知的无能之辈。昆图斯·卢克莱修·欧费拉和其他可以服役的军官也被同样接纳并立即予以任用。即使在苏尔皮基乌斯暴动之后被流放的元老普布利乌斯·西第古斯也受到了苏拉的谅解并在军中任职。

庞培

比个人前来投奔更为重要的是皮塞努姆地区的加入，这主要归功于斯特拉博之子——年轻的格涅乌斯·庞培。他像自己的父亲一样原本并不支持寡头政府。他承认革命政府，甚至加入了秦纳的军队，但人们没有忘记他的父亲曾与革命党对抗，因此对他进行各种攻击，甚至起诉并要求他交出据称是他父亲在占领阿斯库伦城后侵吞的战利品，使他面临失去大量财富的危险。有赖于和他关系亲密的执政官卡波的保护，以及执政官卢西乌斯·菲利浦斯和年轻的昆图斯·荷尔顿西乌斯为他提供的包括辩护在内的各种帮助，他才免于破产，但对他的不满依然存在。在接到苏拉登陆的消息后他赶到了皮塞努姆，在那里他不仅有大量财产，而且由于父亲和同盟者战争拥有很广的人脉，他在奥克西穆姆（奥西莫）树起了贵族派的大旗。

这一地区的主要居民是旧公民，他们加入了他的队伍。年轻人也自愿受这位英勇将领的领导，其中有很多曾经和他一起在他父亲军中服役。尽管他尚不足二十三岁，但既擅于冲锋陷阵又善于带领军队。他在作战中总是身先士卒，和士兵们一起有力地攻击敌人。皮塞努姆的志愿者很快组建起了三个军团。罗马派出了克洛利乌斯、盖乌斯·卡里纳斯和卢西乌斯·尤尼乌斯·布鲁特斯·达马西普斯[14]率领的军队去镇压皮塞努姆的叛乱，但庞培通过即兴发挥利用了这几个人之间的不和，巧妙地躲开了他们的攻击并将他们各个击破。最后显然是在阿普利亚，他终于和苏拉的主力军队会合。苏拉称他为大将军，这表示他可以以自己的名义指挥军队，他的部队和大部队之间不是从属，而是协同关系。苏拉授予这位年轻人其他前来投靠的贵族所没有的荣誉可能还有一个目的，那就是想要借此侧面鞭策消极的党内成员。

苏拉在坎帕尼亚遭到诺尔巴努斯和西庇阿的对抗 苏拉在提法塔山战胜诺尔巴努斯　西庇阿军队叛变

苏拉军队的实力和士气因此大增。之后，苏拉和梅特路斯从阿普利亚出发，穿过仍在叛乱的萨莫奈地区朝坎帕尼亚进军。敌人的主力部队也动身去了那里，看来双方只能在坎帕尼亚一决胜负了。执政官盖乌斯·诺尔巴努斯早已驻扎在加普亚，民主派刚刚在这里隆重地建起新的殖民地。第二支执政官率领的军队正同样沿着阿庇安大道前进，但在他们到达之前，苏拉的军队已经提前一步赶到了诺尔巴努斯的军营前。苏拉最后一次尝试和解，结果派出的使者却被对方抓了起来。于是他手下身经百战的老兵带着新的愤怒冲向了敌人。他们勇猛地冲下提法塔山，交战伊始便击败了平原上的敌人。诺尔巴努斯带领着残余部队逃到了卡普亚的革命派殖民地和拿波里的新公民城镇，任由自己被敌人包围起来。苏拉的军队此前因敌众我寡而不无忧虑，这次的胜利使他们对自己的军事实力有了十足的信心，他们没有停下来围攻残余败军，而是在苏拉的带领下离开包围的地方，沿着阿庇安大道朝着西庇阿驻扎的提亚努姆出发了。苏拉仍然在双方开战前向西庇阿提出了议和的建议，显然他非常有诚意。西庇阿势单力薄，便同意了苏拉的提议，签订了停战协议。两位将军同属贵族阶层，都有着深厚的文化和修养，且在元老院共事多年。他们会面的地点位于卡莱斯和提亚努姆之间，双方就某些问题进行了深入的探讨。由于和谈进展顺利，西庇阿便派信使前往卡普亚征求同僚诺尔巴努姆的意见。与此同时，双方的士兵往来频繁。苏拉对手下非常大方，因此让他的士兵在酒桌上劝说对方的新兵化敌为友并非难事，何况这些新兵对战争本身并不十分热衷。塞多留提醒西庇阿将军要阻止这种危险的往来，结果却是徒劳。然而就在和平协议即将达成之时，双方却最终未能签订任何条约。西庇阿宣布废除停战协定，但苏拉坚称条约已经签订，现在中止协议为时已晚。西庇阿的士兵认为他废除停战协议没有道理，便全体投靠了敌营。最终这一幕以双方士兵的互相拥抱结束，革命派军队的指挥官们只能在一旁观看而无计可施。苏拉下令要求执政官宣布辞职，西庇阿照办了，然后苏拉命骑兵护送西庇阿及其幕僚前往他们想去的任何地方。但西庇阿在甫获自由之后便马不停蹄地拿出自己的荣誉徽章开始招兵买马，不过没有进一步采取任何重要的举动。苏拉和梅特路斯将冬季营地驻扎在坎帕尼亚，在与诺尔巴努斯的第二次谈判失败之后，他们整个冬天都包围在卡普亚城外。

双方的准备工作

第一次战役的结果有利于苏拉一方，他们收复了阿普利亚、皮塞努姆和坎帕尼亚，将对方两个执政官率领的军队中的一支解散，将另一支围困了起来。不得不在两个残酷的统治者之间做出选择的意大利的各个公社中，有很多已经开始与苏拉进行谈判。寡头政府的将军苏拉正式签署了单独条例以保障这些公社从反对派那里获得的政治权利。苏拉的目标明确，他故意吹嘘，称自己在下次战役时将推翻革命政府并再次进军罗马。

但绝望似乎反而给了革命派力量。两位最坚决的领袖——卡波和小盖乌斯·马略被任命为执政官，这是他们第三次担任这一职位。尽管后者年仅二十岁，尚未到担任执政官的法定年龄，但这一点和宪法的其他条款一样都被人们忽视了。昆图斯·塞多留因对诸多事情的批评引起了人们的反感，因此被派去伊特鲁里亚征集新兵并前往他管辖的近西班牙行省。为了补充国库，元老院不得不下令将首都神庙中的金银器皿熔化，最后收集到的金银在经过数月的战役之后，剩余部分的价值依然将近六十万英镑（一万四千磅的黄金和六千磅的白银），其数量可观由此可见一斑。意大利的相当一部分地区无论是出于自愿还是被迫忠于革命政府，都在积极备战。还有一些新成立的军队来自有众多新公民公社的伊特鲁里亚和波河流域。马略手下的老兵人数众多，现在都归到了马略儿子的旗下。在所有为对抗苏拉做准备的人当中，尤以萨莫奈和卢卡尼亚某些地区的叛乱分子最为积极。欧斯干地区的许多分遣队也加入了进来，不过绝不是出于对罗马革命政府的忠诚，而是因为苏拉复辟的寡头政府不会像松松垮垮的秦纳政府那样，承认他们现有的实质上的独立，这一点很容易理解。这样一来，在对抗苏拉的过程中，萨贝利人和拉丁人之间又一次进入原有的敌对状态。对于萨莫奈人和拉丁姆人来说，这场战争像五世纪的那场战争一样关乎民族存亡，他们不是为了或多或少的政治权利在奋斗，而是为了消灭对手，以此来宣泄长期受到压迫的仇恨。因此这些地区在发起战斗时会表现出和其他地方完全不同的特点：他们会奋战到底，绝不妥协。

就这样，随着双方兵力的增强以及彼此仇恨的日益加深，第二次战役于罗马纪元672年开始了。革命政府尤其下定了决心，他们破釜沉舟，按照卡波的建议在罗马公民大会上宣布苏拉军营中的所有元老为不法分子。苏拉没有回应，也许在他看来这无疑是敌人在对他们自己进行提前宣判。

苏拉挺进拉丁姆与小马略对战　苏拉在萨克里波图斯大胜　民主派在罗马大开杀戒

贵族派分兵两路，一路由行省总督梅特路斯带领，与皮塞努姆的叛军一同向北意大利进军；而苏拉则率领部队从坎帕尼亚径直向罗马挺进。卡波等在前者行经的路上，而马略则在拉丁姆迎战敌人的主力部队。苏拉沿着拉丁大道前进，在距塞尼不远的地方遭遇了敌军。对方撤退到了位于塞尼与马略部队驻扎的坚固要塞普雷内斯特之间一个叫作"神圣港"的地方。马略为了战斗，在此集结了约有四万人的部队，他在作战勇猛方面不亚于其父亲，但他的部队没有父亲的部下训练有素，他本人也缺乏作战经验，在掌控战事方面更难望其父之项背。他的部队更快就屈服了，甚至有一支部队在战斗中就投降了敌人，加速了他们的溃败。马略部队有超过一半的士兵或死或降，剩余的士兵既不能坚守阵地，更无法夺回台伯河彼岸，只好逃到附近的要塞。由于革命政府忽视了首都的物资供应，导致罗马不可挽回地失守。马略命令掌管罗马的卢西乌斯·布鲁特斯·达马西普斯对首都的人员进行疏散，但首先要将之前被赦免的所有受人尊敬的反对派处死。这一命令比他父亲的放逐令有过之而无不及。达马西普斯执行了这项指令，他借口召集元老院，然后将部分名人就地处死，还有一部分在逃离元老院的路上被杀死。然而这次彻底的清除行动准备并不充分，导致几个无辜的著名人物被处决，其中有格涅乌斯·庞培的岳父——前市政官普布利乌斯·安提斯提乌斯，以及前副执政官盖乌斯·卡波——众所周知其父曾是格拉古的朋友，后又成为其对手[15]，在许多更为杰出的人才去世之后，此二人就在寂寥的论坛广场上成了司法法院最为雄辩的两位演说家。被处决的还有执政官卢西乌斯·多米提乌斯，还有德高望重的大祭司昆图斯·斯凯弗拉。他躲过了芬布里亚的短剑，却在自己掌管的维斯塔神庙的前厅因革命派的最后一次发作而流血致死。看着这些恐怖统治下的最后一批牺牲者的尸体被拖过街道，扔进台伯河，民众的内心充满了无言的恐惧。

围攻普雷内斯特　占领罗马

溃散的马略余部撤退到了邻近坚固的新公民城镇诺尔巴和普雷内斯特。马略本人携带财宝并率领大部分逃亡者进入了普雷内斯特。就像前一年曾命令手下围困卡普亚一样，苏拉让能干的军官昆图斯·欧费拉守在普雷内斯特，并命其不要浪费精力进攻这座坚固的城市，而是将其包围并延长封锁线，直至城中弹尽粮绝而投降。苏拉本人则从其他方向进军罗马。他发现敌人已经舍弃了罗马及所有周边地区，因此己方没有遇到任何抵抗便占领了这里。他用最短的时间发表了安定民心的致辞，并且做了最要紧的安排，然后便立即赶往伊特鲁里亚和梅特路斯会合，以便将对手赶出北意大利。

梅特路斯在北意大利对抗卡波　卡波在伊特鲁里亚遭到三面攻击

与此同时，梅特路斯在皮塞努姆与高卢省分界处的埃西斯河（位于安科纳与西尼加利亚之间）附近遭遇并击败了卡波的副将卡里纳斯。在卡波本人率领优势兵力赶来后，梅特路斯被迫停止了前进。在收到萨克里蓬塔斯战役失败的消息后，卡波担心交通受阻，便撤回弗拉米尼亚大道，打算将总部驻扎在这条路与另一条通往阿里米努姆的大道相交会的地方，以便同时把守通往亚平宁山脉和波河河谷的要隘。他们的几支部队在这次撤退中落入了敌手，塞尼加利亚受到了猛烈的攻击，卡波的后卫部队也在与庞培的精锐骑兵交战时被击败。不过，总体上卡波还是达到了他的目标。执政官诺尔巴努斯控制了波河河谷，卡波本人则前往伊特鲁里亚。但当苏拉带领得胜的军队赶到伊特鲁里亚以后，形势发生了彻底的变化。苏拉的三支来自高卢、翁布里亚和罗马的军队很快互相建立起了联系。梅特路斯率领舰队经阿里米努姆前往拉文那，在法文提亚切断了阿里米努姆和波河河谷之间的交通。他派出一支部队沿着通往普拉森提亚的大道进入了波河河谷，率领这支队伍的是苏拉的财务官马库斯·卢库鲁斯。他是米特拉达特斯战争中苏拉的舰队司令的兄弟。年轻的庞培和自己的同龄人，同时也是他的竞争对手的克拉苏从皮塞努姆经山路进入了翁布里亚，并在斯波列提乌姆控制了弗拉米尼亚大道。他们在那里打败了卡波的副将卡里纳斯，并将他关在了城中。卡里纳斯在一个下雨的夜晚逃了出来，尽管损失惨重，他还是设法回到了卡波军中。苏拉将自己率领的部队兵分两路从罗马进军伊特鲁里亚：一路沿着海岸线在萨图尼亚（位于翁布罗内河与阿尔贝格纳河之间）击败了对抗他们的敌人，另一路则在苏拉的亲自率领下在克拉尼斯河河谷与卡波的军队相遇，成功地击败了对方的西班牙骑兵。卡波与苏拉在丘西地区展开了激战，尽管最终未能决一胜负，但不管怎样到目前为止对战仍然有利于卡波一方，苏拉的胜利进军遭到了阻拦。

普雷内斯特战役

看上去，罗马周边的局势也更有利于革命派，战争也主要在向这片地区集中。当寡头政府将主要火力都集中在伊特鲁里亚时，各处的民主派则在尽最大努力突破普雷内斯特的防线；甚至连西西里总督马库斯·波本那也出动了，不过他似乎并未到达普雷内斯特。卡波派马略率领人数相当可观的部队前往那里，但也未能成功。部队在斯波列提乌姆被敌军袭击后变得军纪涣散，士气低落，供给也被中断。军中不断有人叛变，一部分逃回卡波军中，另一部分则跑到了阿里米努姆，其余的则四散逃走了。同时，南意大利人向革命派也提供了积极的支援。泰莱塞的庞提乌斯率领萨莫奈人、久经沙场的马库斯·兰波尼乌斯率领卢卡尼亚人在无人阻止他们离开的情况下出发到达了坎帕尼亚，再加上古塔带领的卡普亚驻军，一共有七万士兵向普雷内斯特进发。苏拉在留下一支部队与卡波对战后便率兵回到了拉丁姆，在普雷内斯特前面的峡谷精心选择了一处驻扎下来，以便阻击前来支援的敌军[16]。驻军试图突破欧费拉的防线，但未果；支援部队想赶走苏拉的部队，也未能成功。双方各自坚守阵地，按兵不动，即使在达马西普斯奉卡波之命率领两个军团加入支援部队之后，形势也未能发生变化。

苏拉的部队在北意大利大获全胜 苏拉的部队占领了伊特鲁里亚

当伊特鲁里亚和拉丁姆的战势陷入僵局之时，波河河谷的战局则有了明确的结果。民主派将军盖乌斯·诺尔巴努斯到目前为止一直处于优势地位，他派优势兵力攻打梅特路斯的副将马库斯·卢库鲁斯，并迫其退守到了普拉森提亚，最后他又亲自率兵前去攻打梅特路斯。他在法文提亚遇到后者之后，立刻命令早已疲惫不堪的军队在傍晚时分向对方发动进攻，结果导致全军彻底失败，仅有一千人返回了伊特鲁里亚。接到这一消息之后，卢库鲁斯便率兵冲出了普拉森提亚，在费登提亚（位于皮亚琴察与帕尔马之间）击败了和他对抗的敌军。阿尔比诺瓦努斯率领的卢卡尼亚部队全体投降。他们的首领邀请革命派军队的主要将领前来赴宴，然后将对方杀死，以此弥补他当初的犹豫。总体而言，所有可能投降的人都签订了和平条约。阿里米努姆的物资和财富都落入了梅特路斯的掌控之中，诺尔巴努斯也动身去了罗德岛，阿尔卑斯山和亚平宁山脉之间的大片区域都成了贵族派的势力范围。一直部署在这里的军队现在可以去攻打对手坚守的最后一个行省——伊特鲁里亚了。卡波在克鲁西乌姆的大营接到这一消息后难以自持。尽管仍有相当数量的军队听命于他，但他仍然秘密地离开了自己的总部，动身去了阿非利加。被遗弃的士兵中有一部分仿效他们的将军临阵脱逃，回到了罗马；而另一部分则被庞培消灭。卡里纳斯率领残余部队前往拉丁姆加入了普雷内斯特的军队。拉丁姆的局势在这段时间内没有任何变化，决战的时刻即将到来。卡里纳斯所率部队之人数不足以撼动苏拉的地位。寡头政府的先锋部队原本部署在伊特鲁里亚，此刻在庞培的率领下正在赶来。再过数日，撒向民主派和萨莫奈人的大网便会收紧。

萨莫奈人和民主派攻打罗马 科林门战役 屠杀战俘

因此民主派和萨莫奈人的首领决定不去解救普雷内斯特，而是集中力量去攻打罗马，仅需几天的路程他们便能赶到那里。从军事角度来看，他们此举是在自取灭亡，因为这样一来他们的退路拉丁大道就落入了苏拉之手。即使他们拿下罗马，也会因此被围困在这座不适合防守的城中，受到梅特路斯和苏拉的绝对优势兵力的两面夹击。然而他们不再考虑是否安全，一心只想复仇。进军罗马是狂热的革命者尤其是绝望的萨贝利一族发出的最后怒吼。泰莱塞的庞提乌斯在动员手下时郑重地喊道，要除掉那些剥夺了意大利自由的豺狼，毁掉他们赖以潜伏的森林。罗马的处境从未像罗马纪元672年十一月一日那天一样如此危险，庞提乌斯、兰波尼乌斯、达马西普斯沿拉丁大道进军到了罗马，驻扎在科林门外一英里的地方。罗马的危险程度堪比罗马纪元365年七月二十日或者公元455年六月十五日——在这两天，罗马分别遭到了凯尔特人和汪尔达人的攻打——的严峻情况。随着时间的推移，突袭罗马成了一件无比愚蠢的事情，而且首都内不乏攻击者的亲人。城内主要由优秀青年组成的志愿者队伍出城迎敌，但志愿者们很快在强大的敌军秋风扫落叶般的攻击之下四处溃散。唯一的希望落在了苏拉身上，他在接到萨莫奈军队动身前往罗马的报告后，便匆忙起身前去援助首都。他的先锋骑兵在巴尔布斯的率领之下于当天早上到达了罗马，民众消沉的士气为之一振。苏拉本人在率领主力部队于午间赶到后，立即在科林门前的阿佛洛狄忒神庙（距比庇亚门不远）开始排兵布阵。副官恳请他不要让长途奔波后尚处于疲劳状态的军队立刻作战，但苏拉考虑到罗马可能会在夜晚遭到攻击，尽管当时天色已晚，他还是下达了进攻的命令。战斗进行得非常惨烈，苏拉亲自率领的左翼部队退到了城墙，不得不关闭城门；甚至有掉队的士兵报告欧费拉，称他们已经战败。但右翼的马库斯·克拉苏击败了敌军并追至安特姆奈，使左翼部队的压力在一定程度上有所减缓，并在日落后一个小时开始进攻。战斗一直持续到第二天早上，直到最后一支三千人的部队倒戈才终于结束。罗马获救了，无路可退的叛军被全部歼灭。战俘的人数约为三千到四千人，其中包括叛军将领达马西普斯和卡里纳斯以及身负重伤的庞提乌斯。苏拉在战争结束后第三天下令将所有战俘带到战神广场上的人民之家处死，刀剑挥舞的声音和将死者的呻吟清晰地传到了附近的贝洛娜神庙，苏拉正在那里召开元老院会。这种可怕的处决行径不可原谅，但我们也不应忘记正是这些被处死的人像一伙强盗一样袭击了罗马和市民，他们只要一有时机便会大肆烧杀。

围攻　普雷内斯特　诺尔巴　诺拉

在这场战斗之后，整个战争大抵结束了。普雷内斯特的驻军看到罗马城墙上抛下的卡里纳斯和其他军官的头颅之后便知战局已定，于是投降了。驻军首领盖乌斯·马略和庞提乌斯之子在试图逃跑未果之后互相挥剑杀死了彼此。即使现在已经尘埃落定，民众却依然抱有希望，认为胜利者会宽恕他们，西第古斯对此更是深信不疑，但他们已经错过了获得宽恕的最后时机。苏拉对于那些直到最后一刻才归顺他的人都予以了无条件的宽恕，但对于那些抵抗到最后的将领和公社却毫不宽容。在普雷内斯特的一万两千名俘虏中，大部分的罗马人和个别普雷内斯特人以及妇女和儿童均被释放，但罗马的元老以及几乎所有的普雷内斯特人和全部的萨莫奈人均被缴械，并被碎尸万段。这座富有的城市也被洗劫一空。在这些发生之后，尚未投降的新公民城镇自然会拼死抵抗，例如拉丁城市诺尔巴,当埃米利乌斯·雷必达在投敌之后要进入该城时,市民们互相杀死对方并纵火烧城,就是为了不给刽子手留下任何复仇和获取战利品的机会。南意大利的拿波里已经被攻下,卡普亚似乎也自愿投降,但到罗马纪元674年萨莫奈人才撤出诺拉。最后一位幸存下来的意大利名将盖乌斯·帕皮乌斯·马提乌斯曾经在充满希望的罗马纪元664年担任叛军执政官。他乔装打扮逃离了诺拉,偷偷去提亚努姆找自己的妻子,打算和她一起逃难,但他的妻子却和他断绝了关系,于是他在自己家门前自刎而死。至于萨莫奈人,苏拉这位独裁者声称只要萨莫奈不亡,罗马便永无宁日,因此萨莫奈人的名字必须从世界上抹去。他不仅在罗马城前和普雷内斯特城中,以恐怖的方式在俘虏身上践行了自己的发言,而且为了摧毁埃塞尼亚,他似乎还发动了一次突袭攻占了那里(可能在罗马纪元674年)[17],使得这片一向经济繁荣、人口众多的地区直到如今都是一片荒凉。同样,马库斯·克拉苏也攻占了翁布里亚的图德。伊特鲁里亚的波普罗尼乌姆,尤其是坚不可摧的沃尔泰拉抵抗了相当长的时间。他们从残余的败军中召集起四个军团,进行了长达两年的抵抗。他们先是遭到苏拉本人,后来又遭到民主派执政官的兄弟,前副执政官盖乌斯·卡波的围攻,最后在科林门战役后第三年(即罗马纪元675年),驻军才以自由离开为条件投降了对方。但在那个恐怖的年代,军法、军纪不被重视,驻军士兵叛变了他们过于顺从的将军并用石头将其砸死。当他们根据协议撤退时,罗马政府派出一队人马消灭了他们。胜利的军队遍及整个意大利,所有不够稳固的城市都有重兵把守。在苏拉的将领的铁腕之下,革命派和全国反对者的声音逐渐消失。

行省

　　行省中还有一些任务有待完成。卢西乌斯·菲利浦斯迅速从革命派总督昆图斯·安东尼乌斯手中夺走了撒西岛（罗马纪元672年），阿尔卑斯山北面的高卢也几乎未做任何抵抗。但在西西里岛、西班牙和阿非利加，在意大利落败的民主派似乎一点儿都没有失去斗志。西西里岛由值得信赖的总督马库斯·波本那把守。昆图斯·塞多留施展才能使近西班牙的人民都依附于自己，并召集这片区域的罗马人组建了一支庞大的军队。他们马上封锁了去往比利牛斯山的通道。这再次证明不管在什么位置，塞多留都能尽忠职守，他是无能的革命派中唯一真正有用的人才。阿非利加的行省总督哈德良在推行革命进程时过于彻底，并且释放了奴隶，导致尤蒂卡的罗马商人发动了一场叛乱。哈德良在自己的官邸遭到攻击，和自己的侍从一起被烧伤（罗马纪元672年）。不过，阿非利加依然效忠于革命政府，秦纳的女婿——年轻有为的格涅乌斯·多米提乌斯·阿赫诺巴尔布斯被任命为这里的最高统帅。革命政府从阿非利加向两个附属国努米底亚和毛里塔尼亚进行政治宣传。这两个国家的合法君主高达之子希耶姆普萨尔二世和博库斯之子博古德，无疑都效忠苏拉，但在秦纳的怂恿之下，前者被民主派中觊觎王位的希尔巴斯废除，毛里塔尼亚王国也发生了同样的斗争。执政官卡波从意大利逃到了阿非利加与西西里岛之间的科西拉岛（即今天的潘泰莱里亚岛）后停留在了那里。他显然感到不知所措，不知道该逃向埃及还是应该在某个忠于革命派的省份重新开始战斗。

西班牙　塞多留乘船离开

苏拉向西班牙派出了盖乌斯·安尼乌斯和盖乌斯·瓦列里乌斯·弗拉库斯，前者担任远西班牙总督，后者担任埃布罗河行省的总督。他们没有动用武力便打开了前往比利牛斯山的要隘，因为塞多留派去那里的将军被其手下的一个军官杀害，部队也就此四散。塞多留的实力太过薄弱，无法与敌军抗衡，因此他匆忙集结起附近的军队在新迦太基乘船逃走了。他自己也不知道要逃往何处，可能去阿非利加沿海地区，也可能去往加那利群岛。只要苏拉的军队找不到他，去哪里都无关紧要。于是西班牙心甘情愿地归顺了苏拉派来的行政官（约在罗马纪元673年）。弗拉库斯也成功地战胜了凯尔特人并经过他们的领土，战胜了西班牙的凯尔特伊比利亚人（罗马纪元674年）。

西西里岛

格涅乌斯·庞培被任命为西西里岛的地方行政官。当他率领一百二十艘船只和六个军团出现在海岸线时，波本那未加抵抗便撤离了该岛。庞培派一支中队前往科西拉岛，俘虏了逗留在那里的马略余党。马库斯·布鲁特斯和其他军官被立即就地正法，而对于执政官卡波，庞培早已下令手下将其带回利利贝乌姆，带到他本人面前，他不顾这个人在危难之际保护过自己[18]，要亲手将其交给刽子手（罗马纪元672年）。

阿非利加

在接到前往阿非利加的任命后，庞培率领庞大的军队，击败了规模也不小的阿赫诺巴尔布斯和希尔巴斯率领的军队。当时，他谢绝了对方尊称他为大将军，马上发出了袭击的信号，在一天内荡平了敌营。阿赫诺巴尔布斯阵亡，在博古德国王的协助下，庞培在布拉抓住并处决了希尔巴斯，希耶姆普萨尔恢复了王位。之后，庞培又大举进攻沙漠居民，迫使很多独立地位得到马略承认的盖图里人部落臣服于希耶姆普萨尔。庞培在登陆四十天后便平定了阿非利加（大约在罗马纪元 674 年），罗马的威名再次响彻四方。元老院指示他解散军队，这是在暗示他不得举行凯旋仪式，根据惯例特派行政官不能提出这种要求。这位将军不免私下有所抱怨，士兵们则公开为他抗议，一时之间阿非利加似乎即将和元老院发生对抗，而苏拉将不得不和自己的女婿对战沙场。最后，苏拉做出了妥协，让这位年轻人在当上元老之前就成为了凯旋大将军（罗马纪元 675 年三月十二日），成了唯一一个获此殊荣的罗马人。事实上，当这位年轻人带着轻易取得的成就归来时，那些"有特权的人"不无嘲讽地称呼他为"大人物"。

和米特拉达特斯再起争端

苏拉在罗马纪元 671 年春天乘船离开后，东方就战事不断。为了恢复旧有格局，镇压个别城镇，亚细亚和意大利一样发生了各种血腥的斗争。为了对付自由城米提利尼，卢西乌斯·卢库鲁斯在用尽各种温和的手段后最终被迫动用了武力，即使他们在公开的战场上获得了胜利，也无法阻止市民们的顽强抵抗。

与此同时，罗马驻亚细亚总督卢西乌斯·穆雷纳和米特拉达特斯国王产生了新的争端。后者在签订和平协议之后一直忙于重新稳固自己的统治地位，因为他在一些北方省份的统治已经受到动摇。他曾任命自己能干的儿子米特拉达特斯担任科尔基斯的总督去平定那里，但后来又杀掉了这个儿子，现在他又打算远征自己治下的博斯普鲁斯王国。与此同时，被迫在穆雷纳处寻求庇护的阿奇劳斯[19]确信米特拉达特斯的这些举动是在针对罗马，于是穆雷纳在他的劝说之下以米特拉达特斯仍占有卡帕多西亚的边境地区为由，调动部队向卡帕多西亚的科马纳进发，进而入侵本都边境（罗马纪元671年）。米特拉达特斯在向穆雷纳抗议无果后向罗马政府申诉。事实上苏拉派人前去劝阻穆雷纳，但他拒不听从，相反却跨过哈吕斯河进入了无可争议的本都境内。米特拉达特斯决心以武力反击，他的将军戈尔狄俄斯负责牵制罗马军队，直到国王率领绝对的优势兵力前来结束了战斗。穆雷纳战败，损失惨重，被赶回了罗马的边境弗里吉亚，卡帕多西亚的罗马驻军被全部驱逐。穆雷纳无疑非常无耻，竟然声称自己取得了胜利并称自己为大将军（罗马纪元672年）。这次失败带来的深刻教训和苏拉对他的第二次警告才最终使他有所收敛。罗马和米特拉达特斯恢复了以往的和平（罗马纪元673年）。

第二次和平　占领米提利亚

这次愚蠢的纠纷使得攻克米提利亚一事被搁置，尽管他们从陆地和海上对这座城市进行了长期的围攻，其中比提尼亚的舰队效力颇多，但最终在穆雷纳的继任者的猛攻之下才拿下了米提利亚（罗马纪元675年）。

全面的和平

东西方长达十年的革命和战乱终于结束，政府再次统一，国家内外和平。在经历了过去那些可怕的动乱之后，连休战都让人感到欣慰。但现在急需确定的一点是：这次和平是否会带来其他变化；苏拉这位杰出的人物，在完成了艰巨的任务、成功地击败了人民的公敌、克服巨大的困难平息了革命之后，是否能够令人满意地克服更大的困难，重建根基已被动摇的社会和政治秩序。

注释

[1] 下文的内容基本上全部以最近发现的李基尼乌斯的叙述为依据。这些记录披露了许多未知的事件，尤其使我们对这些事件的前因后果有了比以往更清楚的认知。

[2] 见第四卷第七章之公民权的授予及其局限性。根据西塞罗的演讲《反腓力》，这件事情并未得到公民大会的许可。元老院似乎只是延长了《普劳提乌斯－帕皮里乌斯法》的期限（见第四卷第七章之意大利的凯尔特人被授予拉丁公民权）。这是元老院的一贯做法，这样一来就相当于将公民权授给了全部的意大利人。

[3] 李维所说的"Ad flatus sidere"（见奥布斯卡斯对李维《罗马史》的摘要56）指的是"受瘟疫感染"（见彼得罗尼乌斯①的《萨蒂利孔》第二章，老普林尼的《自然史》第二卷41节和李维的《罗马史》的第八卷9，12），而不是后来的作家们误以为的"被闪电击中"。

① 盖乌斯·彼得罗尼乌斯·阿比特（27—66年），被认为是讽刺小说《萨蒂利孔》的作者，也是波兰作家亨利克·显克维支所写的小说《君往何处去》中的主角之一。

[4] 见第四卷第七章。
[5] 见第四卷第七章。
[6] 见第四卷第七章。

[7] 见第四卷第五章。

[8] 也被称为韦尔切莱战役。——译者注

[9] 见第四卷第六章。

[10] 见第四卷第七章。

[11] 罗马年表中提到的卢西乌斯·瓦列里乌斯·弗拉库斯不是罗马纪元654年的执政官，而是另一个更为年轻的同名者，也许是前者的儿子：首先，由于罗马纪元603年（见第四卷第二章之尝试改革）至罗马纪元673年禁止执政官连任的法律仍然完全有效，因此发生在西庇阿·埃米利安努斯和马略身上的情况不可能出现在弗拉库斯身上；其次，凡提及弗拉库斯时均未提到其曾担任过两届执政官，即使西塞罗在《为弗拉库斯辩护》的演讲中也未提及；再次，罗马纪元669年作为首席元老——相当于执政官级别（见李维《罗马史》摘要83）——活跃于罗马的卢西乌斯·瓦列里乌斯·弗拉库斯，不可能是担任罗马纪元668年执政官的那位弗拉库斯，因为后者当时已经出发前往亚细亚，而且很可能已经去世。西塞罗在谈及罗马纪元667年罗马现有的执政官（见西塞罗的《致阿特提库斯书》第八章3，6节）时提到的应该是在罗马纪元654年担任执政官、在罗马纪元657年担任监察官的弗拉库斯。这位弗拉库斯的年龄在当时还活着的监察官中无疑是最大的了，因此适合担任首席元老，同时他也是罗马纪元672年的临时执政者和骑士统领。而在尼科米底亚去世的罗马纪元668年的执政官弗拉库斯是西塞罗为之辩护的卢西乌斯·弗拉库斯的父亲（见西塞罗的演讲《为弗拉库斯的辩护》25，61，以及查士丁尼的《民事法典汇编》23，55.32，77）。

[12] 见第四卷第六章。

[13] 见第四卷第七章。

[14] 我们只能推测提到的应该是这位布鲁图斯，因为作为所谓"解放者"父亲的那位马库斯·布鲁图斯是罗马纪元671年的平民保民官，不可能到战场上指挥作战。

[15] 见第四卷第四章。

[16] 据说苏拉占据了通往普雷内斯特的唯一一条山间小道（见阿庇安《罗马史》第一卷90节）。但从后面的情况来看，除了他以外，救援部队也可以到达罗马。毫无疑问苏拉驻扎在了瓦尔蒙托内，即从拉丁大道前往帕莱斯特里纳的道路交叉口，而当时萨莫奈人正沿着拉丁大道前进，因此苏拉一方面可以经普莱奈斯特前往罗马，另一方面又可以沿拉丁大道或比坎内路阻击敌人。

[17] 在李维《罗马史》第八十九章以及《学说汇纂》第三卷中斯特拉博的部分等被损坏的材料中，几乎没有其他名字能够被隐瞒。

[18] 见第四卷第九章。

[19] 见第四卷第八章。

第十章

苏拉体制

苏拉政体的恢复

大约在罗马人与罗马人之间发生第一次激战时,位于卡庇托山上的罗马朱庇特神庙毁于一场大火。这座珍贵的神庙是在共和初年由国王所修建,历经了五百年的风吹雨打。这不是预兆,而是罗马政体现状的反映,它业已被摧毁,需要重建。毫无疑问,革命已经被镇压,但胜利并不意味着就要恢复旧的政体。现在,要犒赏胜利的大军,惩罚罪大恶极的革命分子,还有预防再次爆发类似的革命都需要执政官。广大的贵族想当然地以为,在两位大革命的执政官辞世后,只要按惯例交由元老院进行补选就行了。此时,因为胜仗让苏拉大权在握,而他在为人处世、待人接物方面的判断更为准确。即使是在风调雨顺的盛世时期,这些既懒惰又狭隘的罗马贵族也是因循守旧,墨守成规,在这个乱世,怎么可能还期待这笨拙的同僚政体对国家进行有力而又广泛的彻底改革?此刻,几乎所有的元老院领导人物都在刚刚过去的危机中被扫除,很难拥有改革所需的活力和智力。苏拉确信这些拥有纯粹贵族血统的人是多么一无是处,这一点从他所选用的人员也可以看出来。除了和苏拉有姻亲关系的昆图斯·梅特路斯外,都是来自以前的中立派和平民,如卢西乌斯·弗拉库斯、卢西乌斯·菲利普、昆图斯·奥非拉、格涅乌斯·庞培等。苏拉和最激进的流亡贵族一样迫切地想要重建旧式的政体,但是,他知道在这种情况下,他需要多么认真地去工作。虽然苏拉可能并不是完全明白,可不管怎么说也比他的同党清楚,重建工作有多么困难。他不免要对寡头政治做出全面的妥协让步,还要建立一个兼具镇压和防范效果的体制。他清楚地知道,元老院会拒绝或破坏每一次妥协,会利用议会来毁掉每一步的体制重建。既然苏拉在苏尔皮基乌斯革命后没有征询元老院的意见,就已经在各方面实施了他认为必要的措施,那么在目前更为严重和紧迫的环境里,他决定凭一己之力重建寡头统治。

苏拉执政罗马

不过,现在的苏拉不再是一位执政官,仅仅是一位行省总督——就是说他只有兵权。他需要在宪法范围内尽可能地获得权力,特别是对朋友和敌人都实施他的改革。苏拉致信元老院,告诉他们应该将国家的管理交到一个拥有无限权力的人手中,而他正是那个人。他认为自己能够胜任这项艰巨的任务。很多人对于这个提议都颇为不满，但在当时的情形下，这无异于一道命令。元老院的主席父老卢西乌斯·瓦勒里乌斯·弗拉库斯，作为最高权力的临时拥有者，向公民提出建议：行省总督卢西乌斯·科尔内利乌斯·苏拉在过去担任执政官和行省总督期间所履行的所有公务均予以通过；未来他有权裁定公民的生命和财产事务，不得上诉；能随意处置国土，自由划定罗马、意大利和城邦的疆界，取消或设立在意大利的城邦，处理各省和属国；代表人民授予最高统治权，任命行省总督和裁判官，未来用新法律来管理国家；他何时完成任务，认为可以卸任这个特别的官职将由他自己决定；最后，在其任期内，常设的最高长官是同时存在还是暂时搁置，将由他决定。当然，这个建议在罗马纪元672年（即公元前82年）被毫无异议地通过。到目前为止，作为行省总督，苏拉都避免进入首都，现在，这位新的国王第一次踏入罗马城内。新官职的名称源自汉尼拔战争以来就已经实际上被废除的独裁，但是苏拉除了拥有武装的随从外，为他引路的执束杆侍从人数也是以前独裁者的两倍。这个新官职名为"制定法律和管理共和国的独裁"，事实上与以前的长官完全不同。此前的长官在有限的任职期内的权力受到限制，而且允许公民上诉，也没有废除常设官职。这个新官职更像是"负责制定法律的十人小组"，作为一个特殊的政府，替代了普通长官且拥有无限的权力，在实际中其任期也没有限制，或者，应该说这个新官职是一个基于人民法令的绝对权力，不受同僚的制约，就是一个旧式的君主制。实际上，旧式的君主制就是由公民自由约定，来服从一位专制国王的管理。甚至当代的人也极力为苏拉辩护，宣称国王好过一个坏的体制，很可能只有成为独裁者才能表明：以前的独裁意味着恢复一种受到诸多限制的王权，而新的独裁是全面的恢复王权。如此，说来也奇怪，苏拉和盖乌斯·格拉古的设想完全不同而过程却保持一致。在这方面，保守派也得向反对派借鉴，寡头体制的保护人自称为暴君，为了防止迫在眉睫的霸权主义。寡头政治最后的胜利中包含着不小的失败。

死刑

重建工作困难重重而且费时费力,苏拉也不想自讨苦吃,但是这工作要么交给无能之辈要么由他亲自上阵,所以苏拉也别无选择,只有靠自己的不懈努力来承担这个工作。首先就是定罪。苏拉个人倾向于赦免。他生性乐观,暴怒时定能看见他双眼放光,面红耳赤,但是他晚年对马略所怀有的深仇大恨,则在他平易的性情中非常少见。他本人不仅在罗马纪元666年(即公元前88年)的革命后,表现得很宽容,甚至在第二次革命犯下骇人听闻的暴行并严重影响他本人的时候,也保持着心平气和的态度。当刽子手拖着他朋友的尸体穿过首都的大街小巷时,苏拉还企图挽救双手沾满鲜血的芬布里亚的性命。后来,芬布里亚自杀身亡,他命人将其体面地安葬。在意大利登陆时,苏拉诚挚地对一切展现出宽恕和遗忘,任何来向他求和的人都获得了他的接纳。甚至在第一次胜利后,他就秉持着这样的精神和卢西乌斯·西庇阿协商,但是革命党不仅中断了协商,而且在随后即将覆灭的时候,重新发动了更为恐怖的大屠杀,甚至与本国的宿敌勾结在一起共同毁灭罗马城,真是恶贯满盈。苏拉在取得摄政权后,立刻借助自己的新职权将他和西庇阿订约后(苏拉宣布订约合法),仍然积极参与革命的文武官员以及其他支持革命的公民宣布为国家公敌。杀死罪犯者,不仅能像死刑执行者一样免于处罚,还能因此获得一万二千第纳尔的报酬,任何帮助罪犯的国人甚至是至亲都将得到最严厉的处罚。被剥夺权利者其财产视同敌军的俘获物将被充公,他们的子孙将不得从政,但只要他们属于元老阶级，就必须要承担相应的负担。最后这条法令同样适用于为革命献身者的后代及其拥有的财产。这一惩罚甚至比最早的法律中对武装攻击祖国的人所给予的惩罚还要严苛。这套让人胆寒的体制最可怕的特点是分门别类含糊不清，元老院对此立即提出了抗议。苏拉本人随即设法补救，便张贴出"公敌名单"，规定罗马纪元673年（即公元前81年）六月一日为名单的最后结束日。

公敌名单

随着这张满是鲜血的名单日复一日的滚动，最终，名单人数达到了四千七百人[1]。虽然这张名单让群众陷入恐慌之中，但至少在某种程度上约束了执行死刑者的肆意妄为，让很多的受害者不会牺牲在当政者个人的私怨下。苏拉痛恨的只是马略军团，他是罗马纪元667年（即公元前87年）和罗马纪元672年（即公元前82年）两次恐怖屠杀的始作俑者。他命人打开这位六水河战役胜利者的坟墓，将马略的尸骨丢入阿涅内河，推倒他战胜非洲人和日耳曼人而立的纪念碑。因为马略及其儿子已经过世，苏拉无法报复，便将视线转向了他收养的侄子马尔库斯·马略·格拉提狄亚努斯。此人曾两次担任执政官，深受罗马民众爱戴。他被带到马略军团所残害的人士中最叫人痛惜的卡图鲁斯的墓地，然后将其残忍折磨至死。苏拉其他最出名的对手都已丧身，唯有领导者盖乌斯·诺尔巴努斯还健在。当公民大会正讨论让他投降时，此人在罗德岛自杀身亡。无足轻重的卢西乌斯·西庇阿或受益于他出身贵族，获得赦免，允许他退休前往马西利亚安度余生，而昆图斯·塞尔托里乌斯则被流放到毛里塔尼亚沿岸一带。在尤加里乌斯街通往广场的塞尔维乌斯池堆积着被屠杀的元老首级，独裁者命令将其在此地示众。除此之外，他将为革命军提供服务和为革命军效力的人员一概列上了名单。有时，由于借钱给某个官员或用钱示好官员，尤其是某些资本家，他们曾审判元老院并参与过马略没收财产的投机活动，这些被称为"囤积者"的人员中有多达一千六百名[2]的骑士都被列上名单。同样，职业控告者是贵族最深恶痛绝的一类人，他们将元老阶级带上骑士法庭，现在也因此而受罚。后来一位律师问道："怎么会这样，他们把法庭留给了我们，却杀死了原告和法官？"长达数月的时间里，整个意大利充斥着毫无节制、最为野蛮可耻的残暴行为。在首都，死刑主要由一支凯尔特人的队伍来执行，苏拉的士兵和部下也会到意大利各地区执行死刑。不过，死刑同样欢迎每个自告奋勇者，各色人都蜂拥前往，不仅可以赚取杀人奖金，还能让他们以政治检举为幌子来满足自己的复仇心或贪婪心。有时会出现先暗杀，然后才将名字列上公敌名单的情况。我们用一个例子体现死刑执行的方式。在支持马略的新公民城拉里努姆，有一个名叫斯坦提乌斯·阿尔比乌斯·奥皮尼库斯的人，为了躲避杀人罪逃到了苏拉的大本营。胜利后，此人以统治者官员的身份出现在大家面前，罢免了城镇的官员，由他和他的朋友占据此位。曾经威胁要控告他的人，连同其至亲朋友，都被宣判为违法之徒而被处死。无数的人甚至包括不少坚定支持寡头政治的人，都成了私人恩怨和个人财富的受害者。可怕的混乱和苏拉每次对亲近的人所难辞其咎的纵容，甚至让在骚乱中犯下罪行的人都免受任何处罚。

财产充公

充公的财产也被以相同的方式处理。出于政治原因的考虑，苏拉试图吸引有身份有地位的公民来购买充公的财产。很多人都自告奋勇前来购买，尤其是年轻的马尔库斯·克拉苏最为积极。在目前这种情况下，充公财产大幅贬值在所难免。实际上，罗马采用整数现金的方式变卖充公的财产，势必会导致这样的结果。这位统治者还没有忘掉他自己，尤其是他的妻子梅特拉和与他交往甚密的各色人物，当中甚至还有自由民和酒肉朋友。有时，这些人可以无须竞价就能购买到充公财产，甚至免付全部或部分购物款。据说，苏拉的一位自由民曾用两千塞斯特斯购买了价值六百万塞斯特斯的财产，他的一位部下用这种投机买卖获得了一处价值一千万塞斯特斯的房产。这引起了巨大的愤怒，甚至在苏拉执政期间，一位律师质问道，贵族之所以发起内战是否只是为了让他们的自由民和奴隶发财致富。虽然充公财产被降价出售，全部的实收款不足三亿五千万塞斯特斯，但大部分充公财产都落入了最富有的公民手中。总而言之，这是一次恐怖的惩罚。不再需要任何程序、没有宽恕，无声的恐怖就像千斤重担压在全国各地。首都和城镇的市场里，人们不再发表自由的言论，都保持静默。毫无疑问，寡头政治的恐怖统治与革命不同，马略沉溺于用敌人的鲜血来进行个人报复，而苏拉好像把恐怖行为抽象化，就是说，引入新独裁统治的必备事件——大屠杀，是由自己还是由别人来实施都无所谓。当这次的恐怖统治由保守派实施，多少有些无情，显得更加让人心惊胆战。当两方的愤怒和罪恶不分上下时，共和国的损失更加无法挽救。

维持此前所授予的公民权利

虽然除了例行公事外，所有在革命期间的事务都被苏拉认为无效，但是在调整意大利及首都之间的关系上，苏拉坚持原则，即意大利城邦的每个公民都是罗马的公民；意大利同盟国公民之间的区别，拥有优越权的旧公民和受到更多权利限制的新公民之间的区别，都被废除且永远如此。至于投票权不受约束的自由民被再次剥夺权利，恢复以前的状态。对于贵族中的极端分子而言，这算是一次巨大的让步。苏拉认为必须从革命首领导者的手中夺取这些强大的控制权，而增加公民的数量并不会严重危害寡头政治的统治。

针对个别城邦的惩罚

原则上的让步与最严苛的审查相联系，由特派员和分布在意大利的驻军合作完成，涉及所有地区的各个城邦。有些获得奖赏，如布林迪西是首先加入苏拉的城邦，现在这个港口获得了重要的免税权。更多的是遭到了惩罚，轻则罚钱，重则拆除城墙，夷平要塞。至于那些顽固抵抗的城邦，统治者没收了他们部分甚至是全部的领土，无论他们是被视为拿起武器反抗祖国的城邦公民，还是发动战争破坏永久和平条约的同盟国，在法律上他们的土地肯定都会被剥夺。在这种情况下，这些公民都被剥夺了他们的市民权，同时还有罗马公民权，代之以最低等的拉丁权[3]。这样，苏拉就避免了给反对党提供一个拥有低等权利的附属城邦作为核心，被剥夺必需品的无家可归者很快便沦为无产阶级。在坎帕尼亚，不仅废除了民主殖民地卡普亚，可想而知土地也被收归国有，而且拿波里城邦的埃那利亚岛（即伊斯基亚岛）也被夺走。在拉丁姆，富饶的大城市普雷内斯特的所有土地全部被没收。据推测，诺尔巴也是如此，翁布里亚的斯波勒提乌姆同样如此，佩里格尼亚地区的苏尔摩甚至被夷为平地。统治者的铁腕特别重罚了两个地区——伊特鲁里亚和萨莫奈，这两个地区都是奋力抵抗到底，甚至在科林门战役后也没有投降。

几个最大的市镇如佛罗伦萨、弗苏莱、阿雷提乌姆和沃拉特莱,都被全部征收。我们已经介绍了萨莫奈的命运,这里没有没收财产,但是土地沦为永恒的荒芜,繁荣的城镇甚至是昔日的拉丁殖民地埃塞尼亚都成了废墟,地位与布鲁提亚和卢卡尼亚地区相同。

派遣士兵

关于意大利土地的处置,一方面,曾经获得罗马领地使用权的同盟城邦,现在瓦解后将土地归还罗马政府;另一方面,受到惩罚的城邦,其领土被没收,统治者将其用来安置胜利军队中的士兵。新的定居点大部分位于伊特鲁里亚,如费苏莱和阿雷提乌姆,其他则位于拉丁姆和坎帕尼亚,这里的普雷内斯特和庞培成了苏拉的殖民地。如前所述,统治者不打算再向萨莫奈移民。大部分的土地分配沿袭了格拉古的模式,所以移民隶属于已经存在的城邦。据说,分配的土地数量为十二万,这充分体现了定居点的规模。不过,有些土地另作他用,如交由提法塔山的狄安娜神庙使用的土地,沃拉特莱和阿雷提乌姆的部分土地一直未作分配,其他的依据旧法禁止滥用的土地现在被重新分配,由苏拉的宠臣按占有权获得。对于这些殖民地,苏拉的目的另有不同。首先,他履行了对战士们的承诺。其次,他在实施中所采纳的观点获得了改革派和温和保守党一致的同意。早在罗马纪元 666 年(即公元前 88 年)他就曾依次设立了一些殖民地——这个观点即政府通过打破较大的财产所有者,在意大利增加小型的农业经营者,而苏拉重新禁止废弃分配的土地则充分体现了他对此事的重视。特别是最后一点,他看见这些驻军就像卫戍部队,在保护他的新政体时也保护他们自己的财产权。因此,在土地没有被全部没收的地方,例如庞培,殖民地居民不能并入城邦，但是，在同一城墙内，旧公民和殖民地居民组成两个公民团。在其他方面，就像以往一样，这些殖民地无疑也是以人民法令为基础，但这只是间接基础，因为执政者以《瓦勒里乌斯法》来组建殖民地，事实上，这是源于统治者手握大权，让人想起了以前的王权随意处置国家财产的情况。至于士兵和公民之间的区别，在其他情况下这种外派士兵或殖民者都已取消，但在苏拉的殖民地甚至是已建成的殖民地，这种区别却准备有效地保留下来，事实也确实如此。可以说，这些殖民地居民形成了元老院的驻军，与以前相比，他们所在的这些殖民地应被称为军事殖民地。

罗马城里释放的奴隶

统治者从被剥夺权利的奴隶中挑选出最为年轻力壮的人，将他们全部释放，数量多达一万人，这一措施类似于为元老院组建了一支特别的常备军。这些新释放的奴隶，他们公民权的存在与其保护人的法律效力有关，这一制度的设计是为寡头政治提供一种保护，帮助其控制城民。事实上，目前在首都缺少驻兵的情况下主要就是依靠他们。

废除格拉古制度

统治者的寡头政治主要就是依靠这些特殊的支持，虽然就连创建者都认为这些支持稍显薄弱且无法维持，但这确实是唯一可行的方法。除非在罗马设立正规的常备军或采取其他类似手段，但这些比起煽动家们的攻击来说，更会加速寡头政治的灭亡。元老院当然一直都是寡头政治普遍管理权的基础,但是不断增加的权力如此集中,让毫无组织的敌人每次袭击都占有优势。最后,实行了四十年的怀柔安抚政策寿终正寝。仍在使用的格拉古的宪法,苏拉曾在罗马纪元 666 年(即公元前 88 年)进行过第一次修改,现在则被完全废弃。可以说,自盖乌斯·格拉古时期开始,政府就承认了首都的无产阶级有起义权,然后通过给定居在这里的公民定期分发粮食来化解危机,现在苏拉将这些慷慨的赠予彻底废除[4]。盖乌斯·格拉古在罗马的亚细亚行省施行什一税和关税的包税法,巩固了资本家的地位。苏拉废除了中间人制度,将此前亚细亚行省的纳税方式转变为定额税,几个地区按照为征收拖欠税款而拟定的估值表来征税。盖乌斯·格拉古曾委任有骑士资格的人担任陪审员,让资本家可以间接参与国家管理和统治,其权威经常比官方的还要强大。苏拉将其废除并恢复元老法庭。盖乌斯·格拉古或至少在格拉古的时代,每逢盛行的节庆日都会给骑士阶级留一个特殊的位置,就像元老所长期享有的位置。苏拉取消了这个位置,将骑士降到平民座位[5]。盖乌斯·格拉古创造了骑士规则,现在苏拉将骑士阶级从政治中剔除。元老院在立法、行政和司法上享有最高的、无条件的、不可分的永久权威性,从外部彰显出它不仅享有特权,而且是唯一享有特权的阶级。

整顿元老院

为此,统治集团首先要能填补职位,让自己处于独立地位。最近的危机已经让元老的数目急剧减少。毫无疑问,现在苏拉将给予被骑士法庭放逐的人回国的自由,例如执政官普布利乌斯·鲁提利乌斯·鲁弗斯和德鲁苏斯的朋友盖乌斯·科塔,不过前者并未利用这种许可。即使如此,也只能稍微弥补由革命和反革命的恐怖统治所导致的元老阶级的巨大空虚。于是,根据苏拉的指示,元老院特别补充了大约三百名新的元老。这些人由部落大会从骑士名籍中提名,当选者一方面主要来自元老世家的年轻一代,另一方面来自苏拉的军官和在新近革命中成为达官显贵的人物。至于将来获准进入元老院的方式也重新制定,基础发生了根本的变化。按照法律一直所规定的,人们进入元老院要么是通过监察官的召唤这种普通方式,要么是通过担任三种高级官员之一的方式——执政官、法务官和市政官——自《奥维尼安法》通过以来,他们依法在元老院拥有一个席位和一个投票权。担任下级官员如保民官或财务官的,实际上也可以在元老院要求一个席位,尤其是监察官的选举倾向于担任过这类官职的人员,但在法律上这绝不是必然的。对于这两种进入元老院的方式,苏拉通过撤销监察官废除了前者——至少在实际中是如此,让财务官取代市政官进入元老院而改变了后者,同时将每年任命财务官的数量增至二十人[6]。迄今为止,监察官依法享有一项特权,即每五年修订一次元老院名册,陈述原因后可以将任何元老除名,虽然从严格意义上来讲,它在实际执行的过程中已经与原始意义不同,但未来同样被暂停实施。这样,最终由苏拉在法律上确立了元老们一直所享有的终身制。一直以来,元老总数大概不会超过三百名,通常甚至少于此数字。现在,元老数目大为增加,可能平均增加了一倍[7],由于陪审员的职责转移给了元老院,让元老院的任务加大,这也让增加元老数目成为必需。此外,额外允许进入的元老和财务官都是由部落会议提名,元老的选举一直都是由人民间接选出,现在则直接以人民选举为基础,这与寡头政治和古代罗马的观念相比更接近于代议制。元老院渐渐从一个仅仅是给官员提供建议的机关转变成一个给官员下达命令的自治机关。当把官员任命和取缔元老的权力剥夺时,元老院和官员的权力有了相同的法律基

369

础。监察官有权修订元老名册，随意删除或增加元老，这种特权事实上与一个有组织的寡头体制不符。因为现在利用财务官的选举足以作为普通补充元老的方式，便不再需要监察官来修订名册。这种职能被废除后，寡头政治最基本的原则即拥有席位和投票权的统治者具有不可罢免的终身制最终确立了下来。

关于人民的法规

至于立法，苏拉恢复了罗马纪元666年（即公元前88年）制定的法规，保障了元老院的立法权。实际上，这一权力早属于元老院，现在通过颁布法律的形式让其可以对抗保民官。公民团仍然具有形式上的至高权威，但是对于公民大会，统治者似乎有意维持其形式，却更加注意防范它有任何实质上的活动。苏拉甚至用极为不屑的态度来对待公民权，轻易就承认了新城邦的公民权或者将其授予给大批的西班牙人和凯尔特人。事实上，要是想一想，如果政府仍然重视与公民名单有关的法律特权，在经历了如此激烈的革命后，公民名单继续重新修订，但是却完全没有采取任何行动。不过，公民大会的立法权并未受到直接限制，事实上也无须限制。因为既然元老院的法案受到了更好的保障，人民就不愿再干涉政府在行政、财政或刑事审判上的事务，他们之间的立法协作实质上又回到了人民对宪法改革的赞成权。

恢复祭司的选举

更重要的是公民参加选举，这种参选不干扰或不想干扰苏拉表面的重建，好像都无法实施。乱党无法干涉祭司的选举。苏拉不仅废除了罗马纪元650年（即公元前104年）将最高祭司选举改为民选的图密善法律，还取消了类似的关于最高祭司和祭司长的其他旧法，祭司团收回了最初绝对的自我完善的权利。关于官吏的选举，至今保留了原有的模式，除了关于军事指挥的新规定将立即对公民权进行重要限制，其实从某种程度上来说是把将军的任命权由公民转移给元老院。现在，苏拉似乎也不愿恢复此前试图重拾的《苏维安投票法》，不知是他认为这种分级投票的特别模式无关紧要，还是他感觉这种旧法规会极大地危害到资本家。他只恢复了任职资格的规定，部分还有所提高；重新实施对担任官职的年龄限制；还规定执政官的候选人此前得担任过大法官，大法官的候选人此前得担任过财务官，而市政官则不需要。最近，很多人企图通过连续几年连任执政官的方式来建立僭主统治，对这种权力的滥用，苏拉施行了特别严苛的限制。他规定：担任过官职的人再次担任另外一个职位时，其间至少要间隔两年；担任同一官职时，其间至少要间隔十年。后一项规定是早公元前412年法令的重新恢复，这种做法取代了最近的极端寡头政治时期的流行观点，即严格禁止任何人重新当选为执政官。不过，大体看来，苏拉是让选举自由进行，只是用这种方式来束缚官吏的权力，让难以预测且反复无常的公民大会无论召唤谁，当选者上任后都无法反抗寡头政治。

削弱保民官的权力

事实上，此时国家的最高官职是平民保民官、执政官、法务官和监察官。苏拉恢复这些官职后，其权力都大为削弱，尤其是保民官。在统治者看来,保民官无疑是元老院统治不可或缺的工具,但它既然是革命的产物,反过来也具有产生新革命的趋势,所以需要长期对保民官进行严厉地束缚。保民官的权力来自他可以行使否决权来废除官员的官方行为,并对任何反对者处以罚金和采取进一步的惩罚措施。现在,保民官仍然保有这个权力,只是滥用仲裁权时,要遭到重罚,甚至被取消其公民权。保民官还有随意和人民商讨的特权,部分是为了提起控告,尤其是在人民的面前质问前任行政长官;部分是为了对提出的法案进行表决,这是格拉古、萨托宁和苏尔皮基乌斯对国家进行彻底改革的工具。这一特权也没有废除,但行使前需征得元老院的许可[8]。最后,还规定担任保民官的人未来将丧失担任高级官吏的资格。这条规定和苏拉复位后的其他很多事项一样,都是再次恢复了旧贵族的信条,就像将平民录用为官吏时宣称保民官和高级官吏之间相互抵触一样。寡头政治的立法者希望通过这种方式来限制平民官的煽动行为,让所有具有野心和号召力的人远离保民官一职,但是将此职位留作元老院的工具,来调解元老院和市民之间的关系,如果环境需要,还能约束官吏。作为国王和后来共和国官吏管理市民的权力,表现得最为清晰的,是为众人所知的原则即只有他们有权召集人民,所以这是第一次通过立法确立元老院的至高地位,最明显的就是人民领袖每次与选民商讨事务必须征得元老院的意见。

苏拉之前的时期

虽然,相较于遭到质疑的保民官,执政官和法务官更受贵族改革者的青睐,但是也无法避免寡头政治对他们的怀疑。这种对自己工具的怀疑始终都是寡头政治的特色。从形式上来说,他们所受到的限制较为温和，但还是可以明显感觉到。苏拉先从划分职权开始。初期，职权安排如下所述：以前，最高行政长官的全部职能均交由两位执政官，所以法律还未设立专职官员的所有公务仍由他们负责。在首都，这些公务以前是由法官实施，按照不可侵犯的原则，执政官不得干涉。还有那时所设立的海外行省——西西里、撒丁和两个西班牙行省，执政官必然具有统治权，但只有在特殊情况下才能行使，因此，一般情况下，这六个特殊职务——首都的两位法官和四个海外行省，都分派给六位法务官，同时在首都的两位执政官总揽一切非司法事务和大陆属地的兵权。现在，权力由两人执掌，事实上其中一位执政官仍然在处理政务。因此，通常情况下八位任期一年的最高官员绰绰有余。此外，在特殊情况下，一方面仍然保留了权力可以与非军事职能联合，另一方面任职期满时可以把军权延长。通常会让同一个副执政官来管理两个司法机关，处理首都事务。这些事务一般情况下会交由执政官，由内事裁判官办理，不过要尽可能避免一个人手握多项指挥权。对此，在实际中，"兵权没有空置期"成为补救措施。所以，兵权虽然有法定期限，但是期满时仍然有效，直到出现继任者接受前任的权力。或者还有一个与此作用相同的办法即掌权的执政官或法务官在到期后，如果继任者还未产生，他们将继续履行职务，执政官或法务官的代替者也必须如此。元老院在划分职权方面的影响在于：它可以利用权力实行普通规则或依此规定一些变通做法。普通规则即将六个法务官指派到六个特殊部门，执政官管理大陆非司法事务，而变通做法是指派执政官担任当时特别重要的海外指挥官，或将非常重要的军事或司法职务——如指挥舰队或重要的刑事调查——包括到要分配的部门中，使延长任期成为必须。不过，在这种情况下，元老院每次只是负责划分执政官和法务官各自的职责，并不指派特定的职位，后者由相关官员协商或抽签确定。早期，继任官员未到时，官员可以在实际中延长统帅任期，由公民利用城邦法令使其合法化，但这是法律精神而非一纸文书，所以很快公民便不再插手此事。七世纪时期，在六个已有职位的基础上又逐渐增加了六个特别职位，即马其顿、阿非利加、亚细亚、纳尔波和西里西亚的五个新总督和一个常设的治贪法庭庭长。此外，罗马政府的活动范围日益扩大，这就要求高级官员越来越频繁地承担特派的军事或司法任务。然而，每年最高官员的数量没有增加，于是每年任命的八位官员，不说别的，至少每年要担任十二个特别职位。当然，这种人数缺口并未通过设置新的法务官来一次性弥补所有缺陷，并非偶然。按照宪法规定，所有最高官员每年由公民提名；而按照新规或更准确点说不规范的做法是缺位，只要也用延长任期的方式来填补，通常由元老院将官员的一年法定任期再增加一年，但不能随意增加。这样国家最重要的肥差不再由公民任命，而由元老院从公民推选的名单中挑选竞争者任职。一直以来，这些职位中最有利可图的当属海外统帅，通常在海外统帅任职期满时，会委任那些法律上或至少是事实上在首都就职的官员担任即罗马城两位负责执法的法务官，经常还有执政官。这种做法并不违背延长任期的本质，因为在罗马行使职权的最高官员和各行省的最高官员虽然就任地点有所不同，但在性质上并没有严格的法律区别。

苏拉将政治权和军事权分开

这便是苏拉所面对的情形，是他制定新法的基础。新法的主要原则即将公民区的政治权和非公民区的军事权完全分开，最高官吏的任期统一由一年延长至两年，第一年致力于民政事务，第二年致力于军事事务。长久以来，章程就已经将本地的民事权力和军事权力明确地划分开，前者至罗马城的边界，后者由边界开始，但是最高政权和军权仍集中于一人手中。未来,执政官和法务官应对元老院和公民,行省总督和地方行政官来指挥军队,但是依法剥夺前者的所有军权、后者的所有政权。这首先导致了北意大利地区在政治上从意大利本身划分出去。毫无疑问,这两个地区的民族一直以来都处于敌对状态,因为北意大利主要居住着利古里亚人和凯尔特人,而中意大利和南意大利居住着意大利人。但从政治管理的角度来看,从海峡至阿尔卑斯山脉的整个罗马大陆地区包括伊利里亚地区,包括一切公民城邦、拉丁城邦和非意大利城邦,通常都属于罗马的最高官员管理。事实上罗马的殖民地遍及整个领土。按照苏拉的规定,严格意义上的意大利其北部边界从埃西斯移至卢比孔河,这个地区居住的全是罗马公民,一般隶属于罗马当局。通常情况下,这个地区没有驻军和统帅,这已成为罗马国家法律的一个基本原则。但是,在阿尔卑斯山脉南面的凯尔特人地区,由于受到阿尔卑斯部落持续不断的侵犯,所以必须指派军事统帅。因此,这里按照旧有的海外统帅的方式任命一位地区总督[9]。

因为每年所任命的法务官由六名增加到八名,新的职务安排如下:每年所任命的十位长官作为执政官和法务官在任职第一年将负责首都事务——两位执政官负责行政管理,两位法务官负责民法,其他六位法务官负责整顿刑事审判——在任职第二年,执政官或法务官可以担任十个行省之中的总督:西西里、撒丁、西班牙两省、马其顿、亚细亚、阿非利加、纳尔波、西里西亚和意大利高卢。前文所提到的苏拉增加财务官至二十人也与此有关。[10]

更好地安排事务来增大元老院的权力

首先，这个计划用一套明确的规则取代了一直以来所采用的非法公职分配方式，这种方式招致了各种各样的阴谋诡计；其次，尽可能地避免了官员权力的滥用，最高统治机关的影响力大大增加。按照以前的规定，帝国只有一个法律区别即被围在墙内的城市和城址之外的地区。新法约定今后用新意大利代替城市，永保和平，可以脱离以往的统治[11]，而另一方面与此形成对比的是海外领地，需要置于军事统治之下——这就是日后所谓的行省。按照以前的安排会频繁地出现同一个人在一个职位上连任两年的情况，经常还会超过两年。新规定将首都的官员和各地总督的任期限制为一年，还有一个特别法令即每个总督须在继任者到来后的三十日内离开行省，尤其是当我们把这项法令和此前所提及的禁止旧官员立即重任原职或其他公职的法令联合起来看，那么这些规定的意向如何就很清晰了。有一句古老的格言说：限制官员的职权有利于民主政治，限制官员的任期有利于寡头政治，曾经元老院就是依此来让君主听命于己。按照以前的规定，盖乌斯·马略曾担任元老院的领袖和国家统帅，如果他曾埋怨自己的愚蠢，没有利用手中的双重权力来推翻寡头政治，那么现在人们好像已经顾虑到要防止一些聪明的成功人士来利用这种工具。按照以前的规定，人民可以直接任命官员担任军职，而苏拉将这些职位专门留给经元老院延长任期以认可其职权的官员。当然，现在这种延长任期的方法已经成为惯例，但就占卜官、名称和一般政体形式而言，这仍然是一种特殊的延长。这并非无关紧要，只有公民大会能废除执政官和法务官的职务，代执政官和代法务官的任命和罢免由元老院负责，所以最终一切都要依靠军权，这项法令至少让全部军权正式归属于元老院。

闲置的监察官

最后，我们已经注意到位于所有官员之上的监察官，虽然没有被正式废除，但也像昔日的独裁官一样被置之不用。实际上肯定无需这个职务，另有其他的方法来补充元老院。从意大利几乎免税和军队大体由征兵组建时起，赋税册和兵役册就失去了其主要意义。如果骑士名册和投票名册流于混乱，那可能就大为不利。这样只剩下当前的财政职责，通常没有选派监察官时，一直都是由执政官来履行职责，现在它成了执政官的日常职责。监察官的闲置让官员失去了最高荣耀，与这种实质性的利益相比，下面的事则无足轻重，完全没有妨害最高统治机关独掌大权，即现在为了满足元老院的野心，将增加元老人数——九名大祭司、占卜师和十名预言者都将增加至十五名，宴主从三名增加至七名。

财政管理

即使在旧政体下，财政事务也是由元老院决定，因此目前唯一要解决的就是重建一套有条不紊的管理体系。起初，苏拉在资金问题上遇到了不小的困难，他从小亚细亚带来的钱财很快便花在了军费开支上。甚至在取得科林门之战的胜利后，由于国库已经迁往普雷内斯特，元老院不得不采取紧急措施。他们将首都的多处建筑物和坎帕尼亚的几处土地公开出售，向属国国王和自由城邦和同盟城邦要求额外的贡赋，有时会征收他们的地产和关税，有时给予他们新特权来换取资金。不过普雷内斯特投降时，国库剩下近六十万镑的资金，很快又进行了公开拍卖以及其他额外资金来源，这缓解了一时的资金窘境。为了未来制定的条款与其说是改革亚细亚的税收制度，不如说是收回了坎帕尼亚地区，现在还加入了埃那利亚，尤其是废除了粮食援助项目。自盖乌斯·格拉古时起，这个项目就像毒瘤一样吞噬了罗马的财政。改革亚细亚的税制主要是让纳税人得利，国库最多就是没有损失。

整顿司法体系

另一方面，司法制度也从本质上进行了彻底改革，这一部分是出于政治的考虑，一部分是为了让此前非常不完善和不连贯的法律更加统一实用。按照规定，诉讼程序部分由公民决定，部分由陪审员决定。直到苏拉时期，官员的判决书上诉于全体公民的司法案件，首先交由保民官处理，其次是市政官。因为所有的案件——被委以官职或任务的人受到传讯，无论是涉及性命还是罚金，首先由保民官处理，所有其他最终由人民决定的案件，初审由贵族市政官或平民市政官裁决，二审由他们主持。即使苏拉没有直接废除保民官的追责程序，但他仍然像保民官的立法一样，需要先取得元老院的同意，市政官的刑事诉讼程序大概也受到一样的限制。另一方面，他扩大了陪审法庭的管辖权。当时存在两种陪审员程序：普通程序适用于我们所认为属于刑事和民事的所有案件，除了直接危及国家的犯罪行为。该程序由首都的两位法务官之一调查原因，并任命一位陪审员以他的调查为基础做出判决。特别陪审程序适用于特别重要的民事和刑事案件，它依照特别法成立一个特别法庭，以取代单一的陪审员。这类特别法庭有为个案所设立的，有常设的专门法庭，如在七世纪有审理勒索、毒害或谋杀案件的法庭，可能还有审理贿选和其他罪行的法庭。最后，有两个处理自由诉讼的十人法庭和处理遗产诉讼的一百零五人法庭，或简称百人法庭。因为所有涉及财产的争论都有一杆枪,所以百人法庭又称长枪法庭。十人法庭(又名十人委员会)是一个非常古老的机构,用来保护平民对抗他们的事主。长枪法庭出现的时间和情况则不清楚,基本情况大概近似于前面所提及的刑事委员会。关于这些不同法庭的主持人任命,在各自的法令中都有着不同的规定:勒索法庭由法务官主持,谋杀法庭从担任过市政官的人中特别推选一位主持,长枪法庭从前任财务官中挑选几位负责。按照格拉古的规定,在普通和特殊程序中,陪审员至少是由从骑士阶层中选取的非元老人员担任。一般而言,由负责法庭的官员挑选。他们一旦上任,就一次性宣布陪审员名单,此后每个案件由此名单选出,不能随意选择官员,而是通过抽签和公众斥责制。由人民选出的只有处理自由诉讼的十人法庭。

苏拉设立的法庭

苏拉所领导的改革有三重特点。第一,他大幅度增加了陪审法庭的数量。从此以后,以下各种罪行均设有单独的审判委员会:勒索、谋杀、纵火和做伪证、贿选、叛国罪和有损罗马名誉的行为、极恶劣的欺诈行为即伪造遗嘱和制作假币、通奸行为、最严重的损害名誉行为尤其是伤害他人和扰乱家庭和睦、可能还有侵吞公款、高利贷和其他罪行。至少,苏拉建立或创设了很多这样的法庭,针对罪行颁布了特别法令,设立了刑事诉讼程序。此外,政府应对特别罪行成立特别应急法庭的权力并未被剥夺。由此导致的后果是普通法庭基本上不存在了,尤其是严重的叛国罪交由新设立的严重叛国委员会审理,普通的审判程序也受到了相当大的限制,因为更恶劣的伪造和伤害行为不再由其审理。第二,关于法庭的主持,我们已经提过有六个法务官,现在可以用来监管不同的审判法庭,最常出现的是在处理谋杀案时还要增派几个指导人员。第三，元老们取代格拉古的骑士再次担任陪审员。

这些法令的政治目标一清二楚，即结束了骑士阶级的参政权，但毋庸置疑的是这些不只是政治趋势，还让自斗争以来日益陷入混乱的罗马刑事诉讼程序和刑事法律首次得到了改善。自苏拉立法之日起所产生的刑事和民事案件之间的区别，就其意义而言与我们现在的表述相关联，在此之前的法律中基本没看见过这样的表述。自此之后，刑事案件交由法务官主持的陪审法庭，民事案件的诉讼程序是在法务官主持下由一个或多个陪审员负责。就法庭而言，苏拉的整个法令可谓是《十二铜表法》后的第一部罗马法典，也是有史以来第一次特别颁布的刑法，但从细节来看还是体现了值得称赞的开明精神。这位剥夺人权的首创者竟然废除了政治犯的死刑，听起来让人不可思议却千真万确。即使是苏拉也保持了罗马人的传统，即只有人民才能判处人死刑或监禁，陪审委员会不行，同时将严重叛国罪的审理程序由公民转移给常设法庭受理，相当于对此类罪行废除了死刑。另一方面，针对特殊的严重叛国罪而设立有害的特别法庭也受到限制，这也可视为一种进步，其中在同盟战争中的瓦里安法庭就是一个例子。整个改革具有非常持久的益处，它的制定者所表现出的稳健务实的政治家精神完全值得拥有一个永久的纪念碑，就像古代的十人委员会，作为最高调解者用法典协调各党派。

警察法

我们可以将警察法视为这些刑法的补充，苏拉用这些法律来代替监察官，再次加强了良好的纪律和严谨的作风，同时规定最高额来取代旧风陋习，以此来限制宴会、丧葬和其他活动中的铺张浪费。

罗马的自治制度

最后，就算独立的罗马自治制度不是苏拉首创，至少它也在苏拉时期得到了发展。将城邦作为一个附属的政治体有组织地并入较高的国家中，在古代这原本是个陌生的想法。东方的专制政体对于城邦共和国这个词的严格意义一无所知，而在希腊-意大利世界，城市和国家这两个词在各地都出现必然的重合。就此而论，开始，无论在希腊还是在意大利都没有合适的自治制度。尤其是罗马的政体以其特有的固执拥护这个理念，维持着一致性。甚至在六世纪，意大利的附属城邦为了维持自治政体，要么组成形式上有主权的非公民国，要么已经取得罗马公民权，虽然可以组建属于自己的共同体，但却被剥夺适当的自治权，所以一切公民殖民地和公民自治市，甚至连司法和建筑业都交由罗马法务官和监察官负责。罗马最多允许一位由罗马任命的代理法务官，把一些迫在眉睫的案件当场解决。各行省也是类似的处理方法，只是由总督取代了首都的当权者。自由市即形式上自主的城镇，在这里由自治官员按照当地的法令行使民事和刑事的司法权。除非受到特权的阻挠，每个罗马人无论是原告还是被告，都可以要求将他的案件交由意大利法官按照意大利法律来审判。对于普通的行省而言，罗马总督是唯一正规的司法权威，由他负责指导一切司法程序。在西西里，如果被告是一位西西里人就是个大问题，总督将要受到行省法律的约束，需要委派一名当地的陪审员按照当地的习惯来做出裁决。在大多数行省，这种情况好像都取决于负责官员的个人喜好。

在七世纪，这种罗马城邦的公共生活集中于罗马的绝对集权化被抛弃，至少在意大利是如此。现在，意大利成了一个单独的城邦，领土从阿努斯和卢比孔至西西里海峡，需要在这个较大的团体内建设一些较小的城邦，所以意大利组建成了具有完全公民权的城邦，有时面积较大且具有威胁性的地区，只要未曾被分割，就会被分割成几个小的城区。这些具有完全公民权的新城邦，其地位介于迄今为止的同盟国和按照旧法属于罗马城邦一部分这两种情况之间。它们一般是以此前具有形式独立性的拉丁城邦的政体为基础，其政体的原则类似于罗马，是罗马贵族执政官城邦。只是要注意，相同的机构在自治市的名称要与首都即国家的名称不同，或使用次级名称。公民大会居于最高地位，具有颁布自治市法令和任命自治市官员的特权，自治市的百人会议相当于罗马的元老院。

司法职能由四名官员执行，两名常设法官相当于两名执政官，两名市场法官相当于高级市政官。监察官的职能像罗马一样，每五年重选一次，表面看来其主要职责就是监督公共建筑，由城邦最高级官员担任，通常名为"两头统治"，这样便拥有一个与众不同的称号"拥有监察权或五年任职权"的两头统治。市政基金由两位财务官管理。宗教事务主要是由最早的拉丁体制中的两家学院负责，为市祭司和占卜师。

自治市与国家的关系

关于二级政治体与一级政治体国家之间的关系，一般而言，前者和后者一样，拥有完全的政治特权，所以，市法令和市官员权力对市公民具有约束性，正如人民法令和执政官权力对罗马人具有约束性。总而言之，这让国家机关和市政机关协调合作实施权力。例如，二者均有定价和征税权，所以任何自治市都不会考虑罗马的定价和征税，反之亦然。公共建筑可以由罗马官员在意大利各地建设，也可以由自治市管理部门可以在本地区建设，其他亦然。遇到二者相抵触时，城邦当然服从国家，人民法令取代市政法令。可能正式的职能划分只出现于司法部门，这里如果实行纯粹的平行制会导致极大的混乱。所有死罪的刑事诉讼以及由主管官员独立受理的棘手的民事诉讼，都留给首都的法庭和陪审员负责，意大利的市法庭只受理不太复杂和不太紧急的小诉讼。

自治市的产生

关于意大利自治制度的起源并没有过记载。它的萌芽可能要追溯到六世纪末期所确立的大公民殖民地的特殊章程。公民殖民地和公民自治市本身区别不大，但至少几点形式上的区别显示了，实际上，在那时出现于拉丁的新公民殖民地在国家法律中的地位比更早出现的公民自治市要更优越，这种优势肯定只能是近似于拉丁的自治政体，诸如后来属于一切的公民殖民地和公民自治市。首次被明确考证的新组织出现在革命性的殖民地卡普亚。毫无疑问，同盟战争让一直以来拥有自主权的所有意大利城镇必须重组，首次推行公民城邦。至于首先做出详细规定的是尤利安法律还是罗马纪元668年（即公元前86年）的监察官或苏拉所规定则无法确定：把监察官的职能移交给两位执政官似乎确实类似于用苏拉的法令代替监察官法令。无论如何，这种被引入隶属于国家的自治政体是苏拉时期和罗马国普通生活中最引人关注的重大事件。当然古代很难将城市嵌入国家，就像要发展一套属于自己的典型政府和其他现代国家生活的大原则，但是它将政治发展到了盈满则亏的限度，尤其是罗马，在各方面都站在了新旧精神世界的分割线上。在苏拉的政体里，一方面，罗马共和国的公民大会和城邦特色几乎沦为无意义的摆设，另一方面，维持国家的城邦已经完全发展成意大利的自治市。在这种情况下，这个名无疑反映了一半的事实，最后这个自由共和政体实施了代议制，国家的理念也是建立在自治市的基础之上。

各行省的市政系统并未因此而发生改变，非自由市的市政当局除去特例外，仍然局限于行政和警察以及罗马当局不愿插手的司法。

苏拉整顿反对派官员

这就是卢西乌斯·科尔内利乌斯·苏拉赋予罗马共和国的政体。元老院和骑士团、公民和无产阶级、意大利人和外省人都按照统治者的指示接受了，即使难免有怨言，至少也没有反抗，而苏拉的部下则不然。罗马军队的性质完全改变了。在努曼提亚围城战中，他们毫无战斗力，但经过马略的改革后，他们当然变得更加厉兵秣马，更具军事化用途，但同时从一支公民军队转变成一群雇佣兵，根本不会效忠于国家，只会向博得他们好感的军官尽忠。军队精神层面的完全变革在内战中得到了可怕的证实：有六名将领死在了自己的士兵手中，他们是阿尔比乌斯、加图、鲁弗斯、弗拉库斯、秦纳和盖乌斯·卡波。迄今为止，只有苏拉能掌控住这群危险人物，事实上只因为他让这些人可以肆意妄为，而此前还未有罗马军官这样做过。如果我们因此而责备他破坏了古老的军纪，这种谴责不无道理，可也有失公允。作为一位雇佣兵的领头人，他确实是第一位能够履行其军事和政治任务的罗马官员。他拥有军事独裁权并不是为了让国家服从于军队，而是为了迫使国家中的一切，尤其是军队和军官，再次屈从于民权。当这事昭显出来时，他的部下里便出现了反对声。寡头党可以被其他市民尊为僭主，而这些将领用他们的剑推翻了元老院，现在召唤他们去服从的正是元老院，这似乎让人无法忍受。反抗新秩序的正是苏拉最信任的两位军官。苏拉派遣格涅乌斯·庞培攻打西西里和非洲,并将他选为自己的女婿。任务完成后,元老院下令让庞培解散军队,他没有服从,差不多算是公开叛乱。

昆图斯·奥菲拉所坚守的普雷内斯特,是最艰苦的战役,并带来了最后的胜利,而他也公然违反新颁布的法令,没有担任下级官员便成为执政官的候选人。对于庞培,他即使不是诚心实意的和解,至少也做出了妥协。苏拉非常了解这个人并不怕他,也没有憎恨庞培当着他的面直言人们更关注朝阳而非落日,还给予了这位自负的年轻人一心所向往的虚荣。如果在此苏拉表现出来他的宽宏大量,那么在另一处则显示出他不允许自己的下属利用他。当奥菲拉一担任非法候选人时,苏拉就在公共市场将他处死,随后便向聚集的公民解释此事是他的指令以及这样做的原因。如此一来,官员们明目张胆地反对新法令的行为肯定就暂时沉寂了,但反抗依然存在,并扬言这次的事苏拉不会再做一次。

重建政令

还有一件事,可能是所有事情中最难的:就是把异常事态带回到新旧法律所规定的道路上。因为苏拉一直都将这视为最终目标,所以进行起来很方便。虽然《瓦勒里安法》赋予了他绝对的权威,让他的每项法令都具有法律的强制性,然而他只在措施上利用了自己的特权。这些措施具有暂时的重要性,无法让元老院和公民妥协而参与进来,尤其是剥夺人权。

统治者苏拉辞职

通常，他今后所规定的法令就是他自己所遵守的。我们读到现存的关于财务官的法律，曾向人民进行咨询，其他法律如禁奢令和关于没收土地的法律也证实了这一点。同样，在更重要的行政事务上，他会事先向元老院咨询，如派遣和撤回非洲军队以及授予特许城镇。依此精神，苏拉甚至在罗马纪元673年（即公元前81年）通过选举产生执政官，这样至少可以避免摄政时期官方任命的恶习。然而摄政者仍然具有绝对的权威，他指导选举以便让次要人物当选，但在随后的罗马纪元674年（即公元前80年），苏拉恢复普通法的全部效力，作为执政官与他的伙伴昆图斯·梅特路斯共同管理国家，保留摄政权但允许暂时停止。他深知继续实行军事独裁对他自己的体系多么危险。当新的事态好像站稳了脚跟，虽然很多事情尤其是殖民地事务仍然有待解决，但最大最重要的新安排已经完成。罗马纪元675年（即公元前79年），苏拉实行自由选举，虽然执政官与他的法令不符但拒绝重选。不久，新的执政官普布利乌斯·塞尔维利乌斯和阿皮乌斯·克劳狄乌斯上任后，苏拉辞去了摄政职位。迄今为止，这个男人可以随意处置上百人的生命和财产，只要他点头，无数的人头都将落地。罗马的每条街道、意大利的每个城邦都住着他的死敌。他的旁边没有一个同行的伙伴，甚至没有一个固定党派的支持，却能将这个触犯千万人利益和想法的国家改组工作进行到底。当这个男人出现在首都的广场，自愿宣布放弃大权，解散他的军队，遣散他的扈从，向拥挤的人群宣布任何人想要找他算账都可以直说。这些甚至让最冷酷无情的人都为之感动，所有的人都沉默了。苏拉走下讲台，只是在朋友的陪伴下徒步走回居住地，他所穿过的人群正是八年前铲平他房屋的群众。

苏拉的性格

后世并未公正地评价苏拉本人及他整顿国家的工作，因为人们确实不会公正地评判反抗时代潮流的人物。事实上，苏拉是历史上最了不起的人物，甚至可以说是一种独一无二的现象级人物。他是多血质的身心，蓝色的眼睛，白皙的皮肤，虽然这个英俊的人目光敏锐，但面色非常苍白而且一激动就会变得绯红。对于这个国家而言，他似乎并非注定要比他的先祖更重要，他的高曾祖父普布利乌斯·科尔内利乌斯·鲁菲努斯（曾于罗马纪元464年即公元前290年和罗马纪元477年即公元前277年担任执政官）就曾是最负盛名的将军，也是皮洛士时期最爱炫耀的人物。苏拉只是渴望平静地享受生活。在当时不甚富裕的家庭，也是在如此有教养的奢华中培养举止文雅的人。在希腊的优雅和罗马的富有相结合的保证下，苏拉迅速拥有了一切给予人快感和智力的享受。在贵族的沙龙里，他是一位受人欢迎、让人愉快的朋友；在军营里，他是一个友好的同伴；他所相识的人，无论贵贱都认为他是一位富有同情心的朋友，会在需要时伸出援手，给予陷入困境的朋友黄金比给予殷实的债主更快乐。他热衷饮酒更爱美色，甚至在晚年不摄政时，一天工作完毕后还会入座饮酒。他的所有本性都富有一种讽刺意味或者说是滑稽。甚至在他摄政时，在公开拍卖被剥夺者的财产时，有人交给他一份自己所写的令人生厌的颂词，苏拉令人从掠夺物中送给他一份，只要他承诺再也不对苏拉歌功颂德。当他向公民讲述处死奥菲拉的正当理由时，却向人们讲述《乡下人和虱子》的寓言。他喜欢有戏子陪伴左右，不但与昆图斯·罗斯库斯同桌饮酒——这位是罗马的达尔玛——而且还与比这人更低级的演员饮酒。其实，他自己就唱得不赖，甚至写了部闹剧在自己的宴会上表演，然而，流连于酒宴中他却并未丧失身体和精神的强健。晚年，在乡间休闲度日时，他仍然热爱打猎，并从战败国雅典带回书籍著作，这足以证明他对阅读拥有浓厚的兴趣。他更反感罗马的风气特色。罗马的贵族喜欢在希腊人面前表现出傲慢自大，或者是狭隘的大人物的狂妄自大，而苏拉却不会这样。相反，他直率幽默，在希腊城便会穿着希腊服，而他的很多同胞却会耻于这样做，或者让他的贵族伙伴在比赛中亲自驾驭战车。他不是半爱国半自私的人，在那个自由政体的国家，每个有才华的青年都进入了政界，他也曾如此向往，但他徘徊于酩酊大醉和过度清醒中，幻想很快就消失了。在这个完全由偶然性主宰的世界里，一个人若要追求什么，他们努力的唯一目标只是一个机会而已，所以在苏拉看来，期望和努力可能都是愚蠢的。他也会随波逐流，沉迷于疑惑和迷信之中。他怪异的轻信不是像马略那种出钱请祭司来占卜然后由此决定行为的迷信，也不是对命运抱有消极信念的狂热教徒，而是一种荒谬的信念。一个人完全不相信事物之间相互联系的规则时，这种信念就会出现在他的身上，这是幸运者的迷信，自认为被命运所青睐，每投必中。在实际问题中，苏拉清楚地知道如何用讽刺的方式满足宗教的要求。当他用尽希腊神庙的财宝时，一个人永远也不会失败，因为神会自行将他的金库装满。当神谕的祭司说他们不敢应他的要求将财宝交出，因为当他们触碰财宝时，神的竖琴发出清晰的声音。他回答道，现在他们更该乐意交出财宝，因为显然神已经同意了他的想法。他还是乐于将自己称为神所选定的宠儿，尤其是阿佛洛狄忒神，直到晚年都是他最崇敬的神。在他的谈话和自传中，常常吹嘘自己在梦中和预兆中与不朽之神相互交流。他所拥有的成就让他比更多的人有权骄傲自满，然而他却没有，让他骄傲的是一直追随他的独一无二的幸运。他常说每次随心所欲的行为结果总是好于有条不紊的计划。他最奇怪的一个念头就是经常说战场上在他身边死去的人数为零，这只是幸运儿幼稚的说辞罢了。他已经达到了事业的巅峰，所有同时代的人都位居其下。他认为自己是幸运之神所选派的人物，并给自己冠以"幸运者苏拉"的正式称号，并赐予自己孩子相应的称号。

苏拉的政治生涯

苏拉没有处心积虑的野心。他太过理智，不会像当时一般的贵族那样，把将名字载入执政官名册作为自己一生的目标。他太过冷漠、太过务实，不会主动地改革国家糟糕的结构。他出生于上流社会，便留在了这个抚育他的社交圈，按照惯常的仕途发展。他没有机会展示自己，把这种勤勉留给了政界中的工蜂。事实上，政界配备充足的就是这种工蜂。因此在罗马纪元647年（即公元前107年），他担任财务官职务时，意外来到了非洲盖乌斯·马略所在的总部。这位来自首都毫无经验的时髦人物，并不被举止野蛮的将军和他身经百战的下属所接受。苏拉受到这种反应的激励，有胆识又有才干的他很快便让自己成了一个军事专家。在大胆远征毛里塔尼亚的过程中，他首次展现出智勇双全的独特才能，同辈人形容他是一半是狮子、一半是狐狸的人，而狐狸般的他比狮子般的他更可怕。大家都公认是这位出身名门的优秀青年军官真正结束了麻烦的努米底亚战争，现在他的仕途一片光明。他还参加了辛布里战争，在提供物资供应这件艰巨任务上，他证明了自己拥有出色的组织管理才能。不过，即使是现在，首都安逸的生活比起战争甚至是政治来说，对他更具吸引力。苏拉在一次候选失利后，于罗马纪元661年（即公元前93年）担任法务官。他所任职的是最无足轻重的行省，而他再一次获得机遇，首次击败了米特拉达特斯国王，首次与强大的阿萨息斯王朝签订协议，这也是该国首次受辱。随之而来的是内战。第一次主要是依靠苏拉帮罗马平定了意大利叛乱，这让他依靠武力当上了执政官,此外还快速镇压了苏尔皮基乌斯叛乱。命运之神用这位更年轻有为的将领让老英雄马略黯淡无光。捉拿朱古达、击败米特拉达特斯国王都是马略求之而不得的事,却都由下属苏拉完成。同盟战争中,马略将军丧失了荣耀并被罢免,而苏拉却建立了自己在军事上的声望,并升为执政官。罗马纪元666年(即公元前88年)的革命,同时也是这两位将军之间的个人对决,最后以马略被宣告为非法并逃亡海外而告终。苏拉出乎预料地成了那时最著名的将领和寡头政治的保护者。随后出现了更可怕的新危机——米特拉达特斯战争、秦纳革命,苏拉总是福星高照。苏拉就像一位忙着向敌人开火而不去扑灭自己船上大火的船长,当意大利的革命风起云涌时,他仍然坚守在亚细亚直到敌人投降。所以,他一制服敌人,便摧毁了无政府的混乱状态,将首都从穷凶极恶的萨莫奈人和革命党人的叛乱中解救出来。对于苏拉而言,回家的那一刻让他悲喜交加,我们完全可以相信,正如他的回忆录里曾写道,在罗马度过的第一夜,他彻夜难眠,但他的任务还未完成,他的事业还将更进一步。苏拉是绝对的独裁者,不亚于任何国王。他控制了极端的反对党,废除了四十年来限制寡头政治的格拉古宪法,首次迫使资本家和城市无产者与少数党派对抗,最后当他那拥有军权的下属变得傲慢无礼时,他再次让他们服法,从而巩固了新法。他建立起比以前更为独立的寡头政治,将官员权力作为工具握于手中,负责立法、审判、最高军事和财政权,让解放的奴隶成为保卫者,在固定的军事殖民地组建成军队。最后,当工作完成,这位创始人让位于他人,这位绝对的独裁者自愿再次成为一个普通的元老。在他整个漫长的军事和政治生涯中,未曾打过败仗,未曾被迫让步,未曾被朋友或敌人引入歧途,让工作能按计划达到目标。他确实应该感谢他的幸运之星。反复无常的命运之神唯独对他始终如一,无论苏拉要求与否,都乐意将成功和荣耀赋予他,但历史对他应该比他对自己更公正,必须将他归在单纯的幸运儿之上。

苏拉和他的功绩

我们无意将苏拉的政体视为如格拉古和凯撒那样的政治天才之作，里面没有蕴含政治才能所创造的任何新想法，事实上其性质正是一种复辟。它最本质的特征如担任过财务官才能获准进入元老院、废除将元老逐出元老院的监察权、元老院有立法权、将保民官转变为元老院的工具来限制其统治权、最高官吏的任职期限延长至两年、兵权从人民选举的行政长官交给元老级的总督或官吏甚至是新制定的刑法或地方法规，这些都不是苏拉创制的，只是在此前寡头政治管理下发展出来的体系，苏拉仅仅是制定并确立了下来。甚至和苏拉复辟相联系的恐怖行为即剥夺人权和没收财产——与那西加、波皮利乌斯、奥皮米乌斯、卡皮欧等人的行为相比，这些不是寡头政治消灭反对派的习惯做法在法律上的体现还能是什么？关于这一时期的罗马寡头政治，除了不断地进行无情的谴责外，没有什么好评论的。就像与此相关的其他事情一样，苏拉的政体也要受到全面的谴责。如果我们碍于恶人的聪颖，而给予他们赞美，那么就是对神圣的历史犯罪。我们该记住，对于苏拉的复辟，苏拉本人所应负的责任远远不及罗马贵族政治本身。几个世纪以来，罗马贵族政治由一小团体统治，逐年衰退，遭人怨恨，如此的虚伪和邪恶，都源于贵族阶级。苏拉负责整顿国家，但他并不是一家之主，可以自行处理遭受重创的财产和家人，而只是一个临时的管理者，忠诚地履行着下达给他的指令。在这种情况下，若将主人的责任归咎于管理者，则是肤浅而又错误的做法。我们过高评价了苏拉的重要性，更准确地说，我们将这些可怕的杀害、放逐和恢复旧体制看得过于简单。

当一个人意外成为一国领袖,我们将这些视为一个暴君的所作所为。这些以及可怕的复辟都是贵族的行为,用诗人的说法,苏拉只不过是刽子手的斧头,在有意识的思想指导下的无意识工具。苏拉非常完美地完成了任务,事实上是超出了人所能及的范围,但在设定的范围内,他的工作不但伟大甚至实用。从未有过任何贵族,像当时的罗马贵族那样,日渐腐败堕落。他们找到了一位像苏拉这样甘愿挥舞起刀剑和立法者的文笔,而不求权力的人来做他们的保护者。毫无疑问,一个因为公德心而拒绝王权的政客和一个因为厌倦而抛弃权力的政客,二者是截然不同的,但是,就全无政治的私心而言——当然仅就此点而论——苏拉应该与华盛顿齐名。

苏拉政体的价值

苏拉给贵族阶级乃至整个国家所带来的恩惠,比子孙后代所愿意承认的还要多。确实是苏拉结束了意大利的革命。是以利用高权地方而废除低权地方的革命,他强迫自己和同党承认所有的意大利人在法律面前拥有平等的权利。他是整个意大利实现政治统一的真正的最终首创者——这一成果的获得并未遇到太多困难,没有出现血流成河的惨况。不过,苏拉的成就还不止如此。半个多世纪以来,罗马的势力日渐衰弱,长期陷于无政府的状态。因为元老院用格拉古宪法来管理国家就是种无政府行为,秦纳和卡波的管理比缺少一个掌权者还要糟糕(这种惨状最清晰的反映就是一反常态与萨莫奈结成联盟)。可想而知,所有的政治状况都完全陷入最动荡、最糟糕、最有害的状态——这其实就是国家灭亡的开端。我们认为,要不是苏拉插手亚洲和意大利拯救了罗马,那么长期处于动荡不安状态的罗马共和国必将土崩瓦解,这并非危言耸听。诚然,苏拉的政体和克伦威尔的一样缺乏持久性,不难看出他所建立的结构并不稳固。我们却不能忽视,若不是苏拉就连整个国家建筑的根基大概都会被洪流卷走,甚至于就连缺乏稳定性,我们也不能归咎于苏拉。政治家只能在他所指定的区域内建设国家。苏拉做了一位保守派所能做的去挽救这个政体,他自己也预见到当他想要建设一个要塞时,却不能派遣一支驻军,寡头执政者的无权无势让所有拯救寡头政治的愿望都徒劳无功。他的政体就像是置于惊涛骇浪之中的临时堤坝,如果在十多年后,这个与大自然抗衡的建筑被冲垮,甚至无法庇护它的臣民,我们是无法指责修建者的。政治家那些受到高度称赞的孤立的改革如亚洲的税收制度和刑法,则无须被提及,他会立刻考虑到苏拉短暂的复辟。他会认为罗马共和国的整顿安排周详,基本是在困难重重之下实施的,他会将这位罗马的拯救者和意大利统一的完成者与克伦威尔相提并论。

苏拉复辟的不道德性和表面性

然而,并非只有政治家才能评判死者,苏拉自己或者他差使别人的所作所为永远都无法平息正义人民的愤怒情绪。苏拉不仅肆无忌惮地用武力建立了他的暴政,还愤世嫉俗般地直呼其名。这种做法彻底冒犯了大量的善良之士,他们更多的是反对这个名而不是这个行,但是,从他冷酷无情的罪行看来,显然他的道德判断比他情绪化的罪行更让人反感:无数次地剥夺权利、悬赏追杀、没收财产和对违抗命令的下属用私刑,仅仅用古代文明的政治道德对这些行为进行不温不火的责备;将罪犯的名字公布,将他们公开处死;土匪将他们杀死还能得到固定的赏金,这笔钱被登入公共账簿;没收的财产就像缴获敌人的战利品一样,被拿到公开市场拍卖;将军将违抗命令的军官立刻处死,并当着所有人的面承认此事。这种公然嘲笑人性的行为也是一种政治错误,后来的革命就是受到了这些行为遗毒的影响。因此,人们对这位剥夺人权的首创者的回忆,甚至到现在也活在其阴影之中。

此外,对于苏拉需要加以指责的是:他在处理所有重要事务时显示出坚持不懈的活力;而在处理次要事务,尤其是他的个人私事时则常常受制于多血质的情绪,按照个人好恶来处理。无论在何种情况下,他要是真的恨之入骨,就会肆无忌惮地宣泄仇恨,就如对马略,甚至连无辜者也不放过。他自诩没人比他更懂得如何回报朋友和敌人。他不屑于利用手握大权的机会来积累巨额财富。他是罗马首位专制君主,他所颁布的关于通奸和奢侈的法律,即刻就证明了那句关于专制主义的格言"君主不受法律的约束"。对这个国家来说,他对自己党派的宽宏大量比起对自己的纵容更为有害。他的军纪懒散,虽然一部分是迫于政治紧急状态所制定的,在这种情况下想来是该如此,但危害远甚于他对同僚的放纵。有时,他的宽容度简直让人难以置信:例如嚣张的卢西乌斯·穆雷纳违抗指令导致战败,不但免于处罚,甚至被允许参加凯旋大典;格涅乌斯·庞培行为更加恶劣,却仍然受到了苏拉更为盛大的礼遇。大范围剥夺人权和没收财产,这种更为恶劣的暴行可能并不是出自他的本意,而是一种人性的冷漠,但对于身处其位的他而言确实让人无法原谅。苏拉生来就精力充沛而又性格冷漠,无怪乎他有时宽容得让人难以置信,有时又苛刻得无人可以阻挠。人们无数次地重复,苏拉在当权之前是个温良之士,但执政后就成了一个残暴的君主,这种说法有些自相矛盾。如果他当政后就一反常态,与早先的温文尔雅判若两人,那么不如说是他在宽恕和惩罚时都是一如既往冷漠。他的所有政治行动都充满着半讽刺性的轻率。这位胜利者好像总是认为胜利本身毫无价值,正像他喜欢将自己的胜利归因为好运;正像他有些预感到自己所做的事既没有价值还会很快衰亡；正像他犹如一个管家，想要推翻重建，最后只是抹了层灰掩盖缺陷就心满意足了。

苏拉隐退之后

这样一位唐璜式的政客，他的整个生涯都证明了他生性平静，在最纷繁复杂的环境中他仍能处乱不惊。由于这样的性格，苏拉在非洲大获全胜后又再次回到首都悠闲度日，在完全拥有了专制权后他便来到库迈别墅休憩。"公务是个负担"，这话他并非说说而已，只要一有机会他就会抛开这些事务。隐退后，他还是一如既往，既没有牢骚满腹也没有故作姿态，而是很高兴能摆脱公务。不过偶尔需要时，他还是会插手公事。闲暇时，他便会去打猎、钓鱼和写传记。其间有一个小插曲，就是毗邻的菩提奥利殖民地出现纷争，苏拉应该应公民的请求处理内部事务。就像昔日在首都一样，他很快就将事务妥善处理完毕。在他生病卧床期间，最后的活动就是募捐重建卡庇托利诺神庙，而他却无法亲眼见证神庙的落成了。

苏拉之死

苏拉隐退一年后便与世长辞，享年六十岁。当时他身体强壮，精神矍铄，去世前两天还在撰写自己的自传。罗马纪元676年（即公元前78年），苏拉在卧床后不久因血管破裂而被死神带走[12]。即便在去世时，追随苏拉的好运也没有抛弃他。他肯定不愿再次卷入让人生厌的党派之争，不想再次率领他的老部下进行新的革命，但是如果他再多活些时日，就难逃此命。因为在他死时，西班牙和意大利正陷入这种状况。当有人提议在首都给苏拉举行公葬，以示对这位僭主最后的尊敬时，引起了众多反对的声音，这些人在苏拉活着时都默不作声。由于人们对他的记忆还如此清晰，对他老部下的畏惧还如此强烈，所以还是决定将他的尸体运回首都，在那里举行葬礼。

苏拉的葬礼

意大利还从未见证过比这更加隆重的葬礼。死者身着王室服装，前面是众人熟知的旌旗和束棒，所经之处的居民和他所有的老部下都加入到哀悼的队伍之中。这位英雄生时曾时常率兵打仗，所向披靡；死时，他的大军好像要重新集结在他周围。于是，这连绵不断的送葬队伍一直行至首都。这里法院放假，所有事务都被延期办理，两千顶金色的花冠静候死者，这是忠诚的军团和亲密的伙伴给予他的最后荣耀的礼物。苏拉想要遵循科尔涅利家族的惯例，实行土葬而非火葬，而其他人比他当年的所作所为更加谨慎，杞人忧天。苏拉曾经将安放在墓中的马略骸骨掘动，而今元老院下令让他的尸骨灰飞烟灭。所有官员和整个元老院走在队列前面，男女祭司身着法衣，一队贵族少年身穿骑士盔甲，这支队伍抵达了大市场。在这里，留下了他的丰功伟绩，几乎还能听到他让人胆寒的话语。在发表了对死者的祭文后，元老院的官员肩负着灵柩前往战神广场，那里堆放着用来火葬的柴堆。火焰熊熊燃烧，骑士和士兵们围绕着尸体致敬。这位执政官的骨灰被安放在战神广场上老国王的陵墓旁，罗马妇女为他服丧一年。

注释

[1] 这是瓦勒利乌斯·马克西姆斯所给出的总数。据阿庇安所说,苏拉处死了大约四十名元老和一千六百名骑士,元老数目随后还有增加,按弗洛卢斯的说法是两千名元老和骑士。据普鲁塔克所说,在前三天有五百二十人上了名单,按奥罗休斯的说法在最初几天是五百八十人。这些说法并不矛盾,因为不只是元老和骑士被处死,名单在数月内还有变动。在另一段,阿庇安提到被苏拉处死或流放的人,执政官十五人、元老九十人、骑士两千六百人,这显示他把内战的受害者和苏拉的受害者混为一谈。十五位执政官是昆图斯·卡图卢斯(罗马纪元652年即公元前102年)、马尔库斯·安东尼(罗马纪元655年即公元前95年)、普布利乌斯·克拉苏(罗马纪元657年即公元前97年)、昆图斯·斯恺弗拉(罗马纪元659年即公元前95年)、卢西乌斯·多米提乌斯(罗马纪元660年即公元前94年)、卢西乌斯·凯撒(罗马纪元664年即公元前90年)、昆图斯·鲁弗斯(罗马纪元666年即公元前88年)、卢西乌斯·秦纳(罗马纪元667—670年即公元前87—84年)、格涅乌斯·屋大维(罗马纪元667年即公元前87年)、卢西乌斯·梅鲁拉(罗马纪元667年即公元前87年)、卢奇乌·弗拉库斯(罗马纪元668年即公元前86年)、盖乌斯·卡博(罗马纪元669年即公元前85年,罗马纪元670年即公元前84年,罗马纪元672年即公元前82年)、盖乌斯·诺尔巴努斯(罗马纪元671年即公元前83年)、卢西乌斯·西庇阿(罗马纪元671年即公元前83年)、盖乌斯·马略(罗马纪元672年即公元前82年),其中十四位被处死,卢西乌斯·西庇阿被流放。另一方面,李维在尤特罗庇乌斯和欧罗休斯认为,同盟战争和内战铲除了二十四位执政官、七位法务官、六十位市政官和两百位元老,这个统计一方面包括了在意大利战争中死去的人,如执政官奥鲁斯·阿尔比乌斯(罗马纪元655年即公元前99年)、提图斯狄·狄乌斯(罗马纪元656年即公元前98年)、普布利乌斯·卢普斯(罗马纪元664年即公元前90年)、卢西乌斯·加图(罗马纪元665年即公元前89年),还包括部分这一时期的受害者,执政官昆图斯·梅特路斯·努米底库斯、马尼乌斯·阿奎利乌斯、盖乌斯·马略的父亲、格涅乌斯·斯特拉博,或者还有些我们不知道的人。十四位被杀的执政官中,三人(鲁弗斯、秦纳和弗拉库斯)死于军事叛乱,苏拉党的八位和马略党的三位执政官死于敌军手上。由上述数字比较而言,马略杀害了五十名元老和一千名骑士,苏拉杀害了四十名元老和一千六百名骑士,这可以作为一个衡量二者罪恶程度的标准,至少不会太过武断。

[2] 西塞罗为普布利乌斯·昆克提乌斯辩护时,常常提到的一位就是塞克斯图斯·阿尔菲努姆。

[3] 第二卷第七章提及的拉丁权。对此要增加一种特例:在其他情况下,拥有拉丁权的人就像外邦人,是某个特定拉丁城邦或外国城邦的一员。在这里,正如后来放弃权利的拉丁自由人,他们没有任何城邦成员的权利。结果是这些拉丁人被剥夺了城邦法律所规定的特权,严格说来甚至不能履行遗嘱,因为除非按照他所在的城邦法律,任何人都不能履行遗嘱。不过,他们可以履行罗马人的遗嘱,在世者可以依照罗马法的方式,彼此之间或和罗马人及拉丁人相互交易。

[4] 事实显示,苏拉所估算的向亚细亚征收的五年欠款和战争费用,形成了未来征收的标准。据说亚细亚分为四十个地区是苏拉所为,苏拉的分派成为了日后征收的基础。进一步说来,在罗马纪元672年(即公元前82年)造舰队的数额就是从所纳税款里扣除。最后,西塞罗直言"没有包税商,他们无法缴纳苏拉施加在他们身上的税赋"。

[5] 见第四卷第三章与骑士荣誉相关的内容。史书确实没有告诉我们是谁颁布了这项法律,罗马纪元687年(即公元前67年)的罗西安剧院法才需要重申先前的特权,但在这种情况下,无疑是苏拉创立了这项法案。

[6] 迄今为止,每年选了多少财务官无从知晓。罗马纪元487年(即公元前267年),该数字为八人,两位城市财务官、两位军事财务官、四位海军财务官,还要加上各行省的财务官。因为奥斯提亚和卡勒斯等地一直都有海军财务官,别的地方没有军事财务官,因此在这种情况下,担任统帅的执政官将没有财务官。现在,到苏拉时期有九个行省,此外派了两名财务官去西西里,他可能有十八位财务官。但这时的最高官员的数量远低于所设职位,遇到困难时便不断地延长任期和用其他方法来补救。一般而言,罗马政府倾向于尽可能地限制官员数量,财务官的职位也多于财务官的数量,当时甚至不会向西西里亚这样的小省派遣财务官。不过,在苏拉之前,财务官的数量已经超过了八人。

[7] 我们无法确切地知道固定元老的数量。虽然在苏拉之前,监察官每次会列出三百人的名单,但通常会把本次名单起草时到下次名单筹备期间,担任市政官的非元老人员加入名单之中。苏拉之后,元老数目与现存的财务官数目一样。我们或者可以假设,苏拉想把元老的数目增加至五百或六百人,如果假定每年加入二十位元老,平均年龄三十岁,并估计元老的平均任期为二十五至三十年,那么结果就是这个数字。西塞罗时期,出席元老院会议的人数是四百一十七人。

[8] 西塞罗曾指出保民官并未完全丧失与人民议事的权力,德孟西布人民平民决议写得更为清楚,不过这个决议在开篇自诩为"元老院的警言"。另一方面,按照苏拉的规定,执政官在还未获得元老院的决议前,可以向人民提出建议。这不仅可以由当权者的默许表现出来,还可以用罗马纪元667年(即公元前87年)和罗马纪元676年(即公元前78年)的革命印证,正因为如此,这两次革命都是由执政官而非保民官领导。据此,我们发现在这一时期行政

上的次要问题，颁布了执政官法令，如罗马纪元681年（即公元前73年）的粮食法，如果在其他时期，肯定是平民会决议。

[9] 除了意大利凯尔特地区在早期肯定不是一个行省外，这个假说并没有其他证据——这表示一个确定的地区每年都会更换总督来管理——而在凯尔时期它确实是一个行省。

　　边界扩展也是一样。我们知道以前是埃西斯河将凯尔特地区和意大利分开，凯撒时期是卢比孔河，但并不清楚边界从何时发生了推移。事实上，马尔库斯特、伦提乌斯、瓦罗、卢库卢斯担任法务官时曾承担了埃西斯和卢比孔之间的边界校准工作，据此我们推测至少在卢库卢斯担任法务官之后的罗马纪元679年（即公元前75年），这里肯定仍然是一个行省，因为法务官对意大利土地什么也不能做。只有在罗马城边界范围以内，每种延长的权力才能自行停止，而在意大利，甚至是在苏拉的规定之下，这种延长的权力虽然不是普遍存在，至少也是允许的。不管怎样，卢库卢斯所担任的职务是一个特例，但我们还是能够了解到卢库卢斯何时在此地及任职的情况如何：在罗马纪元672年（即公元前82年）苏拉整顿之前，他就以指挥官的身份在此地活动，可能就像庞培，由苏拉给予法务官的权力。据此他肯定在罗马纪元672年（即公元前82年）或罗马纪元673年（即公元前81年）就调整了边界。因此，根据这段描述我们无法推出北部意大利的法律地位，尤其是苏拉独裁后的情况。另外，苏拉扩展罗马城边界的说法有一个明显的暗示：根据罗马国的法律，这种区别是一个人扩展了罗马城而非帝国的疆界即意大利的疆界。

[10] 因为派往西西里的财务官为两人，其他各省均为一人，此外两名城邦财务官，两名随执政官作战的财务官，舰队财务官仍然有四名，这个职位每年需要官员十九名。二十名财务官的说法不可考。

[11] 意大利同盟出现得更早，但它是城邦的联合，不像苏拉的意大利，是在罗马帝国之内作为一个部分而划分的领土。

[12] 另一种说法认为他死于虱病，但并非如此，原因很简单，那种病完全是虚构出来的。

第十一章

罗马共和国及其经济

罗马国的内外崩塌

我们已经叙述了九十年的罗马历史——五十年的太平盛世，四十年的连年战乱。这是罗马历史上最臭名昭著的一段时期。诚然，罗马从东西两个方向越过了阿尔卑斯山脉，并将触手伸到了西班牙半岛远至大西洋以及马其顿－希腊半岛远至多瑙河流域，但所获得的荣耀却平淡无奇。"臣服于罗马公民的意志、影响、统治或友谊下的外族"[1]范围并未出现实质性的扩大。罗马人民沉醉于盛世的果实之中，日益将以前松散地附属于罗马的城邦将完全隶属于罗马，这就让他们心满意足了。隐藏在属省重归统一的美好帷幕后是罗马势力的明显衰弱。当罗马国越来越清晰地孕育出整个古代文明，并通过有效的形式呈现出来时，这让摒弃在文明之外的人同时越过阿尔卑斯山脉和幼发拉底河，开始由防御转为侵犯。在阿奎－塞克斯提亚和韦尔切利、喀罗尼亚和奥科梅诺斯的战场上，我们听见了暴雨来临时的第一声轰鸣，那是日耳曼部落和亚洲部族在意大利－希腊世界所发出的，直到今天我们似乎还能听见那最后的轰鸣声。此时，在罗马内部的发展中也具有相同的特性：旧机构土崩瓦解，无法恢复。以城邦制建立的罗马共和国，是通过自由公民来产生它的统治者和法律，明智的统治者像国王一样自由但受到法律的限制。罗马共和国周围是由意大利同盟和意大利外部的同盟国形成的双重圈，前者聚集着在本质上与罗马同类同族的自由城邦，后者聚集着希腊自由市、蛮族和公国，与其说它们是受到罗马的压制，不如说是受到罗马的监护。革命中，名义上的保守派和民主派协同合作，这场革命的最终后果是让开始时虽然千疮百孔、摇摇欲坠却依然屹立的国家结构，最后土崩瓦解。现在，最高统治权要么掌握在单独一个人手里，要么就是交由富人阶级形成的寡头政治。公民丧失了所有合理的国家管理权。官员在暂时掌权者的麾下，是不具有独立性的。罗马城邦由于反常地扩张而被瓦解。意大利同盟并入罗马城邦，而意大利同盟之外的地方正成为附属国。罗马共和国的整个组织类别都被破坏，只剩下些多少有些粗糙且互不相干的组织。

展望

事态恐怕将最终发展成完全的无政府状态，罗马国内外都出现瓦解。政治运动的趋势将彻底以专制统治为目标，仍存争议的是采用封闭的贵族阶级家族统治，还是资本家的元老院统治，或是君主独裁制。政治运动完全是沿着通往独裁的路径进行，自由共和国的基本原则即争夺权力者会相互制约实现间接的压制，在所有党派的眼中都已经变得越发无力。争夺权力的双方首先开始使用棍棒，很快便挥起了刀剑。革命结束时，双方最终都承认需要抛弃旧政体，新政治发展的目标和方法已经明确下来，但革命发展至今，对于整顿国家的问题只有临时性的解决方法，格拉古和苏拉的国家政体都没有成为最终的定局。在艰难的时刻最让人痛苦的是连明辨是非的爱国者也丧失了希望和努力。怀抱着无限祝福的自由的太阳正日趋没落，黄昏逐渐笼罩这依然绚烂的世界。这并非爱国者和智者能抵挡的偶然性灾难，而是古代社会的弊病导致了罗马共和国的毁灭，这种弊病源于奴隶阶级毁灭了中产阶级。最有远见的政治家陷入了和医生一样的困境，无论是延长还是缩短垂死病人的病痛都同样让人痛苦。毫无疑问，专制君主越快越彻底地摒弃古代自由政体的所有残余，在专制主义允许的范围内，创建新的形式来采取促进人类繁荣的温和措施，对罗马越有益。这样做的本质优势主要是在特定环境里，专制统治积极有力地推倒旧制度、建成新制度，而这是联邦委员会永远也无法做到的。与任何寡头政治相比，它属于特定环境下的君主政体，但是，这种冷静的思考不会铸造历史，是激情而非理性创造了未来。罗马人只能等待，看这半死不活的共和国还能延续多久，或者它最终将迎来一位主人，可能是位雄才伟略的改革者，或者它将在痛苦和孱弱中崩塌。

国家财政

下面我们将关注这一时期的经济和社会关系，此前还未述及。

意大利的收入

从罗马共和国初期开始，国家财政收入主要依靠行省的税收。自皮德纳战役以来，意大利就没有征收过土地税，通常只是作为普通领地和其他收入的额外税款，以至于人们开始将完全免除土地税视为罗马土地所有者的一种宪法特权。国家所掌握的特权——如盐的专卖权和铸币权，如果曾经是但至少现在不是国家收入的来源。新设置的继承税也被暂时停征或直接废除。因此，罗马的财政收入来源于意大利（包括阿尔卑斯山脉的南高卢地区）的只有公有土地收入（尤其是坎帕尼亚地区和凯尔特人地区的金矿）、释放奴隶的收入和由海路进入罗马城邦但不用于个人消费的货物。从本质上来说，这些可被视为奢侈税。随着拥有罗马公民权的土地不断扩大，这些税收同时扩展到整个意大利，可能还包括阿尔卑斯山脉的南高卢地区，这样一来国家的财税收入肯定有了大幅度的增加。

行省收入

在行省，一方面通过整个地区的军事管制而被宣告无效的土地，另一方面罗马代替以前的土地所有者管理的土地，都直接被罗马宣布为私有财产。凭借此项权力，莱翁提尼、迦太基和科林斯地区，马其顿、波加蒙和昔兰尼国王的地产，西班牙和马其顿的矿产都被视为罗马的公地。同样，罗马监察官将卡普亚的土地出租给私人承包，以获取一定比例的收成或固定的金额。我们已经介绍过，盖乌斯·格拉古进一步宣称行省的全部土地均为公地，尤其是在亚细亚贯彻了这项方针。由此，他以罗马国对行省的土地、牧场和海岸所享有的财产权，依法对其征收什一税、牧税和关税，而不管此地以前是属于国王还是私人。

在这期间，并未出现国家剥夺任何王室的收益，禁止山外高卢地区种植葡萄和橄榄，也没有给国库带来收益。同时大范围地征收直接税和间接税。罗马的属国如努米底亚和卡帕多西亚拥有完全的自治权，同盟国罗德斯、墨撒那、陶罗麦农、马西利亚、加的斯依法免除赋税，仅在战时根据合约自费给罗马共和国提供固定数目的船只和士兵，当然若有需要还包括任何形式的特殊帮助。

税收

另一方面，其余行省地区甚至包括自由市全都需要承担税赋。只有享有特权的罗马城市如纳尔波以及被特别授予豁免权的城市如西西里的桑图里帕可以免除税赋。直接税一部分包括田禾和其他农作物如葡萄、橄榄的什一税[2]，如在西西里和撒丁，如果是牧场则有相应的公共牧场使用费；一部分包括各行省每年向罗马缴纳固定的金额（捐税和贡赋），如在马其顿、阿喀亚、昔兰尼、阿非利加的绝大部分地区、西班牙两地，还有依照苏拉协议的亚细亚地区。整个马其顿所缴纳的金额达到六十万第纳尔，靠近安德罗斯的伊亚罗斯小岛为一百五十第纳尔，显然税赋基本上不高，少于罗马统治之前的税赋。土地什一税和牧场税来自国家以缴纳固定的粮食数量或固定金额为条件承包给私人承包者；至于国家从各行省征收的后者税款，是按照罗马政府规定的一般原则，对债务人征收[3]。

关税

除去从道路、桥梁和隧道所征收的次要收入，间接税主要就是关税。在古罗马，用于销售的进出口货物，即使不是全部也至少主要是征收港口税，很少有边境税，由各城镇在其港口和领地自由决定征收。罗马人一般都赞成这个原则，他们最初的关税没有超过罗马管辖权范围，并且关税范围和帝国范围不一致，所以并未有一张通用的关税表。只有依靠国家条约，受到罗马国担保的城邦才能完全免除关税，这个条款至少在各种情况下有利于罗马公民。但那些没有和罗马结盟而是附属国的地方，不享有免税权，关税当然属于属国君主即属于罗马城邦。由于帝国的几大地区构成了独立的罗马关税区，地区中与罗马结盟或是享有免税特权的城邦从罗马关税中分割出来。因此，西西里地区甚至从迦太基时期就成为了一个封闭的关税区，边境上所有进出口的货物都将征收5%的税款；亚细亚的边境依照《森普罗尼乌斯法》征收21%的税款；像罗马的殖民地博纳省则组成了一个罗马关税区。这种安排除了财政目的外，还有一部分归因于其具有值得称道的目的，即通过统一规定边境税从而避免因多样化公共收费而引起的混乱。毫无例外的是关税也像什一税一样被租给了中间人来征收。

收税成本

罗马纳税人的普通税赋就限于这些税款，但是我们不能忽略一个事实，即敛税的花费巨大，纳税人所缴税款与罗马政府的税收额不成比例。这是因为，通过中间人尤其是承租人敛税的体制本身就是花费最大的方式。在罗马，由于租金没有被细分且和资本家联系起来，导致很难产生有效的竞争。

征用

不过，首先加注在人们身上的普通负担是征用。军费依法由罗马城邦支付。罗马给各行省的指挥官提供交通工具和其他必需品，并给各行省的罗马士兵发放军饷和供应补给品。行省只需要免费给官兵提供住处、木柴、干草和类似物品。事实上在通常情况下，冬季自由市甚至不会驻扎军队——还不知道有永久军营。所以，如果管理者需要粮食、船舶、配备奴隶、麻布、皮革、钱或其他任何东西，在战时（和平时期也无异），他绝对可以根据紧急状态下的自由裁量权，随意要求附属城邦或受君主保护的国家提供此类物品。这些供给物就像罗马土地税一样，被依法视为购买或赊账，由罗马国库立即或日后偿付。这些征用令即使没有国法上的理论依据，实际上也成了行省最重的负担，尤其是补偿金额通常由政府甚至是管理者单方面决定。我们确实看到有几项立法限制了罗马高级官吏具有危害性的征收权：如前所述，在西班牙不得向人民征收超过二十分之一的田禾，且价格需保证公平；管理者及其随从所需粮食的最大数量为固定数额；首都所需的粮食通常要求事先明确一个高昂的补偿率，至少取自西西里的粮食是如此。不过，虽然通过订立法规，确实让行省各城邦的经济和个人所受到的征收压力有所减轻，但却无法消除。在极其危急的情况下，这种压力必将增加，通常变得毫无限制，事实上征收常被当作一种强加的惩罚方式或被当作自愿上缴来执行，这让补偿全部被扣留。如此一来，在罗马纪元670—671年即公元前84—前83年，小亚细亚行省曾严重触犯罗马，苏拉强迫他们给每位普通士兵支付四十倍的军饷（每日十六第纳尔），给每位百夫长七十倍的薪水，另外还提供衣物和饮食以及随意招待客人的权利。之后不久苏拉强迫受保护国和附属国捐献，当然都没有提及要偿还。

当地财政负担

再者,当地的公共负担也不能忽视。相对而言,这种负担必定很沉重[4],因为行政费、公共建筑修理费以及普通的所有民政费都由地方财政承担,罗马政府只从国库中支付军事费用。甚至是军费预算如此庞大的项目也由罗马人酌情决定将其转嫁给城邦——如建设和维护意大利境外的军事道路的费用、意大利海外舰队的开支甚至军队的大部分花销。因为保护国和附属国的军队通常由所在行省的城邦来承担费用,现在军队开始日益频繁地超出此范围,如色雷斯人在阿非利加,阿非利加人在意大利等。如果只是行省而非意大利向政府缴纳直接税,那么只要意大利独立承担军事系统的负担和花销,即使政治上不公平,但财政上是公平的。自从废除这种体制后,行省的财政负担无疑都过于沉重。

强取豪夺

最后,我们不能忘记罗马官吏和包税商通过多种方式来增加行省税赋,造成巨大的不公。虽然总督所收取的每份馈赠在法律上都能被视为勒索,甚至他的购买权也受到法律的限制,但如果他有意实行不法行为,那么可以找到太多的托辞来执行公务。军队的住宿;官吏和元老院或骑士阶级的副官、文职人员、扈从、传令官、医生和祭司的免费住宿;国家信使必须免费传达消息;批准以实物偿付捐款并提供运输,尤其是强制出售和征收——所有这一切都让官吏有机会将丰厚的财富从行省搜刮走。这种劫掠日益普遍,政府的控制就显得愈发无力,事实上,资本家的法庭只会危害到正直的官吏。由于各行省经常发生官吏勒索的案件,于是在罗马纪元605年(即公元前149年）设立了一个常设法庭来处理此类案件。随后，关于勒索的法律接踵而至，以此来加大处罚力度，这足以显示社会恶疾日趋增加，正如水位计显示水位的上涨。

在所有这些情形之下，即使在理论上是温和的课税，在实际操作中也会变得极端严苛，让人难以承受。毋庸置疑的是，意大利商人和银行家对各行省所实施的金融压迫，可能是比滥收的税款还要沉重的负担。

聚集财政收入

总之，罗马从各行省所取得的收入可能并不是我们现在所谓的税收项目，而是大体上更类似于阿提卡的贡品，领导国可以用来支付维持军队系统的开支。这解释了为何总收入会和净收益一样稀少。据记载，罗马的收入至罗马纪元692年（即公元前62年）止，除去意大利的收入和承包什一税的包税人以实物上缴的粮食之外，金额不超过两亿塞斯特斯（两百万英镑），就是说只相当于埃及国王每年从国家所得收入的三分之二。乍一看这个比例好像很奇怪。作为大农场主的托勒密家族利用尼罗河，垄断了和东方世界的商业交往，牟取了巨额财富；罗马国库只不过是在罗马保护下各城邦的联合军需库，净收益可能比这个比值还要低。可能只有推行迦太基税制的西西里成为唯一一个获得可观盈余的行省，尤其在亚细亚地区，盖乌斯·格拉古为了缴纳谷物贡品，实施土地征用和土地税。很多证据显示，罗马的财政收入主要依赖于来自亚细亚的收入。据称，其他行省一般说来收支都大体相等，这种说法非常可信。事实上，需要大量驻军的地方如两个西班牙、山外高卢地区和马其顿，大概经常都会出现入不敷出的情况。总之，罗马国库日常情况下肯定是有盈余，能够用来支付国家和城市建设的费用，积累储备金。如果把这数字和罗马所统治的辽阔疆土相比，则证实了罗马的税收净收益数额菲薄。因此，在某种意义上，可敬而又睿智的旧原则——政治霸权不能视为获取利润的特权，仍然决定着各行省的财政，就像它决定着意大利的罗马一样。通常，罗马城邦从海外属地所征收的税款，又花在了海外财产的军事安全上。罗马所征收的税款远重于他们以前所缴纳的税款，但大部分都花在了海外。同时，用一个统治者和中央集权的军事管理来代替很多小的统治者和军队，也节省了很大一笔财政支出。不过，这个早前盛世的原则确实从一开始就被很多推行的例外违反和破坏。希罗和迦太基在西西里所征收的土地什一税远远高于每年的战争捐贡。此外，在西塞罗的书中写道，西庇阿·埃米利亚努斯义正词严地说罗马公民团既是统治者又是国家收税者，这种做法有失公允。挪用税款与廉洁的霸权制无法共存，而且高昂的税率和严苛的征收模式无法缓和因此而引起的不公之感。这个时期早些时候，收税员这个名称在东方人民眼中成了流氓和强盗的同义词，甚至于连罗马人的名字也被东方所憎恶。当盖乌斯·格拉古和那些罗马自命为"人民党"的人居于领导地位时，直言不讳地说政治权让每个人有权分享若干粮食，领导权变成了直接的土地所有权。最完善的体系不仅将这种最极端的所有权引入，还厚颜无耻地用法律将其直接合法化地宣布出来。

在这方面命运最艰苦的恰恰是两个最不好战的行省——西西里和亚细亚，这绝非偶然。

财政和公共建设

关于这一时期罗马的财政状况并没有详实的记录，首先我们可以通过公共建筑对此略知一二。在这一时期的最初几十年里,这里大兴土木,尤其是以史无前例的积极性进行道路的建设。在意大利,南部大道大概源于罗马纪元 622 年(即公元前 132 年),执政官普布利乌斯·波皮利乌斯所修建的自卡普亚至西西里海峡的支线,它是阿庇安大道的延长线,始于罗马,经过卡普亚、贝内文托和维努西亚到达他林敦和布林迪西港口。在东部沿海,至今只修建了自法努姆至阿里米努姆的一段路,是弗拉米尼大道的一部分,海岸路向南延伸至布林迪西,向北经过波河直至阿奎莱亚,至少从阿里米努姆至哈特里亚的这段路是由波皮利乌斯所修建,时间如前所述。伊特鲁里亚两条大道——一条是罗马纪元 631 年(即公元前 123 年)建成的从罗马通往庇萨和卢那的沿海大道或称奥勒里路,一条是经过苏特里乌姆和克卢西乌姆通往阿雷提乌姆和佛罗伦提亚的卡西乌斯路,这条路似乎修建于罗马纪元 583 年(即公元前 171 年)之后。这两条路可能在这一时期才被视为罗马的公路。罗马城本身没有什么新的修建计划,但是米尔维亚桥(即摩尔桥)在罗马纪元 645 年(即公元前 109 年)用石头城建,通过这座桥便能让弗拉米尼路跨过离罗马不远的台伯河。最后在北意大利,至今为止只修建了一条通往皮亚琴察的弗拉米尼 – 埃米利亚路。罗马纪元 606 年(即公元前 148 年)修建的波斯图姆大道始于热那亚,经德托(该殖民地可能建于同一时间),向前经过普拉森提亚(在这里与弗拉米尼 – 埃米利亚路相连)、克雷莫纳和维罗纳,到达第勒尼安和亚得里亚海。此外,还有罗马纪元 645 年(即公元前 109 年)由马库斯·埃米利乌斯·斯考鲁斯所修建,位于卢那和热那亚之间将波斯图姆和罗马直接联系在一起的大道。盖乌斯·格拉古尽力用另一种方式来改善意大利的路况。在分配田地时,他指定田地所有人对田地沿线的道路具有世代的修缮义务。此外,设立里程碑以及用界石确定地界的习惯都源于他。最后,为了发展农业,他提出必须具备良好的乡村道路，但更重要的是在各行省修建帝国大道无疑就是从此时开始。经过长期准备工作后，多密提安大道成了一条由意大利通往西班牙的安全之路，与设立阿奎－塞克斯提亚和纳尔波有着密切关系。伽比路和埃那提路从东部亚得里亚海沿岸通往内陆地区——前者自萨洛那起，后者自阿波罗尼亚和狄拉奇乌姆起。曼尼乌斯·阿奎利乌斯自罗马纪元625年（即公元前129年）设立亚细亚行省开始，便从首都埃菲苏朝各个方向修建道路网通往边境地区。在这一时期残缺不全的记载中并未提及这些工程的缘由，但这必然与巩固罗马在高卢、达尔马提亚、马其顿和小亚细亚的统治有关，对罗马实现中央集权和征服野蛮地区的文明化发展有重要作用。

至少在意大利，大量的排水工程与筑路工程同时进行。罗马纪元594年（即公元前160年），大力开展庞廷沼泽的排水工程，至少暂时看来是成功的，此事对中意大利而言至关重要。罗马纪元645年（即公元前109年），与修建北意大利大道相关的是对帕尔马和普拉森提亚之间的洼地进行排水。此外，政府花费巨资大力修建罗马的水道，因为这关系到首都人民的身体健康和生活的舒适度。不仅在罗马纪元610年（即公元前144年）彻底翻修了两条水道——这两条是自罗马纪元442年（即公元前312年）和罗马纪元492年（即公元前262年）就已经建成的阿庇安水道和阿尼俄水道，还修建了两条新的水道。罗马纪元610年（即公元前144年）修建马尔西安水道，其良好的水质和丰富的水量日后都无法超越，十九年后被称为提普拉水道。罗马国库的实力在修建马尔西安水道时得到了充分的体现，这项大工程没有使用贷款而是支付现金，工程所需款项为一亿八千万塞斯特斯，在三年内就已筹齐以备使用。这让我们可以看到罗马国库储备的庞大，事实上在这一时期初期，国库总额就达到大约八十六万镑，毫无疑问数额还在不断增加。

所有这些事实都能让我们断定当时罗马的财政状况整体良好。

只是从财政的观点看来,我们不能忽视这样一个事实,就是在本时期前三分之二的时间里,政府修建奢华庞大的建筑时,忘记了还有其他必需的支出。我们已经介绍过罗马军备是多么不足,要塞甚至是波河流域都遭到蛮族劫掠,成群的强盗甚至来到小亚细亚、西西里和意大利内陆地区大肆破坏。舰队完全被忽视,几乎连一支可以作战的罗马舰船都没有。罗马人让属国建造和维护的战船根本不够用,导致罗马不仅不能进行海战,甚至连海盗贸易也无法制止。罗马城内很多必需的城市改造都无人问津,尤为让人无法理解的是河流建筑被置之不理。从台伯地区通往贾尼科洛,首都仍然只有一座原始木桥横跨于台伯河上。每年都会出现台伯地区的街道被水淹没、房屋被毁的情形,事实上整个地区受灾也屡见不鲜,却没有见到采取任何加固堤岸的措施。虽然奥斯提亚的海外贸易发展得越来越好,它那天然不佳的停泊地却变得越发淤塞。一个政府在最风调雨顺的时候,在外部和平长达四十年的时间里,却忽略了国内的这种责任,轻易地将税收暂时搁置,仍然能每年获得超过支出的盈余,积蓄大量的储备金。这种财政管理看似出色,其实是假象,绝不值得称颂,而在政治生活的其他方面,就像功绩一样,元老的统治在懈怠、缺乏统一管理和荒谬地谄媚人民方面受到了指责。

革命中的财政状况

当革命开始风起云涌时,罗马的财政状况当然会恶化。盖乌斯·格拉古要求按名义率向首都公民提供粮食,这种义务即使只从财政观点来看也是非常沉重的负担。当然在初期有来自亚细亚行省的新财源与此相抵,然而自此之后,公共建筑的建设似乎都全部停滞不前。可以看见自皮德纳之战至盖乌斯·格拉古时期,实施了为数众多的公共工程建设，而在罗马纪元632年（即公元前122年）之后，除了罗马纪元645年（即公元前109年）马库斯·埃米利乌斯·斯考鲁斯担任执政官时，组织了建设桥梁、道路和排水项目外，则鲜有记载。这种结果是捐粮导致的，还是增加储蓄导致的仍然悬而未决，或者后者的可能性更高，比如这正适合一个日益僵化的寡头政府，在罗马纪元663年（即公元前91年）罗马资金储备达到最大值也是证明。暴风骤雨般的叛乱和革命，加之小亚细亚有五年没有缴纳收入——这是汉尼拔战争后，罗马财政首次遭遇严重困境——让它无法承受。在汉尼拔战争时期，直到第十年，公民不堪税赋时才动用了国库储备，而同盟战争自开始时就动用了现有余额。当两年后国库空虚时，他们宁愿拍卖公共建筑，挪用神庙的财宝，也没有向公民征税。可能没有什么比这更能清楚地体现时代的区别了，虽然这次的社会动荡如此严重，还是度过了。毫无疑问，苏拉让属国尤其是意大利的革命党做出了巨大的经济牺牲，恢复了财政秩序。他通过废除粮食捐贡减少亚细亚的税收，但还是能确保满足共和国的经济状况，至少让经常性支出远低于经常性收入。

私人农业经济

这一时期的私人经济并未出现任何新的特征，此前所叙述过的意大利社会环境中的利弊并没有改变，只是进一步发展得更为显著。在农业方面，我们已经看见不断壮大的罗马资本势力，逐渐吞并了意大利以及各行省的中小地产，就像太阳让雨点消失。政府不但坐视不理，甚至通过特别的措施助长这种有害的土地分割，尤其是为了意大利大地主和大商人的利益，禁止阿尔卑斯山之外的地区生产酒和油[5]。诚然，反对党和一部分抱有改革念头的保守党都极力反对这一弊病。格拉古兄弟将所有的公地几乎都分配了，让国家产生了八万新农民；苏拉在意大利安顿了十二万的殖民地居民，至少在一定程度上填补了由革命和他自己所造成的意大利自耕农的空缺。当水不断地流出让容器变空，那么弥补的措施不是倒入大量的水，而是建立一种不断注水的机制。这种补救措施被多次寄予厚望，但都未获成功。在各行省，没有采取任何措施来避免农民阶级被罗马投机者购买，各省人民真的仅仅是个人而非党派。结果，就连罗马之外的土地租金也越来越多地流入罗马。此外，大概在本时期中叶，种植园制度已经在意大利的个别地区具有支配地位，如伊特鲁里亚通过将积极的系统化管理和雄厚的财力相结合，达到了空前兴盛的状况。特别是意大利的酿酒，一方面通过强行开放部分行省市场，一方面通过禁止在意大利销售外国酒，如罗马纪元593年（即公元前161年）的禁奢令，人为地提高销量，获得了很可观的成效：阿敏酒和费乐纳斯酒开始与达西酒、契儿酒齐名，罗马纪元633年（即公元前121年）的欧皮曼酒和罗马十一葡萄酒在最后一瓶被饮尽后永留人们的记忆之中。

贸易

贸易和制造业则没有什么可以介绍的，在这方面意大利民族一直都无所作为，近乎处于野蛮状态。他们毁掉了科林斯工厂。这里留存着很多有价值的工业传统，但他们这样做的原因不是为了建设相似的工厂，而是用高昂的价格尽量买下保藏在这些希腊房屋中的科林斯陶瓶或铜罐以及类似的"古代器物"。仍然有些兴盛的贸易，如与建筑相关的行业，对共和国却鲜有效益，因为奴隶雇用制阻碍了每个大型工程：如在建设马库斯大渡槽时，政府同时与三千个工头签订了建筑和材料合约，然后每个工头再与一群奴隶签订工程履行协议。

货币经营和商业

罗马的私人经济最繁荣或者说唯一繁荣的就是货币经营和商业。首先，通过公地租赁和税收产生的巨额收入，或者说罗马国大部分的收入都流入了罗马资本家的口袋。此外，罗马人垄断了罗马国的货币经营业务。共和国末期出版的著述中曾写道，在高卢地区流通的一分一毫都曾出入罗马商人的账簿，毫无疑问各地都是如此。为了每一个罗马富人的私人利益，他们利用未开化的经济条件，肆无忌惮地使用罗马的政治优势来普遍推行高利贷制度。例如罗马纪元670年（即公元前84年）苏拉对亚细亚省实施的战争税，罗马资本家便先行垫付，在十四年里已付的税额加上未付的利息高达原来数额的六倍。为了支付罗马债主的索赔，各城邦不得不变卖公共建筑、艺术品和珠宝，父母被迫卖掉成年的孩子。备受精神折磨的债主被直接送上刑架的事情屡见不鲜。除了这些收入来源外，还有批发贸易。意大利的进出口量很大，出口货物主要包括酒和油。因为当时的马西利亚和图尔德塔尼地区只能生产少量的酒，所以意大利和希腊几乎成为整个地中海地区唯一的供货商。大量的意大利酒被销往巴勒利群岛和坎特伯雷，销往仅有谷物和牧场的非洲，销往纳尔波和高卢内陆地区。意大利的进口量更大。当时，意大利是所有奢侈品的聚集地，大部分用于奢侈消费的食物、饮品、服装、饰品、书籍、家具、艺术品都经由海路运到这里。尤其地中海地区的奴隶贸易获得了前所未有的发展，这是由于罗马商人对奴隶的需求不断增加，也与海盗活动的猖獗密不可分。一切地区和所有民族都有提供奴隶的义务，但主要是从叙利亚和小亚细亚的内陆地区抓捕奴隶。

奥斯提亚和普泰奥利

在意大利，海外进口货物主要集中在第勒尼安海沿岸的两大商业中心：奥斯提亚和普泰奥利。运往首都的粮食会停靠在奥斯提亚，这里虽然不是一个良好的停泊地，但距离罗马最近，这类市场最适合价值低廉的商品。相反，罗马与东方的奢侈品贸易主要在普泰奥利，这里以优秀的港口闻名，适合停靠装载着昂贵货物的船舶。普泰奥利毗邻不亚于首都的巴叶地区，这里别墅日渐增多，为商人提供了市场。长久以来，后者的贸易是通过科林斯进行，在科林斯毁灭后便通过提洛，因此在这个意义上，卢奇利乌斯称普泰奥利是意大利的"小提洛"。提洛在米特拉达特斯战争中被毁坏后便一蹶不振，普泰奥利便直接和叙利亚及亚历山大省进行商业往来，他们的城市便日益成为意大利最大的海外贸易地区。罗马将意大利进出口的大部分揽入囊中，他们还在纳尔波与马西利亚人争夺凯尔特人的生意。总的说来，随处都流动或定居着罗马的商人，通过投机买卖获取最大的利益。

资本家的寡头政治

结合以上这些现象，我们发现这一时期私人经济的显著特征是罗马资本家的寡头金融与寡头政治相伴而行。他们手握几乎整个意大利地区和各行省最好的土地，收取租金，垄断了资本的高利贷收益和整个帝国的商业收入，最后，还有大部分的罗马财政收入来自租赁收入的利润。财富增长的平均水平充分说明了资本日渐积累：现在一个中等水平的元老的财富是三百万塞斯特斯，一个像样的骑士的财富是二百万塞斯特斯；格拉古时代最富有的人是罗马纪元623年（即公元前131年）当权的执政官普布利乌斯·克拉苏，据估计财富达到一亿塞斯特斯。资本家的命令在对外政策上获得压倒性的影响不足为奇。他们就像伊特鲁里亚人以前破坏阿拉利亚和叙拉古的凯雷一样，破坏了迦太基和科林斯。虽然有元老院，但他们还是支持殖民地纳尔波。寡头资本家在国内政治上常常与寡头贵族展开强有力的竞争不足为奇。不过，落魄的富人做起造反奴隶的首领，粗暴地提醒公众从纵情酒色的上流社会转入强盗们的巢穴是多么容易，也不足为奇了。更不足为奇的就是财政上的巴别塔，它的基础不只是还借助于罗马的政治权势的经济，每当遇到严重的政治危机就摇摇欲坠，正像我们的货币结构一样。罗马纪元664年（即公元前90年）的意大利—亚细亚骚乱导致了严重的经济危机，国家和个人相继破产，土地和股份整体贬值。我们无法了解其详情，但是，它的结果无疑确定了它的性质和重要性：一群债务人杀死了法务官，并企图将所有不免除债务的元老逐出元老院。苏拉重新规定了最高利率，将革命党债务的75%予以免除。这一制度的结果自然是让各行省普遍陷入贫困、人口减少，然而各地流动或暂住的意大利寄生人口却不断增加。在小亚细亚，据说一天之内有八万意大利血统的人死亡。提洛岛现存的一块墓碑上记载着，米特拉达特斯特曾下令处死两万外国人，其中大多数为意大利商人，由此我们可以清楚地看见提洛岛上的意大利人有多么众多。在非洲，意大利人也为数众多，甚至在锡尔塔的努米底亚城抵抗朱古达的战役中，就主要依靠他们。据说高卢地区也满是罗马商人，唯独在西班牙没有发现此类记载，这或许并非偶然。毫无疑问，在意大利本土，这一时期自由民的情况整体上出现了倒退。导致这一结果的肯定是内战,据一种不大可靠的通行说法声称,此役有十万至十五万罗马公民丧生,三十万意大利人丧生。中产阶级的经济破产和商人持续不断的移民,让一大批意大利青年人在海外虚度了他们人生中最有活力的岁月,这些都导致了更坏的结果。

在首都,则寄居着希腊东方式的自由人,他们充当着国王和城邦的外交官、医生、教师、祭司、仆人和食客,无数骗子被雇佣,或许是当商贩和海员,尤其是以在奥斯提亚、普泰奥利和布林迪西最为常见。这些寄居人士来补充人口,其价值令人怀疑。更加危险的是半岛上奴隶人口的增加失衡。据罗马纪元684年(即公元前70年)的统计显示,意大利公民中能够服兵役的人数为九十一万。为了求得半岛上自由民的数量,我们还要加上统计中遗漏的人口、居住在阿尔卑斯山和波河之间的拉丁人以及居住在意大利的外国人,同时减去居住在海外的罗马公民。所以,我们估计半岛上的自由民数量不大可能超过六七百万。如果当时的总人口数与今天相等,由此我们设想当时的奴隶人口多达一千三百万或一千四百万。不过,我们无须用如此不确定的计算来彰显紧张危险的事态,局部奴隶的暴动和自革命开始时,每次暴动结束,奴隶都会被号召拿起武器对抗主人并用斗争获得自由,这些就足以证明。如果我们想象伦敦拥有它的贵族、乡绅和最重要的伦敦城,但是世袭地主和农民却变成了无产阶级,劳动者和水手变成了奴隶,我们便会对那时意大利半岛的人口有个大致的印象。

甚至今天,罗马的货币制度还清楚地反映出当时的经济关系。货币的使用显示出商人的远见。长久以来,金和银作为两种常用的支付手段而共同使用,然而为了实现普遍的现金平衡,依法给两种货币设定了一个固定的价值比。一般说来,支付货币时不能随意用一种货币替代另一种,而须依约支付金或银。这样就能避免出现大灾难，否则设立两种贵金属为货币必将出现危机。例如，大概在罗马纪元600年（即公元前154年），因为陶利斯克金矿的发现，意大利金价与银价的比率立即暴跌33.3%，导致严重的黄金危机。不过危机至少不会直接影响银币的使用和零售贸易。黄金的属性意味着随着海外贸易的扩大，黄金越发明显地从第二货币跃升为第一货币。这一情况，我们可以从国库余额登录和贸易情况记载中得到证实，但是政府却并未因此而铸造金币。在汉尼拔战争的紧要关头曾想要铸造金币，结果被长期搁置下来，而苏拉当政时所铸造的少量金币不过是作为凯旋时的礼品。银依然像以前一样，作为唯一适用的货币流通，而金只按重量交易，流通中使用的是金条，上面或者印有国外或国内造币厂的印号，不知道这是否也和以往一样。不过金和银同为交易媒介，降级黄金成色的欺骗行为如同发行伪造的银币一样，视为货币犯罪。这样，在最重要的支付媒介上，他们获得了极大的优势来阻止货币欺诈和假币的可能性。另外，具有标准成色的货币非常之多。汉尼拔战争时，银币的重量由一磅的七十二分之一降至一磅的八十四分之一，此后三个多世纪都维持着相同的重量和质量，没有降低成色。在本时期初期，铜币仅用于小额交易，退出了以前的大额贸易。因此，可能在七世纪初期后就不再铸造阿斯，铜币只用于低于或等于一个西密的较小价值，其无法用银币支付。钱币的种类按照一个简单的原则排列，以当时通常所发行的最小货币奎仑斯一直到可评估的价值极限。这种货币制度因其以明智原则为基础，并进行严苛的推行，让它在古代社会独树一帜，甚至在现代也少有能与其匹敌的制度。

不过，这种货币制度也有它的不足之处。按照惯例，罗马政府在发行纯银货币第纳尔的同时还发行了一种镀银的铜币第纳尔，这种做法在整个古代都很普遍，尤其是在迦太基发展到了最顶峰。这种镀银铜币如同银币被人们接受，就像我们的纸币一样充当一种代用货币。因为国库不能拒收这种镀银铜币，所以在流通中被强制使用，向国库追索。我们所制造的纸币都不再有官方假币，因为一切都公开进行。罗马纪元663年（即公元前91年），马尔库斯·德鲁苏斯为了筹措缴粮的款项，建议造币厂每发行七枚银币就发行一枚镀银的铜币。然而，这种方法不但导致了私造假币的风险，还故意让公众不知道收到的是银币还是代用货币，也不知道流通中的代用货币数量。在内战和金融危机的窘迫时期，他们似乎不该利用这种镀银铜币。当货币危机伴随财政危机出现时，假币和毫无价值的货币数量让交易变得极不安全。因此在秦纳执政时，由法务官和保民官通过了一项法令，主要由马尔库斯·马略·格拉提狄亚努斯负责，用银币兑换所有的代用货币，为此还设立了一个金属货币检验室。此次召回完成如何并未有史料记载，代用货币仍然存在。

至于各行省，按照摒弃金币的原则，各地甚至是附属国均不允许铸造金币。所以，这一时期只有在罗马没有话语权的地方才会铸造金币，尤其是塞文河以北的凯尔特人地区和反抗罗马的国家。例如，意大利人和米特拉达特斯六世就铸造金币。政府试图逐渐掌握银币的铸造，尤其是在西部地区。在非洲和撒丁，甚至在迦太基亡国后，迦太基人的金银币仍然在流通中使用，但是并未以迦太基或罗马本位来铸造贵金属。当然在罗马占领此地后，第纳尔很快就从意大利流入此地，并在两国的贸易中取得支配地位。西班牙和西西里归属罗马较早，二者都享有较温和的待遇，无疑能够按照罗马的规则铸造银币。事实上，是罗马人首先在西班牙按照罗马本位创造了银币铸造。但是，我们有充分的理由相信，至少从七世纪初开始，就连这两个地区的省市铸造厂都只能发行小铜币。只有在山北高卢的马西利亚城没有被剥夺铸造银币的权利，它是罗马的老同盟国并享有相当大的自由。伊比利亚的希腊城、阿波罗尼亚和迪拉奇乌姆大概也是如此。这些城邦的造币特权实际上受到了间接的限制，马西利亚和伊利里亚可以依据罗马的管理法令制造四分之三的第纳尔,曾称为胜利女神像的银币被纳入罗马货币体系。伊利里亚地区大概在七世纪中叶废除了这种货币。这导致的影响是马西利亚和伊利里亚的货币被逐出上意大利,只在本地流通,除此之外可能在阿尔卑斯和多瑙河地区还有使用。在本时期已经出现了这样的发展,标准的第纳尔货币单独在罗马帝国的整个西部地区流通。因为意大利、西西里(对此在下时期初期明确证明了这里除了第纳尔没有其他银币流通)、撒丁和非洲只使用罗马银币,至少在西班牙仍然流通的行省银币和马西利亚、伊利里亚的银币,都是按照第纳尔的标准铸造。

东方则另当别论。这里自古就有很多国家铸造货币,而且本地货币在流通中的数量也很多,虽然第纳尔可能被宣布为法定货币,但却不能被广泛接受。相反,它们或者是继续实行以前的货币本位制,如在仍为行省的马其顿,虽然部分货币在地名外增加了罗马官员的名字——铸造了古典时期的四德拉克马,但基本上没有其他货币;或者是在罗马权威下在相应的环境下设立一种特殊的货币本位,如在亚细亚行省的制度中,按照罗马政府规定铸造了一种名为基斯托福鲁斯的银币,此后在罗马的监督下由地区首府铸造。东西方货币体系的本质区别将在历史上起到重要作用:采用罗马货币成了属地罗马化最强有力的工具之一,而这时期我们所指的第纳尔地区日后成为拉丁帝国,德拉克马地区日后成为希腊帝国并非偶然。直到今天,前者大体代表了全部的罗马文化,而后者已经割断了和西方文化的联系。

在这种经济状况下,我们很容易想出经济关系的大致状况,但详细了解奢侈品的增加、物价的上涨后,过分讲究和轻佻浮躁就既不可喜也没有教益。在暴发户以及李锡尼和梅特路斯中,奢侈浪费和感官享受成了所有人的主要目标。它不是那种文明发展到巅峰时优雅的奢华，而是一种在小亚细亚和亚历山大地区逐渐衰落的希腊文化中发展起来的奢侈。它将一切有意义的美好事物贬低成装饰之物，谨慎而又迂腐地研究享乐的学问，让有新思想和新感官的人将其等同于恶心之物。至于流行的节日，在加图时代被禁止的海外野兽进口，大约在本世纪中叶，由格涅乌斯·奥菲狄乌斯提议，人民法令重新允许进口。这让猎捕动物成了广受欢迎的活动，也是人民节日期间的特色活动。罗马纪元651年（即公元前103年），几头狮子首次出现在罗马竞技场，大约在罗马纪元655年（即公元前99年）象群也第一次出现。罗马纪元661年（即公元前93年），苏拉担任法务官时，展出了上百只狮子。角斗比赛也是如此。如果先祖曾公开展现大战的情形，那他们的子孙后代开始用角斗比赛做同样的事情，用这种方式让当时领袖或国家的表现成为他们子孙的笑柄。一般这些比赛和丧葬仪式的花费，我们可以从马尔库斯·埃米利乌斯·雷比达的遗嘱中推测出来。他命令自己的孩子在他的丧事上花费不得超过一百万阿斯，因为真正的荣耀不在于无意义的丧事盛况空前，而在于个人和先辈的功绩被人所牢记。房屋和花园的建设也越来越奢华，演说家克拉苏豪华的住宅就以花园中的古树闻名。整个屋子加上古树价值六百万塞斯特斯，不算古树的话也值三百万塞斯特斯，而罗马一套普通住宅的价值估计约为六万塞斯特斯[6]。这些装饰豪华的房屋价值上涨得有多快，我们可以由格拉古的母亲科内涅利亚所买的密森别墅看出来。这座别墅花了七万五千塞斯特斯，罗马纪元680年（即公元前74年），执政官卢西乌斯·卢库卢斯购买时，价格上涨了三十三倍。别墅以及乡间和海边奢侈的生活让巴亚和拿波里的海边成为了无所事事的贵族们理想的黄金胜地。掷骰子成了普遍流行的游戏，赌注也越来越大，虽然早在罗马纪元639年（即公元前115年）监察官的法令就曾反对过这个游戏。女性甚至是男性都开始穿着能更好展示身形的纱料和丝质的衣服，来取代老式的棉布衣。反对在使用外国香料上过度浪费的禁奢法终究成了一纸空文，毫无作用。

不过，上流社会光彩夺目的生活真正的焦点是集中在了餐桌之上。聘请一位手艺精湛的厨师价格十分昂贵，高达十万塞斯特斯。建设房屋时会特别考虑餐饮问题，尤其是沿海别墅会配备有自己的海水池，随时都能给宴席提供新鲜的海鱼和牡蛎。如果一顿晚宴向客人提供的是整只家禽而非精挑细选的部分食材，那么就会被形容成寒酸：客人们想要品尝到的是几种菜肴，而非简单吃它们。他们花重金购买外国菜肴和希腊美酒，每次体面的宴席上，至少要把酒传递一圈。尤其是在宴会上，罗马人会展示他们妖艳的奴隶、他们的乐队、他们的舞女、他们高雅的家具、他们闪着金光或优美刺绣的地毯、他们紫色的帷幔、他们的青铜古董，还有他们昂贵的银器。禁奢法主要就是反对这种铺张浪费的行为，在罗马纪元593年（即公元前161年）、罗马纪元639年（即公元前115年）、罗马纪元665年（即公元前89年）和罗马纪元673年（即公元前81年），禁奢法颁布得更加频繁，规定得也更为详细。很多菜肴和美酒都被完全禁止，有些则规定了最大量和最高价；银器的数量也同样受到法律的限制，最后还规定了平日和节日宴席的平均最高额，例如，罗马纪元593年（即公元前161年）规定平日为十塞斯特斯，节日为一百塞斯特斯；罗马纪元673年（即公元前81年）规定平日为三十塞斯特斯，节日为三百塞斯特斯。可惜事实让我们不得不增加一句：罗马所有的贵族，据说遵守法律的不超过三个人——这三个人不包括立法者自己，至于这三个之所以削减花销，不是因为国法而是因为斯多葛派的规定。

在此，我们有必要了解下关于银器消费蔑视法律、日益奢侈的事情。在六世纪，餐桌上的银器除了传统的银质盐碟外，十分罕见。迦太基的使者受邀前往每家做客时，看到相同的银器都会被他们取笑一番。西庇阿·埃米利亚努斯所拥有的精致银器不超过三十二磅；他的侄子昆图斯·法比乌斯［罗马纪元633年（即公元前121年）任执政官］首次拥有高达一千磅的银器；马尔库斯·德鲁苏斯［罗马纪元663年（即公元前91年）任保民官］的银器达到一万磅；在苏拉时期，罗马城已经有一百五十个、每个重一百磅的银盘，有几位这种银盘的拥有者被列上了放逐名单。要判断这些银器的花销总额，我们肯定记得这些手艺价格昂贵，例如盖乌斯·格拉古精选的银器是价格的十五倍；罗马纪元659年（即公元前95年）的执政官卢西乌斯·卡拉苏斯付了银价的十八倍，购买了一对著名银匠制作的价值十万塞斯特斯的银杯。所以，各地均是如此。

《塞穆普罗尼乌斯土地法》还规定了结婚生子的情形，并首次对其给予奖励。以前在罗马，很少听说有人离婚，现在这种事每天都有发生。罗马最古老的婚姻是丈夫购买妻子，现在为了名副其实，他们建议采用雇佣婚姻，甚至梅特路斯·马凯多尼库斯这样的人物，在罗马纪元623年（即公元前131年）担任监察官强制公民履行婚姻生活的义务时，也曾把婚姻生活描述成沉重的公共责任，不过拥有责任感的爱国人士应该在所不辞。

当然也有例外。在乡下，尤其是那些大一点的土地主更忠实地遵循着拉丁民族古老正直的习俗。不过在首都，加图派的反对仅仅成了一种说辞，虽然个别稳固且有修养的团体如西庇阿·埃米利亚努斯，知道将罗马风俗与希腊文化相融合的艺术，但新趋势具有最大的统治力。在大众看来，希腊文化就是智力与道德堕落的同义词。如果我们了解罗马革命，就肯定不会忽略这些社会恶习在政治生活上所引起的反应。罗马纪元662年（即公元前92年），城邦两位最高的道德家，一位公开指责另外一位，为其引以为傲的鱼池中的海鳝死亡而落泪，后者则指责前者埋葬了三位妻子，却从未流过眼泪。这些可不是无关紧要的事情。还有一件让人在意的事情是罗马纪元593年（即公元前161年），一位演说家在公开广场的运动中描述了一位元老院的民事陪审员，在问询时间还混迹在饮酒作乐的朋友中。"他们被情妇包围着，玩着掷骰子的游戏，酒香四溢。将近下午，他们才召唤仆人，吩咐他去公民大会场打探广场上发生了什么事，谁赞成或谁反对新法案，哪些部落投票赞成或哪些反对。最后，他们亲自前往审判厅，刚好避免事务缠身。路上，他们不会再留恋任何幽闭的小巷，因为他们已经酒足饭饱。勉强来到法庭后，他们听取了双方的陈述。相关人员提出了他们的理由。陪审员命令证人站出来，他自己却走开了。回来时，他声称自己已经听完了所有的陈述，然后索要文件。他看着笔录，因为酒劲双眼几乎无法睁开。随后，当他退堂考虑判决时，对酒友们说：'这些烦人的家伙和我有什么关系？我们为什么不去喝杯调和了希腊酒的蜜酒，再配上一只肥硕的田鸫和上好的鱼，一条真正产自台伯河地区的梭子鱼？'那些听着演讲的人都笑了起来，这对于那些发笑者而言并不是一件非常严重的事情。"

注释

[1] 这是对意大利附属国和保护国的官方称号，有别于意大利的"同盟和同族"。

[2] 这里的什一税是国家向私人地产所征收的，区别于土地主加在公地上的什一税。前者在西西里被出租，且固定后不再变动；后者尤其是在莱翁提尼地区，由罗马的监察官出租，应付产物的比例和其他条件由他们随意规定。

[3] 显然实施的方式如下所述：罗马政府首先规定这种税赋的种类和金额。例如在亚细亚，按照苏拉和凯撒的规定征收十分之一的粮食。依照凯撒的法令，犹太人每两年上缴四分之一的种子，后来在西里西亚和叙利亚征收5%的地产

税,在阿非利加显然也有征收类似的税赋——在此我们补充一点,地产好像是按照可以推定的信息来估价的,如占地面积、门廊数量以及儿童和奴隶数量。根据规定,每个城邦负责征税的官员受罗马长官的领导,由其决定谁要缴税以及缴纳何物。如果有人没按时缴税,他的税赋会像在罗马一样被出售,即根据裁决将它转给承包人来收税。这些税款流入领导性城邦的金库——例如犹太人必须将粮食税交给西顿——然后再从这些金库向罗马输送固定金额。这些税也是间接征收,中间人或者根据情况为自己留存一部分税收,或者提前用自己的财产支付。这种征收方式与另外一种包税商征收不同,前者的中间人是纳税人的公共负责人,后者的中间人是罗马私人承包商。

[4] 例如,犹太的约帕城向本地君王纳粮二万六千零七十五莫迪,其他犹太人则缴纳粮食的十分之一,还要加上神庙税和支付给西顿交给罗马的税赋。在西西里,除了罗马的什一税,还对财政征收了高额的地方税。

[5] 第四卷第五章与利古里亚人的冲突。生活于加图之后、瓦罗之前的罗马农业家萨塞纳的话可能与此有关,他说葡萄和橄榄的种植不断向北部地区深入。元老院关于翻译马戈专著的命令也属于此类。

[6] 苏拉年轻时租房付底层租金三千塞斯特斯,楼上的房客租金为二千塞斯特斯,按照通常资本利息的三分之二来计算,收益和上述金额差不多。这是一套便宜的住房。在罗马纪元629年(即公元前125年),首都有一套房子租金为六千塞斯特斯,肯定是由于环境特殊。

第十二章

民族、宗教和拉丁语及希腊文化的教育

这一时期，在罗马帝国所发生的大范围民族竞争中，劣等民族似乎正在逐渐衰落或消亡。其中最重要的当属腓尼基人，他们在迦太基的灭亡中遭到了致命一击，慢慢地流血致死。迄今为止，意大利的伊特鲁里亚和萨莫奈地区都保留着自己古老的语言和习俗，但苏拉保守的思想不仅让他们遭受到最重大的打击，而且为了在意大利实行政治平等化，他们还被迫使用拉丁语和习俗，从而导致当地的语言沦为大众方言，很快就走向衰落。在罗马全国再也没有任何民族有资格可以与罗马和希腊竞争。

拉丁语

另一方面，拉丁民族在广度和深度上都处于最具决定性的支配地位。因为在同盟战争后，任何意大利人都可以对意大利土地的任何部分拥有完全的罗马所有权，任何意大利神庙中的神都可以接受罗马人的献祭。自此以后，整个意大利除了波河以北的地区之外，罗马法取代了所有的市民法和当地法，具有绝对的权威性。所以，此时从阿尔卑斯山脉到西西里海峡的整个半岛上，罗马语成了商业中的通用语言，很快也成了人际交流的通用语言，但是，罗马语言不再以自然疆界为限。意大利聚集了大量的资本、丰富的商品、聪明的农民、伶俐的商人，半岛变得过于狭小。这样的环境和公共服务让大量的意大利人前往各行省。居于特权地位的他们让罗马语言和罗马法也享有特权，并不仅限于罗马人进行商业交易的地方。意大利人在各地都紧密而有组织地聚集在一起，士兵组成军团，每个稍大的城镇里商人会组成特殊的企业，罗马公民定居或逗留的某个行省司法区被称为"罗马公民司法区"。这些司法区有自己的陪审员名单，在一定限度内有自己的民社法。虽然各行省的罗马人早晚会返回意大利，不过他们还是逐渐在各行省奠定了常住人口的基础，其中部分是罗马人，部分是依附于罗马移民的混合人群。我们已经提及，罗马军队首次在西班牙设立了常备军，具有意大利体制的各行省城镇第一次组织起来——罗马纪元583年（即公元前171年）的迦太基、罗马纪元616年（即公元前138年）的瓦伦提亚、稍后的帕尔马和波伦提亚。虽然内陆地区还远未开化，例如此后很久仍被提及的瓦恺人地区，就是文明的意大利人最厌恶的野蛮之地。不过据作者和碑文记载，证实早在七世纪中叶，新迦太基周围和沿海地区就已经普遍使用拉丁语。格拉古首先明确提出将意大利人移民罗马各行省的殖民化的想法，或称之为罗马化，并大力推行。虽然这个大胆的想法遭到了保守派的反对，在推行之初他们便摧毁了大部分殖民地，阻止它继续实施。不过殖民地纳尔波保留了下来，重要的是它扩大了拉丁语的范围，更为重要的是这个建设性的意见具有里程碑的意义，成为未来强大结构的奠基石。古代的高卢，事实上还有现代的法国，都源于殖民地，追根溯源，都是盖乌斯·格拉古创造的。拉丁民族并不仅限于意大利境内，他们开始向外扩张，这也需要更深层次的文化基础。我们发现拉丁民族正在创造一种古典文学和一种属于自己的更高级的教育。虽然与希腊的古典文学和希腊文化相比，我们感到这种意大利孱弱的温室产物价值甚微，但是就它的史学发展而言，拉丁古典文学和古典文化的特质与希腊并肩而立。就文学的观点来看，当时希腊人日趋衰落，在这里可以引用诗人的话：活着的苦力好过死去的阿喀琉斯。

希腊文化

不过，虽然拉丁语和拉丁民族迅速而又强有力地攻城略地，但同时他们也意识到，事实上出现更早且更优越的希腊民族与其完全平等，二者在各处都更紧密地联合或混合在一起共同发展。意大利革命将半岛上所有的非拉丁民族都毁灭了，却没有打扰希腊城市他林敦、利基翁、拿波里和洛克里。同样，马西利亚目前虽然被罗马国土所包围，但仍是一座希腊城市，就这样和罗马稳固地联系在一起。意大利的完全拉丁化和希腊化不断加深，携手前行。在意大利的上层社会，希腊教育成了本土文化必不可少的一个部分。曾于罗马纪元623年（即公元前131年）担任执政官的大祭司普布利乌斯·克拉苏，当他担任亚细亚的官员时，会根据案件的需要，有时用普通的希腊语，有时用已成为书面语的四种方言来宣读判决，这甚至让当地的希腊人也颇感震惊。如果意大利的文学和艺术都久久凝视着东方，那么现在希腊文学和艺术开始转向西方。不仅意大利的希腊城继续和希腊、小亚细亚和埃及保持着积极的文化交流，并授予希腊诗人和表演者应有的赞誉。在罗马，他们还效仿在罗马纪元608年（即公元前146年）摧毁科林斯者的凯旋礼，希腊的体育和美学的娱乐活动也在这里流行，如角力比赛以及音乐、演出、背诵和演讲[1]。甚至于希腊的文人早已在罗马的贵族社会尤其是西庇阿的圈子里扎根，其中最著名的希腊人士如史学家波利比乌斯和哲学家帕奈提乌斯，他们都属于罗马的历史而非希腊的发展史。即使在其他不太出名的社交圈也有类似的事情出现，我们可以介绍另外一位与西庇阿同时代的哲学家克莱托马库斯，因为他的生活生动地呈现了当时各民族融合的场面。克莱托马库斯生于迦太基，他在雅典时师从卡涅阿德斯，后来继任了卡涅阿德斯的职位。他与雅典最有文化的意大利人来往，如历史学家奥卢斯·阿尔比努斯和诗人卢奇利乌斯。克莱托马库斯一面给围攻迦太基的罗马执政官卢西乌斯·森索里努斯献上自己的科研著作，一面给沦为意大利奴隶的同胞写了篇慰问性的哲学文。迄今为止，希腊著名的文人都会以出使、流亡或其他原因暂居于罗马，现在他们开始定居于此。例如前面已经提及的住在西庇阿家里的帕奈提乌斯，还有于罗马纪元652年（即公元前102年）定居于罗马、来自安提俄克的阿尔基阿斯，他靠即兴创作关于罗马执政官的叙事诗体面地养活自己。盖乌斯·马略甚至连一行诗都不认识，完全不适合做一个文学艺术事业的慷慨资助者，但也不影响他资助诗人。这样，精神和文学生活将两个民族中即使不是全部也是较为有教养的部分彼此联系起来。另一方面，小亚细亚和叙利亚的奴隶成群结队地来到罗马，商人从希腊和半希腊的东方移居于此，带来了希腊文化中最粗鄙的一层——主要是与东方的融合及普遍的野蛮成分，并与意大利无产阶级联系在一起，给它也带来了一抹希腊色彩。西塞罗评论说，新词汇和新潮流首先出现在沿海城市，这可能主要是指具有半希腊属性的奥斯提亚、普泰奥利和布林迪西。外国商品和外国风俗就是首先传入这些城市，然后才散播开来。

民族大融合

这种彻底的革命所立即产生的结果与民族的关系肯定无法让人满意。当罗马人涌入各行省时，希腊人、叙利亚人、腓尼基人、犹太人和埃及人都聚集在意大利。各地鲜明的民族性在彼此融合的过程中被明显地消磨掉，好像除了实用主义的印象外，一切都消失了。拉丁性在扩散的过程中丧失了新鲜性，尤其是在罗马本地，中产阶级几乎迅速地完全消失，只剩下贵族和乞丐，这二者似乎各地可见。西塞罗相信，大概在罗马纪元660年（即公元前94年）拉丁城镇的普遍文化修养要高于罗马，这可以从当时的文学中得到证实。那时最出色、最健全、最有特色的作品如国民喜剧和卢奇利乌斯的讽刺诗，与其说是罗马作品，不如说是拉丁作品。不言而喻的是，意大利底层阶级的希腊文化事实上只不过是一种令人生厌的世界主义，它同时沾染了奢侈风和肤浅地被掩藏起来的野蛮。即使是在西庇阿的社交圈，这些具有高级趣味的上流社会人士也没有留下任何永恒的标记。社会大众越发对希腊生活感兴趣，越发不会学习古典文化，而是学习希腊思想中最流行最无趣的产物。他们不是用希腊精神来陶冶罗马的性情，而是满足于借它来消遣，避免劳心劳力的活动。从这个意义上来看，演说家西塞罗的父亲阿努姆地主马库斯·西塞罗曾说，罗马人正如叙利亚奴隶一样，他们之中越是了解希腊，就越没有价值。

民族的瓦解

正如那整个时代一样,这种民族的瓦解让人不悦,但也像那个时代一样,具有重大意义。我们习惯上所说的古代世界,它民族范围的发展是在罗马权威下形成外部统一,再到以希腊元素为基础的现代文化影响下形成内部统一。在此等民族的废墟之上,两个具有统治地位的国家悄无声息地完成了伟大的历史妥协,希腊民族和拉丁民族以和平共处而告终。希腊人放弃了希腊语在文化领域的权利,正如罗马人放弃了罗马语在政治领域的权利。在教育活动中,拉丁语和希腊语平起平坐——当然是受到限制和不完善的,另一方面苏拉首次允许外国使者在罗马元老院可以不用翻译员直接说希腊语。当罗马共和国成为一个双语国家,亚历山大大帝的思想和王位的真正继承人在西方出现时,这预示着此人既是一个罗马人也是一个希腊人。

对次等民族的压制和两个主要民族的相互渗透可以对民族关系有个大致了解,现在,我们将更详细地讲述宗教、国家教育、文学和艺术几个领域。

宗教

罗马宗教和罗马共和国及罗马家庭紧密交织在一起——事实上是如此彻底、虔诚地反映了罗马公民社会,政治和社会革命必然也会推翻它的宗教结构。当古代意大利普遍流行的信仰土崩瓦解时,在这废墟之上出现了两种形式:一面是没有信仰、国教和希腊精神,另一面是迷信、宗派主义和东方宗教,这就如同在共和国政治的废墟之上所建立的寡头政治和僭主政治。当然,这两方面的萌芽也如政治和社会革命的萌芽一样，可以追溯到前一时期。那时在上流社会，希腊文化甚至已经在悄然动摇着祖宗的信仰。恩尼乌斯将寓言化和史事化的希腊宗教引入意大利，征服了汉尼拔的元老院，不得不准许将对西布莉[2]的崇拜从小亚细亚带到罗马，而对其他仍具有危害的迷信尤其是酒神节的丑闻采取更为严厉的措施。因为在此之前，革命一直在人们的意识里酝酿着，还未表现出来，所以宗教革命事实上只是格拉古和苏拉时代的事情。

希腊哲学

首先，让我们将希腊哲学与希腊文化联系起来追溯一下。希腊民族的繁荣和没落远远早于意大利人，他们早已经历过信仰的时期，然后进入沉思的领域。长久以来，这里已经没有宗教，只有哲学，但是，当希腊思想的哲学活动开始对罗马施加影响时，希腊的哲学活动早已跨过富有成效的冥想阶段，来到下一个阶段。这个阶段，不仅没有新体系的开端，甚至连对更完善的旧体系的理解力也开始减弱，人们很快便沿袭着学术传统，将自己局限于背诵前人并不完善的教条。因此，在这个阶段，哲学无法让思想变得更深刻更自由，反而让它变得肤浅，套上了自己所锻造的最坏的枷锁。深陷冥想之中往往是件危险的事，当它变得浅薄陈腐之时就成了一种毒药。当时的希腊人就把这种平庸肤浅的冥想传给了罗马人。没有判断力的罗马人不知道是该拒绝，还是该摒弃当下的老师转而学习已故的大师。柏拉图和亚里士多德，更不用说苏格拉底之前的圣贤之士，虽然他们的名字广为流传，他们那较易理解的著作也被翻译阅读，但他们对罗马的文化并未产生实质性的影响。因此，罗马哲学只是糟糕的老师教出的坏学生而已。

新的哲学领导流派：伊壁鸠鲁和芝诺

除了历史理性主义宗教观外，对意大利来说有三种主要的哲学流派。历史理性主义宗教观又称为神话史实说，它认为神话是生活在蒙昧时期的人类各种不同恩人的传记，迷信将这些恩人变成神。三种主要的哲学流派是伊壁鸠鲁和芝诺的两种教条派，还有阿塞西拉斯和卡涅阿德斯的怀疑派，或称为伊壁鸠鲁学派、斯多葛学派和后期学院派。最后这个学派以不可能存在确信无疑的知识为出发点，认为这可能只是满足实际需要的一个临时性观点。因为这一学派让每个确定的理念或哲学教条成为议题，所以它的活动以辩论为主。就此而言，这一学派和较早的诡辩派有异曲同工之妙，只不过诡辩派争论更多的是大众普遍接受的观点，而阿塞西拉斯及其门徒更多的是与哲学同行争论。另一方面，伊壁鸠鲁和芝诺二者共同的目标就是合理解释事物的本性，他们用生理方法从物质的概念出发。他们的分歧在于：伊壁鸠鲁遵循德谟克利特的原子论，认为首要原则是事物的真实存在，由此仅通过机械的变化就能演变出多种多样的事物；芝诺则是遵循以弗所人赫拉克利特的观点，甚至将动力的矛盾和上下起伏的运动引入他的物质本源。由此衍生出更深层次的区别：在伊壁鸠鲁的体系里神好像不存在，或者最多只是梦中之梦，而斯多葛派的神是世界永存的灵魂，是精神，是太阳，具有掌握身体、地球和自然的威力；伊壁鸠鲁不信上帝、不信灵魂不死，而芝诺则不然；伊壁鸠鲁认为人类所追求的合理目标是一种绝对的平静，不受身体欲望或精神冲突的打扰，而芝诺则认为是一种在身心的不断斗争中增长的人类活动，与自然在永恒的矛盾和永恒的平静中达到一种和谐。关于宗教这一点，所有这些学派都同意信仰本身是空洞的，需要用沉思来补充，但是否如学院派认为这种沉思毫无所获让人绝望，还是如伊壁鸠鲁反对民间信仰的概念，抑或如斯多葛派保留部分并说明原因，同时修改部分内容，则各有不同。

卡涅阿德斯在罗马

希腊哲学首次与信仰坚定和反对空想的罗马民族相遇时，完全是相互抵触的，这是必然结果。罗马宗教完全不屑于这些哲学体系的攻击，也不求获得它们的支持，它们都将消灭宗教的特征。当宗教遭到攻击时，罗马国本能地感觉到自己被攻击。它对待哲学家的态度就像是要塞面对来包围它的军队间谍，早在罗马纪元593年（即公元前161年），希腊哲学家连同雄辩家就被赶出了罗马。事实上，哲学首次在罗马大范围传播正是哲学对信仰和道德的一次正式宣战。这是由雅典人占领奥罗普斯所引起的，他们于罗马纪元599年（即公元前155年）派遣了三位最德高望重的哲学家在元老院面前辩护，其中包括现代诡辩学大师卡涅阿德斯。所挑选的人可谓相当合适，因为这件十分可耻的事情不能用任何常识来辩护。当卡涅阿德斯用正反论点来证明，引证出赞美不公正与赞美公正一样多的令人信服的理由；当他用最好的逻辑形式指出让希腊人交出奥罗普斯，罗马人同样应再次蜷居于帕拉廷山上古老的茅草屋，而这些都符合当时的形势时，大批精通希腊语的少年们被这件丑闻和这个名人铿锵有力的演说所吸引。不过这次加图可没有做错，他不仅直言不讳地将哲学家的辩护比作哭号的女人冗长乏味的挽歌，还坚持让元老院驱逐这个颠倒是非黑白的人，认为他的辩护事实上就是好言无耻且具有侮辱性地承认错误。这种蔑视毫无效果，尤其是无法阻止罗马青年在罗德斯和雅典聆听哲学家的演讲。人们开始习惯忍受哲学，认为它至少是一种必然的不幸。以前人们是向罗马宗教寻求支持，但却无法维持它的简单。这种外国哲学的支持无疑破坏了信仰，但无论如何允许有修养的人多少保持了大众教义的名字和形式。这种支持既不是神话即历史论，也不是卡涅阿德斯或才学派。

神话史实说没有获得充足的支持

神话即历史论若直言神就是人，将会和大众信仰产生激烈的冲突，卡涅阿德斯甚至怀疑他们的存在，伊壁鸠鲁至少否定了他们对人类命运的影响。这些知识体系与罗马宗教无法结合，它们被禁止且永远如此。甚至在西塞罗的著作里也声称公民有责任抵制神话即历史的论点，这种观点对宗教崇拜是有害的。如果在他的谈话中出现了阿卡德弥或伊壁鸠鲁，前者会借口说当他作为哲学家时，他是卡涅阿德斯的弟子；当他作为公民和大祭司时，他是卡庇托尔山的朱庇特正统的信徒。最后，伊壁鸠鲁甚至投降并转变信仰。这三个体系都不受欢迎。简单易懂的神话即历史的论点无疑对罗马人具有一定的吸引力，尤其是将老少皆宜的寓言融入历史，对罗马的传统历史产生深远的影响，但仍然无法对罗马宗教产生实质性的影响，因为罗马宗教从开始就用譬喻而非寓言，在罗马不会像在希腊写一本、两本、三本的宙斯传记。现代诡辩术只能在像雅典这样的地方成功，这里本来就健谈。此外，来来往往的一系列哲学体系累积了大量的智慧垃圾。最后，罗马人生性诚恳务实，是彻底的行动派，一切都和伊壁鸠鲁派的无为主义相抵触，然而，伊壁鸠鲁却受到了比神话即历史论和诡辩派更多的盲目拥护，或许就是因此警察才会与其做长久且最顽固的交战。这种罗马的伊壁鸠鲁学派与其说是一种哲学体系，不如说是一种哲学面具。与其道德创始人的理念相违背，他们将自己伪装成好的社交团体，沉浸于感官享受之中。例如这派最早的一个信徒提图斯·阿尔布契乌斯，他是卢奇利乌斯诗中的一个人物，是个被丑化的罗马希腊化人物的原型。

罗马斯多葛学派 [3]

斯多葛学派的哲学在意大利的地位和影响则大不相同，它与这些学派形成鲜明对比。在科学所能容纳信仰的地方，斯多葛派与当地的宗教紧密联系起来。斯多葛派在原则上遵守民间信仰中的神及神谕，他在其中了解到一种本能性的知识，对此科学知识也要尊重它甚至是服从它。斯多葛派与人民所信仰的方式不同，而非对象差异：在他看来，真实而又至高无上的神无疑是世界的灵魂，但每个原始神灵都表现出神圣性，尤其是群星，还有地球、被众人奉为英雄的杰出人物的灵魂，实际上还有每个前人所逝去的灵魂。相较于这种哲学的产生地，它确实更适合罗马。虔诚的信仰者反对说，斯多葛派的神没有性别、没有年龄，而且无形，将一个人转换成了一个概念，这在希腊是有意义的，但在罗马毫无意义。时下神灵论具有粗俗寓言化和道德洁净化的特点，这损害了希腊神话的精髓，但是罗马人的可塑性，甚至在未开化的朴素时期，也只是产生了一层笼罩原始直觉和原始概念的面纱，缺乏神性——揭去这层面纱也不会造成特别的损害。当帕拉斯·雅典娜发现自己突然成了记忆里的概念，她可能会愤愤不平，而密涅瓦实际上一直都停留在记忆里。超自然的斯多葛派和寓言化的罗马在理论上其结果大体是一致的。虽然哲学家不得不指出个别祭司学说命题的可疑或错误之处——例如，斯多葛派反对神话论，认为赫拉克勒斯、卡斯托尔和波卢克斯不过是名人的精神，他们不允许将神像视为神性的表现——但至少芝诺的信徒不常向这些错误的信条开战，不会推翻有误的神灵，相反，他们会在各处表现出对当地宗教甚至是缺陷的尊敬和敬畏。斯多葛派也倾向于一种解决疑难的道德观和专业科学的系统处理法，这符合罗马人的想法，尤其是此时的罗马人。他们不再像祖辈那样具有质朴无华的自律和美德，而是将祖辈淳朴的美德转变为一种问答式的允许和不允许的行为方式。此外，他们的语法和法律体系都急需一种系统的处理方法，而他们自己不具有产生这种方法的能力。

斯多葛学派的帕奈提乌斯的广泛影响

所以，这种哲学和罗马的国民经济彻底融合，毫无疑问就像一株从海外移来的植物适应了意大利的水土，我们可以在各种不同的活动领域发现它的痕迹。当然，斯多葛学派最早出现的时间向前追溯，但它首次对罗马社会的上流阶级产生全面的影响，是依靠聚集在西庇阿·埃米利亚努斯周围的一群人。西庇阿及其所有亲密伙伴在斯多葛哲学方面的老师是罗德斯的帕奈提乌斯，他们不断跟随着他，甚至在旅途中加入他的队伍。帕奈提乌斯知道如何让哲学体系迎合世间精明之人，如何将猜疑隐藏起来，如何改善枯燥的术语和道德问答的无趣，尤其是借助于哲学先贤，其中西庇阿自己最偏爱色诺芬的苏格拉底。自此以后，最有名望的政客和学者都承认斯多葛派哲学——其中有科学语言学的奠基者斯提罗和科学法学的奠基者昆图斯·斯凯沃拉。哲学体系的学习形式正是源于斯多葛学派，此后至少在形式上流行于这些专业学科，尤其是与此相连的一种奇怪的像猜字游戏的追溯语源的无趣方式。极为重要的是新的国家哲学和国家宗教源于斯多葛哲学和罗马宗教的融合。从一开始，思考对芝诺的体系就影响不大，当这个哲学体系被传入罗马后，思考被进一步弱化。一个世纪以来，希腊教师将哲学盲目地灌输到孩子的头脑中，而丧失了它的精髓。思考元素在罗马则完全隐没，除了金融家没人会去思考，更多的是谈及神统治人类灵魂的理想化发展或神圣的世界法。斯多葛哲学家看见他们的哲学体系被提升为罗马半官方的国家哲学，这让他们意识到了有利可图的荣誉，可以想到他们将严格的原则变得更为顺从。他们关于神和国家的学说很快便与给予他们面包的实际组织相像。他们不再阐明哲学家世界性的国家观，而是转而冥想罗马官员的明智之举。当更为文雅的斯多葛派如帕奈提乌斯将神秘的天启当作可以想象而不能确定的事，断然拒绝占星术，而他的直接继任者为了神秘的天启而斗争，甚至对占星术做出了非哲学化的让步。明辨是非的义务论越来越成为这一体系的主要特色。这一时期的罗马人在与希腊人的交往中，在各种谦卑的环境中寻求收获，让自己来适应一种空洞的美德骄傲。这一体系正式成形来适应教条主义的道德观，就像一切受过良好教育的道德体系一样，总体看来很严苛，细节上确是最为礼貌的放纵。[4] 正如我们所说，它实际的结果不过就是两三个贵族家庭，吃点粗茶淡饭来取悦斯多葛派。

国家宗教

与新的国家哲学紧密相连的或者截然不同的，是新的国家宗教。它的重要特性就是由于外部的便利性，普遍信奉的原则被有意识地保留下来，而这些原则被认为有些荒谬。西庇阿麾下最著名的希腊人波利比奥斯坦言：怪异而又沉闷的罗马宗教仪式是专为群众而发明的，因为理性无法控制他们，需要用神迹奇事来统治他们，当然智慧之士则不需要宗教。毫无疑问，波利比奥斯的罗马朋友们虽然并不反对如此全面彻底地将科学和宗教进行比较，但他们基本都认同这种情感。作为波利比奥斯主要考虑的占卜术，无论是莱利乌斯还是西庇阿·埃米利亚努斯都将其视为一种政治制度。不过他们的民族精神如此强大，他们的礼仪端庄得体，都不允许他们公开表达这种危险的言论。不过，下一任大祭司昆图斯·斯恺弗拉至少在口头讲述法律时，直言不讳地提出存在两种宗教——智者所用的哲学宗教和传统宗教。前者不适合做国教，因为它包含太多无用的东西，让人民知晓了甚至是有害无益。因此，传统的国教应该维持原貌。瓦罗认为罗马宗教自始至终都被视为一种政治制度，这一理论只是同一原则的进一步发展而已。按照瓦罗的学说，他认为国家早于一国之神，正如画师早于图画，如果问题是创造新神，那最好是按照世界灵魂的部分遵循更适合、更理论化的方式来给他们命名，放弃只能引起错误观念的神的形象和错误的祭司制度。[5]因为这些习俗早已确立，每个良好公民都要承认和遵循它们，并做好自己的分内事，这样平民就会学着更加敬重而非蔑视神灵。

为了平民的利益，贵族舍弃了自己的判断，现在平民鄙视这种信念并往他地寻求良药，这是理所当然的事情，日后还能看见。于是罗马的"高教会派"准备就绪，他们包括一群道貌岸然的祭司和利未人以及多疑的人民。越是公开宣称宗教领域是政治制度，政党越是明显地将国教视为攻防的战地，尤其是占卜术和祭司团的选举愈演愈烈。自古以来，当雷雨来临时，公民大会自然便要解散，这在罗马占卜师手里发展成了一套多种天体预兆和与此相关的行为准则的繁杂系统。早些时候，甚至直接颁布《埃利安-福菲乌斯法》来规定：如果高级官吏看见天空出现雷雨的征兆，可以强行解散公民大会。此后，罗马寡头党派便能用敬神的诡计在任何人民的法令上加盖无效的印章，这狡猾的策略让他们骄傲不已。

祭司团

自古以来，四个主要的祭司团出现席位空缺时都由其自行填补，罗马反对党反对这一做法，要求像此前的大祭司长一样展开普选。当然，这样做与这些团体的精神相违背，但他们也无权抱怨。因为自从他们落入政府的手中，应其要求用生硬的托辞取消政治程序，他们便违背了自身的精神。此事成为各派争论的根源。罗马纪元609年（即公元前145年），西庇阿派元老院击退了第一次的攻击，尤其是西庇阿派拒绝了这个提议，扭转了局势。另一方面，这个计划在罗马纪元650年（即公元前104年）获得通过，为了谨慎起见，关于首长选举做了限制性规定，只有少于一半的部落可以参加选举。最后，苏拉恢复了全部的选举权。

宗教的实际用途

就保守党而言，这是为了纯粹的国家宗教，这当然引起了最高层人士的公开嘲笑。罗马祭司在实用方面体现为祭司菜肴，占卜宴和教皇宴成了一位罗马美食家的官方盛会，有几人的宴会甚至在美食史上具有划时代的意义。例如占卜师昆图斯·霍尔腾西斯的就职宴就让烤孔雀成为流行菜肴。宗教还助长了人们对丑闻的热情。品德高尚的青年有一种喜欢的消遣，就是在夜里毁坏街上的神像。普通的风流韵事早已司空见惯，和已婚妇女私通开始变得不足为奇，而与某位维斯塔贞女偷情就像《十日谈》里与修道院里的修女私通一样让人感到刺激。罗马纪元640年（即公元前114年）有一件众人皆知的丑闻，三位来自贵族家庭的维斯塔贞女以及她们那些同样来自上流社会的情夫，因为不贞的行为被带到最高祭司团前受审。

他们曾想将此事隐瞒，但最终经由人民法令设立的特别法庭全部被处以死刑。庄重之人确实不会喜欢这类丑闻，但在家里他们认为真实的宗教荒谬至极却无人反对。当占卜师看见另外一位在履行职务时，他们会相视而笑，这对于虔诚地履行职责毫无损害。比起粗鄙无耻的罗马祭司和利未人，我们更喜欢这类人中显得谨慎虚伪的人士。官方宗教显然被视为一个空架子，现在只为玩弄政治的人服务，让它那无数的深巷和活动板门为任何党派服务。最重要的当然是在国家宗教尤其是占卜术中，寡头政治承认了它的守护神，但是，反对党也不排斥这个只剩下空架子的制度，他们将其视为一个壁垒，可以从敌人手中获得。

意大利的东方宗教

与我们所描述的鬼怪宗教截然不同的，是这一时期所珍视和发展起来的外国崇拜，至少的确很有活力。在贵族男女和奴隶、将领和士兵、意大利和各行省中，外国宗教都随处可见，迷信已经发展到了何种程度简直让人难以置信。在辛布里战争时期，一位叙利亚的女先知马大向元老院提供了征服日耳曼人的方法和手段，遭到了元老院的蔑视而不予理会。罗马妇女尤其是马略的妻子，将她送往马略的总部，这位将军欣然接受了她，并将她留在军中直到击败条顿族。内战时期，各派不同的领袖马略、屋大维、苏拉都相信预兆和神谕。内战期间，在战事胶着的罗马纪元667年（即公元前87年），甚至连元老院也同意按照一个疯癫女先知的想象做出指示。罗马希腊宗教的僵化以及受到更强大的宗教刺激后，人们的渴望越发强烈，这都具有重要意义。这让迷信就像巴库斯秘仪，它不再与国教相联，甚至抛下了伊特鲁里亚的神秘主义，让在东方闷热潮湿地区成熟的崇拜在上流阶级传播。导致这一结果的原因是很多来自小亚细亚和叙利亚的元素进入了人群中，一部分是奴隶的进口，一部分是意大利和东方的交往日渐增多。

在叙利亚奴隶的叛乱中，绝大部分人都是来自叙利亚本土，这很清楚地显示出这些外国宗教的力量。攸努斯能喷火，阿泰尼奥能观星，奴隶在战争中所投掷的铅锤很多都以神命名，如宙斯和阿尔忒弥斯，尤其是一位从克里特来到西西里的神秘女神，在这里受到狂热的崇拜。商业往来也产生了相同的效果，尤其是贝鲁特和亚历山大的货物直接运往意大利港口之后，奥斯提亚和普泰奥利不但成了叙利亚膏药和埃及麻木的大市场，还是东方信仰的传播地。在各地，宗教融合伴随着民族融合不断地深入。所有被允许的崇拜中最流行的就是佩西努斯众神之母的崇拜，它的独身主义、宴会、音乐、化缘队伍和所有感官上的盛况都给人们留下了深刻的印象。他们挨家挨户的化缘已经成了一种经济负担。在辛布里战争最危险的时刻，佩西努斯的神为人们所熟知，佩西努斯的最高祭司巴塔斯出现在罗马的人群中，奉众神之母的特别命令向罗马人民演讲，并显现了各种神迹。这让明智之士感到愤慨，但却不能阻止妇女和广大群众为这位先知送行。前往东方朝圣的誓约不再是稀奇之事，例如马略自己就曾去佩西努斯朝圣。事实上，早在罗马纪元 653 年（即公元前 101 年），罗马公民就已经投身于独身主义的祭司团中。

秘密崇拜

被禁止的秘密崇拜自然更为流行。早在加图时代，迦勒底懂得占星术的占卜人就开始和伊特鲁里亚的肠卜僧、马尔西的鸟卜人竞争，很快观星术和占星术在意大利就像在他们充满玄幻的本土一样流行起来。罗马纪元615年（即公元前139年），罗马的内事法务官让所有的迦勒底人在十日内撤离罗马和意大利。同时，犹太人也遭遇了相同的命运，因为他们允许意大利改变信仰的人参加他们的安息日。同样，西庇阿也不得不肃清努曼提亚营帐中的占卜人和各种虔诚的冒充者。大约四十年后的罗马纪元657年（即公元前97年），甚至需要禁止活人献祭。人们开始疯狂崇拜卡帕多西亚的女神和阴郁的埃及。罗马人称这位女神为贝罗娜，在他们节日游行时，祭司会放自己的血做献祭。苏拉梦见了卡帕多西亚的女神，随后在罗马所出现的伊希斯神和奥西里斯神，最早就可以追溯到苏拉时期。人们不仅对原来的信仰产生了困惑，对他们自己也感到不知所措。一场长达五十年的革命，这场可怕的危机让他们本能感到离内战结束还遥遥无期，焦虑日益增加，群众都陷入沮丧困惑之中。惊慌失措的想象力攀爬上每一个高度，看穿每一个深渊，它幻想着在死亡来临时，能够发现新的景象或新的光明，在与命运作殊死搏斗时，能够获得新的希望，或者得到的仅仅是新的恐惧。能够预测未来的神秘主义发现，在这让人心烦意乱的地方——政治、经济、道德、宗教，它的土壤适合自己生长，以惊人的速度发展起来。神秘主义就像一棵大树，在一夜之间就破土而出，没人知道它来自哪里要去哪里。这惊人的快速生长引发了新的好奇，在完全没有防备的情况下像流行病一样擒住了所有人的思想。

教育

教育和文化领域正如宗教领域一样，在先前的时代所开始的革命现在业已完成。我们已经阐明，在六世纪期间，罗马体系的基本理念——人民平等，已经开始被逐渐破坏。甚至在皮克托和加图时代，希腊文化就已经在罗马广泛传播；这里还有一种罗马本土文化，但它们均未超过初期阶段。加图的百科全书基本展现了当时人们所理解的用希腊语混合罗马语的训练模式。它仅仅是把古罗马家长的知识具体化，和当时的希腊文化比起来，就显得非常贫乏。七世纪初期，罗马青年普遍的教育情况还停留在多么低等的阶段，从波利比乌斯的表述中就能推测出来。在这一点上，他明确地谴责与他的同胞公私两方面都注重教育相比，罗马的漠不关心就是种犯罪。没有一个希腊人甚至波利比乌斯自己都不能理解人民平等的深层含义是这种漠不关心的根源。

现在，情况改变了。正如幼稚的民间信仰被斯多葛派进步的超自然主义所取代。在教育领域，与简单的普通教育同时存在的是一种特殊训练，这种专门的人文主义教育在自我发展的过程中，根除了古代社会的平等中所包含的最后残余物。我们不妨多看一下希腊和拉丁上层社会中所进行的新型少年教育。

希腊教育

奇怪的是同一个人——卢西乌斯·埃米利乌斯·保卢斯，在政治上他确实彻底击败了希腊，同时他也是首位或其中一位完全承认希腊文明就是古代世界的文明，而且自此以后这一观点变得毫无争议。诚然，当他伫立在菲迪亚斯所创造的宙斯神像之前，脑海里回荡着荷马史诗时，他已经步入老年，但是年轻的心足以让他把充满阳光的希腊美带回祖国，压抑不住他的灵魂对赫斯珀里得斯金苹果的渴望。于是，那时的诗人和艺术家拥有了一位比任何希腊智者还要热忱的外国信徒。他没有写出荷马或菲迪亚斯的警句，但是他把自己的孩子领入了智慧的殿堂。只要有国民教育，他就不会忽略。

他像希腊人一样为了男孩的体格发展而做好准备，没有采用不被罗马人认可的体操，而是教他们狩猎，这在希腊人中几乎发展成了一门艺术。他提倡希腊语教学，这样语言的学习不再是为了说话，而是按照希腊的方式将一般高等教育的所有主题与语言联系起来，并由此获得发展——首先需要了解和希腊文学相关的神话和历史知识，然后是修辞学和哲学。马其顿的战利品中唯一被鲍卢斯据为己有的是国王珀耳修斯的藏书，这就是为了将书送给自己的儿子。在他的队伍中甚至有希腊的画家和雕刻家，由他们来完成保卢斯孩子的美学教育。甚至连加图也感到，人们对于希腊文化怀有排斥感的时代已经过去了。现在，上流阶级可能预感到比起完整的希腊文化，残缺而又扭曲的希腊文化对罗马性格中的高贵成分危害更大。于是，很多罗马和意大利的上流社会开始追随新的模式。罗马已经很久不需要希腊教师了，现在他们又蜂拥来到这块新开发的市场，靠出售智慧赚钱。总之，他们不仅教授语言还教授文学和文化。希腊的哲学导师和教师即使不是奴隶，也照例被视为仆人，现在他们成了罗马宫廷里永远的住户。[6]人们炒作这些人员，据记载曾有一个一流的希腊文学奴隶售价达到二十万塞斯特斯。早在罗马纪元593年（即公元前161年），首都就已经有了几家训练希腊朗诵的特殊团体。几位著名人士的名字出现在罗马教师之中：曾提过的哲学家帕奈提乌斯、生活于西里西亚马鲁斯的语言学大师克拉特斯以及和他同时代的竞争对手阿里斯塔克斯，都于罗马纪元585年（即公元前169年）在罗马宣讲朗诵、学习语言文字包括《荷马史诗》。这种新式的青年教育确实是一种反国家的大变革，在一定程度上遭到了政府的抵制。罗马纪元593年（即公元前161年）政府当局对雄辩家和哲学家进行了严厉谴责，但就像所有相似的命令一样毫无成效（主要是由于罗马主要官员频繁更替）。在老加图去世后，毫无疑问还是常常会有和他一样的抱怨声，但都没有采取进一步的行动。此后，希腊文和希腊文化科学的教育依然被当作是意大利教育的基本部分。

公开朗诵古代作品的拉丁教育

又有一种高等拉丁教育和它同时发展起来。我们已经介绍了，在前一时期罗马的初级教育是如何提高它的特色，如何用拉丁文的《奥德赛》作为初级读物来取代《十二铜表法》。现在罗马的孩子用《奥德赛》的翻译本来学习母语的理解和交流，就如希腊人用原本一样。希腊语和文学大师如安德罗尼库斯、恩尼乌斯和其他知名教师，都没有轻视用母语和希腊语同时教学。他们所教授的大概不该称为孩童，而应称为即将成熟的孩子和青年人。这些便是高等拉丁教育的第一步，但至今仍未形成一种属于罗马自己的教育。只要语言教育缺少文学内容，它就无法跨过初级阶段。直到不仅有拉丁教科书还有拉丁文学，而且这种文学已经在六世纪的古典作品中稍具规模时，本国的母语文学才真正进入高等文化元素的范围。现在，离脱离希腊语教师已为时不远。有教养的罗马人士受了克拉特斯朗诵《荷马史诗》的刺激，开始诵读自己的文学作品，如奈维乌斯的《布匿战争》、恩尼乌斯的编年史，后来还有卢西乌斯的诗歌。随后，有教养的文人定期在大众面前公开朗诵，有时还会效法先前的荷马语法学家，对作品进行评论。他们无偿进行的这些文学演讲，虽然不是青少年教育的正规部分，但却是让青少年理解和讨论古典拉丁文学的必要方法。

雄辩学

拉丁演讲也是以相同的方式形成。罗马的贵族青年甚至在年少时就勇于在公开场合发表颂词和进行辩论，他们从不缺乏演讲训练。但只有在这个时期，由于新兴的独特文化，产生了雄辩学。马库斯·雷比达·鲍奇［曾于罗马纪元617年（即公元前137年）担任执行官］被认为是第一位能学术性地运用语言和内容的罗马律师。马略时代有两位著名的律师都已经完全成了雄辩家，一位是刚健有力的马尔库斯·安东尼（罗马纪元611—667年即公元前143—前87年），一位是优雅质朴的卢西乌斯·克拉苏（罗马纪元614—663年即公元前140—前91年）。青年人的演讲练习的范围和重要性自然都有所增加，但仍然像拉丁文学的练习一样，基本局限于初学者个人追随艺术大师，以便由他的榜样来教导训练。

大约在罗马纪元650年（即公元前104年），拉努维乌姆的卢西乌斯·埃利乌斯·普雷科尼努斯首先开始正式教授拉丁文学和拉丁修辞学。此人号称"笔人"，是位著名的罗马骑士，思想极为保守，常和一群精挑细选的年轻人（包括瓦罗和西塞罗）一起阅读普劳图斯的书和类似作品。有时，他会和作者一起检查演讲稿的概要，或者把类似的概要交给朋友检查，这就是教学。"笔人"不是一个职业教师，他教授文学和修辞学，就如在罗马教授法律体系，他扮演的是激励青年人的长者朋友，而不是一个听命于他人的雇工。

文学和修辞学的课程

大约从"笔人"的时代开始，在拉丁也开始有学校式的高等教育，与初级的拉丁教育和希腊教育不同，是由收费的教师在特设的学校传授知识。这些教师一般都是被释放的奴隶。当然，这种教育的精神和方法完全借鉴于希腊文学和语言的练习。在这种学习中，学生也是由青年人而非孩童构成。这种拉丁教育很快就像希腊教学一样分成两种课程：科学和演讲。第一个主题是关于拉丁文学，随后是为颂词、公开演讲和辩论词做准备所进行的专门介绍。大约在"笔人"时期，马库斯·塞维乌斯·尼卡诺·波斯图姆斯创办了第一所罗马文学学校；大约在罗马纪元660年（即公元前94年），卢西乌斯·普洛提乌斯·伽卢斯建立了第一所单独讲授拉丁修辞学的学校。不过，在拉丁文学学校一般也会讲授修辞学。这种新型的拉丁学校教育有着广泛的重要作用。这里所教授的拉丁文学和拉丁演讲与希腊人维持着一定的独立性，诸如这些以前是由居于高位的鉴赏家和专家教授。毫无疑问，语言评论家和演讲专家都受到了希腊文化的影响，但没有完全受到希腊文法和修辞学的影响，尤其是后者，显然被人所厌恶。希腊人声称，用母语明了而生动地向同龄人陈述事务的能力，这种为雄辩家所能感知的能力，是可以通过学校规范来学习的。对此，拥有合理常识而又生性骄傲的罗马人表示反对。对于可靠而务实的律师来说，希腊雄辩家的过程完全脱离生活，对于初学者而言，比毫无准备更有害；对于博学成熟的世人来说，希腊雄辩术显得肤浅而让人生厌；对于非常保守的人来说，这种专门培养的花言巧语和煽动家密切相关。因此，西庇阿流派非常敌视雄辩家。对着收取学费的教师进行希腊演讲，毫无疑问主要是作为一种说希腊语的练习来忍受，希腊雄辩术并不会由此进入拉丁演讲或拉丁演讲教学中。在新兴的拉丁雄辩学校中，罗马青少年通过两人一组来讨论雄辩主题，他们被培养成公开演说家。在埃阿斯的尸体旁，人们发现了手持凶器的尤利西斯，他们指控他亲手杀死了同伴埃阿斯或者支持他是无辜的；他们控告俄瑞斯忒斯谋杀了自己的母亲或者替他辩护；或者他们会在事后替汉尼拔出主意，他是接受邀请前来罗马好，还是留在迦太基或者逃走好。加图派自然再一次反对这些言辞无礼和有害的舌战。罗马纪元662年（即公元前92年），监察官警告老师和父母不要让年轻人整天把时间花在这种练习上，这些他们的先祖一无所知。发出这个警告的人正是当时一流的法庭演说家卢奇乌斯·李锡尼·克拉苏。当然，这位卡珊德拉是白费口舌。在拉丁，用希腊学校当下的主题进行雄辩家式的练习，成了罗马青年教育的一个永久内容，将这些家伙教育成了法庭和政治上的玩家，而将真正重要的雄辩术扼杀在萌芽中。

近代罗马教育的结果就是涌现出了一个全新的概念，被称之为"人性"，它部分是由多少有点肤浅地挪用来的希腊美学文化构成，部分是由模仿或支离破碎地照搬希腊而形成的特权拉丁文化构成。正如其名所示，这种新人性不仅抛弃了罗马生活的特色，甚至与其相抵触，就像与我们密切相关的"普通文化"。它将全国性的世界主义和社交性的排外特色结合在一起：这里也有我们所要追溯的革命，即划分阶级和民族融合。

注释

[1] 认为罗马纪元608年（即公元前146年）之前罗马没有出现过"希腊竞赛"的说法不准确：早在罗马纪元568年（即公元前186年）就已经有了希腊艺术家和运动家，希腊长笛手、悲剧家和拳击手出现在罗马纪元587年。

[2] 弗里吉亚的自然女神，古代地中海地区崇奉的女神。对众神之母的崇拜起源于小亚细亚弗里吉亚一带，后来传到希腊，希腊人将其与瑞亚合而为一。公元前三世纪时转到罗马，成为罗马帝国时代最主要的崇拜体系。她在不同地

区名称各异。西布莉被尊崇为众神、人类和动物之母。——译者注
- [3] 斯多葛学派是在雅典的一座圆柱大厅里进行聚会的,因而他和他的门徒也就立即为自己的学派取了名字:斯多葛学派(圆柱大厅派)。——译者注
- [4] 这是西塞罗《论义务》中的一个可笑例子。
- [5] 瓦罗的讽刺作品《土著居民》中,他讽刺性地提出原始人不满于只存在于想象中的神,而渴望木偶和雕像。
- [6] 西塞罗说,他对待自己博学的奴隶狄俄奥尼索斯比西庇阿对待帕奈提乌斯还要尊敬。

第十三章

文学和艺术反叛

六世纪可谓是个伟大的时代，因为它见证了政治和文学的蓬勃发展。在政界涌现了一批颇具影响力的风云人物：奈维乌斯、恩尼乌斯、普劳图斯以及加图。他们亦是个性鲜明的作家，兼备才情与热情，即便创造力不算拔尖，仍能写出令人振奋、鼓舞人心、基调激昂的戏剧、史诗和史书。当然，这些作品大部分都取材于布匿战争。激烈的打斗为作家们提供了灵感，但是，某些篇章中斧凿的痕迹较重，描写和渲染不够到位，某些艺术形式和语言的运用尚显稚嫩，而且，从希腊文学中汲取的一些题材内容并不能完全融入本土文学，因此，该时期的创作通常给人一种过于随意的感觉，缺乏完整性和独立性。之前，作家们和诗人们虽然势单力薄，但仍雄心勃勃，力争与希腊文学一较高下，毕竟，他们并非毫无胜算，仍有一线希望可言。到了本世纪，情况却急转而下，随着战事吃紧，人们仿佛被清晨的迷雾蒙蔽了双眼一般，失去了对事态的洞察力，碍于眼前的困难，束手束脚，蹉跎年华，对工作的热情也逐渐被懈怠消磨，白白浪费了自己的才能。不过，这只是黎明前的黑暗罢了。毕竟，与此同时，越来越多的有识之士业已张开怀抱，汲取希腊诗歌及艺术中无与伦比的精华成分。他们心知肚明：本国人天资愚钝，缺乏艺术天赋。可以说，六世纪的罗马文学是在希腊文学的影响下成长起来的。作家们充满创作热情，感觉敏锐，对于希腊文学也能取精去秽，不一概而论。到了七世纪，罗马人对希腊文化已了如指掌，于是，他们开始产生一种反叛心理，不再模仿希腊文学创作。实际上，简单模仿是值得提倡的，它在客观上能促进本土文学的发展，但是，这一反叛心理犹如严冬寒霜，将发展的萌芽扼杀在了襁褓之中。

西庇阿文艺圈

与西庇阿·埃米利亚努斯关系密切的王公贵族大多都有这种反叛心理，比如说他的老朋友兼谋士盖乌斯·莱斯乌斯（罗元纪元614年即公元前140年任执政官）、后辈卢奇乌斯·福里乌斯·菲卢斯（罗元纪元618年，即公元前136年任执政官）和灭科林斯者的兄弟——斯普里乌斯·穆米乌斯。当中不乏本国文人以及希腊文人：剧作家特伦提乌斯、讽刺作家卢奇利乌斯、史学家波利比乌斯和哲学家帕奈提乌斯。毕竟，熟读《伊利亚特》、色诺芬及米南德作品之后，即便是罗马的《荷马史诗》，在他们眼中也黯然失色，更别提恩尼乌斯和帕库维乌斯翻译的欧里庇得斯悲剧了。虽然，在爱国心作祟下，文人们对于本国作品的批评一般不会特别尖锐，但卢奇利乌斯却是个例外。他直言不讳地表达了对帕库维乌斯译作的不满："那些人物未免太过可怜——帕库维乌斯的叙述过于复杂了。"六世纪末，他还为赫伦尼乌斯写了一部修辞学专著。书中尖刻地批评了恩尼乌斯、普劳乌斯和帕库维乌斯，称他们这些文人"似乎有说大话和无礼武断的特权"。虽然他的言辞略显犀利，但却不无道理。菲勒蒙和狄菲鲁斯的高雅喜剧，经由罗马文人一改写，便入乡随俗，变得通俗易懂。人们见之，往往耸肩以对。他们视之为"单调无聊的时代产物，火候未到，功力不足"，虽心存嘲讽，但也不无嫉妒。可西庀阿文艺圈中的人却不那么看。就好像一个成年人回顾他少年时期的拙作一般，他们并没有将着眼点放在散文和诗歌的创作技法上，而是注重从外国名著中获得心灵的启迪，虽然，引入的外国名著无异于移植的神树，但这并不妨碍他们从中获得享受。

该时期，非主流文学产量颇丰——如轻喜剧、杂诗、政治宣传文章以及专业学术文献。文学创作的口号是"坚持作风上的正规性，特别要注意规范用语"，于是，社会人群被一分为二——少数受过教育的文明人士与普通大众，拉丁语亦如是——贵族的优雅拉丁和平民的粗俗拉丁。特伦提乌斯所创作戏剧的序幕通常以"纯正拉丁语"撰写；卢奇利乌斯所创作的讽刺诗则以抨击语言讹误为主要内容。罗马人的希腊语写作之所以大不如前，与这种情形有着密不可分的联系。撇开此事不论，该时代也是有进步之处的——质量低下的拙作较少，质量上乘的佳作居多——可谓前无古人，后亦难有来者。在语言方面，西塞罗称莱利乌斯和西庀阿时代为"纯正拉丁语的黄金时代"。在社会公众的心目中，文学写作也逐渐从一门手艺转变为一项艺术。在本世纪初，只有公开发表的、广泛传诵的诗歌，才能被视作是质量上乘之作，具备被改编为舞台剧剧本的资格。帕库维乌斯和特伦提乌斯均以此为生——将自己的诗作改编为剧本。撰写剧本成了一项职业，虽然收入并不算丰厚。到了苏拉时代，情况已发生了翻天覆地的变化，就连演员们的报酬都居高不下，更何况编剧？广受欢迎的编剧自然待遇不薄。待遇一提高，行业地位也随之上升。于是，剧本写作成了高等艺术，就连那些上流社会的贵族，比如卢奇乌斯·恺撒（罗马纪元664年，即公元前90年任市政官，卒于罗马纪元667年即公元前87年），也为舞台剧创作剧本。他在罗马的"诗人俱乐部"与身为平民的阿奇乌斯并肩而坐，不仅毫无怒意，而且还倍感自豪。越来越多的人凭借艺术获得认可，越来越多的人开始尊重艺术，但是，越来越多的人丧失了对人生的激情，也失去了对文学创作的那股热忱。正是无所畏惧的自信，才造就了诗人——普劳图斯就是一个很好的例子，但在他之后，这样的诗人却是越来越少见。那些与汉尼拔争斗的后生晚辈们的创作可谓中规中矩、毫无纰漏，但未免也太过波澜不惊，使人读之无味。

帕库维乌斯的悲剧创作

先看看罗马的戏剧创作和戏台吧。历史上首次出现了专业悲剧作家——与前人不同，他们并不兼作喜剧和历史剧，一门心思专攻悲剧。虽然，读者和作者对于这门艺术的鉴赏力日益提高，但是，悲剧剧作的质量却仍止步于原地。恩尼乌斯的辉煌时代后，奈维乌斯创作、帕库维乌斯改编的本国悲剧《普莱特克斯塔》得以大放异彩。模仿希腊悲剧创作的剧作家数不胜数，其中却只有两人借此获得声名，即马尔库斯·帕库维乌斯和卢奇乌斯·阿奇乌斯。

帕库维乌斯（罗元纪元535—625年，即公元前219—前129年）来自布林迪西，早年居于罗马，以绘画谋生，之后年事渐长，遂转向悲剧创作。就其生活年代和创作风格来看，他更像是六世纪的文学家，但实际上，他却是在七世纪开始文学创作的。他的创作大致沿袭了恩尼乌斯的风格——恩尼乌斯不仅是他的同乡、叔父,而且还是他的老师。与前人相比,他在遣词造句上花了更多的心思。他也希望能在立意上推陈出新,后世中不乏欣赏其作品的艺术评论家,他们称他的作品颇具文艺之美,且风格丰富多样,然而,他的抨击者却也不少——西塞罗批评他的语言,卢奇利乌斯则指出他的品味糟糕。从他传至今日的残篇断章中,我们不难找到证据:他的遣词造句似乎比前辈们更加佶屈聱牙,行文更为拘泥,作风也更为浮夸。[1] 在某些方面,他与恩尼乌斯无异,同样重视哲学,轻视宗教,但他亦有与恩尼乌斯不同之处:他拒不接受戏剧创作新理念,不愿在戏剧中加入情色成分或新文化元素。所以,他别无二选,只能取材于索福克勒斯或欧里庇得斯的作品。恩尼乌斯的咏志诗可谓近乎天才之作,帕库维乌斯这一代的年轻诗人恐难望其项背。

阿奇乌斯

阿奇乌斯(罗元纪元584—651年,即公元前170—前103年)为皮扫鲁姆的脱籍人之子,与帕库维乌斯同时代,但较他年轻许多。他模仿希腊悲剧创作的作品可读性强,颇有灵气。除帕库维乌斯外,七世纪可圈可点的悲剧剧作家,仅他一人而已。他亦活跃于文学史和文法领域。他殚精竭虑,以"纯正拉丁"创作悲剧,并不断完善作品风格,使得作品不同于前人的随意粗野,日臻严谨精巧,但此举却遭到了古板评论家的指责,比如卢奇利乌斯。他们称他的作品瑕瑜互见,有欠工稳。

特伦提乌斯的希腊式喜剧创作

与悲剧相比,喜剧领域的大事更多,对后世的影响也更为显著。本世纪伊始就出现了一场令人注目的反叛运动,专门针对那些脍炙人口的通俗喜剧。其代表人物特伦提乌斯(罗元纪元558—595年,即公元前196—前159年)可谓罗马文学史上最为有趣的奇才之一。

特伦提乌斯出生于腓尼基统领的非洲地区,弱冠时被携到罗马做奴。在罗马,他生平第一次领略到了希腊文化。新阿提卡喜剧经由奈维乌斯和普劳图斯等人之手后,变得通俗易懂,特别符合罗马观众的口味。这样一来,不免使之失却其"国际大都会"的特色。特伦提乌斯似乎自降生起,就肩负着使其恢复这种特色的使命。能与他相提并论的就只有普劳图斯,但两人选择的范本可谓大相径庭。普劳图斯取材广泛,对各类剧作家一视同仁,就连比自己更为活跃、更受欢迎的剧作家,比如菲洛蒙,只要作品优秀,他也会欣然采用。特伦提乌斯却几乎只选用米南德的作品。米南德何许人也?他堪称"最优雅、最精致、最纯洁"的诗人。特伦提乌斯沿用前人之法,将多个希腊剧本合而为一。前人采用此法,实为无奈之举,但特伦提乌斯却巧用旧法,使之焕发出新生机。普劳图斯剧本中的对话似乎与原本相去甚远,而特伦提乌斯则可以自夸,因为他的拟作句句不离原作,但这可不是所谓的"逐字直译"。普劳图斯以希腊诗歌为基础,在此之上添加了不少优秀的罗马文化元素,虽然使得作品失却了原来的高雅,但往往能打动人心。特伦提乌斯则完全排除了罗马文化的干扰。在他的剧本中,没有一个暗示、一句谚语甚至一丁点迹象,能让读者想到罗马。[2] 甚至连拉丁文的剧名都被他改成了希腊文。他俩选用的艺术手法也大不相同。(1)特伦提乌斯注重伶人的面具,布景更为仔细。普劳图斯不论大事小事,场景都只有一个——街市。(2)普劳图斯总是随心所欲地创造戏剧冲突,又漫不经心地解决，但他的情节却能令人发笑，而且往往出人意料。特伦提乌斯的情节就远不如他那般动人了。他处处顾虑合理性，所以他的故事往往并不那么惊心动魄。前人常用的救场手法，例如插入富有寓意的梦境，纵使平淡无奇，他也极力反对排斥。（3）普劳图斯描写各个角色时，往往笔法粗略，依照现成的模型，而且总是采用远景视角及全知视角。特伦提乌斯通常以精细绝佳的肖像画法描写人物心理的变化。例如在《昆仲》中有两个老人：一个是在城里享受安乐生活、轻松愉快的单身汉；一个是在乡间饱尝苦恼、粗俗无教养的地主。这二人巧妙地构成了对比。普劳图斯的创作灵感来自小酒馆，他也从中收集了不少素材，用于编写对话。特伦提乌斯的创作灵感却来源于良好公民的家庭生活。普劳图斯的作品少不了粗陋的酒馆、极不守规矩但却非常可爱的使女、舞刀弄剑的兵士以及必不可少的老板。奴隶世界在他的笔下变得十分诙谐——奴隶们的天堂是酒窖，他们的命运是鞭棰。在特伦提乌斯的戏剧里可见不到这些，就算有类似的场景，他也会结合现实，将其修正。读普劳图斯的作品，我们看见的大多都是实诚人，即便偶有娼寮主人遭劫，或是少年被带入娼寮，背后也必有隐情：或许是因为兄弟的友爱，或许是为了让少年警醒，使其从此再不敢涉足风月之地。普劳图斯的剧本往往落入俗套——酒馆与家庭势不两立，妻室处处遭到鄙夷——以使广大丈夫们获得心灵上的愉悦，将他们暂时从不和谐的家庭生活中解放出来。在描写女性和伉俪生活方面，特伦提乌斯则把更多的关注点放在了男女双方是否合适上，而非只着眼于世俗道德。一般来说，戏剧总会以一场美满的婚礼作结，如果必要的话，甚至会有两场婚礼——米南德的成名之作大多如此。他每写一次诱奸，必在结尾时附上一场婚礼作为补救。米南德常在作品中发表对独身生活的赞颂，而特伦提乌斯也只能腼腆地重述[3]。（4）《阉人》和《安德里亚的少女》里痛苦的情人、产床旁温存体贴的丈夫、弥留之际陪伴在侧的亲爱姊妹都被描写得美妙动人。《岳母》临近尾声时,居然出现了一位有德的妓女,她甚至还成了人们的救星——典型的米南德角色,罗马观众当然会报以嘘声。普劳图斯的剧本中,儿子通常只会嘲笑欺骗自己的父亲。特伦提乌斯则不然,他在《自扰》中写道:父亲的明智之举能使堕落的儿子弃恶从善。总之,父亲通常都擅于说教,亦能以正确的方式教育儿子。他的代表作之一——《昆仲》的主旨就是寻出最为恰当的教育方式,既不能像叔父那般宽松,也不能像父亲那般严厉。普劳图斯的剧本是为大众创作的,故只要舞台监督允许,即便是目无神灵和讥讽的言语,他也能脱口而出。特伦提乌斯则自称自己的创作目的在于使人欢欣,而且,同米南德一样,他并无意冒犯任何人。普劳图斯喜用激烈的对话,使场景热闹喧嚣,故伶人演他的剧本时,必须做出活泼的表情和夸张的动作,但特伦提乌斯则喜让对话"静静地进行"。普劳图斯的戏剧向来不乏诙谐的转折与双关语、双声字、滑稽的新词、阿里斯托芬式的缀字、从希腊语中转借而来的戏谑语。这些花招技巧,特伦提乌斯一无所知。他的对话极为工整,亮眼之处在于其高雅精练的转折。不管是从原作诗歌的选取上,还是从诗中宣扬的道德观念上来看,特伦提乌斯的戏剧与普劳图斯的戏剧都势均力敌,不分高下,但二者均缺乏创新,特伦提乌斯在这方面可能还要略逊一筹。"摹拟之作与真作几无二致",姑且不论这句赞誉是否属实,即便这位少年诗人能重现米南德之风,但却难复刻米南德之骨即剧作带给观众的那股欢愉之情。普劳图斯模仿米南德写出的戏剧如《斯替古》《小盒喜剧》和《巴琪》却能更大程度地保留原作的那股魔力,将欢乐带给观众。纵使特伦提乌斯已称得上是"半个米南德",也难以企及。虽然,艺术鉴赏家们并未承认,由粗野随意向索然无味的转变是个进步;伦理学家们亦未发觉,由普劳图斯的低俗淫秽、冷漠自私到特伦提乌斯的优雅高尚、圆滑世故是个进步,但是,特伦提乌斯在语言方面所取得的进步却是有目共睹的。他以语言精致高雅著称，就因为他的语言华丽优美，同辈之人无一能及，故后世最为出众的艺术评论家们，如西塞罗、恺撒和昆体良等都将他推为罗马共和时期众诗人之魁。就此而言，我们亦可将特伦提乌斯所撰之剧视为罗马艺术家仿效希腊戏剧的首项成就，其作在罗马文学史上划出了一个新时代，毕竟，罗马文学的进步并不倚赖于诗歌的发展，拉丁语的演变完善才是关键。当时人们还展开了一场激烈的文学论战，正是在那场论战中，喜剧脱颖而出，开辟了一条新的发展道路。罗马人已经习惯了普劳图斯的风格，故特伦提乌斯的作品刚问世时，他们纷纷表示抵触，认为其"语言无味""笔法无力"，不忍卒读。特伦提乌斯并没有听之任之，在《自扰》的序幕中[4]，这位看似多愁善感的诗人对世人的观点进行了反驳。他的论辩攻守兼备，既然平民们已两次弃他而去，宁愿去看一群角斗士和走索者卖艺，也不愿去观赏他的新作《岳母》，他也只能放弃这些观众，转而寻求得到风度翩翩的上流阶层的支持。他声明自己只求能得到"善人"的赞赏，话中实含玄机，暗指并非所有巨著都能为世俗所识。据说曾有贵族与他一道讨论，甚至主动提及要资助他创作，而他不仅没有驳斥，反而还表示乐意之至。[5]不过，他的确能切实地贯彻自己的主张，即便是在文学上，也是如此。在他的引领下，少数派逐渐占据了上风，上层阶级的艺术喜剧取代了平民阶级的通俗喜剧。罗马纪元620年（即公元前134年）前后，普劳图斯的戏剧已不在常演剧目之列。况且，特伦提乌斯早夭。他逝世之后，再无才能卓绝者活跃于此领域，而少数派却仍保持着优势地位，背后原因，值得深究。图尔皮利乌斯［卒于罗马纪元651年（即公元前103年），享年甚高］和其他滥竽充数者的戏剧作品逐渐为世人所遗忘。到了本世纪末，几位评论家对新喜剧[6]发表了见解，认为其甚至比新造的次品钱币[7]更为恶劣。

阿夫拉尼乌斯与本国喜剧

我们之前提到，六世纪见证了希腊式罗马喜剧的繁盛，也见证了本国喜剧的诞生。本国喜剧并没有将大量笔墨花在摹绘大城市纸醉金迷的生活上，而是着眼于乡土间的日常琐事。当然，没过多久，特伦提乌斯便悟到了其中的奥义所在，于是他活学活用，把直译与摹拟有机地结合在一起，使希腊喜剧罗马化，并在其中贯彻"特伦提乌斯派"的精神。

卢奇乌斯·阿夫拉尼乌斯［罗马纪元660年（公元前94年）为其巅峰时期］是特伦提乌斯派的杰出代表之一。虽然，他留存于世的剧作只剩残章断篇，我们无法仅凭于此，就妄下定论，但从中我们能得出一个大致印象——罗马艺术评论家们对他的评价并非毫无道理。他所著的喜剧数量众多，结构一概照搬希腊剧作，只不过篇幅较原作略短。从细节上来看，他的作品中既有模仿米南德的成分，也有本国古典文学中的经典桥段，但他却未能取本国喜剧的开创者——提提尼乌斯之长，往作品中注入拉丁地方色彩。[8]阿夫拉尼乌斯作品的标题平淡无奇，也许他的剧作从本质上而言，仍是希腊戏剧的拟作，形式再怎么变，也不过是换汤不换药。精心安排的让步折中、巧夺天工的情节编排以及屡见不鲜的隐喻是"特伦提乌斯派"剧作的特色，他也秉承了这些优点。在世俗道德的影响下，他剧作的艺术化程度也不断提高。其作品当中并无任何与警律相触的思想内容，且运用的语言也是正统的拉丁文字。后世评论家们已明确表态：阿夫拉尼乌斯与米南德、特伦提乌斯一脉相承。他甚至连穿外套都要模仿米南德，仿佛把自己当成了意大利人。并且他自己也说过，在他看来，没有一位诗人能与特伦提乌斯相提并论。

阿特拉戏

在这一时期，滑稽剧以崭新的面貌重新出现在人们面前。滑稽剧本身历史悠久，或许早在罗马兴盛之前，拉丁姆少年们就已在节日庆典时戴上面具，即席表演滑稽剧目了。虽然没有明言规定，但某种面具所代表的角色一般都是固定的，也算是约定俗成。阿特拉城原隶属于奥斯坎，在汉尼拔战争中被毁，此后便常被用作打趣。他们将阿特拉城选为拉丁的"愚人城"，以此为滑稽剧固定的地方背景，自此，滑稽剧便被冠以"奥斯坎戏"或"阿特拉戏"之名，[9]但此名与舞台本身无关，亦与文学无关。[10] 票友们可以任选时间地点表演。此类戏剧并无成文的剧本，也可能有，但未能留存至今。直至本世纪，人们才把阿特拉戏交由专业伶人表演，[11] 但用途多为助兴，例如希腊的人羊戏，特在悲剧结束之后上演，以舒缓悲伤的情绪。此等变迁表明阿特拉戏的文学性有所增强，某些剧目甚至出现了文字游戏，但这种文字游戏究竟是完全独立发展而成的，还是受意大利等国与之相近的文字游戏推动形成的，[12] 我们无法妄下定论，但那些剧目皆为原创，则确属实情。新式阿特拉戏出现在七世纪前期[13]，创始人为卢奇乌斯·庞波尼乌斯，来自拉丁殖民地博洛尼亚。他的剧本广受欢迎，不久之后，诗人诺维乌斯的剧本也受到了人们的追捧。从仅存预示的残篇以及古代文学家的记录中，我们得出结论——此类剧目皆为短滑稽剧，而且通常仅有一幕。其动人之处并不在于荒诞散漫的情节，而在于用于描写某阶级或某情景的浓墨重彩。此类剧目通常喜欢将场景设置在节庆日，花大量篇幅展现民众行为，例如《婚礼》《三月一日》《谁是滑稽的人》等。当中也会写到外国人，例如阿尔卑斯山另一边的高卢人和叙利亚人。教堂的看守者、算命先生、鸟卜师、医生、包税商、画家、渔夫、面包师……各行各业的人士都有机会出现在阿特拉戏的舞台上。大凡当众痛哭者，定吃了不少苦，漂洗工亦是如此，历经生活沧桑，但在阿特拉戏的愚人世界中，他们的地位却与成衣匠无异。剧中不仅展现了城市居民丰富多样的生活，亦展现了乡村居民的喜怒哀乐。取材于乡村生活的戏剧题材丰富，名目亦五花八门：乳牛、驴子、小山羊、母猪、公猪、病猪、农夫、乡下人、滑稽的乡下人、牧牛奴、酿酒人、收无花果者、砍柴、剪枝、养鸡场……无所不有。大凡逗乐观众的角色，无非以下几类：愚蠢的奴隶、狡黠的仆人、好好先生、智者。蠢奴可是戏剧中不可或缺的重要人物，可谓是阿特拉戏的"普尔奇内尔"。麻库斯就是蠢奴的典型代表。他贪食、面庞丑陋可憎、衣着肮脏不堪，却有一颗思娇之心，故常被人嘲弄捶打。戏剧临近尾声之时，他甚至还成了代人受过的替罪羔羊。以麻库斯为主角的戏剧不少，如《士兵麻库斯》《客店主人麻库斯》《麻库斯与处女》《被流放的麻库斯》《两个麻库斯》等。不难看出，阿特拉戏花样繁多。从其书面写本上来看，阿特拉戏还是恪守文学创作的一般性原则的。在韵律上，其严格依照希腊戏剧。就对拉丁语和通俗化的坚守来看，相较之阿特拉戏，罗马本土喜剧也望尘莫及。在悲剧创作方面，譬如戏剧世界的架构[14]，阿特拉戏仍得从希腊戏剧中寻求帮助。自诺维乌斯之后，似乎鲜有来者向希腊戏剧拜师学艺。诺维乌斯所著的阿特拉戏虽未涉足奥林匹亚，但至少提及了最富人性的神灵——赫拉克勒斯。他有篇作品名为《拍卖人赫拉克勒斯》，虽然风格不甚高雅，当中不乏打情骂俏的暧昧言语、粗野的淫词秽语、鬼怪吓唬甚至吞吃孩童的情节以及指名道姓、大肆辱骂的情节，但瑕不掩瑜，生动的描写、奇妙的幻想、富有哲理的笑谈、简练的哲言警句比比皆是。于是，丑角戏的地位迅速提升，很快便在首都戏剧界以及文学界赢得了一席之地。

戏剧业

最后,我们大致谈谈戏剧业的发展。普通民众对戏剧的兴趣与日俱增,故表演场次不断增加,舞台布景也变得越来越华丽。公众节庆日演戏俨然成了惯例,甚至在乡镇私宅,雇用戏班演戏也不再是难得一见。当时不少自治市都有石砌的剧院,但首都却连一家剧院都没有。罗马纪元599年(公元前155年),在首都建造剧院的合同明明已经订妥,却又在元老院的阻挠下被束之高阁。元老院听取了普布利乌斯·西庇阿·那西加的意见,认为应尊重先祖遗风,故不应建造一座永久的剧院。于是,舞台剧便应运而生,日益发展壮大。人们宁愿耗费巨款搭建木戏台,也不愿建造一座真正的剧院,这与当时假作虔诚的政治观念不谋而合,但舞台布景确实有了显而易见的改善。罗马纪元580年(公元前174年)之前,搭建戏台及维护设备的费用由国家承担,到了特伦提乌斯时代,所有布景装置及装饰的费用则由剧组筹备人员承担。[15] 为卢奇乌斯·穆米乌斯攻占科林斯(罗马纪元609年即公元前145年)演出的戏剧则开创了一个新纪元。大约从那时起,人们才有了这样的想法:要按照希腊的范式,建造一座既能传音又有足够的座位,能容纳许多人的剧院。当然,他们最看重的还是演出戏剧的质量。[16] 相关史料常提及优胜奖品,不难推测,当时必有几部戏剧互相竞争。观众参与度很高,有的喜爱主角,有的则不然。雇人喝彩及朋比为奸喝倒彩之事屡见不鲜。无论是戏台布置还是戏班运作机制,在此时期均有一定改善。罗马纪元655年(公元前99年),盖乌斯·克劳狄乌斯·普尔克当选市政官,巧妙绘制、可移动的戏台布景始为世人所见,剧场亦能听见阵阵"雷声"[17] 传出。二十年后,卢奇乌斯·卢库卢斯和马库斯·卢库卢斯兄弟当选市政官,移动布景、改换点缀之法始为世人所闻。本世纪末叶则是昆图斯·罗斯奇乌斯的时代。他虽为脱籍人，却着实高寿（罗马纪元692年即公元前62年仙逝），可谓是罗马最伟大的伶人之一。罗马戏剧界历经数代之久，仍以他为荣，以他为傲。[18]他亦是苏拉的朋友，常同他一道把酒言欢。在后文中我们还会提到此人。

杂诗

论及在本世纪广泛传诵的诗歌，史诗可谓毫不足道，这着实令人诧异。毕竟在六世纪期间，史诗确占广为传诵文学之首，但到了七世纪，诚然，史诗代表诗人不少，但无一人大获成功，甚至连风靡一时者都极为罕见。本时期的史诗代表作就只有《荷马史诗》的几版译本以及恩尼乌斯编年史的续编版，例如霍斯提乌斯的《伊斯特里亚战史》和奥卢斯·福里乌斯（罗马纪元650年，即公元前104年前后逝世）的《高卢战争年鉴》。他们都选择从恩尼乌斯绝笔之处——罗马纪元576—577年（公元前178—前177年）的伊斯特里亚战争——开始，继续记载，仿佛除此之外，史事无一可述。哲理诗和挽歌方面，亦不见才华横溢的诗人脱颖而出。在本时期大获成功的、为大众广泛传诵的多为杂诗。这种艺术形式多样，可充当书札，也可印成小册，且内容丰富多样，所以并无固定特征，充分体现诗人的创作风格。从文学上来看，杂诗介于诗歌与散文之间，十有八九不能称作是"真正的文学"，但却为大众喜闻乐见。西庇阿文艺圈中有位少年人，名为斯普里乌斯·穆米乌斯，即灭科林斯者的兄弟。他在兵营中写了些诙谐的信件，并寄回了本国。一百年后，人民大众仍津津乐道，对那些信札爱不释手。这种原无意公开发表的戏谑诗歌或源于罗马上流阶级奢华的社会生活，或源于其丰富的精神生活，当时为数甚多。

盖乌斯·卢奇利乌斯

以写此类诗歌见长的诗人之中，盖乌斯·卢奇利乌斯（罗马纪元606—651年，即公元前148—前103年）为个中翘楚。他出生于拉丁殖民地苏埃萨的一个体面之家，也是西庇阿文艺圈的成员之一。其诗如同面向大众而写的信札，至于内容，正如他的后继者所言，细致地描述了一位绅士生活的方方面面。这位绅士既有修养，为人又独立。此人能超然于事外，客观地看待各类政治事务，平等地与上流社会人士交谈，以感性研究文学、以理性研究科学，却不愿以诗人和学者自居。总而言之，此人将其所遭遇的一切善恶是非、其毕生的政治阅历与抱负、其文法见解及艺术批评、个人生活的全部，包括拜访出行、参加宴会、外出旅行以及道听途说的故事等，都写在了诗篇中。卢奇利乌斯的诗篇尖刻自傲，与众不同，虽为驳斥他人而著，却也有一定的教育意义。无论是在文学上，还是在道德、政治上，其诗均予人启示。诗中论及乡村反抗首都的章节比比皆是。这位苏埃萨公民自认为言语地道、行事公正，故而奋起，以孤身一人之力，对抗多种方言混杂、道德败坏的巴比伦城。西庇阿派极力追求作风正规，体现在语言文字上，就是作品用语必须地道纯正。在文学批评方面，卢奇利乌斯可谓博学多才，堪称他们当中的领军人物。他将自己的第一本著作献给罗马语言学的始祖——卢奇乌斯·斯提洛。此书的目标读者并非那些用语典雅的知识分子，而是那些客居意大利的希腊人，如塔伦图姆人、布鲁提亚人、西库尔人等。这些人的拉丁文大多不够地道，需要纠正。故其诗花极大篇幅，展现了拉丁文的缀字法和作诗法。同时，其诗也对普雷内斯特、萨宾以及伊特鲁里亚的土语进行了抨击，并揭发了时行的文法谬误。除此之外，卢奇乌斯不忘讥讽伊索克拉底简略无味的修辞炼句，[19]甚至还亦庄亦谐地指摘西庇阿，称其过分注重语言是否精致高雅。[20]

这位诗人兼教士在公私生活上修德慎行，恪守清规戒律。对此，他十分坚持，程度甚至胜于其对纯正拉丁文的坚守。这也是他的地位使然。虽然，在世系、财产和修养方面，他与同时期的罗马贵族们不相上下，在首都也有一幢华丽的宅邸，但他并非罗马公民，不过是个拉丁人罢了。他少时曾为西庇阿部下，参加过努曼提亚战争，之后又常常出入于西庇阿府邸。西庇阿与拉丁人关系密切，常在当时的政治斗争中充当他们的保护伞，[21]卢奇利乌斯与西庇阿交往甚密，或与此有关。即便如此，他仍不能走入宦途。他本人也不屑于迈入商界——他曾说自己才不愿为当个亚细亚的包办商而放弃卢奇利乌斯的身份。他可谓生不逢时，亲历格拉古变法和同盟战争前的一连串骚乱，常出入于罗马贵族们的宅邸和别墅，却不愿做他们的门客；置身于政治党派斗争中，却没有加入当中的任何一党。他在政治以及诗歌上的地位让人不禁联想到贝朗热。他评论时事的口吻犹如讲述尽人皆知的常识，不过语中透着无尽欢愉以及左右逢源的诙谐：

> 但而今从早到晚，
> 无论是否休假日，
> 公民和元老终日，
> 徘徊市场不离去。
> 大家共做一件事，
> 钩心斗角相欺骗。
> 战胜争先用谎言，
> 善于谄媚和诈伪。
> 你陷我来我害你，
> 仿佛彼此是仇敌。[22]

这段文字令人回味无穷，其诗作之魅力，可见一斑。在其诗中，诗人对当代丑陋之事毫不容情地进行了抨击，不管是朋党制度，还是西班牙连绵不绝的战争。不管是友人，还是诗人自身，亦未能幸免，均遭到了一番口诛笔伐。在其讽刺诗的开头，奥林匹亚的诸神元老院召开了一次规模盛大的讨论会，讨论罗马是否仍配受天神的保佑。纵观全诗，团体名目、阶级名称比比皆是。作者亦不惧对批判对象直呼其名。政治题材诗虽为罗马舞台所排斥，却是卢奇利乌斯之诗的元气和真髓，有着最为尖刻、最振聋发聩的讽刺力——即便传至今日，其诗大多只剩残篇断章，字里行间透出的那股力量，仍令我们心醉神迷——其诗不啻于用白刃刺穿敌人的肺腑，彻底瓦解敌人的抵抗。日后，到了罗马诗歌的亚历山大时期，甚至有位高贵的维努西亚极力想要恢复卢奇利乌斯的讽刺诗，虽然他其实比这位前辈更加擅长处理格律，但因这位苏埃萨诗人道德高尚，傲然予人自由自信之感，故令晚辈折服，以发自内心的谦逊态度，承认卢奇利乌斯"在他之上"。从他仅存于世的作品之中，不难看出，他在拉丁文和希腊文上造诣极高。相传卢奇利乌斯曾在一顿饭前后作六步诗二百句，但如此仓促挥就的诗句难免粗糙：无谓的冗赘、同一口吻反复出现，甚至是明显疏忽、重大失误，在其诗中都屡见不鲜。所以，无论拉丁诗，还是希腊诗，精华之处往往都在头句。其所著六步音诗亦是如此，虽然六步音诗对于格律的要求更高，但他依旧我行我素，如法炮制。某位模仿他作诗的智者如是言道：如果我们将卢奇利乌斯之诗的字句重新排列的话，那呈现在面前的恐怕就是一篇篇散文了。从动人心弦的角度来看，其诗只能与今日的打油诗相提并论。[23] 从谋篇布局的用心程度来看，如果说特伦提乌斯的诗篇称得上是精心撰写的雅致之作的话，那卢奇利乌斯的诗篇只能算作仓促草成的信札。这苏埃萨的骑士天赋极高，亦有一颗不羁之心，岂可与那非洲的奴隶同日而语？所以，特伦提乌斯的成功之路走得十分艰苦，而且他的辉煌犹如昙花一现，不可持续。卢奇利乌斯的成功之路则十分顺畅，他成名迅速，顷刻之间便成了举国闻名之人，春风得意。如贝朗热一般，他自称"所有现存于世的诗篇中，只有他的作品家喻户晓，广为传诵"。卢奇利乌斯的诗篇脍炙人口，从史学的角度来看，此事可非同凡响，这意味着文学已经成为了一股势力。倘若当时的史料能完整地留存至今日，那我们当能瞥见文学影响留下的种种痕迹。后世之人亦沿袭了前辈们对卢奇利乌斯的评判。罗马的艺术批评家们反对亚历山大派诗人，唯独推崇卢奇利乌斯，称其为拉丁诗人之魁。若讽刺诗在文学中可自成体裁，其缔造者非卢奇利乌斯莫属。可以说，卢奇利乌斯创造了罗马人独有的且流芳后世的一种艺术。

本时期，亚历山大派诗人的作品在罗马销声匿迹，唯有移译或模仿亚历山大箴铭而作的小诗。这些小诗却值得一述，并非其本身文学价值颇高，而是其实为下一时期罗马文学的开路先锋。有些诗人不甚知名，且生卒年月不能确定，姑且不论。要论崭露头角之人，当属罗马纪元622年（公元前132年）执政官昆图斯·卡图卢斯和罗马纪元652年（公元前102年）开始写作的著名元老卢奇乌斯·曼利乌斯。当时，希腊流传着各种地理故事，例如提洛的拉托那传说、欧罗巴和凤凰的寓言等。曼利乌斯则为第一人，将这些故事传入罗马。多多那之鼎也值得我们关注，鼎上刻有佩拉斯吉人迁居西斯里人和土著人之地以前的事迹。根据罗马年史的记载，曼利乌斯在旅途中发现了此鼎，并摹拓了鼎上的文字。

波利比乌斯

史作方面，本时期有位颇负盛名的作家。虽然，从籍贯、学术著作及文学风格上来看，此人不属意大利之流，但举世作家之中，能清醒地认识到罗马在世界上所处的地位，并加以叙述的，仅此一人而已。后世之人所知的罗马发展史，大多延其所作。其人谓何？波利比乌斯是也。

波利比乌斯（约罗马纪元546—627年，即公元前208—前127年）生于伯罗奔尼撒的梅伽洛波利斯，为阿喀亚政治家莱科塔斯之子，似于罗马纪元565年（公元前189年）参加罗马远征小亚细亚的凯尔特人之役，之后便出席各类场合，为罗马处理军事及外交事务。尤其是在第三次马其顿战争期间，他斡旋其中，于关键时刻发挥作用。那次战争造成了希腊的危机。此后，他便与阿喀亚其他人质一道，被流放意大利。他以流亡之人的身份居意大利达十七年之久（罗马纪元587—604年，即公元前167—前150年），经鲍卢斯诸子的介绍，方得以与首都要人相往来。送还阿喀亚人质时，他也随之回到本国，自此之后，便一直斡旋于阿喀亚同盟与罗马人之间。他亲眼看见了迦太基和科林斯的灭亡（罗马纪元608年即公元前146年）。犹如受命运提点一般，他能准确地判断当时罗马所处的历史地位，其犀利的洞察，甚至在罗马人之上。身为希腊政治家和罗马阶下囚，他的希腊文造诣比西庇阿·埃米利亚尼斯及罗马一般贵族要高，有时会引来他们的嫉妒。从他所处位置来看，地中海各国合而为一，共同造就了罗马的霸权和希腊的文化，有如长久分流的百川汇归入海。其实，有名望的希腊人能真心信服西庇阿的世界观，并且承认希腊在学术界占优势，但承认罗马在政治界占优势这一事实的，唯波利比乌斯一人而已。这些事实，历史已有定论，双方理应接受。秉承着"以史为实"的精神，他身体力行着政治家应为之事，亲笔撰写着他本人眼中的历史。少年时期，他曾崇拜过阿喀亚人那种令人肃然起敬的爱乡之情，虽然他个人并无力效仿。迈入晚年之后，他既已预见不可避免的结果，便主张本城邦的政策应极为密切地依附罗马。这种政策极为高明，并且确系出于好意，绝非傲慢骄矜之人能想，但是，当时希腊的政治氛围较为虚荣，注重琐事，而波利比乌斯本人也未能摆脱这习气。他刚脱离流放地，回到本国，就向元老院提议，建议其发放正式的公文，使被释者得以在本国恢复地位。为此加图说过一句话，很是贴切。他说在他看来，这就好比是尤利西斯再回到波吕斐摩斯的洞中，向巨人讨还他的帽子和腰带一样。他常常利用自己与罗马贵族的关系为本国人谋利益，但他顺从的神情以及自夸受上国保护的言语，则颇有奴颜婢膝之感。他的文学创作与其个人社会活动秉承着相同的精神。他一生的追求莫过于撰写一部历史，记载地中海各国如何在罗马的霸道征服之下归于统一。他的著作自第一次布匿战争始，至迦太基与科林斯的灭亡终，将一切文明国家——希腊、马其顿、小亚细亚、叙利亚、埃及、迦太基和意大利——的命运娓娓道来，并且用因果关系阐明，这些国家是如何一步步沦为罗马的保护国的。他表示，自己的目的在于证明：罗马的霸权是正当合理的。就对史料的处理方式来看，他所采取的方法与当代希腊的修史法大相径庭。就所取得的成就来看，当代罗马之史与其大作无法同日而语。在罗马，史书多为编年史。当中并非未涉及重要史料，但却缺乏深入的探讨。虽然加图在其个人的著作中简要介绍了某些重大史料，并进行了初步探讨，固然值得肯定，但仅限于此，程度明显不够——大部分史作近似童话故事或是通告合集。希腊人亦有历史研究及历史著作问世，但到了六将军的战乱年代，民族和国家的观念已经完全消失，以至于诸多史家中无一人能继承雅典大师的衣钵，秉承其精神，在史料真实性上精益求精。他们当中，亦无一人能以世界史的眼光处理当代史当中的世界史史料。他们的史书或纯是对事件表象的浅显记录，或满是雅典修辞学的赘语诡辩，或满纸尽是当时社会之中的贪污、卑鄙、谄媚和怨怼现象。罗马人亦如希腊人，只有城邦史和部落史，只见树木，不见树林。当然，我们不能忘记，波利比乌斯系伯罗奔尼撒人，故他在心智上较希腊人与罗马人超脱，能以超脱的客观视角看待问题，所以，他能超越界限，借用希腊相对成熟的评价体系处理罗马的史料，进而撰写出一部历史。虽然，这部历史亦称不上世界史，但其至少跳脱了地方主义的禁锢，转而综述那尚未成型的罗马-希腊国的发展史。能像波利比乌斯那样，具备探本求源者一切长处的历史学家，或许前所未有，唯其一人而已。他时刻铭记自己的职责所在，始终关注真实的历史经过。大批传说、故事、无用的纪年报告都被他无情地抛弃，而有关各地及各民族的介绍、对政治和商业关系的叙述则在他的书中恢复了应有的地位。在编年史撰写者看来，这些史料并不固定于某一特定年份，故无关紧要，可以省略，虽然实际并非如此。在对史料的选取上，波利比乌斯的谨慎小心与耐心细致，在其同代的史学家之中，恐无人能及。他广泛阅读各国的书籍与文献，利用自己的身份与地位，从所接触到的各类人士中获取信息，收集素材。他也周游地中海各国，亦漂洋过海，横渡大西洋，去沿岸诸国取经[24]。求真务实是他的天性。在重大事件上，他的兴趣既不在于拥护一国，反对他国，亦不在于拥护一人，反对他人。他热衷于发现各类事件之间的联系。在他看来，寻找到事件之间的因果关系并用文字记录，不仅是史学家的头等要务，而且还是他们的专属任务，无人能代替他们完成。他的叙事完整、简洁又明了，堪称典范，但这一显著的优点却仍不足以使其跻身第一流的史学家之列。正如其努力开拓实际事业一般，波利比乌斯亦苦心钻研写作事业，殚精竭虑。纵观人类历史，其是否可称得上是一部斗争史？人们似乎无时无刻不在追求生存权利、追寻自由。这是一个伦理问题，但波利比乌斯却用机械的思维方式思考它。在自然界，他只关注整体，至于个体以及个别事件，无论有多不同寻常，在他看来，也只不过是一个单独的元素罢了。倘若把国家比作人为造就的机器，那个体在他眼中，最多只能算作是机器上的小零件。就此而言，波利比乌斯比任何人都适合叙述罗马民族的历史。说来也奇，罗马未曾出现过天资卓著的政治家，仅凭它们那浅薄的根基，却以惊人的速度发展了起来，而且还解决了各种棘手的疑难问题，一举跻身于一流强国，地位举世无双，但自由这个伦理问题却一直影响着罗马各个民族的历史。波利比乌斯在罗马史里忽略了这个问题，必将自食其果。至于一切有关正义、荣誉和宗教的问题，他的看法不仅浅薄而且荒谬。该评价也可以运用到其他场合。波利比乌斯时而会机械推论，虽显不妥，但有时实属无奈。例如，他认为罗马的优良政体源于君主制、贵族制和民主制各要素的适当混合，又将罗马的成功归结于罗马优良的政体——这一推论，根据不足，略显荒谬。他对于关系的解释也缺乏根据，很多时候仅凭自己想象，难以令人信服。他对待宗教事务那种轻蔑无礼的态度简直令人生厌。他在叙述中经常故意反对刻意雕琢的希腊式遣词造句，自认为自己的笔触妥帖明白，但事实上，他的词句平平无奇，不仅时常笔力不足，而且还动辄突兀地切换话题，不是离开原题，转入议论，就是转为滔滔不绝的"自传"，带着自满的情绪向读者们叙述自己的经历。纵览全书，我们不难发现，议论的口吻比比皆是。作者原预想为罗马人著书，但却发现他们之中极少有人能够理解他。他觉得自己在罗马人眼中始终是个外国人，在本国人眼里却又始终摆脱不了叛徒的身份，又自以为对世事有着极为高明的见解，他的时代不在当今，而在未来。因此，他内心不免常怀愤懑与私恨。当他攻击那些轻浮甚至贪贿的希腊史学家和毫无批判思维能力的罗马史学家时，那种愤恨常会不自觉地流露出来，以至于令他从严谨的史学家一下降格为不负责任的时评家。波利比乌斯或许并不是个高明的作家，但他那求真务实的精神是旁人所无法企及的，任凭文笔多么华丽，描写多么生动，亦不能盖过他去。能够给予我们如此之多的真知灼见的，除他之外，我们根本无法举出第二人。他的著作犹如太阳，照耀着罗马史界。此书一开篇便穿破了依然笼罩在萨莫奈和皮洛士战争之上的迷雾，带我们迎接新一天的曙光，共同走向光明。

罗马编年史

上述所言，均是一位外邦之人对于罗马宏伟历史的论述，而当时罗马本土的史书则与之有着迥然之别。本世纪初，以希腊文书写的编年史仍方兴未艾，譬如奥卢斯·波斯图米乌斯（罗马纪元603年即公元前151年任执政官）那充斥着恶劣官箴的著作以及盖乌斯·阿奇利乌斯晚年（约罗马纪元612年即公元前142年）写成的著作。当时不少史作受到加图爱国主义以及西庇阿派高雅作风的影响，推崇拉丁文写作，故后出的历史著作少以希腊文写就[25]，而且，之前以希腊文撰写的编年史亦译成了拉丁文。大多数民众所读到的历史著作，似乎都是这种译本。可悲的是，本期的拉丁编年史似乎一无是处，除了一点——用本国语言写成之外，难以再从其身上寻觅到任何亮点。这种史书居然还为数甚多，而且内容甚详——如卢奇乌斯·卡尔西乌斯·赫米那（约罗马纪元608年即公元前146年卒）、卢奇乌斯·卡尔普尔尼乌斯·皮索（罗马纪元621年即公元前133年担任执政官）、盖乌斯·森普罗尼乌斯·图底塔努斯（罗马纪元625年即公元前129年担任执政官）、盖乌斯·范尼乌斯（罗马纪元632年即公元前122年担任执政官）——上述尚属知名的人士都曾撰写过此类历史典籍。除此之外，普布利乌斯·穆奇乌斯·斯凯弗拉（罗马纪元621年即公元前133年任执政官，亦为一位有名望的法学家）担任大祭司长时曾编撰过《罗马城官方年史节要》第八十卷，并公之于世。自其之后，城史便暂告一段落，专务史实记载者日益勤勉,大祭司们渐无用武之地。无论是个人著作也好,官方授权发布的史书也罢,均混杂着似是而非的史料。显而易见,这些著作之中的叙述越是详细,其原始资料的真实性越是可疑,故研究价值不高。一言以蔽之,编年史之中,真伪并存的叙述无处不在。若要以此指责奈维乌斯和皮克托,说他们无用,不能写出异于赫迦泰和文法家萨克索的史书,实为至愚之举。不过后世之人若想以此类史书为据,不啻于在云雾之上建造屋宇,纵使耐性再好,亦难经受得住考验。无论旧闻缺漏多少重要信息,他们都能轻而易举地随意杜撰,将其补充完整。不管是日蚀、人口、家谱还是凯旋礼,他们都能乱填年月,而且绝不迟疑——罗慕路斯何时升天(罗马纪元183年即公元前571年十一月二十五日),塞尔维乌斯王是如何战胜伊特鲁里亚人的(罗马纪元187年即公元前567年五月二十五日),他又是如何再次战胜他们的——这些都明见于他们的记载。所以,罗马的船坞中陈列着埃涅阿斯从伊里昂到拉丁姆所乘的船只,甚至连埃涅阿斯的向导,那只母猪,也被用盐腌制好,供在了罗马的灶神庙里。这些编纂编年史的贵族们虽有诗人一般天马行空的想象力,却又像圣坛司事那般吹毛求疵,招人厌烦。故他们的著作既没有诗歌的优美,也不具备史书应有的严谨,使人读去只感枯燥乏味。他们自始至终都以这种单调无味的笔触描述历史上的重大事件。所以,我们会在皮索的著作中读到:若是次日要出席会议,罗慕洛便不会恣意酣饮;达拜亚出于一片爱国之心,把朱庇特神庙献给萨宾人,以便于瓦解敌人的防御。无怪当代智者尖刻地批评了此类著作,称"它们不是在书写历史,而是在给孩子们讲故事"。不过当中也不乏相对优良之作,例如几部叙述近代史和现代史的著作。其中的佼佼者,当属普布利乌斯·森普罗尼乌斯·阿塞利奥所著的《当代史》和年岁稍长的卢奇乌斯·凯利乌斯·安提帕特(约罗马纪元633年即公元前121年卒)所著的《汉尼拔战争史》。这两本书中都包含了大量珍贵的史料以及作者求真务实的创作诚意。此外，安提帕特之作有雄浑之风，但略显粗野。可是，根据我们所掌握的资料以及眼见的事实来看，这些著作无论是在文笔的简练程度上，还是在内容的创新程度上，都无法与加图的《原史》相提并论。遗憾的是，加图不仅未能在政界崭露头角，亦未能在文学界大展宏图——他并没有自成一家，引领史书创作。

回忆录和演说词

回忆录、信札和演说词在史书典籍中并不占主流。与史作相比，它们身上作者个人风格的烙印更为浓重，流行于世的时间也更为短暂。尽管如此，它们当中仍不乏优秀之作——毕竟数量不少。罗马出类拔萃的政治家们，如马库斯·斯考鲁斯（罗马纪元 639 年即公元前 115 年任执政官）、普布利乌斯·鲁弗斯（罗马纪元 649 年即公元前 105 年任执政官）、昆图斯·卡图卢斯（罗马纪元 652 年即公元前 102 年任执政官）以及摄政王苏拉，都曾亲自提笔，记录自己的经历。虽然这些作品内容丰富，或许还能为历史研究提供参考，但它们的文学性着实不强。科尔涅利娅——格拉古母亲的信札集值得我们注目，一方面是因为她的用语典雅地道，个人见解亦卓尔不群；另一方面是因为在她之前，罗马从未有信札集公开发表，而且这也是罗马妇女的第一部文学作品。本期的演说词仍未失却从加图习得的特色。律师们的辩词却并未被视为文学作品，得以公开发表的，大多是政治宣传册。革命期间，这种政治宣传册的地位进一步上升，影响范围日益增大。大批昙花一现的作品中，亦有因作者地位重要性或因其本身重要性而名垂青史的，影响力可与德谟斯提尼的《菲利普》和古利尔的宣传册相比拟，譬如盖乌斯·莱利乌斯和西庇阿·埃米利亚努斯的政治演说词，二者都以纯正拉丁文写成，堪称极富爱国主义的杰作。除此之外，盖乌斯·提提乌斯的演说词也堪称一绝。他的演说词语言流畅，内容通常取材于本国的喜剧。他以多种视角描写当今时代罗马的社会风貌，言辞犀利——从上文所提及的对元老陪审员的描写中可见一斑。盖乌斯·格拉古的演说词则犹如一面明镜——他用热情洋溢的语言，淋漓尽致地展现了这位崇高人物真挚的情感、高尚的品格和可悲的命运。

科学著作

科学著作当中，马库斯·布鲁图斯的法学论丛值得我们关注。这部大作发表于罗马纪元600年（即公元前154年）前后。马尔库斯想借此把希腊方法引入罗马，用对话论述专门题材。他以明言人物、时间和地点的会话为布景，故他的著作有着半戏剧式的艺术形态，但这种方法更适宜在文学作品中使用，并不适用于大多数科学著作。因此，无论是在一般科学还是专门科学中，继他之后的科学家，如语言学家斯提洛和法学家斯凯弗拉，都弃之不用。脱离形式上的拘束，表明科学本身的价值与日俱增，人们对于科学实用性的兴趣也愈发浓厚。一般采用自由教育方式的学科，譬如文法，或称语言学、修辞学和哲学，我们已在上文中详细论述过。由于这些学科已成为罗马通识教育的有机组成部分，故它们不能算作是真正意义上的专门科学。

语言学著作

本时期，拉丁语言学得以发展壮大，这与语言学根深蒂固的传统——从希腊文学中寻找依据有着密不可分的联系。上文已经提及，本世纪初期已有人对拉丁史诗的原文进行了改编和修正，不仅西庇阿派极力主张"工稳高于一切"，而且几个最为著名的诗人，例如阿奇乌斯和卢奇利乌斯也加入到了规定正字法和文法的工作当中。与此同时，我们也发现有人想从史学角度出发，发展一种新的考古学，尽管较之史学家拙劣的论文，如赫米那的《论监察官》和图底塔乌斯的《论官吏》，他们著作的质量并没有质的提升。较有趣味的是盖乌斯·格拉古的朋友马尔库斯·尤尼乌斯所著的《职官考》，这可是历史上的首次尝试，欲将考古学运用到政治研究上[26]。悲剧剧作家阿奇乌斯用诗体创作了《戏谱》，叙述了拉丁戏剧史的发展，但以科研的眼光来看，上述著作只流于表面，并未深入到本质层面。这不禁让我们联想到德国包德摩·克洛普士托时期的正字学著作。与之相较，我们若把本期罗马的考古研究置于其下，倒也不算不公。

斯提洛

罗马纪元650年（即公元前104年）前后，罗马人卢奇乌斯·埃利乌斯·斯提洛继承了亚历山大派的精神，奠定了拉丁文研究的科学基础。他首先追溯到语言的起源，寻找其存在的痕迹，然后对萨利僧团和《十二铜表法》进行了一番评论。他尤其关注第六世纪的喜剧，并将他认为属于普劳图斯真迹的戏剧汇编成一册——在他之前，尚未有人这样做过。他想依照希腊方式，根据史实寻找出决定罗马生活和交际现象的根源所在，考究"创始者"为谁，并且将年表中提及的所有传说都纳入了自己的研究范围之内。当时最重要的诗歌著作和历史著作,即卢奇利乌斯的诗集和安提帕特的年史,都在首页题词,称"谨将此书献给斯提洛",足以见其在时人之中的成功。这位语言学家对后世的学术发展也产生了一定影响——他把自己对文字和其他事物的研究方法都传授给了弟子瓦罗。

修辞学

我们不难想见,在拉丁修辞学的领域,著书立说并非学者们的头等要务。他们无所事事,只能参照赫马哥拉斯和他人的希腊文纲要,以此编撰课本和练习。学校教师们在虚名和实利的诱惑之下,通常会选用此类教材。此类修辞学教材之中,有一种得以流传至今。那书系苏拉独裁时期的一位无名氏所作。他按照时兴的方式,教授学生们拉丁文学和拉丁修辞学,并且在这两个学科上均有著书立说。其教材的价值不仅在于所论述题材的贴切、实际和明确,而且还在于其对希腊原著所持的态度——不盲从,能够批判思考。虽然,在编撰教材的方法上,这位罗马人完全照搬希腊人的方法,但他亦能断然甚至悍然地把"希腊人专为使此科更形而上、更难学而收集的无用材料"排除净尽。他痛斥那析入毫芒的辩证法,称其为"喋喋不休,完全是对口才的一种戕害"。精于此道的老手则唯恐出言暧昧,过于小心谨慎,以至于连自己的姓名都不敢道出。自始至终,他都刻意避免原封不动地引用希腊学校使用的名词,称作者不可过多地教诲读者,即便真心诚意,亦不可取。他认为教师应培养学生的自助力,并且发自内心地认同这样的观点:上学是次要之事,过好自己的人生才是首要之事。他别出心裁地选择例证,数十年前引起罗马律师界注意的辩护词,在他的例证中犹有余音。还有一点值得我们注意，那就是他的教材体现了对过度照抄希腊之风的反抗。昔日，这种反抗曾对本国拉丁文雄辩术的兴起起到了一定的阻扰，而且，拉丁文雄辩术兴起之后，该反抗仍未销声匿迹。故罗马的雄辩术与当时希腊的雄辩术相比，无论在理论上，还是在实际上，都显得品格更高、实用性更强。

哲学

就著述方面而言，哲学并无值得一提的代表作。因为罗马人民并无让本国哲学发展壮大的内心需求，而且，外界情势亦未有利到可让拉丁文哲学著作应运而生。我们甚至都不能确定，本时期是否有哲学通俗纲要的拉丁文译本问世。因为研究哲学的学者们不仅阅读希腊文原著，而且还用希腊文进行学术讨论。

专业科学

在专业科学领域，相关著作似乎甚少。罗马人虽熟谙农耕法和算法，但却始终未能给予物理学和数学应有的重视。他们忽略理论，故医学和军事学一直得不到长足的发展。一切专业学科中，就只有法学尚属完备。我们无法将法学的内部发展精准地定位到某个特定的年份，只能大致地划分出几个阶段。从总体上来说，礼法制度在本时期是日渐衰微，到了本世纪末叶时，其地位几乎与今日的公教法无异。较为复杂的法律思想主张关注内心的行为动机，而非外表特点。故犯、误犯以及所有权应受保护等观念得到了进一步发展——这些观念早在《十二铜表法》时期就已初现雏形，但直到西塞罗时期方才真正成型。从上文中，我们不难窥见，政治关系对于法律发展常起到一种反作用，而这种反作用有时会带来不利的影响。例如：若设立百人法庭处理遗产案件的话，也就意味着此后产权法案件均需配备陪审法庭，此庭亦如刑事案件所配备的陪审法庭，无须运用法律，却自居于法律之上，以其个人所谓的公平去破坏合法的制度，后果之一便是带来不合理的原则：任何人若是在亲属的遗嘱中被略去，则可随意提请法庭判决遗嘱无效，遗产按照法院判决处理。

本时期，法学著述不断发展完善，地位亦日渐显著。在此之前，此类著述素来只限于对法律程式及法律名词进行解释，到了本期，则逐渐演变成一种发表个人见解的文学体裁，类似于今日的判例集。畅所欲言不再是祭司团的专利，普通民众亦有了发表见解的权利，不管是在家也好，身处公共场合也罢，只要受人询问，就能借此阐明自己的意见。他们既可以采取讨论形式，有理有据地向对方阐述自己的观点，能言善辩，娓娓道来；也可以像出庭辩论那样，激烈地为己方辩护。七世纪伊始，人们开始记录下这些意见，并汇编成册，使之流传于世。始为天下先的记录者当数小加图（卒于罗马纪元600年即公元前154年前后）和马库斯·布鲁图斯（约与小加图同时）。他们将材料按时间排序[27]。此后不久，大祭司昆图斯·穆奇乌斯·斯凯弗拉（罗马纪元659年即公元前95年任执政官，卒于罗马纪元672年即公元前82年）便对民法进行了系统的叙述。一如大祭司之职，法学亦是他家族世袭之业。他著有十八卷《民法论》，部分取材于之前的判例总集，部分取材于口述的传说。凡法学所应有的资料——法案、司法判例和根据——他都尽力收罗。此书不仅开创了完备的罗马法律体系，又为此类著作树立了典范。此外，他所著的《释义》一书，言简意赅，可谓是法律撮要的开山之作，亦是法规著作的典范。虽然，这种发展从整体上来看，并未过多地倚赖希腊文化，但人们既已熟悉希腊人那种半哲学半实际的体系，必有所触动，故欲更为系统地叙述法学。据实而言，甚至连著作之名中都依稀可见希腊文化的影子。事实摆在眼前，罗马法学受到斯多葛派的影响。具体实例在上文中亦已提及，故在此不再赘述。

与法学相比，美术领域境况稍差。虽然在建筑、雕刻和绘画方面，人们的兴趣与日俱增，但本土艺术的发展却如逆水行舟，不进反退。罗马纪元670—671年（公元前84—前83年）冬，苏拉军在小亚细亚安营扎寨，并对当地的美术作品进行了一番评头论足，自此开创了一个新纪元。不仅他们如此，就连侨居希腊各地的罗马人，也有鉴赏美术作品的习惯。在意大利，人们的艺术鉴赏力亦有所提高。起初，人们只懂得如何鉴别欣赏银器和青铜器，但到了本世纪初，他们不仅开始关注希腊雕像，而且对希腊画作也产生了浓厚的兴趣。阿里斯提德的《酒神巴克斯》是第一幅公开在罗马展出的画作。拍卖科林斯战争的战利品时，卢奇乌斯·穆米乌斯不得不把这幅画从拍卖场上撤下，因为阿塔鲁斯王甚至愿为此画出价六千第纳尔。较之以往，本期的建筑风格更为壮丽，而且还从海外进口建材——譬如从希梅郡进口云石，毕竟意大利本土的云石矿尚未开发。昆图斯·梅特路斯（罗马纪元611年即公元前143年任执政官）攻克马其顿之后，在大校场上建造了一处宏伟的云石庙宇，令首都之人大开眼界。直到帝国时期，该庙的柱廊仍大受世人赞赏。不久之后，亦有同类建筑相继问世——西庇阿·那西卡（罗马纪元616年即公元前138年任执政官）在卡庇托尔山上建造了一座云石庙，而格涅乌斯·屋大维（罗马纪元626年即公元前128年任执政官）则在竞技场上建造了一座云石庙。演说家卢奇乌斯·克拉苏（卒于罗马纪元663年即公元前91年）建于帕拉廷山之上的云石宅邸，则是第一处以云石为材建造的私宅。毕竟，无论是巧取豪夺，抑或是一掷千金，都比自行建造省事，故鲜有人选择自建。直到该时期，希腊式石柱方才被运用到罗马建筑中，例如苏拉所造的卡庇托尔神庙便照搬了雅典宙斯神庙的石柱样式，由此可见，罗马建筑是多么乏味可陈。

这一时期，罗马的建筑大多出于外国艺术家之手。得以留名青史的艺术家为数甚少，且均是客居意大利的希腊人，无一例外，如建筑师赫摩多罗（居于塞浦路斯岛的萨拉米人）。他曾参与过罗马船坞的重修工作、为昆图斯·梅特路斯（罗马纪元611年即公元前143年任执政官）在会堂中建造朱庇特·斯塔托尔的神庙以及替德西姆斯·布鲁图斯（罗马纪元616年即公元前138年任执政官）在弗拉米尼竞技场建造战神庙。除他之外，还有来自大希腊的雕塑家帕西提里（卒于罗马纪元665年即公元前89年），罗马神庙中的象牙神像大多出自他之手。画家兼哲学家梅特罗多罗亦为希腊人，来自雅典。他曾奉命以卢奇乌斯·鲍卢斯的凯旋（罗马纪元587年即公元前167年）为题材作画。另外，有一件事值得我们注意：本时期钱币样式较多，但雕刻的印模却不及前期精致美观。

最后，音乐和舞蹈亦从希腊传入罗马，但用途似乎只在于为居于奢华宅邸之内的达官贵人助兴。诚然，这种异域艺术在罗马并不算新奇，毕竟自古以来，罗马一直准许伊特鲁里亚的吹笛人和舞者在节庆时出来表演。往日，罗马的脱籍人和居于社会底层之人通常以此谋生，但如今希腊式舞蹈和音乐竟成为了高等宴会必不可少的点缀，不可谓不新奇。另一新奇之处在于：罗马竟开设了一家舞蹈学校。西庇阿·埃米利亚努斯曾在某次演讲中愤慨地控诉，称五百多个男童女童——姑且不论卑贱之人与达官显贵的子女们混杂一处，所受待遇相同——居然要从一位舞者那儿学习那不入流的击板舞蹈、歌唱技巧以及尚属禁物的希腊弦乐器的演奏技巧，真是不成器。还有一件奇事：一位身兼执政官和大祭司二职的要人，如普布利乌斯·斯凯弗拉（罗马纪元621年即公元前133年任执政官），竟然在竞技场上接球，而且技巧颇高，熟练程度不亚于其在家中解决极其繁难的法律问题——罗马贵族子弟居然在苏拉的嘉节赛会上表演骑师技术，真是闻所未闻，见所未见。有时，政府也想抑制这种风气，例如罗马纪元639年（即公元前118年），监察官明令禁止在罗马演奏任何乐器，只有拉丁姆本地所产的笛子除外。罗马的政府远不及斯巴达严苛，故禁令并起不到预想的作用，倒不如宣扬此举可能招致的后果，或许效果更好。

总之，从恩尼乌斯与世长辞，直至西塞罗时代之初，我们纵观全局，不难发现：文艺作品的数量较之前期而言有所下降，且质量也不高。所谓的"高等文学"，如史诗、悲剧、历史著作等，不是停滞不前，就是日渐式微，走向衰落。所谓的"下等文学"，如喜剧的译作和拟作、滑稽戏、诗歌和散文册等，则日趋繁盛。在这一时期，散文册还受到了革命风潮的激荡——两位文学天赋最高的作家盖乌斯·格拉古和盖乌斯·卢奇利乌斯犹如鹤立鸡群。法国文学中亦有与之相类似的时期——库里耶和贝朗热卓然而立，从一众狂妄无能之辈中脱颖而出。至于艺术造型和绘画，可以说，罗马人的创造力始终是薄弱的，而在这一时期则境况更糟，几近为零。这群不肖儿孙不仅在政治方面大肆挥霍着祖先们留下的遗产，在文艺方面亦是如此，只能充当看戏之人，但他们对文学和艺术的鉴赏力却有所提高。本期涌现了不少鉴赏家以及收藏家。学术研究方面，法学、语言学和考古学发展势头喜人，呈欣欣向荣之势，我们可推测，这几门科学当在本期创立。本期也出现了亚历山大派诗歌的拟作，这预示着亚历山大时代即将到来。本期作品无论是在语言的流畅度上，还是在谋篇布局上，都远胜于六世纪的作品。文学家们以及文艺工作相关者均对他们的前辈表示蔑视，认为他们的作品拙劣不堪，不过此说并非毫无道理。众多作家当中，天赋最高者或许已在心中默默承认：罗马的少壮时期已成过去。虽然，某些人的内心深处可能仍怀着这样的想法，想要重新走走年少时期选择的路，尽管那其实是条错路。

注释

[1] 在其创作的剧本《鲍卢斯》里，大抵是在叙述派唐滥口时，卢奇利乌斯写了这样一句话：贵族到了那儿，根本无路可走。
另一剧本中则有这样的片段：
　　四足缓行，生在田间，下贱粗野，
　　蛇颈短头，目不转睛地看着我们，
　　即便剜去它的肠胃，它亦是身死而声不死。
听众们当然会怨声载道：那种事物，恐怕即便是智者受教，都不甚了然，你居然还用如此隐晦的字句向我们形容。你若不说明白，我们怎么可能理解？
卢奇利乌斯只好承认，自己所指的是龟。除他之外，其他雅典悲剧剧作家也爱打这种哑谜，故他们常遭到"中喜剧派"的痛骂。

[2] 唯一的例外或许是《安德里亚女郎》里对于"所事如何"一问题的答复：
那么，
　　"尽我们所能吧，"此言甚善，"因为事不遂人愿。"
这话脱胎于凯奇利乌斯的一行诗，这行诗又源于希腊的一句谚语：
　　事若不遂你所愿，你须尽己之所能。
这喜剧是特伦提乌斯最早的作品，剧场方面是在恺奇利乌斯的推荐之下，才同意将其搬上舞台的。轻描淡写的一句道谢语，足显其意。

[3] 特伦提乌斯曾嘲笑村夫被狗追逐而向少年人哭诉求救一事，普劳图斯那山羊与猿猴的拙劣寓言亦与此相似。探本求源地说，这些意义不大的寓言都来自欧里庇得斯。

[4] 《昆仲》里的米奇奥以一生佳运为傲，他特意提及，自己最走运之处在于从未娶妻，"这在那些希腊人看来，可是再幸运不过了"。

[5] 在《自扰》的序幕里，他假检查员之口责备自己：
　　他忽然误入歧途，从事诗歌创作，
　　信赖朋友的才智，并非出于一时冲动；

在以后（罗马纪元594年即公元前160年）《昆仲》的序幕里，他又说：

如果有不怀好意的人说，

他每个剧本都有贵族帮忙合作，

他们本以为这是严厉的指摘，

作者却反倒以之为荣：

他得到了大众喜欢之人的欢心，

那些人在战时曾用议论和实事，

证明乐于助他，毫不骄傲。

早在西塞罗时代，大家就以为这里所指的是莱利乌斯和西庇阿·埃米利亚努斯，据说被指定的剧目中，有几场正是他们所写。有几个故事提到这位穷诗人与他那贵族恩人往罗马附近的田庄去——那些贵族竟然袖手旁观，完全没有要给他改善经济状况的意思。在世人看来，他们简直不可原谅，但尽人皆知，要论捏造故事的功力，文学史领域可是一枝独秀。即便是刻薄的罗马批评家也不得不承认，上述之诗绝不适用于西庇阿，因为他那时才二十五岁；也不适用于他的朋友莱利乌斯，因为他的年纪比西庇阿大不了几岁。还有人比他们更有见解，甚至想到了贵族诗人昆图斯·拉比奥（罗马纪元571年即公元前183年任执政官）、马库斯·波皮利乌斯（罗马纪元581年即公元前173年任执政官）以及博学且热爱艺术和数学的卢奇尔斯·苏尔皮奇乌斯·迦卢斯（罗马纪元588年即公元前166年任执政官）。虽然这些也只不过是猜测，然而特伦提乌斯与西庇阿派来往密切，这点毋庸置疑。有一事证据确凿：在卢奇乌斯·鲍卢斯的丧事上，他的二子西庇阿和法比乌斯搭台并请了戏班来演戏。《昆仲》的首演、《岳母》的二演都在该场合举行。

[6] 指本土喜剧。

[7] 指代用货币。

[8] 这或受到外界情势的影响。同盟战争之后，意大利民社得到了罗马公民权，故此后喜剧便不得以公社为布景地，诗人不得不对情景进行一番叙述，或是在已亡之地和外国取景。这种情形已经对旧喜剧产生了不利的影响，现在看来，对新喜剧似乎亦是如此。

[9] 自古以来，这些名目时常出错。根据希腊史学家的记载，这种滑稽剧在罗马上演，用的是奥斯坎语。当然，这种大错放到现在，一般少有人犯，但细想起来，要把这些取景于拉丁城乡生活的剧本与奥斯坎民族联系起来，几乎是根本不可能的。"阿特拉戏"这个名目应当另行解释。拉丁滑稽剧有固定的角色以及常用的戏谑语，需要一个固定的布景，为愚人世界提供永久的居留地。当然，在罗马舞台监察之下，罗马民社或与罗马同盟的拉丁民社则无一可供此用，虽然本国喜剧实可移到这些地点。阿特拉虽在法律上与卡普亚同亡于罗马纪元543年（公元前211年），实际上却依然存在，为罗马农人所居的村落。从一切方面来看，其皆适于此项用途。此揣测经过考证，已成定论。

我们见这种滑稽剧有几出布景于拉丁语领域内别的民社,虽然这些民社都已不复存在,至少是在法律意义上不复存在——如庞波尼乌斯的《卡帕尼》布景于卡普亚,他的其他作品如《艾德菲》和《智慧女神节》亦是如此。诺维乌斯的《米利特斯·波姆提尼瑟斯》布景于苏埃萨—波美提亚——而尚存的民社则无一受此待遇。所以,这种戏剧真正意义上的发源地为拉丁姆,而舞台则是拉丁化的奥斯坎地,可以说,其与奥斯坎民族无关。有人说奈维乌斯(辛于罗马纪元550年即公元前204年前后)有一部戏剧因缺乏合适的演员,故用阿特拉人出演,因此得名为"伶人戏",该说不无道理。"阿特拉伶人"这个名目在此时尚未出现,从此处我们不难推测,他们以前被称为"面具伶人"。此法亦可用于关于"菲斯克尼歌"之来源的解释。此为罗马人所写的诙谐诗,以南伊特鲁里亚的村落菲斯克尼乌姆为背景,但我们不必因此便把菲斯克尼歌归入伊特鲁里亚诗歌一类,正如我们不能把阿特拉戏归入奥斯坎诗歌。根据史料,菲尼克斯在该时期为村落,而非城市。诚然,我们不能直接证明,但从作家谈到此地时的口吻以及此地不见于铭文这两点出发,我们不难推断,此事极有可能为实。

[10] 据李维之说,阿特拉戏、萨图拉戏以及由此发展出来的戏剧有着密切的原始联系,但此说毫不足取。一如今日的职业伶人大异于以往赴面具舞会之人,在此之前的伶人与阿特拉伶人大相径庭。直至特伦提乌斯时代,伶人仍无面具,而阿特拉戏中的角色却大多戴面具上场。二者之间有一种不可抹煞的原始差别。戏剧源于吹笛剧,起初并无朗诵部分,只限于歌唱和跳舞,之后便有了萨图拉戏,最后才经安德罗尼库斯之手,从希腊舞台剧处学来了所谓的"脚本"。旧日的笛歌,此时已取代了希腊合唱的地位。由此可见,其在发展初期与票友们所识的滑稽剧并无半点交集。

[11] 在帝国时期,阿特拉戏由职业伶人出演。他们自何时始从事于此业,未见记载,但应在西塞罗之前的时代,即阿特拉戏获许上台表演之时。该见解与下述之事不谋而合:在李维时代,阿特拉伶人与别种伶人不同,有权获得谢金,因有职业伶人始为获取薪金而出演阿特拉戏一说,但这并不意味着阿特拉戏没有义务出演、不收薪金的票友(例如在乡镇表演时)。

[12] 希腊的滑稽剧不仅在意大利底层平民之间十分流行,而且还发展出了几种不同的剧本,例如索帕托的《扁豆粥》《巴奇斯的求婚者》《密斯塔古的仆人》《书呆子》和《心理学家》等,这值得我们关注,因为这些剧目很容易让我们联想到阿特拉戏。这种滑稽剧的历史可追溯到拿波里及其四周的希腊人在说拉丁语的坎帕尼亚境内自成一区之时。因为当时的滑稽剧剧作家当中有位叫布莱苏斯的用罗马笔名写了一部剧,名叫《萨图尔努斯》。

[13] 据犹塞比乌斯的说法,庞波尼乌斯生在罗马纪元644年即公元前110年前后;维勒乌斯称他与卢奇乌斯·克拉苏(罗马纪元614—663年即公元前140—前91年)以及马库斯·安东尼(罗马纪元611—667年即公元前143—前87年)

487

同个时代。前一说大约晚了三十余年；从维克托利提的计算法可见，该法约于罗马纪元650年即公元前104年作废，却仍见于他的《画家》一作中。约在本世纪末叶，阿特拉戏的舞台地位被丑角戏取代。

[14] 此种戏剧的搞笑效果不错，例如诺维乌斯的《腓尼基妇女》中有这样一句台词："起来！带上武器！看我不用灯草棍打死你！"与米南德作品中"假赫拉克勒斯的现身"有着异曲同工之妙。

[15] 剧组的筹备人员素来需用拨给他的款项来装饰舞台、布置道具，偶尔也需要自己出钱布景，但一般不会在这方面花太多钱。在罗马纪元580年（公元前174年），监察官特别为建造副执事官和市政官的竞选舞台布置一事立了合同，交给专人承办。由此，舞台器具可以重复利用，促进了布景方面的发展。

[16] 我们可以从《维特鲁》第五卷8页中推测出：罗马人注意于希腊人的收音装置。黎切尔曾讨论座位问题，但似乎只有非无产阶级者才能有位置。此外，贺拉斯所谓"被征服的希腊俘虏了战胜者"，原只是对穆米乌斯那开新纪元的戏剧比赛而言。

[17] 普尔克的布景应该是精心绘制的，相传鸟雀活灵活现，有栖在瓦上之势。雷声的玄机则在于装在铜罐里的钉子和石头。普尔克是第一个用滚石模拟雷声的，因此，这种雷声便被命名为"克劳底的雷声"。

[18] 至今尚存的本期小诗之中，有一首铭体诗，咏叹这位名伶：

最近，我站立着，朝拜初升的太阳。

看呵！我左边，罗斯奇乌斯忽然起身，

天神请莫怒，我心想什么说什么：

我见这凡人真似比天神美丽。

这诗具有希腊的情调，并且是有感于希腊人对于艺术的热情而作。作者非同小可，就是罗马纪元652年即公元前102年任执政官，战胜辛布里部的昆图斯·卢塔提乌斯·卡图卢斯。

[19] 诶，这下贱的浮辞滥语！

一块一块地堆砌得这样整齐，

宛如五光十色嵌镶的礼拜堂。

[20] 诗人忠告他：

你若想被称赞，想显得比别人更博学高雅，

就不要说pertaesum，而是说pertisum。

[21] 即西庇阿为他们提供帮助。

[22] 原文为：Nunc vero a mane ad noctem, festo atque profesto
Toto itidem pariterque die populusque patresque
Iactare indu foro se omnes, decedere nusquam.
Uni se atque eidem studio omnes dedere et arti;
Verba dare ut caute possint, pugnare dolose,

>   Blanditia certare, bonum simulare virum se,
>   Insidias facere ut si hostes sint omnibus omnes.

[23] 下面这段较长的诗可以代表作风和格律的特色,但因其结构散漫,故不能译为德文六步诗:

> 美德即能按各种事物在社会之中的状态,估定它们的正当价值。要理解美德,就要理解每种事物对人类的影响。要理解美德,就要理解何为有用,何为正当;何为善良,何为邪恶;何为无用,何为危害。人能准确地划定营利和勤劳的界限,定下财富的正当价值,即为美德。使各等人得其所应得,仇视恶人和恶习,爱护好人和美俗,这就是美德。对好人须怀尊重和敬畏的心,抱亲切和真诚的态度。要永远先顾祖国的幸福,而后为父母谋利益,最后才想到自己的利益。

[24] 然而在本期希腊人之中,这种学术性的旅行却并非罕见之事。例如在普劳图斯的剧本里,一个常来往于地中海的人问道:

> 为何不走?
>
> 回家去吧,我又不想写一部历史。

[25] 据我们所知,唯一的例外是格涅乌斯·奥菲狄乌斯的希腊文史作。此人诞生时,西塞罗正当童年,即罗马纪元660年即公元前94年前后。普布利乌斯·鲁提利乌斯·鲁弗斯(罗马纪元649年即公元前105年执政官)的希腊文回忆录不能视为例外,因为作者写他们时正被逐在士麦那。

[26] 例如有人在王政时期任命副执政官的是公民而非国王,当然此说不可能为真,因为它显然带有党派的色彩。

[27] 加图的书或名为 *De iuris disciplina*,布鲁图斯的或名为 *De Iure Civili*;两书大体是意见的总集,可以西塞罗为证。